기업집단 규제의 법리

기업집단 규제의 법리

신영수

경북대학교출판부

신영수(申榮秀)

중앙대학교 법과대학을 졸업한 후 동 대학원 및 미국 UC Davis, Law School에서 석사과정을 마쳤으며, 서울대학교 대학원에서 「은행합병에 관한 경쟁법적 연구」라는 논문으로 박사학위를 받았다. 이후 한국법제연구원 부연구위원과 창원대학교 교수를 거쳐, 현재는 경북대학교 법학전문대학원 교수로 재직 중이다. 공정거래법, 기업집단 규제, 소비자법, IT법 분야에 관심을 두고 교육과 저술 활동을 해 오고 있으며, 공정거래정책자문위원과 한국경쟁법학회장 등으로도 활동하고 있다.

경북대학교 학술총서 16

기업집단 규제의 법리

초판 1쇄 2024년 2월 20일 • **초판 2쇄** 2025년 1월 17일
지은이 신영수 • **펴낸이** 허영우 • **펴낸 곳** 경북대학교출판부
출판등록 1973년 10월 10일 ㉿97호 • **주소** 대구광역시 북구 대학로 80 • **전화** 053-950-3830
팩스 053-953-4692 • **이메일** press@knu.ac.kr • **홈페이지** www.knupress.com
ISBN 978-89-7180-628-9 93360

정가는 뒤표지에 있습니다. 파본은 바꾸어 드립니다.

이 저서는 〈2023년 경북대학교 학술총서 집필 및 출간지원사업〉의 재원으로 출간되었습니다.

서 문

한국의 기업집단은 지난 반세기 이상 경제성장의 주역이자 고용창출 및 시민들의 삶의 질, 그리고 국가의 대외적 위상을 제고하는 데 결정적인 역할을 수행하여 왔다. 하지만 그 이면에는 국민경제 전반이 소수의 기업집단에 의해 좌우될 가능성이 커지는 한편, 기업의 지배구조가 소수지분만을 가진 총수 일가에 의해 장악되고 그 지배권이 세습되는 등 경제력 집중의 폐단을 낳은 게 사실이다.

본래 시장경제에서 말하는 경제력 집중은 개별 시장에서의 독과점이나 카르텔 등으로 인한 집중을 의미하는데, 한국 경제에서는 또 다른 형태의 경제력 집중이 문제되고 법적 규제의 대상이 되어 왔다. 단일 기업집단이 여러 산업분야에 진출하여 통일적 기획하에 기업집단을 선단식으로 운영하면서 국민경제 전반을 일반적으로 집중시키는 문제, 그리고 자연인으로 구성된 기업집단 총수 일가가 적은 지분에도 불구하고 계열사 지분 등을 통해 기업집단 전체를 지배할 뿐만 아니라 그 경영권을 편법적으로 세습하는 소유집중의 문제가 그것이다. 이른바 '재벌'로 불려 온 기업집단의 괄목할 만한 성과에도 불구하고 한국 특유의 규제를 가해 온 이유도 여기에 있다.

공정거래법에 자리 잡은 기업집단에 대한 규제는 지난 1981년, 1986년, 1996년과 2013년의 중대한 변화를 거치면서 투명한 기업 지배구조와 공정한 거래환경을 형성하는 데 핵심적인 기여를 하였다. 다만 기업의 사유재산권과 영업의 자유를 지나치게 침해한다는 반론과 더불어 회사법이나 상거래법 혹은 민사일반법에서 충분히 규율할 수 있는 사안을 국가가 별도의 입법을 통해 개입하는 것이 적절한지에 대한 비판적 관점들도 제시되었다. 시장의 독과점이나 담합을 규제하는 것을 본질로 하는 공정거래법상 규제의 성격과 어울리지 않는다는 지적도 같은 맥락에서 대두되었다.

하지만 기업집단 규제는 한국 고유의 기업지배구조와 거래환경에 대한 문제의식을 배경으로 하여 비교적 긍정적 기능을 수행해 온 제도로 여겨지기도 한다. 이 규제가 없었더라면 실현되지 못했을 성과도 적지 않다고 본다. 그럼에도 규제에 대한 반론과 비판이 제기되는 데에는 수범자들이 규제 자체의 적정성을 충분히 공감하지 못한 때문일 수도 있지만, 이 규제의 법리적 정당성과 근거에 대한 규명이 충분히 이루어지지 못한 채 단기의 경제정책이나 시의성 중심의 법제 정비가 뒤따랐기 때문이라고 생각한다. 법제실무적 관심과 기업경영상의 중요성, 그리고 경제정책 측면의 비중에 비추어 볼 때 기업집단 규제에 대한 법리적 분석이 충분치 않은 상태에서 현재에 이른 것이 오히려 이례적이라 할 만하다. 기업집단 규제의 지속 가능성과 수범자의 수용성을 담보하기 위해서는 이론과 판례, 그리고 경제적 타당성에 대한 면밀하고도 중립적인 분석이 필요하다. 체계론적 측면에서 이 규제의 지위를 규명하고 개별 규제를 관통하는 지도이념의 추출도 요구된다.

필자가 이런 생각을 갖고 그 생각을 책으로 묶어 내려 한 데에는 지난 2018년 무렵 공정거래위원회의 공정거래법 전면개편 특별위원회 기업집단 분과에 참여한 것이 주된 계기가 되었다. 경제법 연구자로서 공정거래법과 소비자법 분야에 천착하고 탐색하는 일에 머물러 있었던 필자의 관심이 기업집단 규제로 확산되고 이제는 가장 많은 고민의 시간을 들이게 된 시점도 그 무렵부터였다.

사실 기업집단 규제가 본격적으로 시행된 지 어느덧 30여 년이 경과한 만큼 국내 경제법 및 상사법 분야의 뛰어난 선도적 연구자들을 통해 이미 주옥같은 논문과 저서들이 발표된 바 있다. 특히 부당지원행위나 사익편취 규제 등 사후규제 분야에서는 이미 학설과 판례가 어느 법학 분야 못지않게 심도 깊은 논의들이 전개되고 있다. 필자의 생각과 관점, 문제의식도 이런 선구적 연구들의 토대 위에서 형성된 것이다. 다만 이 규제의 특성상 법적 분쟁이 발생하는 분야는 일부 영역에 국한되고 그에 따른 법리의 발전 양상도 상당한 편차를 보인다는 점에서 이 책이 다소나마 기여할 수 있는 여지가 있으리라는 생각에 용기를 내었다.

이 책은 기업집단 규제의 법리를 대주제로 한다. 이 주제만 놓고 보더라도 근거규범과 규율대상 등에서 매우 폭넓고 다양한 이슈들이 떠오를 수 있다. 그 가운데 이 책은 세 영역에 주안점을 두고 그것들을 분석 대상으로 삼고 있다.

먼저 기업집단의 규제에 대한 근거규범 가운데 공정거래법을 중심으로 하고 있다는 점이다. 회사법이나 조세법, 자본시장법이나 기업활력법 등 유관법률에 대한 언급이 없는 것은 아니지만 공정거래법상의 기업집단 규제에 관한 분석이 절대적인 비중을 차지한다. 두 번째로 대규모기업집단, 대기업집단 혹은 재벌에 대한 규제법리가 아닌 규모를 따지지 않는 기업집단을 분석 대상으로 하였다. 이 분야의 전공자나 실무자들이 주로 사용하는 대기업집단을 대상으로 좁히지 않은 이유는 이 규제의 적용범위가 대기업집단에 국한되지 않고 중견기업이나 소규모기업집단으로까지 확장되어 있기 때문이다. 세 번째로 기업집단 규제를 지주회사 규제와 상호출자제한기업집단의 사전규제, 그리고 계열회사 및 특수관계인에 대한 사후규제로 나누어 분석하였다. 다만, 논의의 기초로서 기업집단 규제법리의 총론에 해당하는 기업집단 개념과 동일인 및 계열회사의 판단기준, 경제력 집중의 의미 등에 대한 이론적 분석을 그에 앞서 수행하였다. 이런 구도 속에 기업집단 규제의 의미와 연혁을 살펴보고, 지주회사 및 CVC에 대한 규제와 상호출자제한기업집단의 출자, 채무보증, 의결권 행사에 대한 규제, 그리고 부당지원행위와 특수관계인에 대한 이익 제공행위에 대한 사후규제를 순서로 하여 각 제도별로 이론과 사례를 살펴보았다.

막상 책으로 묶다 보니 그전에 작성했던 잡다한 논문들의 부끄러운 수준과 미흡했던 생각들이 고스란히 드러나 곤혹스러웠다. 미흡한 부분들을 수정하고 보완할 수 있게 된 점을 다행스럽게 생각한다. 이 책에 담긴 생각들의 단초를 제공해 주시고 생각들이 자라나게 도와주신 은사님들과 선후배 학자분들의 도움을 잊을 수 없다. 오랜 시간 이 주제를 두고 토론하면서 필자의 시각을 넓혀 주신 같은 학과의 이상훈 교수님께 각별한 감사를 드린다. 편집과 교정에 너무 많은 수고를 끼쳐 드린 경북대학교출판부 선생님들께도 감사와 더불어 송구스런 마음을 전한다. 이번에 담지 못한 흥미로운 연구 주제들에 대해서도 관심을 놓지 않고 공부를 계속 이어 가 보려 한다.

2024년 1월

신영수

차 례

제 1 장

기업집단 규제의 기초

제1절 | 기업집단의 형성과 규제의 구도

I. 기업집단에 대한 법적 조망과 접근

기업집단은 독립적인 법인격을 보유한 둘 이상의 기업(회사)들로 이루어진 집단을 의미한다. 기업의 지배구조와 거래환경 속에 실존하면서 작동하는 경제적 실체이다. 기업이 사업활동을 영위하고 영리를 추구하는 경로는 단일 법인의 복수 사업부서 형태에 국한되지 않으며 상호 경제적 이해관계나 운명을 공유하는 기업으로의 분사 및 신설을 통해 집단화하는 방식으로 전개되기도 한다. 특히 개별 기업의 규모와 사업범위가 확장될수록 집단화는 보편적으로 추구되는 방향이자 지배구조로 자리 잡게 된다.

집단화를 추구하는 기업들의 동기는 다양하다. 이를테면 규모 및 범위의 경제 추구, 거래비용의 절감, 브랜드 가치의 집단적 관리, 국제경쟁력의 제고, 리스크의 분산, 구조조정에서부터 우량기업을 중심으로 한 경영이익의 공유, 지배회사 채무 책임의 제한, 공급망의 내부화, 자본조달의 용이성 제고 등 기업이 처한 대내·외적 상황에 따라 집단화의 과정과 형태가 결정될 것이다. 그런데 이런 동기나 시너지는 애초에 기업집단 차원보다는 기업집단 소속회사 차원에서 비롯되는 것이므로, 특정 기업을 모태로 하여 기업의 신설이나 다른 기업과의 결합 등을 통해 기업집단이 형성되고 외연이 확장되는 성향을 보인다. 즉 이해관계를 같이하는 기업들로 구성되고 그들의 사업활동도 상호간의 이해의 균형을 도모하는 방향으로 전개되는 것이 기업집단 본연의 모습이라 할 수 있겠다. 하지만 기업이 집단 전체의 이익을 도모하거나 기업집단 내 특정 회사를 지원하는 과정에서 경우에 따라 기업집단과 소속회사, 그리고 각 소속회사 간 고유이익 사이에 충돌이 발생하기도 한다. 기업의 사업활동 및 이윤의 추구가 집단을 중시하여 전개될수록 기업 간에 혹은 주주와 기업 사이에 이해상충이나 법적 분쟁이 증가하는 양상도 이와 같은 맥락에서 나타난다.

이처럼 기업집단이 단일한 경제주체(single economic entity)로서 실재하는 데다 그에 따른 법률행위 및 효과도 다양한 모습으로 창출되고 있기 때문에 기업집단은 경제적으로 그 실체를 인정받는 데 그치지 않고 법적 규율의 대상이 되어 있다. 이에 관한 선도적 원칙을 제시한 것으로 평가받는 프랑스의 1985년 로젠블룸(Rozenblum) 판결[1]에서는 일찍이 개별 기업의 이익과 구별되는 기업집단의 존재와 통일된 경영전략의 존재, 계열사의 출연에 대한 계열사 간 이익과 부담의 균형에 관한 원칙이 제시되었고, 그 원칙은 이후 각국의 판례와 입법에 영향을 주면서 기업집단 관련 법원(法源)으로 발전해 오고 있다.

개별 기업을 넘어선 기업집단 자체에 대한 규율은, 기업집단 중심의 경제성장을 이루었으면서 다른 한편 그 폐단을 경험해 온 한국에서 특히 구체적 입법으로 발현되는 모습을 보여 왔다. 원칙상 기업의 인격과 책임은 개별 기업 단위 및 그 기관을 중심으로 부여되지만, 법적 규율이 개별 기업 단위에 머무르지 않고 집단을 이루고 있는 복수 기업의 경제적 실체로 그 적용범위가 확장되는 양상들이 한국의 기

1 Cass. crim. 4 February 1985 (Rozenblum), Dalloz 1985, Revue des Sociétés 1985, 648.

업 관련 규범 체계에서 지속적으로 확인되고 있다. 한국의 법원 역시 기업집단의 실체를 이미 인정하여 판단 과정에 고려하기 시작하였다. 기업집단 소속 계열회사가 다른 계열회사를 지원한 행위가 경영진의 선관의무 위반에 해당하는지 여부를 판단함에 있어 경제적 실체로서의 기업집단의 공동이익을 고려하여 기업집단의 경영상 판단에 대한 법 적용 가능성을 인정한 대법원 판례[2]를 예로 들 수 있다.

개별 기업을 넘어 기업집단을 규율대상으로 하는 법제 또한 다양하게 존재한다. 예컨대 상법, 「자본시장과 금융투자업에 관한 법률」, 「금융지주회사법」, 「기업활력 제고를 위한 특별법」, 조세법 그리고 「독점규제 및 공정거래에 관한 법률」(이하 '공정거래법'이라 함) 등의 규범에서 둘 이상 기업의 집단을 전제로 하는 규정들을 찾아볼 수 있다.

한편, 기업집단의 형성은 그것을 매개하는 주체 내지 수단에 따라 여러 모습과 구조를 띨 수 있다. 예컨대 기업들이 다른 회사와의 출자관계를 통해 상호간에 모자회사나 계열회사가 형성됨으로써 기업집단이 태동할 수 있는데, 이 경우 기업집단 전반을 대상으로 하기보다는 우선 종속회사나 계열회사 간의 법률관계를 지엽적으로 규율하는 방식으로 기업집단의 법률관계가 규율될 수 있다. 상법상 모자회사 간 의결권제한이나 이중대표소송 제도를 예로 들 수 있다.

이에 비한다면 공정거래법상 기업집단의 개념이나 규율대상에는 다소의 차이가 있다. 동일인을 매개로 하여 사실상의 지배주체가 동일한(자연인과 법인 모두를 포함) 기업들의 집단을 대상으로 하며, 그 기

---

2 대법원 2017. 11. 9. 선고 2015도12633 판결.

업집단 소속회사 내지 기업집단 전체에 적용되는 규제가 실효적으로 작동한다는 점에서 그러하다. 그 결과 공정거래법은 기업집단에 대한 규제를 가장 구체적이면서도 포괄적으로 규율하는 법제이자 준거규범으로서의 의미를 갖고 있다. 공정거래법상 기업집단의 개념과 판단 기준을 많은 법률들이 준용하고 있는 상황도 이를 뒷받침한다. 실제로 공정거래법상 기업집단의 유형(상호출자제한기업집단, 공시대상기업집단) 및 판단 기준을 답습하거나[3] 기업집단 개념 자체를 공정거래법 조문에서 차용하고 있는 사례들[4]을 쉽게 찾아볼 수 있다.

Ⅱ. 기업집단 규제의 착안점과 주안점

1. 한국 기업집단의 양상과 특징

한국의 경제 발전과정을 살펴보면 소수의 특정 기업집단의 역할과 기여가 컸으며, 기업집단이 전체 국민경제에서 절대적인 비중을 점해 온 특징들을 발견할 수 있다. 예를 들어 명목 국내총생산(GDP)에서 국

3 예컨대 중소기업기본법 제2조 제1항 본문에서는 "「독점규제 및 공정거래에 관한 법률」 제31조 제1항에 따른 공시대상기업집단에 속하는 회사 또는 「독점규제 및 공정거래에 관한 법률」 제33조에 따라 공시대상기업집단의 소속회사로 편입·통지된 것으로 보는 회사는 제외한다." 고 규정함으로써 중소기업의 판단 과정에 공정거래법상 기업집단 규정을 기준으로 삼도록 하고 있다.

4 금융위원회가 집행하는 「금융복합기업집단의 감독에 관한 법률」에서는 "기업집단이란 「독점규제 및 공정거래에 관한 법률」 제2조 제2호에 따른 기업집단을 말한다."고 규정함으로써 기업집단 개념을 공정거래법과 동일하게 설정해 놓고 있다.

내 상위 30대 기업집단이 차지하는 비중은 2000년대 이후로 35% 안팎을 유지하고 있고, 좀 더 넓혀서 공시대상기업집단(자산총액 5조 원 이상 기업집단)을 기준으로 하면 85%에 가까운 수준을 보이고 있다. 이들 기업집단 가운데 상위 5대 또는 10대 집단이 전체 공시대상기업집단에서 차지하는 비중도 절대적이다.

한편, 한국의 기업집단은 제조업 부문에서 높은 점유율을 보여 왔는데,[5] 음료, 코크스, 연탄 및 석유 정제품, 화학제품, 1차 금속, 전자부품, 컴퓨터, 영상, 음향 및 통신장비 제조업, 자동차, 조선, 기타 운송장비 등에서 기업집단은 업종별로 대부분 40%에서 80%대의 비중을 점해 왔고, 이들 산업의 대부분이 한국의 주력 산업으로 성장하였다.[6] 다만 2000년대에 들어서면서 소규모의 산업분야에도 대기업집단 소속 기업들, 특히 총수 일가의 지분비율이 높은 비상장회사들의 진입이 활발히 일어나고 있고 그들 기업의 소규모 산업에서의 비중이 커지는 현상이 나타나는 점이 주목되기도 한다.[7]

그럼에도, 한국의 주력 산업 대부분에서 소수의 기업집단이 차지하

---

5 국내 30대 기업집단이 제조업 부문에서 차지하는 비중은 1970~80년대 초까지는 35% 수준이었으나, 이후 전반적으로 그 비중이 높아져 1990년대 중반에는 40%선에 이르렀다.

6 이에 비해 서비스업 부문에서 기업집단의 비중은 높지 않았는데, 그 이유는 은행업 등 금융분야에서는 기업집단의 진입이 사실상 차단되었고, 보건·복지 분야에서는 공공부문의 비중이 높았으며, 음식·숙박, 도·소매업, 개인서비스업 등 중소기업 고유 내지 적합 업종으로 진입이 규제되었던 분야가 많았기 때문으로 분석된다. 이재형, 「기업집단의 경제적 비중과 시장지배력」, 『KDI정책포럼』 제262호, 2014. 9, 2~3면.

7 이와 달리, 기업집단이 차지하는 비중이 심화되고 있지 않으며, 다른 나라와 비교해서도 우려할 수준은 아니라는 반론이 있다. 각국의 명목 GDP 대비 대표 기업의 매출액 비중을 계산해 보면 한국의 집중은 미국, 일본의 그것보다는 높고, 네덜란드, 스위스, 대만의 그것보다는 낮은 수준이라는 것이다. 황인학, 「한국의 기업집단은 악인가?」, 『동아시아재단 정책 논쟁』(제32호), 동아시아재단, 2015. 8, 3면 참조.

는 비중이 커서 경제력이 이들 소수 기업집단에 집중되는 점을 두드러진 특징으로 꼽을 수 있다. 이 점은 한국 경제에서 기업집단이 소위 일반집중(aggregated concentration)을 유발하는 원인이자 규제를 필요로 하는 근거이기도 한데, 이런 일반집중은 주로 계열사 간 상호/순환출자나 채무보증 등을 통해 유지 또는 심화되고 있다.

또한, 기업집단의 소유와 지배가 소수에게 집중(ownership/control concentration)되어 있는데 그 집중이 대주주의 직접적인 지분 보유보다는 순환출자나 기업집단 금융계열사 보유주식의 의결권 행사 등 주로 계열사를 통한 우회 방식을 통해 실현되고 있다는 점도 특징으로 꼽을 수 있다.[8] 즉 소유/지배의 괴리가 지속하여 발생해 왔으며,[9] 이런 환경을 지배권 세습의 기반으로 활용하는 양상도 줄곧 목격되어 왔다. 소수지분을 보유한 지배주주(controlling minority shareholder)로의 소유집중 내지 지배집중에 대한 규제가 기업집단 규제의 한 축을 형성하게 된 이유도 이 때문이라 할 수 있다.

한편, 기업집단 소속회사들이 원재료 공급에서부터 제조, 판매 및 유통에 이르기까지 수직적 공급망의 구축에 있어서 공개시장을 통한 상대방 및 목적물의 선별 방식보다는 거래의 기업집단 내부화를 통해 유무형의 자원을 조달받는 양상이 강하게 나타난다. 이 과정에서 기

8 이에 비해 영미식 기업집단들은 모회사 대부분이 상장사이고 소수주주권과 공시제도 강화·연결납세제도 도입 등을 통해 모회사는 자회사 지분을 100% 보유하는 것이 일반적이다. 특히 미국은 사업부제를 통한 독립기업 형태가 일반적이며, 기업집단의 경우에도 대개는 사업부분을 소유한 사업지주회사 체제를 취하고 있어서 한국 기업집단의 구조 및 사업활동과는 차이가 크다.

9 예를 들어, 복잡하게 얽혀 있는 순환출자 구조를 배경으로, 총수 일가가 5% 미만의 지분만으로 계열사 지분 40% 이상을 지렛대로 하여 기업집단 전체를 지배하는 상황들이 빈발하였다.

업집단 내의 신생회사가 계열회사들의 지원하에 단기간에 업계의 주력 사업자로 부상하는 상황들이 빈번히 나타났다. 또한 지배주주의 지분이 낮은 회사로부터 높은 회사로의 소위 터널링(tunnelling)이나 일감몰아주기도 자주 발생하였는데, 이 같은 거래관행을 통해 총수 등 특수관계인들은 자본을 축적하고 그 자본을 계열회사의 지분 확보에 투입하여 기업집단 내부의 소유와 지배의 집중이 더욱 심화되기도 하였다. 이런 특징은 기업집단 계열사 간의 지원행위나 특수관계인의 사익편취 행위에 대한 사후규제가 개시된 배경으로 작용하였다.

2. 기업집단의 규모와 규제의 대상

공정거래법 제2조 제11호에서 정의되는 기업집단 개념에는 규모 여하에 대한 고려가 개입되어 있지 않다. 반면에 규제의 대상이 되는 기업집단은 자산총액이 일정 수준 이상인 대규모이어야 한다는 점이 전제된 경우가 많다. 단, 그 규모는 몇 가지 형태로 나눌 수 있는데, 이를테면 기업집단 전체의 자산총액이 명목 GDP의 0.5% 이상인 '상호출자제한기업집단'과 자산총액 5조 원 이상인 '공시대상기업집단', 그리고 자산총액이 5천억 원 이상의 지주회사와 그 자회사, 손자회사, 증손회사로 형성되는 '지주회사 체제의 기업집단'이 그러하다.

이 점에서 공정거래법상 규제대상이 되는 기업집단의 대부분은 '대규모기업집단'(혹은, 줄여서 '대기업집단')이라 할 수 있으며, 실무상으로는 그리 불리는 경우가 적지 않다.

하지만 공정거래법상 기업집단 규제가 법 제4장의 경제력 집중 억제 관련 제도로만 존재하는 것만은 아니다. 특히 기업집단에 대한 사후규제로 확고히 자리 잡은 특수관계인에 대한 이익 제공(흔히, '사익편취')에 대한 규제, 그리고 종래 사후규제의 핵심으로 기능해 왔으면서 현재도 사실상 기업집단의 계열사들 간의 거래를 대상으로 집행되고 있는 부당지원행위 규제, 나아가 이들 사후규제의 기원이 되었던 계열회사를 위한 차별취급 규제도 광의에 있어서는 기업집단 규제로 볼 수 있다. 이들 규정은 모두 공정거래법 제6장에 편성되어 있다.

이 가운데 제4장의 지주회사 규제는 기업집단 전체의 규모가 아닌 지주회사의 규모(자산총액 5천억 원)만을 기준으로 규제대상 여부가 가려지는 까닭에, 지주회사를 위시하여 그 자회사, 손자회사, 증손회사의 자산총액이 공시대상기업집단 규모(자산총액 5조 원)에 이르지 못하는 경우도 적지 않게 발생한다. 이런 규모를 가진 지주회사 체제의 기업집단을 소위 중견기업집단으로 부르기도 한다. 또한 제6장에서 규제되는 부당지원행위나 계열회사를 위한 차별취급 규제는 행위사업자의 규모 기준을 전혀 두고 있지 않은 불공정거래행위의 일 유형으로서 규정되어 있기 때문에, 소규모기업집단 소속의 회사들에 대해서도 적용될 수 있다.

이런 구도에 비춰 보자면, 현행 공정거래법상의 기업집단 규제의 대부분이 대규모기업집단을 대상으로 하고 있기는 하지만, 이를 대규모기업집단 규제 혹은 대기업집단 규제로 단정하여 칭하는 것은 적절하지 않은 일이다. 그 점에서 현행법상 규제는 규모에 대한 부연을 하지 않은 기업집단 규제로 칭하는 것이 오히려 정확한 표현이다.

III. 기업집단 규제의 법리적 근거

1. 기업집단 문제의 본질과 주안점

한국사회에서 기업집단은 줄곧 법적·경제적 이슈이자 정치·사회적 관심의 대상으로 인식되어 왔다. 기업집단 규제의 필요성 여부 및 규제의 방향과 정도에 관해 전혀 상반된 시각과 평가가 이루어져 온 점이 이를 보여 준다. 기업집단은 한국 경제의 성장 기반이자 고용창출 등 매우 큰 순기능을 창출해 온 경제주체로 여겨지는 반면에, 경제질서의 왜곡과 부의 편중 유발요인이자 중소기업의 성장을 가로막는 한계 요소로 지목되기도 한다. 그에 따라 규제를 둘러싸고 찬성론과 반대론이 첨예하게 대립해 있다.

그럼에도 기업집단에 대한 공적 규제가 불가피하다는 점에 대해서는 한국사회 내에 대체적인 공감대가 형성된 것으로 평가할 수 있다. 그리 보는 이유는 기업집단의 지배구조와 내부거래가 단순히 기업집단 스스로의 '선택'에 관한 문제로 국한시킬 수 없으며 일종의 '당위'와 법적 규율대상의 문제로 접근되어야 할 필요성과 논거들이 충분히 존재하기 때문이다.

원칙상으로 보자면 기업이 집단화를 추구할 것인지 여부나 어떤 지배구조를 선택할 것인지의 문제는 기업 스스로 선택하게 두어야 할 사안에 해당하므로 그에 대한 국가의 직접 개입이나 계도는 바람직하지 않은 측면이 있다. 마찬가지로 기업의 사익추구 동기와 영리 극대화 행위 역시 자본과 시장 본위의 경제 체제에서는 자연스럽고도 가치중립적인 현상으로 보아야 하므로 그에 대해 도덕적 잣대를 들이대는 것은 온당치 않은 일일 수 있다.

다만, 제도론적 관점에서 보자면 이런 이념적 원칙만을 고수하기는 어려운 것이 현실을 존재한다는 점을 인정할 필요가 있다. 기업의 지배구조 및 거래관행으로 인한 경제적 효과가 내부적 차원으로 그치는 사안인지 아니면 외부로까지 영향을 미치는 문제인지가 별도로 고려되어야 한다. 만일 거버넌스나 계열사 간 거래의 효과가 기업집단 내부의 이해관계 차원에 머무르거나, 그 내부효과(효율성 증대효과)가 외부의 파급효과(공익침해 요소)에 비해 훨씬 클 경우에는 공적 개입은 타당하지 않을 것이다. 즉 내부효과에 대해 회사의 기관(이사회, 감사, 주주총회 등)이나 소송들의 통제 수단(주주대표소송 등)을 거쳐 교정하는 것으로 족하다.

하지만 확장 중심의 기업 전략이나 기업집단 경영권의 승계, 혹은 계열사 간 내부거래로 인한 경제적 파급효과가 내부통제 시스템을 통해 통제되지 못할 경우에는 그 파급효과가 기업집단 내부에 그치지 않고 국민경제의 리스크 확산, 거래의 불공정성 등의 존재 및 심화 등 상당한 외부효과(externalities) 내지 불경제(external dis-economies)로 이어질 수 있다. 이 경우 문제의 성격은 기업집단 내부의 이익침해 차원이 아닌 공동체의 보호법익 침해 차원으로 변질되므로 그에 대한 국가의 고권적 개입은 불가피한 수단으로서의 성질을 갖게 된다.

물론, 기업집단의 지배구조나 거래에 대해 이 같은 공적 개입 방식은 유례를 찾아보기 쉽지 않은 게 사실이기도 하다. 하지만 이런 현상은 기업집단으로 인한 폐단이 적절히 통제되어 외부효과가 잘 발생하지 않기 때문에 나타난 결과로 이해되어야 한다. 그에 비하여, 우리의 경우는 기업집단에 대한 내부통제 시스템과 소송제도가 그간 원만히 작동하지 못했던 까닭에 기업집단으로 인한 경제력 집중이라는 외부효과가 발생하여 왔던 것이고, 이를 통제하기 위한 수단으로서 공적 규제의 권한이 부여되어 온 것으로 평가할 수 있다.

더욱이 한국사회는 단기의 압축 성장을 거치면서 자본주의 사조나 계약자유 이념이 여과 없이 표출되거나 확장되는 현상들이 나타났고 그 결과 기업집단으로의 경제력 집중 및 편법적 세습, 그리고 대-중소기업 간의 착취가 노골적으로 표출되기에 이르렀다. 시민사회는 이를 목격하는 과정에서 기업의 효율성이나 성과 못지않게 부(富)의 형성 과정과 분배적 정의(distributive justice)를 주목하게 되었으며, 기업집단에 대해 일종의 사회·윤리적 책임을 다할 수 있도록 규범적 통제를 강화해야 한다는 총의와 공감대를 갖게 되었다. 미래에 대한 전망은 별론으로 하더라도 종래의 관행에 비춰 볼 때 기업집단과 경제력 집중의 인과성은 경험적으로 검증된 상태이다.

공정거래법상 기업집단 규제는 이 같은 시민사회의 정서를 입법에 관철한 결과로 이해될 수 있으며, 그렇다면 규범적 정당성은 물론 논리적 필연성도 확보된 제도로 평가되어야 한다. 다만 기업의 사적 활동을 규제대상으로 한다는 점과 헌법상 사유재산권의 행사나 영업의 자유와 경계를 맞대고 있다는 점에 비춰 볼 때 규제의 정당성과 시기적 적정성에 대한 고민과 분석이 어느 분야보다 요구되는 규제라는 점에도 의문이 없다.

2. 규제의 정당성에 대한 이견과 재반론

공정거래법상 기업집단 규제는 기업 지배구조와 의결권 행사, 그리고 거래관행을 규율대상으로 삼는다는 점에서는 회사법 및 상거래법의 규율대상과 중복된다. 그 때문에 이 규제의 성질은 경쟁법으로서 공정거래법의 소임이나 본령과는 거리가 있다는 지적을 받기도 한다. 하지만 앞서 살펴본 것처럼 한국의 기업현실에서 기업집단 규제가 수행하는 고유 기능에 비추어 볼 때 이 같은 시각에는 일정 부분 수정이 필요하다는 생각이다.

기업집단 규제는 경쟁정책과 관련성이 적다는 전제부터 그러하다. 기업집단을 둘러싸고 그간 목격되어 온 거래 현실 가운데에는 기업집단 소속 계열회사나 신생기업이 시장에 등장한 후 이내 유력 사업자로 부각되었던 사례들이 적지 않다. 기업집단 브랜드에 대한 신뢰도가 일정부분 기여한 것으로 볼 수도 있지만 계열사 간 지원행위나 일감몰아주기, 차별취급의 결과일 가능성도 없지 않다. 즉 기업집단 소속 신생기업이나 계열사들은 독립기업에 비해 재원 조달 및 부채 통제를 통해 재무적 리스크를 줄이거나 유동성 및 거래상의 안정성을 확보할 수도 있는데, 이처럼 노력에 기인하지 않은 채 경쟁상의 우위를 손쉽게 확보한 것이라면 공정 및 자유 경쟁 원칙에 반하는 것으로 볼 수밖에 없다. 순환출자나 채무보증, 내부거래, 사익편취 등이 곧 시장참가자들 사이에서 요구되는 경쟁 기반을 해치는 행위로 평가될 수 있다.

요컨대, 내부화를 지향해 온 국내 기업집단의 거래관행은 경쟁의 출발선 내지 경쟁조건의 차이를 유발하여 '기울어진 운동장(uneven playing field)'을 형성해 온 요인으로서의 성격을 갖고 있다. 만일 독립 경제주체들의 시장성과가 자체 경쟁력이 아닌 설립 배경이나 주변 환경에 의해 좌우되는 상황은 시장질서의 필요조건이라 할 수 있는 소위 경쟁중립성(competition neutrality)을 훼손시키는 결과를 초래할 것이다.[10] 따라서 이를 감시하고 교정하기 위한 공적 조치가 불가피하게 요구된다. 이런 공적 조치는 경쟁당국이 수행하고 있는 전형적인 기능과 상당 부분 일치하므로 기업집단에 대한 규제는 경쟁법/정책과 밀접한 관련성을 갖게 된다. 관련 정책을 수행하는 공정거래위원회의 기능에도 부합한다.

한편 공정거래법상 기업집단 규제가 회사법의 기능을 대신하고 있으며, 그 지점에서 규범 간 중첩적 규율이 발생할 수 있다는 시각도 없지 않다. 다만 회사제도는 본래 '소유한 만큼 지배하고, 지배한 만큼 책임을 진다'는 원칙을 토대로 수립된 것인데, 한국의 기업현실에서는 회사제도의 기본원칙이 원만하게 작동하지 않는 양상을 보여 온 점에 주목할 필요가 있다. 요컨대 소유하지 않은 상태에서 지배하고, 지배했는데 책임지지 않는 상황이 빈번히 목격되어 왔던 것인데, 이처럼 회사제도 본연의 모습과 회사법상의 통제 수단들이 제대로 작동

10 경쟁중립성은 본래 정부의 급부행정과 민간의 시장경제가 공존하는 혼합경제(mixed economy) 체제를 배경으로 등장한 개념으로서 공기업과 민간기업의 사이에서 정부가 경쟁 측면에서 중립성을 유지하라는 것을 내용으로 한다. 요컨대 공기업 등 국가가 설립하고 지원해 온 기업들에게 부당한 내부거래나 수의계약을 지양하고 가급적 공정한 경쟁입찰 방식이 요구되어 온 것인데, 이는 기업의 성장과정에서 정부와 국민의 지원이 결정적 역할을 담당해 온 기업집단에 대해서도 적용되거나 요청될 수 있다고 본다.

하지 않는 영역에 한하여 공정거래법이 공적 규제수단들을 갖추고 회사법에 대해 보충적 역할을 수행해 온 측면이 있는 것이 사실이다. 그 결과 주주 등 회사 이해관계자들의 입장과 여부와 관계 없이 기업집단의 출자와 채무보증, 계열사 간 의결권 행사에 대해 자체적인 기준으로 개입하고 있다.

여기서 유의해야 할 점은 공정거래법이 회사법과 겹쳐지는 영역에서 두고 있는 주안점은 소유와 지배, 책임 구도의 왜곡 자체가 아닌 그 왜곡이 유발하는 외부효과에 맞춰져 있다는 점이다. 즉 기업집단과 개별 기업 차원의 내부효과(주주 간 이익침해 등)에 대한 통제는 여전히 회사법, 소송법적 수단과 절차가 담당한다. 다만 전술한 것처럼, 회사법, 소송법 등을 통해 사전 통제되지 않아서 기업집단 관련 외부효과가 발생한다는 점에 주목하여 회사법이나 소송법에 더한 공정거래법상의 규제가 추가 작동하게 된다. 환언하면 기업집단 규제는 기업 내부통제 시스템을 보완하기 위한 수단이 아니라 외부효과를 차단하기 위해 지배구조나 거래관행을 조정하기 위한 수단으로 이해되어야 한다.

그 점에 비춰 보자면 기업집단 지배구조나 내부거래에 대한 공법적 규제를 적어도 주요국에서는 찾아보기 어렵다는 것은 사실이지만, 주요국에서 기업집단에 대해 아무런 법적 통제를 두고 있지 않다는 주장에는 동의하기 어렵다. 회사법, 소송법상의 수단들이 공적 규제의 기능을 대행하고 있기 때문이다. 기업집단의 일탈 행위에 대한 통제와 압박의 총량에 관한 국가별 편차는 크지 않다. 압박감을 느끼게 만드는 수단이 다를 뿐이다.

요컨대, 회사 내부기관이나 주주, 소비자로부터의 문제 제기 가능성을 통해 이해관계가 조정되는 것이 주요국에서 발견되는 일반적 방식인 데 비하여, 회사법, 소송법 등의 기재가 충분히 발동하지 않는 우리의 경우는 공적 규제를 통해 비로소 기업집단을 둘러싼 이해관계의 균형이 유지되는 구도로 이해할 수 있다. 반대로 한국의 기업 환경에서도 내부통제 시스템이 활성화되고 자본시장에서의 감시기능이 원활히 작동하는 시점이 도래한다면, 기업집단의 법률관계 및 이해관계 균형 측면에서 공적 규제가 현재 점하고 있는 범위와 정도에는 상당한 조정이 필요하게 될 것이다.

IV. 공정거래법상 기업집단 규제의 연혁과 현황

1. 공정거래법상 기업집단 규제의 연혁

(1) 규제의 개시 시점

기업집단에 대한 규제가 법 체계상 독립적 제도로 자리 잡은 시점은 공정거래법이 제1차 개정되어(1986년) 시행이 되기 시작한 1987년 4월이라고 할 수 있다. 당시 기업결합의 제한 규정과 함께 경제력 집중의 억제수단으로 법 제3장에서 자리 잡은 기업집단 규제는 한국의 기업집단의 지배구조와 출자, 의결권 행사 등을 직접 규제대상으로 포함함으로써 기업환경에 중대한 변화를 초래하였다. 아울러 경쟁법으로 제정된 공정거래법의 성격에 기업집단 규제법으로서의 성격을 가미한 의미도 있었다.

다만 기업집단 규제의 의미를 좀 더 확장해 보면, 전술한 것처럼 불공정거래행위로서 계열회사를 위한 차별취급 규제도 기업집단의 구도를 전제로 하여 기업집단 소속 사업자와 그렇지 않은 사업자 간의 차별 문제를 규제대상으로 삼았다는 점에서 기업집단 규제의 일종으로 포섭할 수 있다. 그렇게 본다면 계열회사를 위한 차별취급 규제가 포함된 1981년 공정거래법 시행 시점을 기업집단 규제의 시초로 볼 수도 있을 것이다.

하지만 경제력 집중 차원에서 기업집단 규제가 개시되고 강력한 사전규제가 도입되었으며, 현재도 초기의 형태를 유지한 채 실효적으로 작동하고 있는 점을 고려한다면 역시 경제력 집중 억제를 위한 기업집단 규제 개시 시점으로 부터 규제의 연혁을 살펴보는 것이 타당한 접근법이다.

(2) 이후의 전개 양상

현재 동법 제4장(제17조부터 제39조의4까지의 사전규제 관련 규정)에 자리잡고 있는 사전규제는 도입 당시 지주회사 설립금지, 계열회사 간의 상호출자금지, 출자총액제한 제도, 금융·보험회사 의결권제한 제도 등으로 구성되었다. 이후 1992년 법 개정 시에 계열사 간 채무보증 제한제도를 추가되어 현재의 규제수단 구도가 완성되었다.

이후 1996년 법 개정 시에 도입된 부당지원행위 규제와 2013년 추가된 사익편취(특수관계인에 대한 부당한 이익 제공 행위) 규제가 기업집단의 사후규제 수단으로 자리 잡게 되면서 이 규제는 사전(ex-ante)/사후(ex-post)의 구도 속에 법제적인 기반을 완성하였다.

한편 1990년대 말의 외환위기를 계기로 기업집단 규제에는 전면적인 재편이 이루어졌다. 즉 기업구조조정을 원활히 하고 투자를 촉진하며 주요 기간산업의 국외유출을 차단하기 위한 취지에서 출자총액제한 제도가 1998년에 일시적으로 폐지되었고, 지주회사설립이 제한적으로 허용되었다.

1999년에는 대규모 내부거래 이사회의결 및 공시제도가 도입되면서 절차 규제가 시작되었다. 이 규제는 현재 단순한 절차적 의무를 넘어 기업실무의 핵심이자 규제완화 요구를 집중적으로 받고 있을 만큼 부담이 큰 규제로 여겨지고 있기도 하다.

한편 초창기 사전규제 가운데 가장 핵심적 기능을 수행했던 출자총액제한제도는 1998년 일시 폐지된 이후 1999년에 재도입되었고 2002년에는 대규모기업집단의 일괄지정 제도가 폐지되는 대신, 행태별 규제대상 지정방식으로 전환하고 공기업집단도 포함되는 변화가 있었다.

이후 2008년부터 기업친화적(business friendly) 정책이 개시되면서 기업집단 규제완화 차원에서 출자총액제한제도가 마침내 종국적으로 폐지되었으며 지주회사 행위제한과 관련한 각종 규제들도 완화되기에 이르렀다. 반면에 2013년을 전후하여서는 기업집단의 자연인 특수관계인 즉 총수 일가에 의한 사익편취 문제가 사회적 관심을 모으게 되면서 경제민주화의 일환으로 특수관계인에 대한 부당한 이익 제공 행위가 법적으로 금지대상에 새롭게 추가되었다. 흔히 사익편취 규제로 불려 온 이 규제는 현재 기업집단 실무와 법리 측면에서 가장 많은 논쟁을 유발하고 있는 핵심적 사안으로 부각된 상태이다.

(3) 규제 개편의 잦은 빈도와 그 원인

한편 기업집단 규제는 공정거래법 전체에서 가장 많은 개정과 변화를 거쳐 온 분야로도 꼽히기도 한다. 또한 한국 특유의 기업 현실을 배경으로 한 까닭에 유사 입법례를 찾기 쉽지 않음에도 불구하고 현행 법제상 대기업 지배구조 및 거래관행에 대한 가장 실효적인 규제 수단으로 자리 잡았다. 정책적 선명성과 효과가 매우 큰 제도로 여겨지기도 해서, 시대에 따라서는 공정거래위원회 법 집행에서 핵심적 지위를 점하면서 규제에 대한 기대와 저항, 혹은 규제의 강화론과 완화론이 동시에 대두되어 왔다. 정치 및 정책 환경의 변화에도 직·간접적으로 영향을 받아 왔다.

이런 특수성을 배경으로 하여, 법리와 경제논리에 근거한 중장기적 접근법보다는 기업지배구조 및 거래관행의 폐단을 시정하기 위한 단기적 접근법이 채택되었으며 정책 및 경제 환경의 변화에 따라 유동성이 큰 모습을 보였다. 법 개정이 가장 빈번했던 이유도 이 때문으로 볼 수 있다. 한편 초창기에는 사전규제가 경제력 집중의 핵심적 역할을 수행하였으나 이후 사후규제가 추가되고 사전규제 대상행위의 발생빈도가 급감하면서, 최근 들어서는 사후규제의 정책적 비중과 관심이 증가한 상황이다. 기업집단 규제의 변천과정은 아래와 같이 정리할 수 있다.

[표] 공정거래법상 기업집단 관련 규제의 변천 과정

1981년	불공정거래행위의 유형으로서 계열회사를 위한 차별취급에 대한 규제 개시
1986년	경제력 집중 억제를 위한 기업집단 사전규제(지주회사 설립금지, 상호출자금지, 출자총액제한, 금융보험사 의결권제한, 대기업집단지정 제도) 도입
1992년	채무보증금지 제도 도입
1994년	출자총액제한 강화(순자산 40%→25%) 및 예외인정 기간, 사유 확대
1996년	부당지원행위 규제 도입
1998년	출자총액제한 폐지, 신규채무보증 전면 금지
1999년	지주회사 설립허용, 금융거래정보요구권 도입
1999년	출자총액제한 재도입, 내부거래 이사회의결·공시제도 도입
2002년	기업집단지정 제도 변경(순위기준→자산기준)
2004년	시장개혁 3개년 로드맵(출총제 졸업제도 도입, 금융보험사 의결권제한 강화[30%→15%]),
2005년	출자총액제한 적용제외(남북교류협력사업자)
2007년	지주회사 자회사지분율 하향(50%→40%), 출총제 완화(25%→40%)
2007년	출자총액제한 예외인정(지방이전 기업)
2009년	출자총액제한 제도 폐지 및 기업집단 현황공시제도 도입
2013년	사익편취 규제 도입 및 부당지원행위 규제강화
2014년	신규 순환출자 금지제도 도입
2016년	지주회사 관련 공시강화
2017년	공시대상기업집단 지정 신설
2021년	지주회사의 자회사 보유지분 규제강화, 금산분리(CVC 관련) 규제완화, 사익편취 규제 개정

2. 기업집단 규제의 유형과 현황

(1) 규제의 유형

공정거래법상 기업집단 규제의 유형은 크게 사전규제 및 사후규제의 이원적 형태, 혹은 절차규제를 별도로 분류한 세 유형의 형태로 구분할 수 있다. 이 가운데 사전규제(ex-ante regulation)를 위한 수단으로는 지주회사 규제, 상호·신규순환출자 금지, 채무보증 제한, 금융보험사 의결권제한 제도가 있으며, 사후규제(ex-post regulation) 수단으로는 공시의무, 부당지원행위 금지, 특수관계인에 대한 부당한 이익 제공(사익편취) 금지 제도를 들 수 있다.

절차적 규제는 대규모 내부거래 이사회의결 및 공시제도,[11] 비상장회사 등의 중요사항 공시제도,[12] 기업집단현황 등에 관한 공시, 내부거래 등의 의사회 의결 및 공시의무로 구성된다.

한편 부당지원행위 규제는 현행법상 불공정거래행위의 하나로 열거되어 있으면서 지원 주체와 객체를 기업집단 소속회사로 전제하고 있지 않으므로 형식상으로는 기업집단 규제로 포함시키기 어려운 측면이 있다. 공정거래위원회의 실무상으로도 부당지원행위 규제가 기업집단 규제로부터 분리되고 있는 경향도 나타난다. 그럼에도 입법취지와 규제의 실질에 있어서는 여전히 기업집단 계열사 간 내부거래를 규제대상으로 삼고 있으므로 이를 기업집단 규제의 일종으로 포섭해도 무방할 것으로 판단된다.

(2) 기업집단 규제의 현황

이 같은 구도의 기업집단 규제는 지난 2020년 공정거래법 개정을

---

11 기업집단의 경영투명성 제고와 통제를 강화하기 위한 목적을 가지고 있으며, 부당내부거래를 사전에 예방하기 위해 일정 규모 이상의 내부거래에 대하여 이사회의결을 거치도록 의무화하는 것을 내용으로 하고 있다.

12 일반 독립 비상장기업과 달리 집단 내 다른 상장회사와 복잡한 출자관계로 얽혀 있는 비상장기업의 불투명한 경영행태가 동일계열 상장기업의 소액주주 및 이해관계자에게 피해를 초래할 수 있음을 감안하여 시장감시체제를 구축하려는 제도로 볼 수 있다.

통해 중대한 변화를 맞게 되었다. 그 변화에는 크게 세 가지 배경이 원인으로 작용하였다. 종전의 규제에 한계와 문제점이 노출된 점, 새로운 형태의 경제력 집중 수단이 출현한 점, 그리고 규제의 합리화에 대한 수요가 형성된 점을 그들 요인으로 꼽을 수 있다.

종전의 규제가 노출한 한계와 문제는 기업집단 규제 전반에 걸쳐 나타났으나 특히 지주회사 규제와 사익편취 규제에 관해 두드러졌다. 먼저 지난 1998년에 설립허용 방식으로 전환된 지주회사 규제의 경우 이후로도 수차례의 개정을 거치면서 줄곧 완화된 결과 지주회사와 자회사, 손자회사의 수가 급증하여 경제력이 집중되는 결과를 초래했다는 평가를 받게 되었다. 또한 사익편취 규제의 경우 그 위법성 성립요건으로서 부당성의 본질과 의미에 대해 법원의 엄격한 해석을 내리기 시작하면서 규제의 실효성이 약화되었다는 한계의식이 나타나게 되었다.

한편 새로운 형태의 경제력 집중 수단에 대한 우려는 주로 공익법인과 해외계열사와 관련하여 제기되었다. 즉 상당수의 대기업집단들이 주식 기부 등을 통해 공익법인을 설립한 후 주식의 의결권 행사를 통해 총수 일가의 지배력을 강화하고 있다는 의심, 그리고 대기업집단 총수 일가 보유 해외계열사들의 불투명한 지분 및 출자구조를 배경으로 기업집단 규제를 우회하고 있다는 의혹이 대두되면서 이를 공정거래법상 대기업집단 규제의 틀 속에 포함할 필요가 있다는 논의가 촉발되었다. 게다가 상당수 지주회사들이 자회사로 부터의 배당수익 이외에 브랜드 사용료와 경영컨설팅 수수료, 임대료 등을 통해 수익의 주요 부분을 채워 왔는데 이 수익이 사익편취로 연계되었을 가능성이 제기되면서 관련 규제가 보완되어야 한다는 지적들이 대두되었다.

한편 종전에 유지되어 왔던 대규모기업집단 지정 기준이 변화된 기업환경 및 경제현실에 적합한지, 금산분리 원칙이 여전히 유효한지에 대한 근본적 의문들이 정부와 학계로부터 제기되면서 대기업집단 규제를 보다 합리적으로 재설계해야 한다는 요청도 뒤따르게 되었다.

이 같은 여러 요인들을 배경으로 하여 대기업집단 규제에 대해서 학계와 시민사회, 그리고 정부내부로부터의 문제의식들이 형성되면서 결국 제20대와 제21대 국회를 통해 공정거래법상 대기업집단 규제에 대한 개편이 추진되었고 비로소 2020년 12월에 결실을 맺게 된 것이다.

특히 2020년의 규제 개편은 전부개정 형식으로 실현된 까닭에 내용은 물론이고 종전의 장(章)과 조문의 번호도 바뀌는 등 대폭 변화된 면모를 갖추었으며, 비교적 큰 폭의 변화를 예정하고 있었으므로 1년간의 유예기간을 두고 2021년 12월부터 시행되어 현재에 이르고 있다.

제2절 | 기업집단의 개념과 요건

I. 개념과 요소에 대한 분석

기업집단은 관념상 둘 이상의 기업들로 이루어진 집단을 일컫는다. 그런데 공정거래법은 이런 관념상의 개념보다 구체적이고도 제한적으로 기업집단 개념을 정의하고 있다. 법 제2조 제11호에 따르면 '동일인이 사실상 그 사업내용을 지배하는 회사의 집단'이 곧 기업집단이 된다. 환언하면 각자의 사업내용을 지배하는 경제적 실체가 모두 같은 회사들의 집합체가 기업집단이며, 지배주체로서의 동일인과 지배객체로서의 회사가 구성요소를 이룬다.

원칙상 개별 회사는 각자 독립된 법인격을 지닌 경제적 주체로서 고유의 영리추구 목적을 가지고 있으며 이를 위해 독자적으로 의사를 결정하고 그 사업을 이기적으로 영위할 권리를 보유한다. 하지만 한국의 기업현실에서는 기업집단 소속회사들이 주주 전체나 개별 회사 차원의 이익을 추구하는 한편, 때에 따라서는 마치 단일한 경제주체(single economic entity)처럼 개별 회사 자신보다 기업집단 전체 혹은 그 기업집단을 지배하는 자의 이익을 우선하거나 좀 더 고려하는 지향성 내지 행태를 보여 왔다. 공정거래법은 이 점에 주목하여 개별 기업이나 회사 차원이 아닌 기업집단이라는 경제적 실체를 인정하는 한편 기업집단이 형성하는 경제력의 집중 문제를 규율하기 위한 전제로서 기업집단의 개념을 별도로 정의하게 된 것이다.

1. '회사'의 집단

공정거래법상 정의규정에서 우선 주목되는 부분은 이 법이 기업집단이라는 표현을 법령용어로서 공식 채용하면서도 그 기업집단을 구성하는 요소에 대해서는 '기업'이 아닌 '회사'라는 표현을 사용하고 있다는 점이다. 즉 기업집단은 기업의 집단이 아닌 회사의 집단을 의미한다. 이때의 회사는, 비록 공정거래법에 명시되어 있지는 않지만, 상법에 따라 설립된 회사를 의미한다고 봐야 할 것이다. 따라서 상법 제170조에서 한정적으로 열거한 주식회사 또는 합명회사, 합자회사, 유한책임회사, 유한회사들로 형성된 집단만이 공정거래법상 기업집단으로서의 지위를, 정확히는 공정거래법상 경제력 집중 억제를 위한 규제대상으로서의 적격성을 갖추게 된다.

그리 보자면, 회사 아닌 비법인기업(proprietorship)이나 민법 등에 따라 설립된 비영리법인(nonprofit corporation, nichtwirtschaftlicher Verein)은 기업집단의 구성요소가 되지 못할 것이다. 예컨대 법인으로 등록하지 않은 채 세무관청에 사업자등록만 하고 사업활동을 영위하는 개인소유 사업체라든지, 자연인들의 인적 결합으로서 그 업무집행조합원들의 합유재산을 형성할 뿐 별도의 법인격을 갖고 있지 못한 합작조합은 기업집단을 형성하는 요소가 되지 못한다. 이 같은 비법인기업이나 비영리법인들의 사업내용이 동일인에 의해 소유·지배되고 있더라도 그들의 집단은 공정거래법상 기업집단이 아니라고 보게 될 것이다.

통상적으로 비법인기업의 규모나 사업내용은 회사에 비해 영세한 경우가 대부분이고, 비법인기업의 지배는 주로 자연인 소유자 일신에 종속되며, 소유자가 사망할 경우 상속 등으로 기업이 분할되어 경제력을 지속하기가 어렵다. 영리를 추구하지 않는 비영리법인의 경우는 자체적으로 경제력을 형성하기도 쉽지 않다. 이 점을 감안하면 비법인기업이나 비영리법인의 집단이 경제력 집중을 유발하는 상황은 현실적으로 발생 가능성이 크지 않다고 보아야 할 것이다. 현행법이 기업집단 개념을 회사들의 집단으로 국한시킨 이유를 이로부터 추론할 수 있다.

그럼에도 현행 공정거래법이나 실무가 이제껏 대기업집단에 관해 주목해 온 측면이 형식보다 실질 내지 사실에 있다는 점, 그 결과 법인격 여부나 명의 여하에 관계없이 경제력을 집중시킬 우려가 있는 실체를 가급적 규율의 대상으로 포섭하려 한다는 점, 비법인기업이나 비영리법인이 기업집단 소속회사에 조력하여 경제력의 총합을 키우거나, 이를 매개체로 하여 사익이 편취되는 경우[13]도 상정할 수 있다는 점을 감안하면 기업집단의 구성요소를 굳이 회사로 한정한 현행 개념 정의 방식에는 재고의 여지가 있어 보이기도 한다. 회사 아닌 기업을 중심으로 기업집단 개념을 정의하는 방법을 대안으로 생각해 볼 수 있다.

한편, 기업집단 자체는 법인이 아닌 경제적 실체이다. 즉 기업집단의 구성요소인 회사는 법인격을 보유하지만 정작 그 집합체로서의 기업집단은 법인격을 갖고 있지 못하다. 그 결과 공정거래법상 기업집단에 대한 규제는 실상, 기업집단 자체가 아니라 기업집단을 구성하는 '회사', 또는 그 회사의 사업내용을 사실상 지배하는 '동일인'이나 그 동일인과 친·인척 등의 관계에 있는 '동일인 관련자'에 대해 적용되고 집행된다.

2. 기업집단 지배주체로서의 '동일인'

기업집단 혹은 그 소속회사의 사업내용을 지배하는 동일인은 본래

---

13 비법인기업을 통해 발생하는 모든 권리와 채무는 그 소유주에 귀속되므로 소유자가 이를 통해 직접 이윤을 획득하는 것이 회사에 비해 한결 용이하다.

'같은 사람(same person)'이라는 의미의 일상적 표현을 조합한 용어라 할 수 있다. 기업집단의 본질적 속성, 환언하면 특정 회사들의 집단이 기업집단인지 아닌지를 구분하는 핵심적 표지는 다름 아닌 기업집단 소속회사들의 사업내용이 같은 사람에 의해 지배된다는 점에 있다고 할 수 있는데, 이런 속성을 정의규정에 반영하여 '사업내용을 사실상 지배하는 동일한 사람'이라는 의미에서 동일인이라는 표현을 법률이 사용하게 된 것이다.[14]

하지만 이후 이 표현이 기업 및 경제현실에서 빈번히 사용되면서 '동일인'은 기업집단을 지배하는 주체(controlling person),[15] 혹은 총수라는 비공식적 표현을 대체한 일반명사로서 언어적 독자성을 확보하게 되었다. 동일인이 기업집단을 구성하는 핵심적 요소이면서도 규정 제정 시 그 개념이 별도로 정의되어 있지 않았던 이유, 그에 따라 이후 동일인 개념 정의를 위한 입법적 보완이 필요하다는 지적[16]은 이처럼 당초 기업집단 규제 도입 시 동일인이란 표현을 사용했던 취지와 그 이후에 변화된 현실과 인식 사이에 차이가 있었기 때문이라 하겠다.

한편, 동일인 개념은 여전히 법령상 정의되어 있지 않지만 그 개념

14 기업집단에 관한 규정이 신설된 1986. 12. 31. 개정 공정거래법에서는 제2조 제2항에서 기업집단의 개념을 정의하면서 현재와 거의 유사하게 "이 법에서 '기업집단'이라 함은 동일인이 다음 각 호의 구분에 따라 대통령령이 정하는 기준에 의하여 사실상 그 사업내용을 지배하는 회사(제1항에 규정한 사업 외의 사업을 영위하는 회사를 포함한다)의 집단을 말한다."라고 규정하였다.

15 실제로 미국의 1933년 증권법 section 15에서는 'Controlling Person'이라는 용어를 사용하면서 '주식 소유, 대리인 또는 기타 방식으로 또는 이를 통해, 또는 한 명 이상의 다른 사람과의 합의 또는 양해에 따라 또는 이와 관련하여 또는 주식 소유권, 대리인 또는 기타 방식을 통해 동법 제11조 또는 제12조에 따른 책임이 있는 자를 통제하는 모든 사람'의 의미로 'controlling person' 개념을 사용하였다.

16 권오승·서정, 『독점규제법』(제5판), 법문사, 2022, 534면.

을 추출하는 것은 어렵지 않다. 즉, '기업집단에 소속된 2개 이상의 회사의 사업내용을 사실상 지배하는 자'를 동일인으로 정의할 수 있다.[17] 나아가 동일인은 이들 회사를 통해 기업집단 전체를 사실상 지배하게 되므로 사실상의 지배의 객체는 회사뿐만 아니라 기업집단 자체로 볼 수 있다.

대개의 경우, 기업집단 최상단회사의 최다출자자나 회장 등 기업집단의 최고직위자, 혹은 기업집단의 경영에 대해 지배적 영향력을 행사하고 있는 자, 기업집단 내·외부적으로 대표자로 인식되는 자, 동일인 승계 방침에 따라 기업집단의 동일인으로 결정된 자 등이 동일인으로 판단된다. 동일인은 자연인일 수도 있고 회사나 비영리법인일 수도 있으나, 대개의 경우 자연인이 기업집단을 사실상 지배하고 있으며, 최상단 회사나 비영리법인이 기업집단의 동일인인 경우도 일부 존재한다.[18]

한편, 동일인과 기업집단의 관계는 닭과 달걀의 그것과 유사하다. 어느 한쪽으로부터 다른 한쪽이 도출되는 것인지, 즉 동일인으로부터 기업집단이 추출되는지, 기업집단으로부터 동일인이 추출되는지가 모호하다는 점에서 그렇다. 물론 법상으로는 동일인이 먼저 확인되고 나서 기업집단의 존재 여부, 그리고 계열회사와 전체 기업집단의 범위가 확인되는 구조로 규정되어 있다. 하지만 기업집단 및 동일인의 지

---

17 유사한 의미에서 '2개 이상의 회사의 집단을 사실상 지배하고 있는 자'를 동일인으로 설명하기도 한다. 권오승·서정, 위의 책, 534면.

18 실제로 2023년 지정된 82개 기업집단 중 동일인이 자연인인 경우는 72개, 회사인 경우는 9개, 비영리법인인 경우는 1개였다.

정 과정에 반드시 이런 판단의 순서가 적용되지는 않아 보인다.

즉, 법령상의 규정만 놓고 보면 어느 회사를 사실상 지배하는 실체, 즉 동일인이 누구인지를 규명하고 나서, 그 실체의 지배를 받는 또 다른 회사들이 있는지를 확인한 후, 만일 다른 회사가 존재하면 공정거래법상 기업집단이 존재하는 것으로 보게 된다. 하지만 현실적으로는 이미 실재해 온 기업집단을 전제로 그 기업집단을 사실상 누가 지배하고 있는지를 판단하여 동일인을 지정한 후, 그 동일인에 의해 사업내용이 사실상 지배되는 회사를 계열회사로 포함하여 기업집단 전체의 범위가 정해진다. 그에 따라 기업집단 전체의 자산총액이 추출되면 그 자산총액이 법률상 일정 기준 이상인지에 따라 대규모기업집단인지가 비로소 규명된다.

[참고] 동일인과 기업집단 확인의 선후 관계

[규정] 개별 회사의 사업내용을 사실상 지배하는 자가 동일한지를 확인 → 동일인을 지정 → 동일인의 지배를 받는 회사들의 집단을 기업집단으로 지정

[현실] 이미 존재해 온 기업집단을 전제로 그 집단을 사실상 지배하고 있는 자를 확인 → 동일인으로 지정 → 특정 회사가 기업집단의 계열회사인지를 판단하여 기업집단의 범위를 확정 → 대규모기업집단 여부를 판단하여 지정

3. 사업내용에 대한 '사실상'의 지배

동일인에 의한 회사의 사업내용 지배 여부는 형식상이나 법적인 지배가 아닌 사실상 혹은 경제적 지배 상태인지를 기준으로 판단된다. 회사제도의 원칙상 회사에 대한 지배는 지분 확보를 통해서 실현된

다. 대법원도 회사에 대한 지배의 의미에 관해 "소유하고 있는 다른 회사 주식의 의결권을 행사하여 그 회사의 경영에 영향력을 행사할 수 있는" 상태라고 판시한 바 있다.[19] 따라서 지분을 보유하지 않았거나 지배력을 행사하기에 충분한 지분을 확보하지 않은 상태에서는 회사의 사업내용에 대한 지배가 가능하지 않을 뿐만 아니라 바람직하지도 않다고 보는 것이 일반적이다.

하지만 한국의 기업집단 현실에서는 동일인이 회사에 대한 지배적 지분을 확보하지 않은 상태에서도 계열회사나 특수관계인 등을 통하여 그 의사결정과 업무집행에 실질적으로 개입해 오고 있다. 이처럼 지분 보유 없이도 사실상 소속회사에 대한 지배가 가능한 기업집단의 현실을 반영하여 기업집단의 구성요소로서 회사에 대한 동일인의 지배는 지분 보유 여하와 관계없이 사실상 유지되는 상태이면 족한 것으로 보게 된다.

그렇다면 사실상 지배 여부를 어떤 기준에 따라 판단할 것인지가 문제될 수 있는데, 이를 추론할 수 있는 규정은 공정거래법 시행령 제4조 제2항이라 할 수 있다. 이에 관해서는 후술한다.

한편, 공정거래법 제2조 제7호에서는 지주회사의 개념을 정의하면서 주식이나 지분의 소유를 통하여 국내회사의 사업내용을 지배하는 것을 주된 사업으로 하는 회사로 정의하고 있는데 이와 관련하여 지주회사 체제의 기업집단의 경우에는 지주회사 산하에 있는 자회사의 사업내용을 지배하는 주체를 누구로 볼 것인지가 문제될 수 있다. 지

---

19 대법원 2006. 11. 23. 선고 2004두5883 판결.

주회사 자회사의 사업내용을 지배하는 것은 지주회사이고 지주회사가 속한 기업집단의 소속회사의 사업내용을 사실상 지배하는 자는 동일인이므로 두 조문의 외형에 비춰 보면 사업내용의 지배에 관해 지주회사와 동일인의 역할이 중복되는 양상이 나타나기 때문이다. 다만, 기업집단 소속회사 전체가 지주회사 방식을 취하고 있고 최상단의 지주회사를 사실상 지배하는 자연인이 존재하지 않는 경우에는 그 지주회사 자체가 동일인이 될 수 있으며 실제로 그런 사례도 존재한다.[20]

반면에 지주회사가 복수로 존재하거나 그 지주회사의 사업내용을 사실상 지배하는 자연인이 존재하는 경우에는 지주회사의 산하에 있는 회사들의 지배주체에 대한 해석의 여지가 발생할 수 있다.

생각건대, 법문상으로는 지주회사 체제의 기업집단에서는 회사들의 사업내용을 지배하는 주체가 지주회사이지만 그 지주회사의 자연인 최다출자자가 존재하고 그 자연인이 기업집단 전체를 지배하고 있다면 지주회사 산하 회사들의 사업내용도 사실상은 해당 자연인에 의해 지배를 받는다고 보아야 한다. 따라서 지주회사 체제 내지 전환 기업집단인지 여부에 관계없이 동일인 판단은 법적 측면보다는 사실적 관점에서의 지배 여부를 중심으로 판단되어야 할 것이다. 그 점에서 조문상 '사실상'의 의미는 지주회사와 관련해서 또 다른 의미를 내포하고 있다.

---

20 예를 들어 자연인인 동일인이 존재하지 않는 포스코 기업집단의 경우 법인인 ㈜포스코가 동일인이었으나, 이후 2021년부터 포스코가 지주회사 체제로 전환하면서 종전의 ㈜포스코는 물적분할되어 철강 자회사로 전환되었고 지주회사인 포스코홀딩스가 2022년부터 포스코 기업집단의 동일인으로 지정되었다.

II. 기업집단의 최소 요건

기업집단을 개념적으로 완성시키는 회사의 최소 수는 2개이다. 즉, 동일인이 회사인 경우에는 동일인과 그 동일인이 지배하는 하나 이상의 회사만으로, 동일인이 회사가 아닌 경우에는 그 동일인이 지배하는 둘 이상의 회사로 기업집단이 구성된다(법 제2조 제11호 가목 및 나목). 동일한 기업집단에 속하는 이들 둘 이상의 회사는 각각이 서로에 대하여 '계열회사'의 관계에 서게 된다.

공정거래법은 원칙상 이들 최소 요건을 충족하면 기업집단이 성립된 것으로 보게 되며 경제력 집중 여부와 관계없는 공정거래법상의 다른 조항에도 이 기업집단 개념이 적용된다. 예컨대 기업결합 신고에 관한 제11조 제11항에서 규정하는 기업결합 신고 절차에서 기업집단 소속회사의 대리인 지정은 규모에 관계없이 2개 이상 회사의 집단이면 적용되며, 시행령 [별표2]의 불공정거래행위의 유형 또는 기준 가운데 '계열회사를 위한 차별취급' 규정 역시도 대규모인지 여부에 관계없이 모든 기업집단의 계열회사 간에서 발생하는 차별취급 행위를 대상으로 한다.

하지만 경제력 집중의 억제를 위한 규정 즉 공정거래법 제4장(제17조부터 제39조까지)의 규정은 일정 규모 이상의 기업집단, 즉 대규모기업집단(이하, '대기업집단'이라 함)에 대해서만 적용된다.[21]

---

21 법 제17조 이하의 지주회사 관련 규제의 경우 기업집단 전체의 규모가 아닌 지주회사 자체의 규모를 기준으로 법 적용 여부가 가려지고 이 점에서 기업집단 전체의 자산총액을 기준으로 지정되는 상호출자제한기업집단이나 공시대상기업집단의 규모기준과는 층위가 다르지만, 하

이때의 기업집단 규모는 기업집단을 구성하는 각 회사들의 자산총액을 기준으로 산정되는데, 그 자산총액이 국내총생산액(GDP)의 0.5%에 해당하는 금액 이상인 대규모기업집단은 '상호출자제한기업집단'으로, 자산총액이 5조 원 이상의 기업집단은 '공시대상기업집단'[22]으로 분류된다.

이런 두 가지 유형의 기업집단에 속하게 되면 공정거래법 제4장에서 규정하는 각종 사전규제(출자규제, 채무보증제한, 의결권제한 등)와 더불어 거래 및 지분에 대한 각종 공시의무가 부과되며, 법 제6장에 금지하는 특수관계인에 대한 부당한 이익 제공 금지규정의 적용을 받게 된다. 또한, 계열회사 자체나 그에 관한 자료를 누락 또는 허위로 제출할 경우에는 경고에서 형사처벌에 이르기까지 다양한 형태의 제재를 받을 수도 있다.

따라서 대규모기업집단에 해당하는지 여부, 혹은 어느 회사가 특정 기업집단의 범위 내에 속하는지 여부는 그 회사 및 그 회사의 사업내용을 사실상 지배하는 자의 이해관계에 대단히 중요한 영향을 미치게 될 것이다.

어느 대규모기업집단 유형이든 그 해당 여부는 기업집단의 자산총액, 즉 동일인에 의해 사업내용을 사실상 지배받는 회사들 자산의 총

나 이상의 자회사를 두고 있는 지주회사는 당연히 그 자체로서 기업집단을 형성할 뿐만 아니라 지주회사의 자산규모가 일정 수준 이상이어야 공정거래법을 적용받게 된다는 점에서 기업집단의 규모를 전제로 하는 규제의 유형에 포함해도 무방하다.

22 현재는 상호출자제한기업집단의 판단기준(명목 GDP 대비 0.5%)과 공시대상기업집단의 판단기준(자산총액 5조 원 이상)이 상이한데, 공시대상기업집단에 대해서도 명목 GDP 기준을 도입하려는 방안이 추진되고 있다.

합에 의해 결정되므로 기업집단을 구성하는 회사의 수가 많을수록 기업집단이 대규모일 가능성도 대체로 커지게 될 것이다. 이 점에서 기업집단 소속 계열회사가 어느 회사까지인지 즉 기업집단의 범위가 어디까지인지가 중요한 사안이며, 때로는 이 점이 규제의 전제 또는 법적 쟁점으로 부각되기도 한다.[23]

제3절 | 기업집단에 의한 경제력 집중의 유형과 의미

I. '경제력 집중'의 법적 지위와 논점

공정거래법이 기업집단을 규제대상으로 삼는 이유는 그것이 국민경제 차원에서 경제력을 집중시키는 원인이라고 보기 때문이다. 그

23 기업집단 소속 계열회사인지 여부가 문제된 사례로서 2021년의 미래에셋 여수경도 개발 사례를 들 수 있다. 이 사안에서 미래에셋 그룹의 지배구조 정점에 있는 (주)미래에셋컨설팅은 여수경도 관광단지개발 사업을 위해 YKD(와이케이디벨롭먼트: 미래에셋컨설팅 지분 67%)를 설립하였고, YKD는 전남개발공사로부터 여수경도 사업부지를 매수하여 사업시행자 시위를 획득했다. 또한, YKD는 사업부지 중 일부에 생활형 숙박시설을 분양하기 위해 GRD를 공동출자로 설립하고, GRD는 YKD로부터 개발부지(6.5만 m^2) 매입 목적으로 미래에셋증권(300억)과 미래에셋생명(150억)으로부터 브릿지론 450억 원을 차입했다. 자본시장법 제34조 제2항은 대주주에 대한 증권사의 신용공여를 금지하고 있으며, 보험업법 제111조 제2항은 대주주에 대한 신용공여를 할 때에는 이사회의 전원 찬성 의결을 거쳐야 한다고 규정하고 있다. 만일 계열사에 해당한다면 미래에셋 금융계열사들이 GRD에 대출해 준 행위는 위법행위이다. 문제는 이 사안에서 30% 이상의 지분(정확히는 절반에 가까운 49.3%)을 보유한 최다출자자가 존재한다는 점인데, 이런 상황에서 최다출자자가 아닌 2대 주주(20.5% 지분을 보유한 특정 대기업집단 동일인 관련자)를 대상으로 그 법인 주주의 계열회사가 금융자문사로서의 역할을 하거나 특정 주주가 담보제공 등의 거래를 한 점을 근거로 하여 해당 SPC를 2대 주주와 동일한 기업집단 소속 계열회사로 볼 수 있는지가 핵심 쟁점으로 부각되어 있다. 국회의원 이용우 의원실, 「미래에셋 여수경도 개발 GRD는 위장 계열사, 공정위 SPC를 이용한 금융계열사 우회 지원 막아야」, 2021. 10. 20. 보도자료 참조.

리고 규제가 도달하고자 하는 종국적 지향점도 경제력 집중의 억제에 맞춰져 있다. 요컨대, 경제력 집중(concentration of economic power)은 기업집단 규제의 작동 근거이자 표적이라 할 수 있다. 공정거래법 제4장의 표제가 '경제력 집중'의 억제로 설정된 점이 이를 상징적으로 보여 준다.

이처럼 기업집단의 억제를 위한 규제 법리의 핵심에는 '경제력 집중'이라는 개념이 자리 잡고 있으나 정작 경제력 집중이 무엇을 의미하는지, 환언하면 집중이 되는 '경제력'의 의미와 억제의 대상이 되는 '집중'의 정도에 대해서는 법에서 아무런 언급을 하고 있지 않다. 오로지 이론과 해석을 통해서만 그 의미와 요건을 추출할 수 있을 뿐인 이 경제력 집중의 현상은 사실 공정거래법뿐만 아니라 헌법 제119조 제2항으로부터 유추되는 헌법상의 규율대상이기도 하다.

주지하다시피 우리 헌법은 국가의 경제활동에 대한 규제와 조정의 사유 가운데 하나로서 '경제력의 남용 방지'를 천명하고 있고,[24] 그 실천규범으로서의 공정거래법이 이를 근거로 하여 경제력 집중을 억제하기 위한 각종의 사전/사후규제 수단들을 마련해 두고 있다.

공정거래법으로 좁혀 보면 제1조 목적조항에서 "사업자의 … 과도한 경제력 집중을 방지"한다고 표현되어 있는데, 여기서 경제력 집중의 방지는 일견 이 법의 직접적·궁극적 목적을 달성하기 위한 수단이

24 이처럼 헌법이 '경제력의 남용 방지'를 규정하고 있음에도 공정거래법이 경제력의 집중 자체를 억제하고 있는 것은 타당성 없는 규제라는 지적이 있다. 이철송, 『경제력 집중 억제 제도의 법리적 반성』, 한국경제연구원, 1995 참조.

거나 이 법이 추구하는 목적의 하나로 평가되기도 한다.[25] 또한 기업집단에 대한 사전규제(ex-ante regulation) 관련 규정인 제4장에서는 전술한 것처럼 장(章)의 표제로서, 그리고 법 제55조 제2호 후단에서는 공정위의 소관사무로 경제력 집중의 억제를 제시하고 있다. 또한 법 제6장에는 부당지원행위 및 사익편취(특수관계인에 대한 부당한 이익 제공)에 대한 금지규정들이, 비록 명시되지는 않았지만, 경제력 집중을 염두에 두고 이 현상의 억제를 위한 사후규제(ex-post regulation)의 수단으로 자리 잡고 있다.[26]

경제력의 집중 문제는 이 법의 목적조항이나 표제 등에 잠시 등장하는 상징적 표현으로 머물러 있지 않고, 이미 구체적인 사건에서 법 위반 여부를 가리기 위한 실재적 기준으로 작용하기도 한다. 지주회사 규제, 부당지원행위, 그리고 최근 특수관계인에 이익 제공 금지행위와 관련하여 대법원 판결들이 나오고 있고 경제력 집중이 공정거래법 위반을 성립시키는 요인이 될 수 있음이 거듭 천명되고 있다.

그런데 이처럼 공정거래정책 및 기업집단 정책의 핵심 지점에서 규제의 대상으로 다루어져 온 경제력 집중현상은, 여전히 그 의미와 구성요소에 관한 입법적 정의와 학술적 규명, 그리고 사법적 해석이 완료되어 있지 않은 불명확한 개념으로 남아 있다. 지난 2004년 무렵에

25 권오승, 『경제법』(제10판), 법문사, 2013, 84~86면.

26 공정거래법 제47조가 제4장이 아닌 제6장에 위치하고 있을지라도 제45조의 불공정거래행위 금지규정과는 별개의 규정 형식을 취하고 있을 뿐만 아니라 "특수관계인에 대한 부당한 이익 제공 등 금지"라는 독립된 표제를 가지고 있으므로, 그 규제 목적이 일반적인 부당지원행위 규제와는 달리 '대기업집단 총수 일가의 사익편취행위의 금지'를 통해 '경제력 집중을 억제'하기 위한 것이라고 해석할 수 있다. 김윤정, 「특수관계인에 대한 부당이익 제공행위 규제의 법적 쟁점과 개선과제」, 『경제법연구』 제29권, 2014, 95면.

있었던 일련의 부당지원행위 관련 대법원 판결로부터 2022년부터 개시된 일련의 사익편취 관련 대법원 판결에 이르기까지도 그 의미가 구체적이거나 일관되지 않은 상태에서 경제력 집중이란 표현을 설시하고 있다. 그에 따른 해석상의 혼선은 수범자와 법 집행기관의 예측 가능성을 떨어뜨리는 요인으로 작용하게 된다. 경제력 집중이 그간의 경제정책에서 점해 온 높은 비중이나 소송상 핵심 쟁점으로 대두되어 오고 있는 현실을 감안한다면 이 같은 상황이 장기간 지속되고 있는 점이 오히려 이례적이라 할 만하다.[27] 경제력 집중에 대한 이론적·실무적 규명이나 기준 정립이 시급히 요구되는 이유이다.

II. 경제력 집중에 대한 법적 규율의 구도와 전제

1. 일반론적 관점에서 본 경제력 집중의 의미와 규율방식

경제력 집중이란 경제적 자원과 수단을 소유·지배할 수 있는 힘이 소수의 경제주체에게 집중되는 현상을 말한다.[28] 여기서의 경제력

27 이와는 반대로, 경제력 집중에 대하여 공정거래법과 그 밖에 다른 법률이 그 개념을 정의한 바가 없고, 어떤 경우에 경제력 집중이 발생하였다고 볼 것인지에 대한 객관적 기준이 마련되어 있지 않다는 점을 근거로 경제력 집중의 규제는 당분간 공정거래법 제4장의 규제로 충분하고 경쟁제한성과 직접 관련이 없는 재벌집단의 소유 집중이나 지배구조의 문제는 다른 법률로 규율하여야 한다는 주장이 있다. 주진열, 「공정거래법상 부당지원행위 규제에 대한 비판적 고찰」, 『법학』 53권 1호(통권162호), 서울대학교 법학연구소, 2012, 659~662면.

28 권오승, 앞의 책, 85면.

(economic power)은 시장력(market power)[29]과 유사하게, 가격이나 경쟁에 영향을 미칠 수 있는 성질을 지니면서[30] 그 이상의 의미를 내포한 개념으로도 이해된다. 시장경제에서 경제력은 그 보유주체들에게 고루 분산되어 귀속하거나 반대로 특정 주체에 집중 또는 수렴되어 축적되기도 한다. 경제력이 취하는 이 같은 상반된 속성 즉 분산이나 집중으로의 지향성은 그 힘을 보유한 주체의 의사나 그 힘을 둘러싼 시장환경에 따라 결정된다.

특히 기업의 성과가 동일하지 않은 한 시장에서의 사업자 간 힘 균형은 동일하게 유지되기 어려운 성질을 지닌다. 그 점에 비춰 보면 경제력 집중 자체는 자연스러운 경제현상의 일종이므로 그 결과를 중립적으로 평가할 수도 있다. 이 현상에 대해 언제나 규범적 평가 내지 규율이 뒤따라야 하는 것은 아닌 이유이기도 하다. 더욱이 경제력 집중은 일정 범위 내에서 경제에 유익한 결과를 유발할 수 있으며, 소비자 입장에서는 거래의 안정과 후생 향상 측면에서 나타날 수 있으므로 곧바로 규제하기보다는 집중현상에 따른 경쟁자 배제 효과와 긍정적인 효과를 사안별로 비교형량해 볼 필요가 있다.[31]

그럼에도 경제력 집중이 야기하는 시장 기능의 위축 또는 경직성, 나아가 경제주체뿐만 아니라 사회구성원들의 의사결정상의 자

---

29 일반적으로 '시장력'은 가격을 통제하고 경쟁자를 배제시킬 수 있는 능력을 의미하는 용어로 사용된다. William L. Baldwin, *Market Power Competition, and Antitrust Policy*, Homewood, IL: Irwin, 1987, p. 3.

30 William James, Moral Equivalent of. War, p. 5; cf. Messageof President Franklin D. Roosevelt, S. Doc. No. 173, 75th Cong., 3d Sess.

31 The Concentration of Economic Power, Conference of National Organizations, Atlantic City, N. J., June 10, 1957.

유를 제한하는 부작용 또한 간과할 수 없는 부분임에 분명하다. 학술적 차원에서 경제력 집중 문제를 체계적으로 규명하기 시작한 Adolf Berle와 Gardiner Means가 그들의 1932년 명저(*The Modern Corporation and Private Property*)에서 소수 대기업의 부상과 그들이 경제를 주도함으로 인해 발생하는 문제를 경고[32]한 이래, 경제력 집중은 좁게는 근대 회사의 발전과정에서 나타나는 소유/경영 분리의 원인이자, 넓게는 국민경제의 자율성 감소와 리스크 증가를 유발하는 요인으로 다루어져 왔다.

단 경제력 집중에 내재된 일련의 복합성을 감안하여 각국의 입법모델은 복합적으로 형성되어 왔다. 즉 경제력 집중 문제에 대한 법적 접근법은 특별히 법적 규율의 대상으로 삼지 않는 경우, 규율대상으로 삼더라도 순기능과의 형량을 거쳐 억제 및 규제 수단을 발동하는 경우, 그리고 사전억제나 사후규제 중심의 체계를 운용하는 경우 등 다양한 형태가 존재한다. 예컨대 미국의 경쟁입법에서도 경제력 집중에 대한 고려의 흔적이 어렵지 않게 발견되지만,[33] FTC 법 제정 시에 미국 의회는 경쟁자들 간의 재판매가격에 관한 합의를 무효로 규정하는 데 신중한 입장을 취하기도 하였고,[34] 1956년 제정된 미국의 은행

---

32 Berle, A. and Means, G. *The Modern Corporation and Private Property*, Commerce Clearing House, New York, 1932.

33 이에 관한 문헌들로는 Victor H. Kramer, Commentary: Economic Concentration and the Antitrust Laws, *Washington University Law Review*, Vol. 1975 Issue 1, Symposium: Legal Services to the Poor in Developing Countries, 1975; CONFERENCE OF NATIONAL ORGANIZATIONS, Concentration of Economic Power, HOTEL DENNIS, ATLANTIC' CITY, N. 'J.(JUNE 10, 1957); David Lynch, *The Concentration of Economic Power*, Columbia University Press, 1946. 등이 있다.

34 S81 Cong. Rec. 7487; United States v. McKesson e. Robbins, 351 U. S. 305.

지주회사법(Bank Holding Company Act)도 은행산업에서 소규모 은행들이 남설되어 무한 경쟁을 벌이는 상황보다는 일정 규모 이상의 은행들이 소위 유효경쟁(workable competition)을 통해 규모/범위의 경제를 창출하고 시장 안정을 통해 소비자를 보호하는 측면이 있으므로 집중이 시장의 안정과 소비자 이익에 어느 정도 기여한다는 전제하에 집중현상을 일률적으로 통제하지는 않는 접근법을 취한 바 있었다.[35] 반면에 프랑스에서는 The French Law of July 2, 1963[36]에서 경제력의 집중과 남용 문제를 규정한 사례가 있었고,[37] 비교적 최근인 2013년 12월 9일에 입법된 이스라엘의 '경쟁 촉진 및 경제력 집중 감소를 위한 법률(Law for the Promotion of Competition and Reduction of Economic Concentration)'[38]에서는 기업집단에 의한 금융기관 보유 등을 내용으로 하는 강력한 입법이 수립되기도 하였다.

이상의 규범 유형을 기준으로 할 때, 우리의 경우는 경제력 집중이 공정거래법에 도입된 지난 1987년 이래 후자, 즉 억제 중심의 규율체계가 수립 및 전개되어 온 셈인데, 특히 정책 및 정치환경의 변화에 따라 규제의 범위와 강도를 달리하며 발전 혹은 위축되어 오는 가변성을 보이기도 하였다.

---

35 경제력 집중에 대한 이 같은 신중한 기조는 은행인수가 은행시장의 집중을 유발하지만 연방준비제도 이사회(Board of Governors of the Federal Reserve System)의 사전 승인을 통해 폐해 여부가 심사된다는 점도 영향을 미쳤다.

36 Law No. 63-628, Journal Officiel 5915 (1963), Bulletin Législatif Dalloz (1963) p. 326.

37 Robert I. Starr, Concentration of Economic Power and the French Law of July 2, 1963, *The American Journal of Comparative Law*, Vol. 14, No. 1, Oxford University Press, Winter, 1965, p. 98~118.

38 5774-2013, 흔히 '경제력 집중법(The Concentration Law)'으로도 불린다.

요컨대, 경제력 집중은 그 개념의 외연이 폭넓기도 하거니와 그 효과도 일의적으로 단정할 수 없는 복합성을 띠고 있는 까닭에, 강학상의 정의는 불가능하지 않지만 어느 정도면 경제력이 집중된 것으로 볼 수 있을지를 가늠하거나 그 결과에 따라 위법성을 판단하기 위한 기준으로 삼기 쉽지 않은 속성을 지니고 있다. 그 때문에 법적 판단의 기준으로서 경제력 집중에 대한 조망은 그 자체로서보다는 구체적인 발현 형태 내지 세부 유형을 중심으로 시도되는 것이 타당한 측면이 있다.

2. 경제력 집중의 세부유형에 대한 기존의 관점

경제력 집중은 공정거래법상의 용어이지만 개념이 정의되지 않은 표현이기도 한 까닭에 그 개념과 세부유형은 학술적 논의와 비교법적 분석을 통해 정립되고 제시되어 왔다. 강학상으로는 경제력이 집중되는 분야 내지 구역을 기준으로 하여 시장집중, 일반집중, 소유집중으로 구분하는 것이 일반적 방법이었고, 이에 덧붙여 산업집중, 지배집중, 기업집중, 구매자 집중 등 다양한 유형들이 제시되었다.

이 가운데 일반집중(aggregate concentration)은 특정 기업이 국민경제에서 점하는 상대적 지위를 뜻하는 용어로 사용되고 있다.[39] 특정 경제주체가 국민경제나 산업분야, 지역에서 점하는 경제적 지위로 인

39 황인학, 『경제력 집중, 한국적 인식의 문제점』, 한국경제연구원, 1997, 25면; 홍명수, 『재벌의 경제력 집중규제』, 경인문화사, 2006, 10면.

해 발생하는 이 정치·경제적 힘은 그 포괄적 속성으로 인해 경제정책 차원은 물론이고 정치학, 사회학 측면에서도 분석 대상이 되어 온 사회현상이기도 하다.

다음으로 시장집중(market concentration)은 개별 상품이나 용역시장에서 참여기업이 차지하는 상대적 비중을 의미하며, 산업집중(industry concentration)으로 불리기도 한다. 전통적인 경쟁법과 산업조직론에서 조망되어 온 경제력 집중현상이 곧 시장집중이라 할 수 있다. 다른 조건이 동일하다면 시장집중 정도가 높을수록 경제력이 집중된 기업이 독점적 관행으로 유도될 가능성이 커지고 자원의 비효율적 배분과 경제적 성과의 저하가 발생한다고 본다. 이런 점에서 시장집중은 시장지배력 측정의 중요한 지표로 활용되고 있다.

이에 비해 소유집중(ownership concentration)은 단순한 의미에서는 기업이나 기업집단에 대한 소유지분 즉 의결권 있는 주식이 특정 집단이나 개인에게 집중되는 현상을 일컫는 의미로 사용된다. 그 결과 법적으로는 특정 기업 지분의 소유자들이 당해 기업들의 경영권을 통제하여 영향을 미칠 수 있는 지배구조 내의 역학관계가 규율의 대상이 되어 오고 있다. 주로 기업 내의 지분 보유 정도를 기준으로 파악되며, 기업집단에 대한 자연인 가족 구성원이나 법인의 부(富) 또는 기업자산에 대한 지배 수준을 기준으로 산출되기도 한다. 집중의 크기로 보면 일반집중, 시장집중, 소유집중 순(順)으로 배열할 수 있지만 집중의 강도나 규제 가능성은 상황에 따라 다를 수 있다.

한편 소유집중과 별개로 지배집중(control concentration)이 유형의 하나로 제시되기도 한다. 지배집중은 기업의 경영활동에 대한 지배권, 즉 다른 회사 주식의 의결권을 행사하여 그 회사의 경영에 영향력을 행사할 수 있는 가능성이 특정인이나 그 가족에게 집중되는 현상을 의미한다.[40] 특정의 기업이나 기업집단에 대한 지배력은 각 기업에 대한 지분의 비중이 증가할수록 심화되므로 소유집중은 지배집중과 밀접한 관련성을 지닌다.[41] 즉 지배집중은 소유집중의 원인으로 작용할 수 있다. 하지만 지배집중이 언제나 소유집중을 통해서만 발생하는 것은 아니어서 한국의 경우처럼 특수관계인의 의결권 있는 주식 보유비율이 미미한 수준에서는 의결권 있는 주식의 소유가 특정 자연인에게 집중되지 않더라도 계열사 보유 주식을 통해 기업집단의 지배권을 유지·강화하는 것도 가능하다.[42] 이 점에 비춰 보면 지배집중은 소유집중의 연장선상에 있으면서 다른 한편으로는 별도의 분류가 필요한 독자성을 지닌다.

이 외에 복합집중을 경제력 집중의 한 유형으로 제시하는 견해도 있다. 복합집중은 일반집중과 유사한 개념이나 기업규모의 방대함뿐 아니라 소위 문어발식 사업팽창이라 불리는 다변화력(diversification

40 이 때문에 한국 기업집단의 소유·지배구조는 엄밀하게 말하면 소유집중도 아니고 소유와 지배가 괴리된 상태, 즉 순환출자를 활용하여 소수지분만으로 전체 기업집단을 지배하는 소수지분권자의 지배집중으로 봐야 한다고는 주장이 제기된다. 서정, 「재벌의 내부거래를 둘러싸고 나타난 규범의 지체현상과 그 극복」, 『법조』, 2015. 5, 201~207면.

41 소유집중과 지배구조의 문제는 분리해서 접근할 필요가 있지만, 소수지분율로 그룹 전체를 지배하는 지배구조하에서 경영권의 편법승계가 이루어질 토양이 마련된다는 문제의식만큼은 공감한다는 분석도 있다. 이봉의, 「기업집단지배구조에 관한 토론문」, 『비교사법』, 2017, 1427면.

42 한국의 대기업집단 규제에서의 '지배'의 의미는 2006년에 있었던 성담의 지주회사 행위제한 위반 건에 대한 판결에서 제시된 바가 있었다. 이 사건에서, 대법원은 시행령 제15조의3 소정의 '지배관계'에 있어서 '지배'란 '회사가 소유하고 있는 다른 회사 주식의 의결권을 행사하여 그 회사의 경영에 영향력을 행사할 수 있는 것을 의미한다'고 보았다. 대법원 2006. 11. 23. 선고 2004두8583 판결 참조.

power)을 포함한다는 점에서 차이가 있다.[43] 주로 한국의 기업집단에서 상위, 예컨대 30대 기업집단에 의해 형성되는 경제력 집중을 복합집중으로 거론하는 경향이 있는데, 현재는 규모기준의 순위에 따른 분류법이 채용되어 있지 않은 법 환경에서 이 유형을 별도로 거론할 실익은 크지 않아 보인다.

한편 경제력 집중의 일종으로 구매자 집중(Buyer concentration)이 거론되기도 하는데, 그 의미는 특정 상품을 구매하는 구매자들이 소수인 경우에 나타나는 집중현상으로 이해된다.[44] 모든 상품이나 용역에 단일한 구매자가 존재할 경우를 뜻하는 수요독점(monopsony) 상태도 구매자 집중의 연장선상에 있는 개념이다. 여기서 구매자 집중을 시장집중과 구분되는 개념으로서 별도의 유형으로 분류한 이유를 살펴볼 필요가 있다. 그 이유를 추론해 보자면, 시장집중은 시장점유율을 중심으로 판단되고, 시장점유율은 관련시장을 토대로 산출되며, 관련시장의 획정기법은 전통적으로 공급자나 판매자의 가격인상에 대한 수요자의 대체선의 범위를 중심으로 형성되기 때문에 경제학적 측면에서는 시장집중이 판매자 집중(seller concentration)으로 인식되는 듯하다. 이 때문에 구매자 집중을 시장집중과 구별되는 별개 개념으로 파악한 것으로 이해되기는 하지만, 시장집중을 전제로 개별 상황의 집중도 평가 시에 구분하여 산정하는 것으로 족하므로 이를 별개의

---

43 황인학, 『경제력 집중, 한국적 인식의 문제점』, 한국경제연구원, 1997, 16면.

44 R. S. Khemani & D. M. Shapiro, *Glossary of Industrial Organisation Economics and Competition Law*, commissioned by the Directorate for Financial, Fiscal and Enterprise Affairs, OECD, 1993, p. 27.

유형으로 세분화해야 할 불가피성은 크지 않아 보인다.

3. 경제력 집중의 경쟁제한 효과

경쟁법상 보편적 위법성 성립요건으로서의 경쟁제한성이 기업집단 소속 기업에 의해 발생할 경우에, 해당 기업의 입장에서 거래조건 관련 교섭력 제고에 따른 이윤의 극대화의 기반이 마련되는 장점이 있는 반면에, 독과점적 지위를 남용하여 경쟁자 배제 및 소비자 후생감소 효과가 발생하거나 사업자 간 공동행위 발생 가능성이 증가되는 문제를 낳을 수 있다. 이 같은 결과는 경쟁법의 전형적 규제대상이 되는 행위 내지 현상으로서 경쟁법상 시장지배적 지위남용 규제와 카르텔 규제가 시장집중에 따른 폐해를 사후규제하기 위한 수단으로, 기업결합 규제는 시장집중의 폐단을 사전에 차단하기 위한 수단으로 작용하게 된다.

(1) 일반집중이 경쟁에 미치는 영향

일반집중에 대한 우려는 본래 경쟁정책 외에 정치경제학적 관점에서도 제기되어 왔다. 즉 기업집단의 규모와 경제적 영향력이 증가되면 기업집단이 보유한 경제력이 정치력으로 변환되어 기득권을 창출, 보호 내지 강화하는 요인으로 작용할 것이라는 우려가 전통적으로 존재한다.

이 같은 측면 외에도 대기업집단에 의한 일반집중은 시장이나 소비자후생에 중대한 영향을 비칠 수 있다. 특정 기업집단에 의한 일반집중은 일면 경쟁을 촉진하는 요인으로 작용할 수 있다. 집단에 소속된 기업들은 집단화를 통해 창출된 규모 및 범위의 경제, 그리고 기업집단 내에 존재하는 대체자원이나 사업상의 경험들을 지렛대로 하여 시장에의 신규진입을 과감하게 시도할 수 있다. 이에 따른 효과는 특히 각종 제도적·경제적 진입장벽이 존재하는 경우에 더욱 긍정적으로 나타나게 되는데 개별 기업으로부터는 기대하기 어려운 시장의 활력 및 경쟁 확대 효과가 기업집단을 통해 나타날 수 있다. 이에 더하여 다양한 금융조달 수단을 보유하고 있고 사업의 포트폴리오를 다양하게 구성할 수 있다는 점도 신사업 분야의 진출에 따른 리스크를 감내할 수 있는 역량으로 작용하게 된다.[45]

하지만 기업집단을 통해서만 기대할 수 있는 이 같은 인프라들이 동시에 그 이면에서 경쟁을 제약하는 요인으로 작용할 수 있다. 일반집중은 특정 시장 내에서, 혹은 시장을 넘나들며 사업자들 간의 과점적 동조행위(oligopolistic coordination)의 발생가능성을 높인다.[46] 기업집단의 소속기업들은 현재 진출해 있거나 향후 진출가능한 시장에서 상호 우호적인 시장환경을 조성할 수 있으며, 그 결과 상대방의 시장에 진출하기보다는 적극적인 경쟁에 가담하지 않는 방향을 선택할 수 있다. 또한 일반집중은 특정 기업집단 소속회사가 진출해 있는 시장에서 기존 경쟁자의 사업확장이나 신규진입을 억제하는 요인으로 작

---

45 Michal Gal, Thomas Cheng, Ebru Gokce, Competition Law and Aggregate Concentration, at https://unctad.org/Topic/Competition-and-Consumer-Protection/Research-Partnership-Platform/Aggregate-Concentration

46 Bernheim, D. and M. Whinston, 「Multimarket Contact and Collusive Behavior,」 *Rand Journal of Economics*, 1990, pp. 1~26.

용하기도 한다. 그에 따른 결과는 혁신동력의 약화, 경제성장 및 소비자후생에 대한 부정적 영향 등 경쟁정책에서 일반적으로 우려하는 경쟁제한 효과와 동일하게 출현할 것이다.

(2) 소유 및 지배집중이 경쟁에 미치는 영향

소유집중 자체에 대한 법적 관심의 전형은 회사법 영역에서 출현해 온 것으로 볼 수 있다. 개별 기업이든 기업집단이든 지분의 소유가 특정 주주 내지 투자자에게 집중됨으로 인해 발생하는 지배주주와 소액주주 간의 이익상충의 문제로 다루어져 왔다.[47] 하지만 최근에는 소유집중 관련 법적 이슈의 스펙트럼이 확장되어 가고 있고, 특히 소유집중은 경쟁관계가 형성될 수 있는 투자회사들의 경영전략적 사안에 적극적으로 의결권을 행사함에 따라 소유집중이 경쟁정책에도 일정한 영향을 미치고 있다.[48] 일정 정도의 소유집중은 기업의 혁신이나 가치창출 측면에서 순기능을 수행하기도 하는 반면에, 그 이면에서 기업 내부적으로는 기업의 지속성과 소액주주의 권익에 부정적인 영향을 미치는 한편, 자산운영가들이 자사와의 경쟁을 회피하는 방향으로의 의결권 행사를 전략적으로 행하는 등 경쟁이나 부의 분배, 회계의 투명성에 부정적인 외부효과를 내기도 한다.[49] 특히 자

---

47 Pankaj M. Madhani, Ownership Concentration, Corporate Governance and Disclosure Practices: A Study of Firms Listed in Bombay Stock Exchange, No. *The IUP Journal of Corporate Governance*, Vol. XV, No. 4, June 2019.

48 Alissa Kole Amico, *Why Ownership Concentration Matters*, Harvard Law School Forum on Corporate Governance, posted on February 24, 2020.

49 *Ibid*.

본시장이 상호작용이나 국가의 통제를 받기보다는 소수의 대형 자본세력에 의해 장악되는 상황에서 자본시장에의 신규상장을 위한 경쟁은 주주나 기업의 권익보다는 지배주주의 이익 극대화가 주된 목적인 과점적 기관투자자 집단 사이에서만 발생할 우려가 있다는 점이 지적된다.[50]

하지만 우리의 경우 기업집단의 내부통제력이 동일인 등 총수 일가에게 집중되는 현상에 주목하는 것으로서 집중의 결과에 따른 불합리한 결과를 사전에 방지하려는 취지를 지닌 것으로 볼 수 있다. 단 그 같은 불합리한 결과가 어떤 상황을 의미하는지에 대해서는 주지하다시피 학설상의 견해가 일치되어 있지 않으나, 계열회사 상호간에서 발생하는 부당지원행위나 소유회사와 특수관계인 사이에서 발생하는 부당지원행위(법인인 특수관계인과 계열회사) 또는 사익편취행위(자연인인 특수관계인과 계열회사)의 발생 우려가 증가하는 상황을 방지하려는 취지를 지니고 있는 것으로 해석되는 경향이 학계와 법원 내에서 대두되고 있다.

한편 지배집중의 경우 적은 지분으로도 기업집단 전체에 대한 지배권을 강화하는 이유는 복합적이다. 즉 기업집단 전체 규모의 확장을 도모하기 위한 측면 이외에 지배주주의 지분이 적은 회사로부터 큰 회사로의 부의 이전과 총수 일가의 지분이 많은 회사로의 지원 및

---

50 예를 들어 항공산업의 경우 전 세계 자본시장에서 상위 10대 기관투자자의 지분 비중이 20%에 달하는 것으로 나타나는데, 소유집중에 따른 기관투자자들과 자산운영자들 간의 이해상충 문제가 부각되면서 미국 등을 중심으로 이에 대한 대응방안의 모색이 정책 과제로 부각되고 있다.

이익 제공이 행해질 수 있는데, 이 경우 경쟁의 출발선 내지 공정한 거래 환경(level playing field)의 측면에서 경쟁제한 효과가 나타날 수 있다.

III. 공정거래법의 규율대상으로서 경제력 집중에 대한 재구성

1. 공정거래법이 규율대상으로 삼는 경제력 집중의 유형

현행 공정거래법 제1장 제1조, 제4장, 제6장 제45조 제1항 제9호 및 제47조에 외형상 혹은 해석상 등장하는 경제력 집중의 유형들이 학술적으로 거론되는 제반 유형 모두를 포괄한다고 보기는 어렵다.

우선 시장집중은 이론상 경제력 집중의 일 유형에 해당된다는 점에 의문이 없지만 현행 공정거래법이 규율대상으로 전제하는 경제력 집중의 범주에 시장집중을 포함시키는 것이 일반적이다.[51] 이 점은 입법 형식상으로도 명확히 나타나는데, 공정거래법 제3장의 표제를 '기업결합의 제한 및 경제력 집중의 억제'라고 두 개념을 나누어 규정한 점을 근거로 들 수 있다. 즉 시장집중을 규제하기 위한 수단인 기업결합 규제를 경제력 집중과 명백히 구분하여 표현함으로써 적어도 공정거

51 개별 시장에서의 집중도를 나타내는 것으로서 경쟁제한효과를 판단하는 것과 관련되기 때문에 경쟁제한성과 독립적으로 사용되고 있는 경제력 집중에 있어서 시장집중의 의미는 포함하지 않는 것으로 이해하는 것이 타당하다는 견해로는 홍명수, 「현저한 규모에 의한 지원행위의 규제법리 고찰」, 『법과 사회』(통권 제42호), 2012. 6, 241면 참조.

래법상으로는 시장집중이 일반집중 등의 경제력 집중 규율의 대상에서 배제된다는 점을 드러내고 있다.[52]

반면 공정거래법 규율대상으로서의 경제력 집중에 일반집중이 포함된다는 점에 대해서는 학계의 해석론상 의문이 없는 듯하다. 공정거래법이 제3장에서 대기업집단을 대상으로 하여 열거해 놓은 일련의 사전규제들은 기업집단이 국민경제 전반에 미치는 일반집중현상을 차단하기 위한 것이라는 점에 의견이 수렴되어 있고,[53] 대법원 역시 공정거래법상의 경제력 집중에 대하여 일관되게 일반집중 중심으로 해석하여 왔다는 점에서 그러하다.[54] 이에 대한 논지는 후술한다.

이에 비해 소유집중의 경우는 공정거래법의 규율대상인지에 의문이 제기될 수 있다. 기업집단의 소유집중이 경영권의 세습, 국민경제적 리스크 확대, 혹은 계열사 간 거래 및 일감몰아주기, 터널링 등 다양한 문제의 원인일 수는 있지만, 의결권 있는 지분의 비율이 증가하는 현상 자체를 세법이 아닌 공정거래법에서 문제 삼을 근거가 명확치 않다.[55] 소유집중 자체는 다소 가치중립적인 측면이 있어서 소유집

---

52 더욱이 2020년 전부개정 법률에서는 '기업결합의 제한'을 제3장에, '경제력 집중의 억제'를 제4장으로 구분하여 규정함으로써 경제력 집중이 경쟁법상 시장집중을 배제시킨 개념이라는 점은 보다 분명해진 것으로 볼 수 있다.

53 예컨대 부당지원행위의 도입취지가 계열회사 간 상호교차적 보조행위로 인해 한계기업의 퇴출 저해 또는 경제력 집중을 야기하고 계열 외 기업과의 공정한 경쟁을 저해하기 때문이라는 것은 공정거래위원회의 공식적인 입장이었다. 공정거래위원회, 『시장경제창달의 발자취』, 2001, 132면.

54 대법원은 법 제3장에서 규정하는 지주회사의 제한적 허용, 계열회사 간 상호출자금지 및 대규모기업집단에 속하는 중소기업창업투자회사의 계열회사의 주식취득금지, 금융회사 또는 보험회사의 의결권제한 등에 관한 규정들이 대규모기업집단의 일반집중을 규제하기 위한 것이라고 보고 있다. 대법원 2004. 3. 12. 선고 2001두7220 판결, 대법원 2006. 5. 12. 선고 2004두12315 판결 등.

55 절대적 지분을 보유한 주주들이 회사의 적자에도 불구하고 거액의 배당을 결정한 최근 사례

중도 규제대상에 포함되는 것으로 입법자가 결단을 한 것으로 보기는 어렵다거나,[56] 공정거래법이 사익편취 규제 등을 통해 억제하고자 하는 소유집중은 단순히 특정한 개인에게 경제적 자원의 소유가 집중되는 것을 말하는 것이 아니라 재벌의 편법적인 부의 승계를 가능하게 한 소수 지배집중을 억제하기 위한 것이라는 견해[57]도 동일한 문제의식을 토대로 한다. 대법원이 지난 2004년 판결(소위 '삼성SDS 사건' 판결)[58]에서 소유집중은 구 공정거래법 제23조 제1항 제7호의 규제 목적에서 제외된다고 판시한 점을 보더라도 일반론적 측면에서 당연히 경제력 집중의 일 유형으로 포함되어 왔던 소유집중이 공정거래법의 규율대상으로서 적절한지에는 의문이 제기될 수밖에 없다.

대기업집단에 대한 경제력 집중 규제의 집행 초기에는 기업집단에서 소유-지배 괴리가 현재와 같이 심화되지 않았고 그 결과 전형적 의미로의 소유집중에 대한 문제의식이 있었던 것으로 보인 측면이 있다.[59] 하지만 이후 기업집단의 지배구조에 대한 문제의식은 총수 내지 동일인 일가가 기업집단을 소유했다고 보기는 어려운 수준의 적은 지분으로 집단 전체의 경영권을 장악하는 상황을 중심으로 형성되기 시작했고, 그 결과 최근에는 소유집중의 개념이 확장되어 총수 등 자연

들 역시 대주주와 회사 간 이해상충, 채권자 및 근로자 보호를 충실히 하지 못하는 점 등 회사법에서 고려되는 전형적 사안으로서의 속성을 지니고 있다. 2021. 6. 16. 관련기사 https://newsis.com/view/?id=NISX20210616_0001478238&cID=13001&pID=13000 등 참조.

56 백승엽, 「공정거래법상 일감몰아주기에 관한 연구」, 서울대학교 법학전문대학원 박사학위논문, 2017. 2, 59면.

57 이선희, 「공정거래법상 사익편취금지 규제의 실효성에 대한 연구」, 『2017년 법·경제분석그룹(LEG) 연구보고서』, 한국공정거래조정원, 2017. 12.

58 대법원 2004. 9. 24. 선고 2001두6364 판결.

59 공정거래위원회, 『공정거래법상 경제력 집중 제도의 내용』, 1990. 5.

인이 기업집단에 대해 보유하는 사실상의 영향력 또는 소유·지배력의 의미로 사용되고 있다. 이 점에서 한국 기업집단의 소유-지배 괴리 문제를 경제력 집중의 일 유형으로 포섭하여 논하거나 규제할 필요성과 그로 인한 실익이 있다. 특히 한국의 기업집단에 대한 문제의식은 소유집중보다 지배집중에 기인하여 발생하는 성향이 강한데, 그 이유는 회사제도의 일반 원칙, 즉 소유한 만큼 지배하고 지배한 만큼 책임지도록 한 원칙에 비추어 보면 한국의 기업집단에서는 기업집단을 소유하지 않은 상태에서 특수관계인에 의한 지배가 가능해지고, 정작 지배한 것에 대한 책임은 지지 않는 한국 기업집단 특유의 상황이 빈번히 목격되어 왔기 때문이다. 이 같은 입장에서 지배집중을 별도로 설명하는 견해들이 이미 등장해 있다.[60] 소유집중이 공정거래법의 추구목적이 아니라고 명확히 판시한 대법원의 입장은, 설령 그간의 중차대한 법제 변화(사익편취 규제 도입)가 있었음을 감안하더라도 소유집중을 규율대상인 경제력 집중의 범주에 포섭시키기에 여전히 부담스러운 부분이다.

요컨대 소유권의 강화보다는 소유-지배 괴리 문제 내지 지배권 강화가 정책적 관심의 대상이자 규율의 이유라면 일반집중 이외에 소유집중 중심으로의 이해구도는 재편될 필요가 있고, 그렇다면 소유집중의 개념을 확장하여 지배집중이 이에 포함된다는 점을 명확히 하거나

---

60 예컨대 권오승·서정, 『독점규제법』(제2판), 법문사, 2017, 464면에서는 소유집중보다는 지배집중현상에 주목하여 이를 경제력 집중의 3대 유형의 하나로 분류하였다. 다만, 이 책의 제3판에서는 소유집중과 지배집중을 각각 별개의 유형으로 분류하고 있다. 같은 책(제3판), 2018, 481면 참조.

소유집중과 구분되는 개념으로서 지배집중의 실체를 인정하는 것이 규제환경에 부합하는 방향일 것이다.

이 밖에 구매자 집중의 경우, 판매자든 구매자든 개별 경제주체가 특정 시장 내에서 점하는 비중이나 지위를 기준으로 한다면 이를 시장집중 개념과 구분할 실익이 일반집중이나 소유집중에 비해 크다고 보기 어렵다. 또한 구매자 독점은 판매자 독점으로 인해 발생하는 시장 지배력 내지 시장집중을 상쇄시키는 요소로 작용한다는 점을 감안해 보더라도 시장집중을 판매자 집중과 동일시하여 구매자 독점을 따로 파악하기보다는 시장집중의 판단 요소로서 판매자 집중과 구매자 집중을 함께 고려하는 접근법이 타당할 것이다. 더욱이 공정거래법이 시장지배력을 판매단계는 물론 구매단계에서도 인정하고 있다는 점에 비추어 보더라도 판매자 집중을 시장집중의 일종으로 파악해야 할 것이다.

이상을 정리하면 공정거래법의 규율대상이 되는 경제력 집중의 유형은 일반집중과 지배집중(혹은 소유·지배집중)을 중심으로 구성하되, 소유집중은 소유-지배 괴리의 연장선상에서 경제력 집중 개념에 포섭하는 것이 규범과 경제현실에 부합하는 해석이라고 본다. 단 이 경우에도 일반집중이나 소유·지배집중의 효과 모두를 규제의 근거로 포함시킬 것인지는 별도로 따져 보아야 한다. 이 점 역시 후술한다.

2. 판례에 비춰 본 경제력 집중 유형

공정거래법의 규율대상인 경제력 집중의 유형을 재구성할 필요성과 논거는 경제력 집중에 관해 그간 제시되어 왔던 판례를 통해서도 인정될 수 있다.

(1) 사전규제 관련 판례에서 제시된 경제력 집중의 의미와 유형

공정거래법 제4장, 즉 대기업집단에 대한 사전규제와 관련한 판례는 많지 않은 편이고, 그중 경제력 집중을 언급한 판례는 지주회사 규제에 집중되어 있다. 이 가운데 2006년에 있었던 (주)성담의 지주회사 행위제한 위반 건[61]에서 대법원은 공정거래법상 일반지주회사의 자회사에 대하여 다른 국내회사의 주식을 대통령령이 정하는 지배목적으로 소유하여서는 아니 된다는 규정의 취지를 언급하면서 지주회사가 자회사를 통하여 계열기업을 확장하는 것을 억제하기 위하여 자회사가 그 사업내용과 밀접한 관련이 없는 손자회사를 두는 행위를 금지하기 위한 것이라고 판시하였다. 지주회사 규제의 취지를 계열기업 확장의 억제에 있다고 본 것으로 평가된다. 또한 시행령 제15조의3 소정의 '지배관계'에 있어서 '지배'란 '회사가 소유하고 있는 다른 회사 주식의 의결권을 행사하여 그 회사의 경영에 영향력을 행사할 수 있는 것을 의미한다고 봄이 상당하다'고 판시하였다.

비교적 최근인 대명화학의 지주회사 행위제한 규정 위반행위에 대한 사건[62]에서 서울고등법원은 "공정거래법은 지주회사 자회사 외의 국내 계열회사의 주식을 소유하는 행위를 금지하고 있는바, 이는 지

---

61 대법원 2006. 11. 23. 선고 2004두8583 판결.

62 서울고등법원 2017. 8. 25. 선고 2017누31766 판결, 고법 확정.

주회사의 자회사 지분율 요건의 실효성을 확보하는 한편, 지주회사의 지배가능한 범위가 확대되어 경제력 집중을 심화시키는 것을 방지하기 위한 것"이라고 보았다. 경제력 집중을 '지배가능 범위의 확대' 즉 기업집단의 외연확장을 통한 일반집중의 일환으로 파악한 점에 의미가 있다. 이와 더불어 '적은 지분으로 다수의 계열회사를 지배하기 위한 지배력 확장수단으로 지주회사 규정의 위반행위를 하였는지' 또는 '지주회사 체제 내에서 소유구조를 왜곡하여 소수주주의 이익을 침해하려는 의도가 있었는지'를 고려하였는데, 적은 지분을 통한 지배력 확장 또는 소유구조 왜곡을 고려하였다는 점에서 지주회사 규제의 취지를 지배집중의 억제에서 찾은 것으로 볼 수 있다.

(2) 사후규제에서의 경제력 집중의 관련 판례 분석

1) 경제력 집중에 대한 고려의 흔적

사후규제에 관해서는 부당지원행위와 최근 사익편취 금지행위에 관하여 판례가 형성되고 있다. 먼저 2004년에 있었던 대우의 부당지원행위 사건[63]에서 대법원은 구 공정거래법 제23조 제1항 제7호에서 부당지원행위를 불공정거래행위의 한 유형으로 규정하여 이를 금지하는 입법취지는 '공정한 거래질서의 확립과 아울러 경제력 집중의 방지에 있다'고 판시하였다. 또한 대규모기업집단 소속 계열회사들이 기업집단 전체의 이익을 위해 계속적으로 서로 지원을 주고받으면서 계열의 유지·확장을 위한 수단으로 부당지원행위를 이용함으로써 중

63 대법원 2004. 10. 14 선고 2001두2881 판결.

장기적으로 볼 때 부당지원행위는 경제력 집중을 통하여 결국 지원주체에게도 상당한 부당이득을 발생시키게 된다고 보았다. 부당지원행위로 인한 경제력 집중을 단기적으로는 계열의 유지·확장 즉 일반집중의 의미로 파악하였고, 중장기적으로는 이를 통해 지원주체에게도 부당이득을 발생시킨다고 본 점이 주목된다. 부당한 이득이 경제력 집중으로 연계되는지에 대한 고려는 언급되지 않았다.

같은 해에 있었던 또 다른 대우의 부당지원행위 사건[64]에서는 원고가 경영난에 처한 계열회사인 대우중공업에게 외국환 은행을 통하여 현저히 낮은 환율로 외환을 매각한 행위가 그로 인하여 지원객체로 하여금 자금력을 제고하고 경영여건을 개선시켜서 당해 시장에서의 경쟁조건을 경쟁사업자들에 비해 유리하게 하고 그 지위를 유지·강화함으로써 공정한 거래를 저해하였거나 저해할 우려가 있다고 판단하였다. 부당지원행위의 폐단을 시장경쟁 측면에서 파악한 점에 의미가 있는데, 단 그렇다고 하여 부당지원행위의 공정거래저해성이 곧 시장에서의 지배적 지위의 유지·강화를 통한 시장집중을 의미한다고 단언하기는 어려운 것으로 보인다. 시장지배적 지위 내지 시장집중 상태에 이르지 않고 경쟁상 상대적으로 유리한 지위 형성을 가능케 하는 것으로도 공정거래저해성을 인정한 것으로 비쳐지기 때문이다.[65]

---

64 대법원 2004. 10. 14. 선고 2001두6012 판결.

65 이 같은 입장은 이후 에스케이해운의 아상 부당지원행위 건(대법원 2006. 5. 12. 선고 2004두12315 판결)과 현대중공업 외 17개사의 부당지원행위 건(대법원 2007. 1. 25. 선고 2004두7610 판결), 에스케이건설 외 11개사의 부당지원행위 건(대법원 2007. 1. 25. 선고 2004두1490 판결), 현대자동차 외 6의 부당지원행위 건(대법원 2007. 12. 13. 선고 2005두5963판결), 에스케이네트웍스 외 2의 부당지원행위 건(대법원 2007. 7. 27. 선고 2005두10866판결)에서도 유지되었다.

2) 경쟁제한성과 경제력 집중의 구분

이 밖에 경쟁제한성 중심으로 판단한 사례에서 대법원은 경제력 집중을 경쟁제한성 내지 시장집중과 별개로 판단하였다. 예컨대 2004년의 현대 부당지원행위 판결[66]에서 대법원은 전환사채 인수 당시 실질적으로 경쟁업체가 존재하지 않는다고 하더라도 지원객체들에 대한 지원으로 인하여 신규업체의 시장진입을 억제할 수 있으므로 관련시장에서의 경쟁을 저해한 것이 아니라고 할 수 없다고 보았다. 지원행위의 부당성을 신규진입 억제를 통한 경쟁제한성으로 파악한 점에서 시장집중을 어느 정도 고려한 것으로 볼 수 있다.

또한 대한주택공사의 부당지원행위 등 건[67]에서는 원고(지원주체)의 지원행위가 지원객체의 자금사정을 개선시켜 영세사업자들만 존재하는 관련 주택관시시장에서 지원객체의 유력한 사업자로서의 지위를 유지·강화시킴으로써 공정한 거래를 저해할 우려가 있다고 보았다. 시장지배적 지위에 준하는 시장 내 유력한 사업자로서의 지위를 유지·강화함으로써 시장집중 효과가 발생했는지를 고려한 점이 주목된다.

이 밖에 하나로통신의 엠커머스 인력지원행위 건[68]에서도 지원객체의 매출액이 시장규모의 0.62%에 불과하고 지원금액이 전체 시장규모의 0.019%에 불과한 점을 감안하면 지원주체가 자신의 직원으로 하여금 지원객체의 재무 및 회계 업무를 수행하게 하면서 급료를 지

---

66 대법원 2004. 4. 9. 선고 2001두6197 판결.
67 대법원 2007. 1. 26. 선고 2005두2773 판결.
68 대법원 2005. 10. 28. 선고 2003두13441 판결.

원한 이 사건 인력지원행위로 인하여 지원객체가 속한 시장에서 경쟁이 저해되거나 경제력 집중이 야기되는 등 공정거래저해성이 있다고 보기 어렵다고 하였다. 인력지원행위의 위법성 판단기준으로서 경제력 집중을 언급하면서도 시장점유율이 미미한 점을 근거로 경쟁제한성을 부인하였다.

3) 소유집중의 배제

사후규제 영역에서 경제력 집중의 지위에 대해 명확히 판단한 사례로는 2004년 삼성SDS의 특수관계인 지원행위 사건[69]에 대한 판례를 들 수 있다. 이 사건에서 대법원은 "경제력 집중의 억제가 부당지원행위 규제의 입법목적에 포함되어 있다고 하더라도, 구 공정거래법상 경제력 집중의 억제와 관련하여서는 제3장에서 …… 대규모기업집단의 일반집중을 규제하면서도 부당지원행위는 제5장의 불공정거래행위의 금지의 한 유형으로서 따로 다루고 있으며, 변칙적인 부의 세대 간 이전 등을 통한 소유집중의 직접적인 규제는 법의 목적이 아니"라고 판시하였다.[70] 여기서의 소유집중이 어떤 상태를 의미하는지는 명확지 않으나 부의 창출을 통해 기업의 지분이 증가된 상태로 이

---

69 대법원 2004. 9. 24. 선고 2001두6364 판결.

70 한편 부당지원행위 관련 규정에서 말하는 '부당하게'의 의미는, 공정거래법의 목적(제1조)과 경제력 집중을 억제하고 공정한 거래질서를 확립하고자 하는 부당지원행위 금지규정의 입법취지 등을 고려하면, 지원객체가 직접 또는 간접적으로 속한 시장에서 경쟁이 저해되거나 경제력이 집중되는 등으로 인해 공정한 거래를 저해할 우려가 있다는 의미로 해석하여야 할 것이며, 이렇게 해석할 경우 지원객체가 일정한 거래분야에서 시장에 직접 참여하고 있는 사업자일 것을 요건으로 하는 것은 아니라고 보았다. 대법원 2005. 5. 27. 선고 2004두6099 판결도 같은 입장을 취하였다.

해한 것으로 추측되긴 하지만, 소유집중의 규제 근거로서 소유-지배 괴리 문제에 대한 인식이 있었고, 이후 사익편취 규제가 2013년에 신설되면서 지배집중 개념을 포함한 소유집중을 포섭할 수 있는 여지가 더 넓어진 점을 감안하면 2004년 대법원 판결의 기조가 현재도 유지될 것인지에는 의문이 있다. 그럼에도 대법원이 이 판결을 통해 소유집중이 공정거래법의 목적이 아니라는 천명을 했던 점은 전술한 바처럼 공정거래법상 경제력 집중에 이를 명시해서 포함하기 부담스럽게 만드는 요인으로 작용하고 있다.

이후 2005년 현대택배의 특수관계인 지원행위 사건 판결[71]에서는 "이 사건 행위로 특수관계인이 원고(지원주체) 발행의 주식을 취득함으로써 상당한 이익을 얻게 되었을 뿐 아니라 원고의 21.9% 지분을 소유하는 주주로서의 지위를 취득함으로써 대규모기업집단 현대의 계열회사인 원고에 대한 지배력을 갖게 되었음"을 위법성 판단 요소로 고려하였다. 소유집중을 고려하되 지배력 강화로 이어지는지를 위법성 판단기준으로 해석한 점이 주목된다.

4) 사익편취 관련 판결

사익편취와 관련한 최초의 판결이었던 2017년의 대한항공 사익편취 사건에서 서울고등법원은, 특수관계인에 대한 부당한 이익 제공 금지 조항이 총수 있는 대기업집단의 사익편취를 통한 경제력 집중을 억제하기 위하여 공정거래저해성이 인정되지 않더라도 특수관계인에

71 대법원 2005. 1. 27. 선고 2004두2219 판결.

게 부당한 이익을 귀속시켰을 경우 그 위법성을 인정하기 위한 취지에서 구 공정거래법 제23조의2에 신설되었다고 보았다.[72]

이를 토대로 동조 제1항 제1호의 "정상적인 거래에서 적용되거나 적용될 것으로 판단되는 조건보다 상당히 유리한 조건으로 거래하는 행위"에 해당하는지 여부를 판단하는 데에는 '정상가격'이 위 요건의 충족 여부를 결정하는 잣대가 되므로, 앞서 본 정상가격에 관한 해석론을 참작하되 공정거래저해성이 아니라 경제력 집중의 맥락에서 이를 조명하여야 한다고 판시하였다.

그 결과 이 부분 행위 행위가 전체 거래에서 차지하는 비중이 미미하다는 점을 이유로 원고가 사익을 편취하고 경제력 집중을 도모하였다고 보기 어렵다는 판단을 내렸다.

(3) 정리 및 소결

이상의 여러 판결을 통해 공정거래법상 경제력 집중의 의미와 효과를 직·간접적으로 언급한 판례들이 일부 발견되기는 하지만, 법원이 경제력 집중의 의미와 유형, 그리고 경제적 효과에 대한 충분한 이해에 기초하여 이 같은 판결을 내린 것인지에는 의문이 있다. 지원행위를 통해 지원객체가 누리게 된 경쟁상의 비교우위를 공정거래저해성으로 파악하기도 하고 시장의 경쟁제한을 통한 집중 문제로 접근하기도 하는 등 일관성이 결여된 사각들을 드러내기 때문이다. 이 점을 감안하면, 경제력 집중에 관한 해석에 있어서 주요 판례에 너무 과한 의

---

72 서울고등법원 2017. 9. 1. 선고 2017누36153 판결.

미를 부여하거나 판결문에 나타난 표현에 지나치게 기속될 필요는 없다고 생각된다.

3. 경제력 집중 유형별 효과 및 공정거래법적 주안점

사회적 현상으로서 경제력 집중에도 순기능과 역기능이 존재하지만, 법적 규율의 대상이 될 수 있을 만큼의 역기능이 명확하고 총량적으로도 순기능을 넘어서는 폐혜를 낳을 것이라는 데에는 대체적인 이해가 형성되어 있는 것으로 보인다.[73] 반면에 경제력 집중으로 인한 폐해들이라는 게 구체적으로 어떤 것이고, 그것들 가운데 공정거래법의 규율대상으로 삼을 만한 유형 및 이를 분별할 만한 기준이 무엇인지는 여전히 모호한 상황이다.

이제까지 공정거래법에서 주로 문제삼는 경제력 집중현상은 기업의 지배구조의 형성/재편이나 거래를 통한 이윤 극대화 과정에서 발생해 왔다. 본래 회사법과 상거래법의 주된 규율대상이었던 이런 현상들을 공정거래법을 통해 규제하기 위해서는 상사법제와 차별된 공정거래법만의 추구목적이나 규범적 기능의 필요성이 인정되어야 한다.

요컨대 경제력 집중 문제를 공정거래법상의 규제대상 및 위법성 판단기준으로 삼기 위해서는 i> 경제력 집중이 국가의 고권적 개입을 요할 만큼 공적 측면에서의 반가치성 내지 폐해를 내포하고 있어야

73 이에 반하여 일반집중이 정치적·경제적 후생에 미치는 부정적 영향은 검증되기 어렵고, 세계 각국의 경우에 일반집중을 규제하는 예는 일본을 제외하고는 찾아보기 어렵다는 주장도 있다. 최준선, 「주요국의 기업집단 지배구조에 대한 비교분석」, 『비교사법』 제23권 4호, 2016, 1391면.

하며, ii> 그런 반가치성이나 폐해가 경제력 집중으로 인해 기대될 수도 있는 순기능 내지 효율성을 넘어서는 부정적 결과를 창출해야 하고, iii> 그 부정적 결과로 인해 침해되는 법익(즉 이를 규제함으로써 보호하려는 법익)이 공정거래법의 추구목적이나 규율대상의 범주 내에 존재해야 한다.

경제력 집중에 대한 규제의 보호법익이 규율대상 그리고 그 역기능 내지 폐해가 공정거래법의 범주 내에 존재해야 규범체계 간의 혼선과 중복규제로 인한 논란을 방지할 수 있을 것이다.

그 점에서 경제력 집중에는 회사법이나 상거래법의 보호법익 이외의 공익침해 요인이 존재하는지, 그런 요인이 존재한다면 그것들은 공정거래법의 추구목적이나 범위 내에 존재하는지가 규명되어야 한다. 경제력 집중이 유발하는 효과들 가운데 공정거래법 이외의 효과는 세법, 회사법 등 타법이 이미 관련 법제를 두고 있으므로 그에 따라 폐해를 방지하거나 시정하되, 공정거래법을 통해서만 보호가능한 법익, 규제가능한 침해행위들을 대상으로 하도록 유의해야 할 것이다.

대기업집단 규제대상으로서의 일반집중은 단일 경제주체가 국민경제 차원에서 유발하는 집중현상에 주목한 것이므로 외부효과의 형태와 범주가 다양하고도 폭넓게 발현하는 특징이 있다. 예컨대 피라미드식 지배구조를 중심으로 한 부의 집중이 경제권력을 형성하고 정경유착이나 언론통제 등의 사회적 부작용을 유발할 수 있다는 지적이 제기되는데, 실제 미국의 독점금지법 입법취지에 대한 초기 해석 가운데는 이 점에 착안하여 법의 목적을 설명하려는 유력한 견해들이 제기되기도 했다.[74] 같은 맥락에서 일본의 독점금지법 제정 시에 미군정이 독일의 콘체른이나 일본식의 자이바츠(財閥)를 해체한 근거 또한 이런 폐단을 차단하기 위한 것이기도 했다.[75] 하지만 일반집중현상의 경제 외적 효과를 경쟁법에서 수용하려는 시도는 현대 경제사의 전환기적 특수상황을 배경으로 전개된 것이고, 이미 법체계가 정비되어 있고 개별법상의 수단적 규정들이 입체적으로 작동하는 현재의 상황 속에서는 우리 공정거래법에 일반집중으로 인한 정치·사회적 효과를 억제하라는 소임이 부여된 것으로 해석하기는 어렵다고 봐야 할 것이다. 공정거래법에서 주목할 점은 일반집중에 기인한 범위의 경제가 계열사 간 거래를 가능케 하는 체계를 형성하여 경쟁사업자에 대한 거래 및 시장 진입가능성 봉쇄효과를 유발하는 한편, 스태그플레이션이나 사회적 자원활용의 위축 내지 부적절한 배분의 문제를 야기하는 측면이다.[76] 이에 비해 기업집단 내부적으로는 특정 회사 및 특수관계인에게 불합리한 경제적 이익을 창출시킴으로써 기업집단 소속회사의 주주, 채권자 이익을 침해할 가능성이 크기는 하지만 이 점은 회사법 등을 통한 규율을 통해 왜곡을 시정할 수단이 마련되어 있으므로

---

74 이런 관점에서는 거대기업을 중심으로 한 사영역이 점차 비대화됨에 따라 그것이 미칠 정치적 영향력에 대한 두려움 때문에 '권력의 균형(balance of power)' 차원에서 의회가 독점금지법을 통과시켰다고 주장되었다. David Millon, The Sherman Act and The Balance of Power, 61 S. *California Law Review*, 1988, pp. 1219~92(reprinted at *The Political Economy of The Sherman Act: The First One Hundred Years*, Oxford University Press, 1991, pp. 85~115.

75 권오승, 「일본재벌의 해체와 그것이 한국재벌정책에 주는 의미」, 『법학』 제41권 제4호, 서울대학교 법학연구소, 2001, 191~192면. 홍명수, 『재벌의 경제력 집중 규제』, 경인문화사, 2006, 4면.

76 Thomas Cheng Michal S. GalU, Aggregate Concentration: Regulation by Competition law?, 4th Meeting of the UNCTAD RPP, Geneva, 7 July 2013.

해당 법상의 수단이 우선 활용되어야 할 것이다. 그런 점에서 공정거래법은 일반집중이 지닌 부의 외부효과 가운데 경제적 측면에 국한하여 규율하고 적용되는 것이 타당하다. 즉 기업집단 측면에서의 규모의 경제 및 범위의 경제를 유발하는 반면에, 규모의 경제로 인해 국민경제 전반의 리스크를 발생시키거나 확대하는 효과를 방지하기 위한 취지로 축소해석해야 할 것이다.

한편 소유집중은 기업집단의 경영 안정성 및 과감한 의사결정 가능성 제고하는 반면 대주주 중심의 경영권 세습의 원인으로 작용할 수 있다. 지배집중 역시 신속하고 과감한 경영의사 결정을 가능케 하는 반면에 소유-지배의 괴리현상이나 지배주주에 의한 사익편취의 유발요인이 될 수 있다. 공정거래법 제3장의 규제대상 가운데 지주회사 규제 일반집중 및 소유집중의 억제를 위한 것으로 볼 수 있으며, 출자(상호출자, 순환출자) 규제 및 채무보증 규제는 일반집중 및 지배집중을 억제하려는 취지를 가진 것으로 평가할 수 있다. 이에 비해 금융회사 의결권 제한은 계열사 지분으로 특수관계인을 위해 의결권을 행사하지 못하게 하려는 취지라는 점에서 지배집중 억제와 밀접한 관련성을 가진다. 기업집단 내부거래에 관한 공시제도는 소유집중 억제를 위한 사후규제의 보충적 제도로서 의미가 있다.

또한 법 제6장의 사후규제 유형 가운데 부당지원행위 규제는 일반집중 및 소유집중을 억제하려는 목적 이외에 공정거래저해성 내지 경쟁제한성 규제를 통해 시장집중을 방지하려는 기능도 부수적으로 수행한다. 특수관계인에 대한 부당한 이익 제공 금지규정 역시 일반집중 및 소유집중을 규제하는 효과를 지니고 있다.

[표] 경제력 집중의 유형별 비교

구분	유발 주체	정(正)의 내부효과	부(負)의 외부효과	관련 규범
시장 집중	시장지배적 사업자	· 거래상대방에 대한 거래조건 관련 교섭력 제고 · 기업의 성과 및 이윤 극대화 기반 형성	· 독과점적 지위를 남용하여 경쟁자 배제 및 소비자 후생감소 효과 발생 · 혁신유발요인 감소 · 시장참여자 간 공동행위 발생가능성 제고	공정거래법상 독과점(시장지배적 지위남용) 및 기업결합 규제의 대상
일반 집중	기업집단 및 소속 기업	· 기업집단 측면에서의 규모의 경제 및 범위의 경제를 유발 · 소속 기업 간 거래내부화를 통한 사업안정성 제고 및 비용절감	· 규모의 경제로 인해 국민경제 전반의 리스크 발생 및 확대 · 범위의 경제로 인해 계열사 간 거래를 가능케 하는 체계의 형성	회사법 공정거래법상 지주회사, 출자 및 채무보증 규제
소유 집중	기업집단 소속 기업 및 특수관계인	· 기업집단의 경영 안정성 및 과감한 의사결정 가능성 제고	· 대주주 중심의 경영권의 세습 · 계열사 확장을 통한 일반집중 유인 내포	회사법, 조세법 소송법 공정거래법상 공시 규제, 부당지원행위 및 사익편취 규제
지배 집중	기업집단 소속 기업 및 특수관계인	· 신속하고 과감한 경영 의사 결정 가능	· 소유-지배의 괴리 · 지배주주에 의한 사익편취 · 계열사 확장을 통한 일반집중 유인 내포	회사법, 조세법 소송법 공정거래법상 금융회사 의결권 제한, 부당지원행위 및 사익편취 규제

IV. 위법성 판단기준으로서의 경제력 집중의 의미와 요건

1. 위법성 판단기준으로서 경제력 집중의 지위

(1) 경제력 집중의 세부유형별 상관관계

한국 기업집단의 발전 과정에서는 적은 지분을 가진 총수 일가가 순환출자 및 채무보증 등을 통해 지배집중을 유발하고 사업을 다각화하여 일반집중을 발생시킨 상태에서, 계열사 간 거래를 통해 시장집중과 소유집중을 심화해 온 현상이 빈번히 목격되어 왔다. 즉 소유집중은 지배집중의 원인이 되었고, 지배집중은 일반집중과 소유집중의 원인이 되었으며, 일반집중은 다시 소유집중과 지배집중의 원인으로 작용해 왔다. 대기업집단 내 계열회사와의 거래가 특수관계인의 사익편취에 머무르지 않고 대기업집단의 선단식 계열의 유지 및 확대를 통하여 경제력 집중을 초래하기도 한다.[77]

이 점에서 비추어 볼 때, 일반집중, 소유집중, 지배집중은 각각 개념적 차이는 있지만 상호간의 밀접한 인과관계 속에 어느 한 집중현상의 심화가 다른 집중을 강화하는 양상으로 전개되어 왔다. 사전/사후규제의 대상행위들은 경제력 집중의 어느 한 현상에 머무르지 않고 다른 집중의 상태로 연계 또는 확장될 가능성을 내포한다. 그 결과 공정거래법상 경제력 집중에 대한 규제 수단들은 일차적으로 법 위반 혐의 행위로 인해 발생하는 특정 집중현상에 주목하지만 종국적으로는 경제력 집중 전반에 미치는 영향을 고려하여 법 위반 여부를 판단해 온 것으로 볼 수 있다.

(2) 위법성 판단기준으로서의 활용 범위

경제력 집중의 의미를 이제까지의 강학상 개념으로 정의하면 지나치게 포괄적이고 추상적이어서 규율대상이 너무 넓어질 우려가 있다. 이제껏 법원이 일반집중 등 특정 집중현상을 언급하기보다는 주로 경제력 집중이라는 포괄적 효과를 언급해 온 점을 선해하자면, 세부의 집중현

77 백승엽, 「공정거래법상 일감 몰아주기에 관한 연구」, 서울대학교 법학전문대학원 박사학위논문, 2017. 2, 64면.

상들이 각각 서로 다른 집중현상에 직·간접적으로 영향을 미치게 되어 종국에는 모든 집중현상을 포괄하는 경제력 집중으로 귀착하게 되는 관계를 고려한 것이라는 의미를 부여할 수 있다. 이 점에서 경제력 집중 자체를 위법성의 판단기준으로 적극 활용하는 것은 이 개념의 특성상 적절하지도 실무의 판단기법상 용이하지도 않을 것으로 짐작된다.[78]

그렇다면 위법성 판단기준으로서의 경제력 집중은 직접적 혹은 적극적 기준이라기보다는 일반집중이나 소유집중의 가능성이 인정되면 충족될 수 있는 종국적 기준이라고 설정될 필요가 있다. 공정거래법의 목적이나 기능, 그리고 동법상의 타 규정과의 관계에 비추어 경제력 집중의 의미이자 발현 형태로는 일반집중과 지배집중현상에 대한 규명을 통해 경제력 집중을 성립하는 방식으로의 접근법이 현실적이라고 판단된다.

2. 경제력 집중의 유발 주체

규범 및 강학상의 경제력 집중 개념은 대기업집단을 그 형성의 주

78 같은 취지에서 경제력 집중은 이를 부당지원행위의 규제 목적으로 보되, 이를 부당지원행위의 위법성 판단기준에는 포함되지 않는다고 보는 것이 타당할 것이라는 견해(백승엽, 「공정거래법상 일감몰아주기에 관한 연구」, 서울대학교 법학전문대학원 박사학위논문, 2017. 2, 60면)나, 경제력 집중이라는 다분히 정책적 판단대상을 부당성이라는 지극히 규범적인 판단대상에 포함시키고자 할 때에는 불완전하나마 법령에 구체적인 척도 내지 대리변수(proxy)를 명시하지 않으면 안 될 것이라고 하면서, 다만, 지원주체에서 지원객체로 경제상 이익이 이전되더라도 해당 기업집단의 자산총액에는 변화가 없을 것이고, 지원객체의 회생·성장으로 기업집단의 규모가 유지·확장되더라도 그러한 성장에 일정한 한도를 설정하는 방식으로 부당성을 계량화하기는 곤란하며, 사후규제의 특성상 일반집중의 억제에 걸맞은 시정조치를 강구하기도 마땅치 않다는 점을 고려할 때, 경제력 집중을 부당성 요소로 파악하는 데에는 극복하기 어려운 난점이 많다는 지적이 제기된다(이봉의, 「공정거래법상 부당지원행위」, 『경쟁법연구』 제27권, 2013).

체로 전제한 것으로 볼 수 있다. 적어도 공정거래법상으로는 개별 기업에 의한 경제력 집중은 주로 시장집중 차원에서 다루어질 뿐이고, 일반집중과 소유집중은 기업집단에 의한 경우로 전제되어 있다.

환언하면, 기업집단에 의한 시장집중 문제, 즉 계열관계에 있는 둘 이상의 기업들이 동일 시장의 참가자로 활동하는 경우 시장점유율 산정에 있어서 하나의 사업자로 볼 뿐[79] 이를 국민경제 전반의 차원에서 문제삼지는 않는다.

반대로 개별 기업에 의한 일반집중의 이슈는, 예컨대 단일 공기업의 자산규모가 민간 기업집단 전체 규모를 상회할 정도로 비대한 경우, 혹은 단일 기업 내의 사업부서를 통해 둘 이상의 시장에 진출해 있는 개별 기업(예컨대, 백화점 사업자가 유통업과 함께 영화상영관 시장에도 진출한 경우)이 그 규모가 커져서 국민경제 전체에서 차지하는 비중이 증가하는 경우에 충분히 상정될 수 있다. 그럼에도 이를 문제 삼는 규정이 공정거래법상 존재한다고 보기는 어렵다. 단, 혼합형 기업결합의 경우, 원칙상으로는 시장집중을 문제 삼는 기업결합 규제의 대상이기는 참호 효과(entrenchment effect)나 포트폴리오 효과(portfolio effect)를 경쟁제한성 기준으로 삼는다는 점을 감안하면 일반집중에서와 유사한 관점에서 규모의 경제나 범위의 경제 증대 효과에 대한 고려가 개입될 여지가 있다. 하지만 이런 효과들 역시도 결국은 경쟁제한성과 연계되어야만 위법성 성립이 가능해지므로 근본적으로는 시장집

---

79 현행 공정거래법 시행령 제4조 제3항에서는 당해 사업자와 그 계열사를 하나의 사업자로 보고 있다.

중 규제의 연장선상에 있는 수단으로 보아야 할 것이다.

한편 개별 기업 내의 소유집중 규제 가능성을 살펴보면 개별 기업을 통해 특정 자연인이나 그 친인척에게 경제적 자원의 소유나 지배권이 집중되는 것을 문제 삼는 규정 역시 공정거래법상 존재하지 않는 데다 세법이 아닌 공정거래법에서 그 근거를 추출하기도 쉽지 않으므로 개별 기업에 대한 소유권 강화 자체를 이 법에서 문제 삼기는 어렵다고 생각된다.

이상을 종합하면, 현행 법령상 경제력 집중의 개념에 우선 시장집중은 제외되며, 경제력 집중은 기업집단에 의한 경우로 국한됨을 확인할 수 있다.

3. 사전 및 사후규제의 위법성 판단기준

공정거래 사건에서 경제력 집중이 위법성 판단기준으로 고려되거나 다투어지는 영역은 이제까지는 주로 사후규제 즉 부당지원행위, 사익편취 금지행위 부문에서였다. 일반집중이나 소유집중의 경우에 어느 정도면 위법한 집중에 해당하는지를 구체적으로 가늠할 만한 지표들은 개발되어 있지 않다.

단, 사전규제의 경우는 위법성 판단기준이 계량적으로 명시된 것으로 볼 수 있다. 즉, 공정거래법 제17조부터 제25조까지의 규정들이 우선 일반집중을 억제하려는 취지를 갖고 있다고 전제한다면, 자산총액이 5천억 원 이상인 지주회사 및 그 자회사 내지 손자회사들이, 혹은 자산총액이 10조 원 이상인 기업집단 소속회사들이 법률상 금지되어 있는 행위를 감행할 경우 일반집중 형태의 경제력 집중 효과를 낳게 되는 것으로 간주될 것이다.

반면 사후규제의 경우 일반집중이나 소유·지배집중을 위법성 판단 기준으로 인정하더라도 과연 어느 정도면 집중된 것으로 볼 수 있는지를 판단하기란 현행 법령상으로는 물론이고 판례에 비추어 보더라도 쉽지 않다. 부당지원행위나 사익편취의 경우 취득한 이익을 기반으로 일반집중 효과를 유발하는 경우는 흔치 않을 것이고 이를 법에서 요구하기도 적절하지 않다는 점, 지배력 강화가 일반집중의 기반으로 작용할 수 있다는 점을 감안하면 지배력이 강화될 우려가 있는 수준의 지원 내지 이익 제공이 있었는지가 기준이 될 것으로 생각된다. 다만, 특수관계인에 의한 이익 제공의 문제가 종전의 부당지원행위 규제로부터 사익편취 규제로 이전된 현재의 상황에서는 경제력 집중을 유발하는 직접적 요인들도 분기된 것으로 이해될 수 있다. 즉 부당지원행위는 지원행위를 통한 경제력 집중의 효과가 일반집중을 중심으로 형성·유지 또는 강화될 가능성이 큰 반면, 사익편취행위의 경우는 일차적으로 소유 또는 지배집중을 통해 종국에는 경제력 집중으로 전개되는 구도가 일반적일 것이다.

단, 어떻게 보든 부당지원행위와 사익편취와 같은 사후규제 대상행위의 위법성 판단기준 내지 부당성 성립요건은 일차적으로 제공된 지원이나 이익의 정도라는 양적 측면에서 평가될 필요가 있다. 그렇다면 일견 당초 사익편취 규제에 관한 정부 입법이 부당성 요건이 없이 논의될 당시에 제시되었던 기준 즉 총수 일가에게 귀속되는 경제적 이익의 양이 관건이 될 것이라는 예측과 크게 다르지 않은 결과로 보이기도 한다. 단, 동일한 규모의 지원이 다른 회사에게 제공되거나 동일한 금액의 사익이 특수관계인에 의해 편취되었더라도 기업집단의 지배구조 여하에 따라 일반집중이나 소유·지배집중의 유발효과가 다를 수 있으므로 경제적 이익 등 단순한 양적 기준만을 채용한 경우와는 위법성 판단의 과정과 결과가 다를 수 있다. 아울러 기업집단 전체의 관점에서 국민경제 전반에 대한 집중효과나 지배력 강화 여부는 개별기업 단위가 아닌 기업집단 단위로 판단되어야 할 것으로 생각된다.

현재 공정거래위원회 예규인 「부당한 지원행위의 심사지침」이나 「특수관계인에 대한 부당한 이익 제공행위 심사지침」에서는 경제력집중 관련 사항을 예시 정도의 형식으로 제시하고 있으나, 경제력 집중의 의미와 요건을 별도의 항목으로 구성하는 방안도 모색되어야 할 것이다.

제 2 장

기업집단의 구성요소와 판단기준

제1절 | 동일인 및 동일인 관련자의 판단기준

I. 기업집단 '동일인'의 법적 의미와 기능

1. 공정거래법상 '동일인'의 제도적 지위와 기능

공정거래법상 '동일인'은 기업집단의 지배구조의 최고 정점에 존재하면서 기업집단의 사업내용을 사실상 지배하는 자연인 또는 법인 등을 의미한다. 동일인은 공정거래법에 의한 대규모기업집단 규제가 도입된 시점(1986년)부터 사용되기 시작한 법령용어로서 이 규제의 준거점이자 규제의 대상과 범위를 결정하는 핵심 개념으로 자리 잡고 있다. 즉 동일인은 기업집단에 대한 사실상의 지배주체를 확인하고 그에 의해 지배되는 기업집단의 범위를 결정하는 기준점이 되는 한편, 동일인 지정 여하에 따라 공시 등 각종 의무의 귀속 주체들이 확정되는 등 실무상의 이해관계에도 중대한 영향을 미치고 있는 개념이다.[1]

또한 공정거래법은 제4장의 대기업집단 사전규제 관련 규정 이외에, 제9조의 기업결합 제한 규정 및 법 제6장의 부당지원행위 규제 및 특수관계인에 대한 부당한 이익 제공행위 금지규정에서 특수관계인 유형의 하나로 동일인을 규율대상에 포함시키고 있다. 요컨대 동일인은 공정거래법상 대기업집단 규제를 위시하여 이 법에서 규정하는 일

1 공정거래법상 기업집단 규제가 동일인 개념에 기초하고 있는 점에 주목하여 동일인 의존적 규범으로서 공정거래법의 의미와 회사법에 미친 영향을 분석한 문헌으로 이상훈, 「공정거래법 동일인 제도에 대한 회사법적 평가」, 『기업법연구』, 제91호, 2022. 12, 25~68면 참조.

련의 규제를 위한 준거점이자 집행의 근간으로 기능하고 있다.

동일인은 공정거래위원회가 매년 공시대상기업집단 소속회사 가운데 최상위 기업의 최다출자자 내지 대표이사를 확인한 후 그 집단에 대한 사실상의 지배력의 존재 및 범위를 기준으로 매년 5월 1일 대규모기업집단을 지정하면서 함께 공표된다.

한편 공정거래법상 동일인 개념은 다른 법률들과 연계되어 활용되고 있다. 예컨대 「조세특례 제한법」, 「상속 및 증여세법」, 「중소기업기본법」, 「중견기업특별법」, 「산업발전법」, 「대중소기업상생협력법」, 「고용보험법」, 「방송법」, 「자본시장법」, 「국가계약법」 등 40여 개 법률에서 공정거래법상 '대규모기업집단' 개념을 준용하고 있는데, 대기업집단의 준거점이 '동일인'이므로, 동일인 지정 여부 및 누구를 지정하는지에 따라 해당 법률의 규제대상 내지 수혜자의 범주에 직접적 영향을 미치게 된다. 이 점에서 동일인 개념은 공정거래법 경계를 넘어서 다수의 법률의 규율대상을 결정하는 제도적 의미를 지닌다고 할 수 있다.

2. 동일인 제도의 운용현실과 한계

(1) 동일인 지정의 원칙과 현실

공정거래법령의 조문만 놓고 보면, '회사를 사실상 지배하는 자가 누구인지'에 따라 동일인이 정해지고, 기업집단의 범위는 '그 사실상 지배하는 자가 어느 회사까지 동일한지'에 따라 정해진다. 즉 동일인이 누구인지가 결정되고 나서 기업집단의 범위가 결정되므로, 동일인이 기업집단 규제의 출발선을 정하는 핵심요소라고 볼 수 있다.

이에 비해 현실은 특정 기업집단을 대상으로 하여 그 기업집단 소속회사 가운데 최상위 기업의 최다출자자 내지 대표이사를 확인한 후 누가 사실상 지배하고 있는지를 기준으로 동일인을 지정하게 된다. 즉 조문형식과 달리, 기업집단이 정해지고 나서 그 집단의 동일인이 결정되는 것이 일반적이다.

한편 정책실무나 기업법무상으로는, 동일인이 누구인지에 따라 '동일인 관련자'가 결정되고, 그에 따라 자료제출의 범위가 정해지며, 사익편취 규제의 대상이 확정되므로 행정법적 규제 및 형사적 제재의 대상이 결정된다.

그런데 현행 대규모기업집단 규제나 동일인 제도 운용의 이면에는 동일인의 실체법적 개념 정의규정이 부재한 상태에서 지정의 기준이 모호하다거나, 절차적 측면에서 지정 과정이 불투명하여 기업 측의 예측가능성이 떨어진다는 문제 제기도 뒤따르고 있다.[2]

이 같은 지적은 주로 기업집단의 지분구조 변화나 동일인 개인의 건강 등 특수 상황이 발생하는 경우에 대두되어 왔는데, 특히 외국 국적을 보유한 한국계 특수관계인을 현행법상 동일인으로 지정할 수 있는지가 새로운 쟁점으로 부각되면서 이 제도의 기능과 한계, 그리고 과제가 대두되기도 하였다.

이 점을 종합해 보면 공정거래법 관점에서 본 동일인은 다음과 같은 의미를 갖고 있다.

---

2 신현윤·홍명수·강상엽, 『대기업집단 규제론』, 법문사, 2021, 249면.

- 조직법적 측면: 기업집단의 범위 및 계열회사들이 결정됨
- 실체법적 측면: 기업결합 및 대기업집단 사전/사후규제의 대상/범위가 결정됨
- 절차법적 측면: 공시를 위한 각종 자료제출 의무 부과, 자료제출 관련 제재 부담
- 국제법적 측면: 내·외국인에 대한 동일인 지정 기준의 일괄 혹은 차별적용을 둘러싸고 통상 문제가 대두됨
- 유관법제 측면: 타법상 특수관계인, 대기업집단 개념의 전제로서 영향을 미침

(2) 동일인 지정의 제도적 무게감과 그 변화: 초기와 현재

기업집단 규제에서 동일인의 지정 문제는 제도 도입의 초기보다는 이후에 더욱 부각되는 양상을 보여 왔다. 그 이유는 동일인 지정에 대한 기업 측의 이해관계와 정책의 비중이 커졌기 때문으로 볼 수 있다.

제도 도입 초기에는 대다수의 대기업집단 창업자들이 생존해 있던 상태였으므로 당시의 공정거래위원회로서는 이미 의심할 바 없이 존재해 온 기업집단 총수를 동일인으로 확인하는 방식으로 지정 제도를 운용해 왔다. 이 과정에서 동일인의 판단기준이나 지정 절차에 대한 논란은 거의 발생하지 않았는데, 특정 기업집단의 동일인이 누구인지에 대하여 기업집단과 공정거래위원회 그리고 시민사회의 인식에 차이가 없었기 때문이었다.

그런데 이후 1990년대에 들어서면서 대기업집단 총수의 건강이 악화되거나 사망하는 일들이 발생하였고, 그 결과 기업집단 전체의 경영권을 누구에게 승계할 것인지의 문제가 대두되는 한편, 기업집단이 직계비속별로 분화하는 현상이 나타나게 되었다. 더욱이 기업집단의 최대지분을 총수 일가가 아닌 공적연기금이나 기관투자자들

이 보유하는 상황도 나타났으며, 나아가 창업자의 2, 3, 4세가 외국 국적을 보유하는 경우도 등장하면서 한국 특유의 동일인 규정을 외국 국적 총수에 적용할 수 있는지에 관한 논쟁이 새롭게 부각되기도 하였다.

그 결과 기업집단을 사실상 지배하는 경제적 실체가 누구인지가 불분명하거나, 분명하더라도 곧바로 동일인으로 지정하기 쉽지 않은 경우, 기업집단이 먼저 동일인 변경을 요구하는 상황 등 전에 없던 상황들이 발생하기 시작했다.

동일인 제도 운영에 대한 실무상의 난이도 및 쟁점들이 증가하였고 시민사회의 관심도 그에 따라 커지게 되었다. 더욱이 동일인 지정은 사전규제와 더불어 동일인, 동일인 관련자에 대한 사후규제에 영향을 미치게 되었다.

요컨대, 현재 동일인 제도의 정책적·현실적 중요성은 대기업집단 규제의 집행 초기와 비교할 수 없을 정도로 커졌다. 그에 따라 동일인 제도 자체의 개선 필요성이 제기됨은 물론이고, 30여 년간 지속되어 온 기업집단 규제를 원점에서 재고해야 한다는 등 규제의 근거와 정당성에 의문을 제기하는 주장까지 일각에서 대두되는 상황이다.

이런 상황이 지속될 경우 수범자 입장에서 관련 규제의 수용도를 낮출 뿐만 아니라 제도 전반의 정당성을 약화시키는 요소로 작용할 수 있다. 따라서 대기업집단 규제가 합리적 토대 위에 발전토록 하기 위해서는 공정거래법령상 동일인 제도 전반에 대해 보다 면밀히 분석할 필요가 있다.

Ⅱ. 현행 법령의 구도와 쟁점의 해석

1. 동일인 지정의 원칙과 단계

현행 공정거래법상 동일인 개념에 대해 법령상으로는 정의규정이 부재한 상태이다. 다만 공정거래법상 기업집단에 대한 정의규정의 조합을 통해 충분히 개념 추출을 할 수 있다. 예컨대 법률 제2조 제11호에서는 기업집단에 관하여 "동일인이 사실상 그 사업내용을 지배하는 회사의 집단"이라고 정의하고 있으므로 이로부터 동일인에 대해 '둘 이상의 회사의 사업내용을 사실상 지배하고 있는 자'라는 개념을 추출해 낼 수 있다. 학계의 일반적인 시각도 이런 방식으로 동일인 개념을 이해하거나 정의하고 있다.[3]

이 개념을 세분화하자면, 종적 측면에서 동일인과 회사 간의 관계로부터 '사실상 기업의 사업내용을 지배하여야 한다'는 요건이 추출되고, 횡적 측면에서 '기업집단에 속하는 회사들' 간의 관계로부터 '지배하는 자가 동일하여야 한다'는 요건이 추출된다. 이 개념의 구도 속에는 일견 동일인의 자연인/법인 여부 및 국적이 내국인인지 외국인인지에 대한 제한의 근거는 해석상 존재하지도 추론되지도 않는다. 다만, 동일인 관련자 개념에 친족 개념을 포함시킨 점에 비춰 보면 자연인을 일차적 지정 대상으로 함을 원칙으로 하는 것이 합리적이다. 2024년 개정 시행령[4] 및 같은 해 제정된 「동일인 판단 기준 및 확인

---

3 권오승·서정, 『독점규제법』(제5판), 법문사, 2022, 534면.
4 공정거래위원회, 「동일인 판단 기준에 관한 공정거래법 시행령 개정안 입법예고」, 2023. 12.

절차에 관한 지침」[5]도 이런 구도 속에 자연인인 동일인을 우선 지정하고 자연인이 부재한 경우 회사와 비영리법인을 동일인으로 지정하는 방식을 취하고 있다. 즉 동일인 판단의 핵심 요건은 기업집단의 실질적 지배 여부이므로, 기업집단을 지배하는 자연인이 있는 경우 해당 자연인을 동일인으로 판단하는 것을 원칙으로 한다. 또한 해당 기업집단을 지배하는 자연인을 특정하기 어려운 경우, 의사결정의 정점에 있는 법인을 동일인으로 판단하게 된다.

2. 대기업집단 규제의 범위와 동일인 지정의 범위의 관련성

한편 동일인 개념에 내/외국인 자체에 대한 제한은 두고 있지 않은 것과 달리, 동일인의 지배를 받는 기업집단의 소속회사는 국내회사로 국한할 수밖에 없을 것이다. 즉 '회사' 개념에 대해서만큼은 축소해석이 필요하다. 공정거래법의 소임이 대한민국의 헌법상 경제질서를 정당하게 형성하는 것이고 국내 시장에서의 경쟁제한이나 경제력 집중을 문제삼는 것이 대기업집단 규제의 지향점이기 때문이다. 또한 채무보증금지 관련 규정 등 실체법적 수단들이 국내회사를 규제대상으로 명시한 점도 이를 뒷받침한다.

이상을 종합하면, 공정거래법의 적용을 받는 대기업집단은 국내회

27. 보도자료. 2024년 개정 시행령에서는 동일인 판단의 일반원칙으로, 기업집단을 사실상 지배하는 자연인을 그 기업집단의 동일인으로 보되, 그러한 자연인이 존재하지 않을 경우 해당 기업집단을 사실상 지배하는 국내회사나 비영리법인 또는 단체를 동일인으로 보도록 하였다.

5 공정거래위원회, 「동일인 판단 기준 및 확인 절차에 관한 지침」 제정안 행정예고, 2023. 6. 30. 보도자료.

사들로 구성된 기업집단으로 국한되지만, 그 기업집단을 사실상 지배하는 동일인은 내국인으로만 국한되지는 않는다. 같은 이유에서 내국인이더라도 외국에 소속회사들을 설립한 기업집단의 총수가 공정거래법상 동일인으로 지정될 수 없음은 물론이다.

3. 공정거래위원회에 의한 동일인 지정행위의 법적 성격

(1) '형성적 행정행위'인가, '확인적 행위'인가?

공정거래위원회는 매년 5월 대규모기업집단을 지정하면서 그 집단의 동일인도 함께 지정하여 공시하고 있다. 이런 지정행위의 법적 성격을 어떻게 볼 것인지에 따라 수범자 및 지정권자에 대한 의미는 크게 달라질 수 있다.

우선 형성적 행정행위로 본다면, 공정위의 동일인 지정이 기업집단의 지배구조 및 규제의 대상에 관한 포괄적 법률관계를 발생·변경·소멸시키는 의미가 있다. 반면에 확인적 행위로 보면, 기업에 대한 사실상 지배력의 존재 및 범위에 관한 확인의 의미가 있다.

이런 구분법의 실익은 두 행위 모두 처분적 성격을 지니고 있으되, 동일인의 지정에 관한 결정권을 공정위에만 부여할 수 있는지, 아니면 기업집단도 스스로 결정토록 할 것인지의 문제와 관련된다. 즉, 형성적 행정행위로 보면 동일인 지정이나 변경의 결정권은 공정위만 행사토록 하는 것이 바람직한 반면에, 확인행위로 보면 기업집단에 대해 동일인 지정 관련 의견제기나 변경신청권의 적극적 행사를 인정할 수 있다.

전자로 보면 동일인 여부에 대한 일차적 입증을 공정위가 부담하는 것으로 봐야 하고, 후자로 보면 기업집단이 동일인의 적절성에 대한 일차적 증명책임을 지는 것으로 이해할 수 있다. 원칙상 기업의 지배구조라는 '현실'로부터 동일인 '개념'이 추출되고 그다음에 기업집단의 '범위'가 결정된다. 그렇다면 공정거래위원회의 '동일인 지정'은 규제 질서를 임의로, 혹은 새로이 '형성'하는 행정행위라기보다는 이미 존재하는 지배구조를 토대로 대상을 기존 질서를 '확인'하는 성격의 행위라고 보는 것이 타당할 것이다.

(2) 공정위의 동일인 지정은 재량행위인가, 기속행위인가?

한편 지정행위의 구속성 여부도 규명해 볼 필요가 있다. 즉 공정위의 지정은 동일인 요건에 해당하면 반드시 지정해야 하는 것인지, 아니면 공정위가 지정 여부 및 그 대상을 임의로 결정할 수 있는지가 문제된다. 만일 재량행위라면 법령상 요건 충족에도 불구하고 공정위가 규제 실효성 등을 감안하여 지정 여부를 선택적으로 결정할 수 있는 반면에, 기속행위라면 법령상 요건이 충족되면 공정위가 반드시 해당 자연인이나 법인을 지정해야 하는지 의무를 지게 될 것이다.

이 구분법의 실익은 요건을 충족하는 특정 자연인이나 법인에 대해 국적을 불문하고 반드시 동일인으로 지정해야 하는지 여부와 관련되며, 현실적으로 글로벌 기업의 외국인 지정 여부와 관련해 특히 의미가 있다. 아울러 국내 대기업집단의 범위와도 관련성이 있을 수 있다. 예컨대 동일 상호를 사용하는 기업집단 내에 사실상 지배하는 자가 다른 기업들의 군집이 존재하는 경우 동일인을 1인으로 지정할 것인지도 관련된다.

현행법 해석상 동일인 개념이 매우 불확정적이라는 점, 경제현상을 규율대상으로 하는 공정거래법의 특수성, 법 집행의 현실성을 반영할 수밖에 없는 점을 감안하면 동일인 지정권자에 대한 일정 정도의 재량권 부여는 불가피하다. 즉, 공정위가 기업집단 지정처분 시에 적법하게 수집한 자료를 토대로 다수의 동일인 후보자들 중에서 특정인을 동일인으로 지정하는 데는 재량권 행사가 가능하다고 본다. 다만, 행정법의 법리에 비춰 불확정 개념으로서 동일인에 대한 재량권 행사에는 한계가 있다고 보아야 한다. 재량권 행사 시 자의나 독단, 사실 오인, 법률의 착오, 입법정신 위배, 행정법 일반원칙(즉 신뢰보호원칙, 비례원칙, 평등원칙)의 위반, 절차적 흠결이 발생하지 않도록 유의할 필요가 있다.[6]

아울러 동일인 지정 시에는 공정거래법의 입법목적을 반영하고 객관적 공정성을 유지하여 동일인 지정의 사유와 근거를 제시함으로써 지정의 정당성을 점검하고 사후 적법성 심사 시 자료를 제시할 수 있도록 하는 것이 바람직할 것이다.

III. 세부 쟁점에 관한 분석

1. 동일인의 지정 제도의 불가피성 여부

동일인 지정 제도는 동일인 자체 및 그 친인척 등 자연인 출자관계에 있는 법인 등으로 구성되는 동일인 관련자에게 행정 규제 및 형사

6 권오승·서정, 『독점규제법』(제5판), 법문사, 2022, 534면.

제재 가능성을 수반하며, 기업실무진에게는 동일인 등에 관한 자료제출과 관련하여 절차적 의무를 부과하게 된다. 즉 동일인 지정 여부는 동일인, 동일인 관련자, 그리고 기업집단 소속회사에 중대한 이해관계를 발생시킨다.

이 점에서 지정 제도의 의미와 효용에 대한 이해 확산이 필요하다. 무엇보다 동일인은 대기업집단에 대한 규제의 전제이자 준거점이므로 동일인이 확정되어야 기업집단의 범위가 정해지고, 해당 기업집단이 규제대상 기업집단(상출집단, 공시집단)에 해당하는지 여부가 규명되며(현행법 제3장의 사전규제), 사익편취의 적용대상인 동일인 관련자 내지 특수관계인(현행법 제5장의 사후규제)이 확정될 수 있다는 점에서 적기에 정확한 확인과 판단, 그리고 지정이 있을 것이 요구된다. 이 외에 기업결합 제한 등 여러 규정에서 동일인 개념에 의존한 규제체계가 존재한다는 점에도 유의해야 한다.

요컨대 기업집단 지정 제도는 동일인 지정을 전제로 하므로 대기업집단 규제, 기업결합 제한 규정이 존속하는 한 동일인 지정은 불가피하며, 따라서 동일인 지정 제도를 폐지해야 한다는 주장은 동일인 지정 제도와 대기업집단 지정 제도를 혼돈한 것이거나, 대기업집단 규제 자체를 폐지해야 함을 전제로 한 것으로 보이는 데다 논의범위를 지나치게 확장시키는 측면이 있다. 더욱이 동일인 지정을 하지 않으면 조세제한특례법 등 다수 법률의 기준점에 일대 혼선이 초래될 뿐만 아니라, 자칫 조세나 규제의 회피를 초래할 우려가 있으므로 시점에는 동일인 지정 제도 폐지론은 수긍하기 어렵다.

단, 사익편취 규제에 있어서 동일인 지정의 실효성은 생각해 볼 점이 있다. 동일인 관련자에 대한 자료제출 의무가 사후규제의 효율적 집행을 위한 것인지에는 의문이 있다. 동일인 관련자에 대한 제출 대상 자료는 주로 출자현황, 사후규제 여부의 결정요소는 내부거래 및 제공된 이익의 현황으로 보이기 때문이다. 사후규제 특히 사익편취 규제의 대상과 동일인 관련자의 범위를 동일하게 구성할 것인지는 별도로 검토되어야 할 부분이다.

2. 동일인 개념 정의규정의 신설 여부

전술한 바와 같이 현행법상 대기업집단 개념을 유추하여 동일인 개념은 어렵지 않게 추출될 수 있기는 하지만 그럼에도 별도의 정의규정의 입법은 필요할 수 있다. 해석을 통해 추출된 개념이 모호하고 불확정적인 데다, 지정의 구체적인 기준과 대상, 절차의 상당 부분이 제시되어 있지 않기 때문이다. 즉 동일인 개념에 관한 현행법의 문제의 소재지는 개념의 부재보다는 개념의 '불확실성'에 있다. 이와 더불어 동일인 개념 및 지정 제도의 정책 비중이 증대된 점도 감안되어야 할 것이다. 그렇다면 개념 정의규정은 어디에 둘 것인지가 문제된다.

만일 동일인 개념 정의규정을 신설한다면 법률 사항으로 규정하는 방안과 시행령 사항이나 고시 등 하위규범으로 위임하는 방안을 생각해 볼 수 있다. 또한 규정의 입법기술로는 정의규정에 추가하는 방식과 기존 조문에 개념을 삽입하는 방식 등 다양한 모색이 가능하다. 단, 개념의 중요성이나 거론 빈도에 비춰 볼 때 법률에 터 잡되 세부사항을 시행령에 위임하는 정도가 타당한 것으로 판단된다. 개념의 내용은 '사실상의 지배' 개념을 구체화하는 한편, 인적·지리적 범위를 명확히 할 수 있는 요소로 구성하여야 할 것이다.

3. 법령상의 요건 충족과 동일인 지정의 관계

동일인 지정을 재량행위로 본다면 집행의 실효성을 감안하여 지정제도에 어느 정도의 유연성은 인정할 수 있으나, 선례를 감안하여 일관성, 예측가능성을 도모할 필요가 있다. 특히 최근 사례에 비춰 내/외국인에 대한 지정, 자연인/법인의 지정에 대한 기준 정비가 시급히 요구된다.

한편 현행법 해석상 외국 국적 자연인의 동일인 지정 가능 여부도 중요하게 검토되어야 하는 사항이다. 공정거래법에 비추어 동일인 개념의 구도 속에는 동일인이 내국인으로 국한된다는 없으나, 지정의 성격을 재량행위로 본다면 정책 실효적 집행이나 선례와의 비교를 통해 이를 축소해석하는 것 자체는 가능하다. 다만 외국 국적 총수에 대한 동일인 지정에 관해 제기되는 맹점은 보완할 필요가 있다.

이와 관련하여 최근 수년간 일부 기업집단의 외국 국적 지배주주를 둘러싸고 제기된 논란, 즉 현행 조문의 외형과 기업집단의 현실, 그리고 규제 실효성 간의 부정합성 문제에 대해서는 짚어 볼 점들이 있다. 단, 외국 국적 보유자의 동일인 지정 문제는 공정거래법이 너무 경직적이고(동일인 개념, 형사처벌 규정) 포괄적(역외 적용 규정, 자료제출 요구권 등)이어서 무차별적 적용이 부담스러운 데다, 자국 고유의 기준(national standard)을 외국인에 대해 실효적으로 집행하기 쉽지 않은 이례적 상황에서 대두되었던 점에는 유의할 필요가 있다.

현실적으로 외국 국적의 지배주주에 대한 차별 이슈는 차별 이슈와 집행가능성 등 여러 층위에서 발생한다. 이를테면 한국 진출 글로벌 기업의 외국인 총수 vs. 한국 진출 글로벌기업의 국내 법인 vs. 한국 거점 기업의 한국계 외국인 vs. 동일 조건 국내 기업의 내국인 총수의 구도로 정리할 수 있다. 이 과정에서 등장한 논쟁이 소위 '검은 머리 외국인론'이었다. 주지하다시피 이 주장의 요지는 '외모가 한국인과 같다는 이유로 엄연한 외국인에게 국내 규제를 적용해서는 안 된다'는 것이다. 하지만, 외국 국적 보유 총수를 동일인으로 지정할 것인지의 논쟁에서 '머리카락 색깔'은 오히려 간과할 수 없는 요소로 느껴진다. 부연하자면, 외국 국적 보유자의 동일인 지정 여부의 핵심은 한국 내에서 기업집단을 형성하고 매출액의 대부분이 한국 내에서 발생하고 있는 글로벌 기업집단에서, 한국계 외국인 총수가 내국인과 같은 외모를 지니고 내국인의 언어를 사용하고 친족들과 함께 국내에 거주하면서 실질적인 영향력을 행사하는 것으로 보이는 상황을 어떻게 이해하고 다룰 것인지의 문제이기 때문이다. 이 중 어느 하나의 조건이 충족되지 않는 경우에 대해 공정거래법령에 따라 동일인 지정을 해야 한다는 주장은 현실적이지 않다. 예컨대, 전 세계 매출에서 한국의 비중이 미미한 글로벌 기업집단의 경우 실제 한국법인에 영향권을 행사하지 않는 자연인 지배주주 내지 경영자를 동일인으로 지정하는 것은 부적절한 일이다. 규제 실효성 때문이 아니라 동일인의 본질에 맞지 않기 때문이다.

그렇다면, 외국인에 대한 동일인 지정 문제는 현실적으로 외국 국적의 한국계 총수에 대한 문제로 좁혀서 접근하는 게 타당할 것이다. 예컨대, i> 매출의 상당 부분이 한국에서 발생하는 글로벌 기업집단의 최대주주로서, ii> 국내에 거주하는 등 사실상의 지배력을 행사할 수 있는 객관적 여건이 형성되어 있고, iii> 실제로 인사권, 경영상의 중요 의사결정에 참여하고 있는 상황이라면 내/외국인을 불문하고 동일인 지정이 가능한 것이 맞는 방향이다.

4. '규제 실익' 또는 '집행 실효성'에 대한 고려의 타당성

만일 지정행위의 법적 성격을 재량행위로 본다면 집행의 용이성을 반영하여 동일인 지정 여부를 결정하는 것이 가능할 것이다. 단, 개인이 보유하는 개인회사나 국내 친족이 운영하는 기업이 부재하여 사익편취 발생 우려가 없는 경우에는 자연인에 대한 동일인 지정의 실익이 없는지는 따져 볼 부분이다. 동일인 지정의 취지가 사후규제에 국한되지 않으며, 동일인을 통한 기업결합 규제에 영향을 미치고, 기업집단의 범주를 정하고 사전규제의 대상을 확정한다는 의미가 있기 때문이다.

동일인을 국내 법인으로 지정하더라도 사전규제의 대상과 범위가 자연인 지정의 경우와 동일한 때에는 문제의 소지가 없으나, 기업집단의 지배구조는 대체로 유동적이어서 그와 같은 상태가 지속되지 않거나, 변동될 가능성이 상존한다. 즉, 지정 당시는 친족기업이 없지만 동일인 지정 이후 친족기업이 설립되는 경우가 있을 수 있다. 반대로, 사후규제의 실익이 문제라면 일단 법인 중심으로 동일인을 지정하고 사익편취 규제 시점에 자연인인 특수관계인에 대한 관련 자료제출 요구 및 조사를 실시하는 것도 가능하다는 논리도 성립 가능하다.

규제의 실익 측면에서 고려될 수 있는 외국의 유사 규제도 검토할 필요가 있다. 예컨대 미국의 증권 관련 법규의 요구 수준이 매우 엄격하기 때문에 이를 준수하면 한국법상 우려되는 내부거래나 경제력 집중현상이 자연스럽게 억제되는 부수적 효과가 발생할 수 있다. 이 점을 규제 최소화 내지 규제의 실익 차원에서 고려할 수 있을 것이다. 실제로 미국 국적 보유자의 경우 증권거래 관련 규정을 통해 국내 지분관계 파악이 가능한 점을 근거로 국내 규제의 실익이 크지 않다는 주장도 제기된다. 하지만 미국의 증권거래 관련 규범상 공시 규제는 상장법인 임원이나 그 특수관계인(related person) 투자자 보호에 주안점이 있으며, 우리 상법 제398조의 자기거래 금지와 유사한 취지로서 회사임원의 선관주의 의무위반 및 이해상충 방지를 위한 제도라 할 수 있다. 이에 비해, 공정거래법상 특수관계인은 기업집단의 형성에 매개가 되는 인적 주체로서 경제력의 집중 억제를 염두에 둔 개념으로서 양 규제는 서로 다른 지향점을 지니고 관할권도 서로 다른 제도라는 점을 간과해서는 안 될 것이다.

한편, 이와 관련하여 외국의 규제가 존재하는 상황에서 국내 규제를 적용하는 것이 중복규제인지가 문제될 수 있는데, 본래 중복규제란 하나의 피규제자 또는 행위에 대하여 다수의 규제권자가 존재하는 현상을 의미하지만, 이 개념이 지리적 관할권을 넘어 적용되는 규제를 대상으로 한다고 보기는 어렵다. 한국법상 '특수관계인'이 미국법상 'related person'[7]이나 'affiliated person'[8]의 개념 또는 영국법상 'connected person'[9]과 그 의미가 동일하지는 않다. 즉 한국법상 동일인으로 지정되었다고 해서 미국법상 특수관계인에 해당하지는 않는다고 보아야 할 것이다.

5. 동일인에 대한 결정 및 변경권의 귀속

현재의 동일인 지정 방식은 공정위가 공시대상기업집단에 대해 자료제출을 요충하고 제출된 자료를 토대로 공정거래위원회가 법령상 기준에 따라 지정하는 방식이다. 지정의 권한은 공정위에만 귀속하는

---

7 미국 증권거래위원회(SEC: Securities Exchange Commission)의 공시 규정인 Regulation S-K의 item 404에서는 상장법인으로 하여금 'related person'과의 거래 관계를 공시토록 하고 있는데, 이에는 부모, 자녀, 형제자매, 사위/며느리는 물론이고 법률적인 촌수에 구애되지 않고, 실질적으로 생계를 같이하는 자, 양부모, 양자 관계도 포함시키고 있다.

8 미국 투자회사법에서는 'affiliated person'을 (A) 직접 또는 간접적으로 투표권을 소유·지배 또는 보유하고 있는 자, (B) 이러한 타인이 직접 또는 간접적으로 투표권을 소유·지배 또는 보유하고 있는 자, (C) 이러한 타인에 의해 직접 또는 간접적으로 소유·지배하거나 공동지배하에 있는 자, (D) 이러한 타인의 임원, 이사, 파트너, 협력사 또는 직원, (E) 이러한 타인이 투자회사인 경우, 투자자문사 또는 자문위원회의 구성원, (F) 이러한 타인이 이사회가 없는 비법인 투자회사인 경우, 그 예금자로 정의하고 있다[5 USC § 80a-2(a)(3)].

9 영국 회사법(Companies Act 2006)과 기업세법(Corporation Tax Act 2010)은 특수관계인과 관련하여 'connected person', 'associates', 'family', 'relative' 등의 용어를 사용하고 있다. 영국 회사법상 이사의 가족은 본인의 배우자와 부모, 자녀(배우자의 미성년 동거자녀 포함)로 한정되며, 기업세법은 조항에 따라 'connected person'에 배우자와 직계존비속, 형제자매와 배우자, 배우자의 친족(relatives)이 포함되는 경우도 있으나 2촌 이내의 인척을 최대범위로 하고 있다는 점에서 보면 범위가 다소 협소한 편이다. 즉 영국 회사법상 친족(relatives)의 범위는 배우자와 직계존비속, 형제자매까지로 제한된다. 한편 영국 회사법은 이사(director)의 관계인(connected person)의 하나로 이사의 가족(family)을 포함하고 있는데, 이때 이사의 가족(family)에는 배우자(spouse or civil partner), 지속적인 가족관계에 있는 이사의 동거 파트너(동성, 이성), 이사의 자녀, 이사와 동거하는 파트너의 18세 미만 자녀, 이사의 부모가 포함된다.

것으로 보인다. 기업집단에 대한 사실상의 지배력을 토대로 동일인이 지정되는 것이라면 이 부분에서 기업집단과 입장이나 견해가 다를 수 있다.

원칙상으로는 기업의 지배구조라는 '현실'로부터 동일인 '개념'이 추출되고 그다음에 기업집단의 '범위'가 결정된다. 즉 이미 존재하는 지배구조를 토대로 기존 질서를 '확인'하는 성격의 행위로 본다면 누가 동일인인지는 일차적으로 기업집단이 정하되, 공정위가 진위 내지 적정성을 토대로 지정권을 행사하는 방식이 타당해 보인다.

누가 기업집단이나 소속회사를 사실상 지배하고 있는지를 가장 잘 파악할 수 있는 것 역시 기업이기도 하다. 같은 맥락에서, 기업집단에게 지정된 동일인에 대한 이의제기나 변경요구권을 인정할 수 있다.

아울러 동일인 변경 절차의 수립이 필요하다. 현행 법령상으로는 변경의 기준과 절차가 부재한 상태이다. 공정위의 동일인 지정 실무상으로는 한동안 동일인이 생존해 있는 상태에서는 동일인을 변경할 수 없다는 입장이 견지되었다. 이후 총수의 고령화, 건강문제 등에 따라 기업집단 지배가 어려운 상황들이 나타났는데, 이 때문에 사망하지 않은 상태에서 기업이 변경 신청을 하거나, 공정위가 변경 신청을 요구해서 변경된 경우 등 여러 유형들이 발생한 바가 있다. 기존 동일인이 생존한 상황에서 동일인 변경 신청을 하는 경우, 지분은 넘겼지만 지배력을 행사하는 경우, 지분과 지배력을 모두 이양한 경우 등 상황별 변경 신청 가능 여부 및 절차 및 변경 신청을 하지 않는 경우에 관한 처리 기준이 마련되어야 할 것이다.

이 경우 동일인 변경을 통해 사후규제를 회피할 가능성이 제기될 수 있겠으나 그런 우려는 사실상 현실화되기 어렵다고 판단된다. 후속세대로의 동일인 변경은 사실상 동일인 관련자의 확대로 귀결되기 때문이다. 자료 수집의 어려움도 그만큼 커질 것이므로 규제 회피를 위한 동일인 변경의 유인은 크지 않다고 본다.

6. 동일인 관련자 범위의 적정성

그간 동일인 못지않게 동일인 관련자의 범위도 기업실무상 규제완화의 요구가 지속되어 온 부분이다. 특히 동일인 관련자에 대한 자료 수집의 부담이 대다수 기업집단 실무자들이 느끼는 가장 큰 애로사항으로 꼽혀 왔다. 기업집단 유형별 실무상 애로의 정도에도 차이가 나타난다. 이를테면 기존 기업집단은 기존 제출 자료에 추가, 변경하는 작업이 중심인 데 비해, 계열 분리된 기업집단은 자료제출 대상이 감소하고, 반면에 신규진입 기업집단은 모든 자료를 새로 수집하여 제출해야 하는 부담이 뒤따른다.

동일인 관련자의 범위 문제는 공정거래법 이외에 인접 규범(자본시장법)에서도 논의 대상이 되어 왔다. 이들 규범상의 친인척의 범위도 공정거래법에서보다 더 좁아 보이지는 않는다. 예컨대, 현행 자본시장법은 '특수관계인' 개념도 배우자, 6촌 이내 혈족, 4촌 이내 인척을 포함하는 한편, 이를 넘어 양자의 생가의 직계존속, 양자 및 그 배우자와 양가(養家)의 직계비속, 혼인 외의 출생자의 생모, 본인의 금전이나 그 밖의 재산으로 생계를 유지하는 사람 및 생계를 함께하는 사람 등을 추가하고 있다. 기업집단의 총수 일가 중에 입양도 일어날 수 있는 가능성을 배제할 수 없고, 규제의 취지가 공동으로 연합하여 영향력을 행사할 가능성을 포착하려는 취지이다. 단, 사실상의 영향력을 행사하고 있지 않은 경우 확인서에 의하여 배제될 수 있는 길을 열어두는 옵트아웃(opt-out) 방식을 채택하고 있음이 주목된다.

이에 비해 공정거래법의 경우, 지난 2022년 12월 시행령 개정에서는 주지하다시피 동일인 관련자 가운데 친인척 범위를 4촌 이내의 혈족과 3촌 이내의 인척으로 축소하는 대신, 혼인 외 출생자의 생부나 생모 즉 사실혼 배우자를 포함시키는 방향으로 범위가 조정된 바 있다.[10] 변화된 가족 및 친족 관념과 현실을 반영한 의미도 있지만 기업실무상의 애로에 따른 요청을 수용한 의미도 크다. 이 점에 비춰 보면 공정거래법상 동일인 관련자가 여타 규범상의 특수관계인 등의 범위에 비해 더 넓은 수준으로 평가하기는 어렵다. 단, 동일인이 지배하는 국내 회사 발행주식 총수의 100분의 1 이상을 소유하고 있는 5촌·6촌인 혈족이나 4촌인 인척은 동일인 관련자의 범위에서 제외되지 않는다.[11] 일종의 옵트인(opt-in) 방식을 채택한 것으로 평가할 수 있다.

이 점에서 동일인 관련자의 범위와 관련해서는 제출되는 관련 자료가 각 규제에 얼마나 유용하게 활용되는지, 즉 누구의 어느 자료까지가 불가피하거나 유효한지를 보다 실증적으로 평가해서 범위의 적정성을 점검할 필요성은 여전히 남아 있다. 이제는 친족 관념의 변화보

---

10 시행령 제4조 제1항 제1호 가목의 2), 3)
11 시행령 제4조 제1항 제1호 가목의 4)

다는 기업실무상의 애로와 규제 필요성 간의 조화 및 균형을 적정성의 판단기준으로 삼는 것이 바람직하다.

7. 자료 미제출에 대한 제재

형사처벌은 자료제출에 협조하지 않은 동일인 관련자가 아닌 동일인 자체를 대상으로 한다. 이와 관련하여 경제적이거나 개인적 사유로 자료제출을 거부하는 동일인 관련자를 제재하는 것이 적절하지 않을 수 있고, 그렇다고 이를 이유로 동일인을 형사처벌하는 것도 과도하게 느껴지는 딜레마가 존재한다. 반면에 규제의 실효성을 높이기 위해서는 동일인을 제재대상으로 설정하는 것이 타당하다고 보는 정서가 정책실무상 존재하는 것 또한 사실이다.

다만 현재는 자료 미제출 시 동일인을 고발하고, 인식 가능성이 없으면 기소를 안하는 방식으로시행된다. 그간 친족 범위를 줄여 달라는 기업들의 요구가 제기되었던 이유는 4촌을 넘어서는 친족의 경우 자료 미제출 시 동일인에 대한 처벌이 뒤따른다는 점에 대한 우려와, 이들에 대한 인식 가능성이 없음을 입증하기 쉽지 않다는 점 때문이기도 하다.

이 점을 고려하여 여러 대안을 모색할 수 있을 것이다. 예컨대 과태료 중심으로 제재수단을 정비하거나, 자료제출 대상이나 제재 대상을 동일인이 아닌 기업집단으로 하는 방안도 모색할 수 있다. 단, 자료 미제출 행위에 대한 억지력 여하가 관건이 될 것이다. 또한 현재와 같이 자료제출에 대한 책임을 동일인이 지는 상황에서 그나마 자료제출 노력이 유지되고 있는데, 제재 대상이나 수단이 바뀔 경우 자료제출에 적극적으로 협조할 것인가 하는 점도 문제될 것으로 보인다.

8. 국제법적 이슈로서 한·미 FTA와 최혜국 대우, 외국인의 형사처벌 문제

한·미 FTA 제11.4조 제1항에서는 '기회의 평등'을 보장하기 위한 목적에서 최혜국 대우 원칙을 규정하고 있다.[12] 이와 관련하여 공정거래위원회는 종전에 에쓰오일, 한국지엠 등 외국계 기업집단의 경우, 외국 지배주주가 아닌 '국내의 최상위 회사'를 동일인으로 지정한 바가 있는데, 대주주가 미국 국적의 자연인 또는 법인인 기업집단에 대하여 미국인 또는 미국법인을 동일인으로 지정할 경우 이는 동종 상황의 사우디아라비아 투자자에 비하여 미국 투자자에게 지정자료 제출 의무를 부담하는 계열사의 범위를 넓히고, 공정거래법상 사익편취 규제가 추가되며, 의무 위반에 따른 처벌가능성을 확대하는 점에서 '불리한 대우'에 해당될 수 있는 점을 고려한 조치로 이해되었다.

동일인 지정에 따른 법적 규제 위반에 관한 제재(공정거래법상 손해배상, 벌칙 등)는 미국인 또는 미국법인이 투자한 국내 기업에 대하여 집행될 경우 해당 국내 기업을 비당사국인 사우디아라비아 국영기업이

---

12 즉, 「대한민국과 미합중국 간의 자유무역협정」 제11.4조 최혜국 대우 조항의 1.에서는 "1. 각 당사국은 자국 영역 내 투자의 설립·인수·확장·경영·영업·운영과 매각 또는 그 밖의 처분에 대하여 동종의 상황에서 비당사국의 투자자에게 부여하는 것보다 불리하지 아니한 대우를 다른 쪽 당사국의 투자자에게 부여한다."고 규정하고 있다.

투자한 에쓰오일에 비하여 불리하게 대우를 하는 것일 수 있다.

다만, FTA 체결국 이외의 국적 소지자에 대한 동일인에 대해서는 이런 문제가 발생하지 않는 것인지는 의문이다. 현실적으로 국내에서 매출이 다량 발생하는 기업집단에서 동일인이 사업내용을 지배하기 위해 국내에 체류하는 경우가 많으므로 거주지의 소재와는 별개로 형사처벌의 집행가능성은 실효적으로 확보될 수 있을 것으로 생각된다.

IV. 남은 과제들

공정거래법상 동일인 개념은 법 시행 이래로 사실상 한 번도 개정되지 않은 상태로 현재에 이르고 있다. 일면 대기업집단 규제가 동일한 동일인 개념하에 일관되게 집행되었다는 의미로 볼 수 있다. 더욱이 이미 동일인 개념이 타법상 연계성이 커진 상황에서 이 개념이 지닌 제도적 의미는 여전히 중대하다고 보아야 한다.

반면에, 그 사이 비교할 수 없이 비대해진 이 개념의 법제적 비중을 감안하거나, 변화된 시대상 및 가족관계, 기업집단의 지분구조의 변화 및 분화 가능성을 고려한다면 이 제도의 시대적 정합성에 대해서는 꾸준히 건전한 의심을 두고 살펴볼 필요가 있다.

가능한 선에서 동일인 개념이 법률이나 시행령에 명확히, 구체적으로 정의될 필요가 있다. 또한 지정의 절차를 투명하고 객관적으로 구성하되, 동일인의 결정이나 변경 과정에 기업집단의 의사를 반영할 수 있는 기준과 절차를 마련하는 것이 바람직하다.

자료제출 의무 측면에서 동일인 관련자의 범위를 현실적으로 조정하되, 사익편취 규제의 실효성에 영향을 미치지 않도록 양 규제의 대상을 정비하는 조치가 수반되어야 하며, 외국인에 대한 동일인 지정 문제는 한국에서 기업집단을 형성하고 국내의 경제력 집중의 원인이 될 수 있는 한국계 외국 국적 보유 자연인을 불합리하게 빠뜨리지 않는 방향으로 제도가 운용되어야 할 것이다.

제2절 | 기업집단의 범위 및 계열회사의 판단기준

I. 계열회사와 기업집단 범위의 상관관계 및 관련자의 이해관계

기업집단의 범위는 그 소속회사들이 확정됨에 따라 정해진다. 기업집단은 동일인이 사실상 그 사업내용을 지배하는 회사들로 구성(법 제2조 제12호)되며, 이때 기업집단을 구성하는 회사는 실무상 기업집단 소속회사로 불리기도 한다. 이에 비해 계열회사는 법에서 규정하는 법령용어로서 동일한 기업집단에 속하는 둘 이상의 회사들이 각각의 관계에서 상대적으로 갖게 되는 지위를 의미한다(2조 제12호). 즉 소속회사는 회사가 기업집단과의 수직적 관계에서 갖게 되는 지위를 일컫는 것이라면, 계열회사는 소속회사들이 상대적 관계에서 갖게 되는 지위를 의미하는 것으로서, 두 개념 모두 같은 회사를 두고 서로 다른 관점에서 설명한 용어들이다. 모두 동일인에 의해 그 사업내용이 사실상 지배를 받는 기업집단의 구성요소들이라는 점에서 그렇다. 따라서 기업집단의 범위는 곧 동일인의 지배하에 있는 계열회사들의 범위를 의미한다고 볼 수 있다.

동일인이 자연인인 경우에는 계열회사들의 집단으로 기업집단 범위가 결정되며, 동일인이 회사인 경우에는 동일인 역시도 회사이므로 동일인과 계열회사들이 기업집단 범위를 이룬다. 이때의 동일인은 다른 계열회사의 또 다른 계열회사이기도 하다. 이를 등식화하면 '기업집단의 범위 = 모든 계열회사들(동일인이 회사인 경우 그 동일인을 포함)'의 등식으로 표시할 수 있다.

대개의 경우 어느 회사가 특정 기업집단의 계열회사인지 여부는 쉽게 판단되지만, 계열회사 여부가 불분명한 회색지대가 존재하기도 한다. 이런 경우에는 기업집단 범위의 경계선이 확정되지 못하고 해당 회사를 계열회사로 볼 것인지가 결정된 후에 비로소 기업집단의 경계선과 범위, 그리고 자산총액이 결정된다. 요컨대, 계열회사의 판단기준은 기업집단 범위의 경계선을 정하는 기준이 되므로 법리적 측면에서 두 이슈는 같은 선상에서 다루어도 무방하다.

한편, 어느 회사가 기업집단의 계열회사가 된다는 의미는 기업집단 자체는 물론 그와 관련된 여러 이해관계인들에게 영향을 미치는 법률관계가 형성된다는 의미이기도 하다. 먼저 기업집단 계열회사의 입장에서는 자신이 상호출자제한기업집단의 소속인 경우에는 상호출자, 신규순환출자, 채무보증 금지, 금융보험사 의결권 제한 등 사전규제의 대상이 되며, 공시대상기업집단 소속인 경우에는 기업집단 현황,

비상장회사인 경우 중요사항, 대규모 내부거래의결 등에 관한 공시제도의 적용을 받게 된다. 이 외에 사익편취 금지규정과 더불어 불공정거래행위의 유형으로서 계열회사를 위한 차별취급 금지규정의 적용대상이 되기도 한다.

기업집단의 동일인 입장에서는 공정거래위원회에 대해 계열회사에 대한 자료제출 요청 의무가 발생하여(제31조 제4항), 공정위 지정자료 미제출 또는 허위자료 제출로 인한 형사처벌(2년 이하의 징역 또는 1억 5천만 원 이하의 벌금: 제125조)의 가능성에 노출되므로 특정 회사의 계열회사 여부는 행정적·형사적 제재 리스크를 수반하는 문제이기도 하다.

기업집단의 입장에서는 소속회사의 변동이 발생하면(기업집단 범위에 해당하거나 해당하지 않게 된 회사가 발생하거나 발견된 경우), 공정위에 신고해야 할 의무가 발생하며(변동사유 발생일로부터 30일) 연도 중 기업집단 지정에서 제외될 수도 있다.

이 밖에 계열회사는 중소기업, 금융, 노동, 조세 분야에서도 해당규범의 계열회사 관련 규정을 공정거래법상의 계열회사 판단기준에 따라 적용받게 된다.[13] 즉 공정거래법상 기업집단 계열회사로 인정되면 중소기업, 금융, 조세 등 타법상의 규제대상이 되기도 한다.

이처럼 기업집단 범위 또는 계열회사 포함 여부는 수범자나 집행기관에게 매우 중차대한 사안이 아닐 수 없다. 실제로 계열회사 누락으로 인해 형사고발이나 처벌이 뒤따른 사례들[14]도 적지 않게 발생한

13 예컨대, 조세법 분야에서는 특수관계법인과의 거래를 통한 이익의 증여 의제, 수입배당금 익금불산입 배제 규정 등의 여러 영역에서 공정거래법상 계열회사 판단기준이 직접 인용되고 있다.

14 주요 판결로는 대법원 2021. 3. 25. 선고 2016도14165 판결, 대법원 2015. 3. 26. 선고 2012두

다.[15] 여기에 기업 활동이 복잡다기화하고 지분과 조직의 연계방식이 다양해지면서 조인트벤처나 투자조합 등과 같이 회사성 여부가 문제되는 새로운 기업현실도 등장하였고,[16] 그에 따라 조문 해석에 관해 새로운 논점들도 대두되고 있다. 그 점에서 기업집단의 범위 또는 계열회사 여부와 관련된 현행 규정들을 면밀히 분석해 볼 필요가 있다.

II. 법령상 계열회사 판단기준의 구도와 기준

1. 판단기준의 법령상 근거와 해석

(1) 관련 규정의 체계

기업집단의 범위 내지 계열회사 여부에 대한 판단기준은 공정거래법상 기업집단의 개념 정의규정(법 제2조 제11호)과 동법 시행령상 기업집단의 범위에 관한 규정(시행령 제4조)을 통해 추출된다. 이들 법령상의 규정은 대기업집단 규제가 도입된 1986년부터 존재해 왔고, 그

27268 판결, 서울고등법원 2018. 8. 22. 선고 2016누60173 판결, 서울고등법원 2012. 11. 15. 선고 2012누12565 판결 등을 들 수 있으며, 공정거래위원회 심결례로는 초기의 공정거래위원회 의결 제96-331호, 공정거래위원회 전원회의 2001. 4. 2. 의결 제2001-048호, 공정거래위원회 2009. 3. 11. 의결 제2009-075호를 위시하여 최근까지도 공정거래위원회 의결 제2021-037호 등 다수 사례들을 쉽게 찾아볼 수 있다.

15 그간 문제되었던 사례로는 이투데이, 「'친족회사 13곳' 계열사 고의 누락 … 김○○ 호△건설 회장 檢고발」, 2022. 3. 17. 기사; 조선비즈, 「공정위, 박○○ △△석유화학 회장 '지정자료 누락' 검찰 고발」, 2023. 3. 8. 기사 등 참조.

16 이데일리, 금감원·공정위, 미래○○ 칼댄다 … SPC 계열사 회피 조사, 2021. 9. 16. 기사; 뉴스핌, 「공정위, 미래○○ '계열사 회피' 정조준 … 지배구조 개선 '재시동', 2021. 9. 17. 기사; 더벨, 「시행사 파트너십 구축, 증권사 에퀴티 투자 필수」, 2021. 6. 3. 기사 참조 .

간 조문상의 요건 및 예외를 보강하기 위한 개정들이 수차례 이루어졌다.

법률에 따르면 기업집단의 계열회사는 '동일인이 사실상 그 사업내용을 지배하는 회사'를 의미하고, 시행령 제4조상으로는 '동일인이 단독으로 또는 동일인 관련자와 합하여 해당 회사의 발행주식 총수의 100분의 30 이상을 소유하는 경우로서 최다출자자인 회사'(제1호)이거나 '시행령 제4조 제2호 각 목의 회사로서 동일인이 해당 회사의 경영에 대해 지배적인 영향력을 행사하고 있다고 인정되는 회사'(제2호)로 정의된다. 이 시행령 조문은 법률 규정 전체를 위임받고 있으므로, 시행령 제4조 제1호 또는 제2호에 해당하는 회사가 곧 법률상 동일인이 사실상 그 사업내용을 지배하는 회사 즉 계열회사로 인정되는 지위에서 있게 된다. 여기서의 사업내용은 '회사 경영상 중요사항'이나 '이사회 의결이 필요한 사항'을 의미한다는 해석론이 있다.[17]

한편, 시행령의 1호는 정량적 기준으로서 흔히 '지분율 기준'으로 불리고, 2호는 정성적 기준으로서 '지배력 기준'으로 칭해지고 있음은 주지하는 바와 같다.[18] 다만, 법률상으로는 '동일인에 의한 사실상의 지배'만이 계열관계의 판단기준으로 제시되어 있으므로 시행령 제4조 1호는 '지분을 통한 지배'를, 2호는 '지분 이외의 방법을 통한 지배'를 규정한 것으로 파악하는 편이 정확한 이해일 것이다. 요컨대 대기업집단 계열회사 여부를 판단하기 위한 핵심적 지표는 곧 동일인에

---

17 전찬수, 「동일인 제도의 개선방안에 대한 연구」, 『법과 기업 연구』 제12권 제1호, 2022. 4, 71면.
18 제1호는 기업집단의 범위를 정하는 기준이자 동일인 관련자의 범위를 제시한 기준으로서도 중요한 의미를 지닌 규정이다.

의한 ‘지배’ 여부라 할 수 있으므로, 지배의 의미를 면밀히 살펴볼 필요가 있다.

(2) 법령상 동일인에 의한 ‘지배’의 의미

공정거래법에서 ‘지배’ 개념은 시장의 지배와 회사의 지배 등 층위를 달리하는 여러 규율대상행위들에서 사용된다. 먼저 시장에 대한 지배는 법에서 개념이 추출되는데, 곧 ‘시장지배적 사업자’에 관한 정의규정(법 제2조 제3호)으로부터 “일정한 거래분야에서 상품이나 용역의 가격, 수량, 품질, 그 밖의 거래조건을 결정·유지 또는 변경할 수 있는” 상태를 곧 시장에 대한 지배의 의미로 해석할 수 있다. 반면에 회사에 대한 지배는 법령상 여러 지점에서 사용례가 발견됨에도 그 개념을 추출할 만한 실체법상의 근거는 부재하다. 다만, 구 시행령 제15조의3[19]에서 규정하는 ‘지배관계’에 있어서 ‘지배’의 의미에 관한 대법원 판결은 찾아볼 수 있는데, 그에 따르면 “소유하고 있는 다른 회사 주식의 의결권을 행사하여 그 회사의 경영에 영향력을 행사할 수 있는” 상태를 곧 지배로 보게 된다.[20]

단, 위 판결은 주식소유를 통한 자회사 지배를 토대로 형성되는 지주회사 체제를 배경으로 한 것으로서 공정거래법상 기업집단 규제의 배경에는, 지분을 보유하지 않은 특정 자연인 등이 회사의 사업내용을 지배함으로 인해 지배구조를 왜곡하고 경제력 집중을 심화시킬 수

19 2005. 3. 31. 대통령령 제18768호로 개정되기 전의 것을 의미한다.
20 대법원 2006. 11. 23. 선고 2004두5883 판결.

있다는 우려가 자리 잡고 있는 것이고, 따라서 기업집단 규제에 있어서 지배의 수단이 주식을 통한 의결권 행사에만 국한되는 것은 아니라 하겠다. 현행 시행령 제4조 제2호 본문에서 기업집단의 범위에 관한 기준을 규정하면서 이 같은 판례의 정의와 상당히 유사하게 "해당 회사의 경영에 대해 지배적인 영향력을 행사"할 것을 계열회사의 요건으로 제시하고 있는 점도 이를 뒷받침한다.

(3) 시행령 제4조 제1호와 제2호의 관계

한편, 시행령 제4조 제1호에 따른 계열회사는 동일인 등이 30% 이상의 지분을 소유한 상태에서 최다출자자의 지위에 있는 회사로서 조문상 이 요건을 충족하면 곧바로 동일인에 의한 사실상 사업내용의 지배력이 인정되는 것으로 읽힌다.[21] 따라서 지분의 보유비율 및 최다출자자 여부에 관한 객관적 지표만을 기준으로 계열회사 여부가 판단되고, 동일인이 구체적으로 해당 지분의 의결권을 행사하는지 여부나, 동일인과 동인인관련자의 의결권이 동일한 방향으로 행사될 가능성은 고려되지 않는다.[22]

이에 비해 제2호에 따른 계열회사는 현실적으로 제1호의 정량적 기준을 충족하지 않는 상황에서 동일인의 지배력 및 계열회사 여부를 가리기 위한 기준으로서 의미를 지닌다. 즉 이 규정을 둔 본래 취지

---

21 권오승·서정, 『독점규제법』(제5판), 법문사, 2022, 536면 참조.

22 예컨대 동일인이 주주총회에서 의결권을 행사하지 않거나 동일인과 동일인 관련자 사이에 이견이 있어서 의결권을 반대로 행사하더라도 시행령 제3조의 지분율 기준을 충족하면 동일인의 사실상 지배를 받는 계열회사로 보게 된다.

는, 동일인 이외의 다른 주체에 의해서는 지배력을 인정하기 어려운 회사임에도 동일인의 지분이 없거나 미미한 수준에 그치는 회사에 대하여 동일인의 사실상 지배를 받는 계열회사로 포섭하려는 데 있는 것으로 해석된다.

이 같은 상황은 그간 한국의 기업집단에서 쉽게 발견되어 왔던 지배 관행이라 할 수 있는데, 동일인 스스로는 지배적 지분을 확보하지 않은 채 동일인 관련자 등을 통하여 회사에 대한 의사결정과 업무집행에 개입해 온 현실을 제도적으로 반영한 결과로 볼 수 있다. 그 점에서 2호에는 1호를 보충하는 성격이 내재되어 있다. 단, 정량적 기준은 객관화된 수치를 근거로 한 기준이어서 자의적 해석이 개입될 여지가 상대적으로 적은 반면에 정성적인 지배력 기준인 '회사에 대한 지배적인 영향력'은 구체성이 부족하여 수범자의 예측가능성이 떨어지고 해석상의 재량권 범위가 크다는 지적에는 주목할 필요가 있다.[23]

한편 2호의 지배력 요건이 인정되면 1호의 지분율 요건도 충족될 수도 있는데 이 점에서는 2호는 1호의 입증을 위한 수단적 요건으로서 기능하기도 한다. 예를 들어 2호의 지배력 요건을 충족하여 계열관계가 인정되면 그 계열회사의 주식을 보유한 주주는 동일인 관련자가 되는데 만일 이 주주와 동일인의 지분을 합하여 계열회사의 지분 30% 이상을 보유하게 되면 다시 1호에 따라서도 계열관계가 성립된

---

23 강상엽, 「동일인 지정 제도와 자기주식의 취득, 보유 및 처분」, 『경쟁법연구』, 제44권, 2021, 228~229면.

다. 공정거래위원회의 규제 실무에서도 계열관계의 판단 시 1호가 충족되지 않는 경우에 먼저 2호를 근거로 1단계 판단을 한 후, 이를 토대로 다시 1호를 적용한 2단계 판단을 행하기도 한다.

2. 판단기준의 적용 순위에 관한 해석

(1) 쟁점의 소재와 해석론의 유형

현행 시행령상 제1호와 제2호 가운데 하나만 충족해도 동일인의 사실상 지배를 받는 기업집단 계열회사로 인정된다는 점에는 의문이 없다. 만일 1호와 2호를 모두 충족해야 동일인의 사실상 지배를 인정한다면 대기업집단의 범위가 극도로 축소시키는 결과가 되어 규제의 실효성을 담보할 수 없기 때문이다. 또한 제1호의 조건을 충족하는 동일인이 존재하지 않는 경우에는 2호를 통해 계열회사로 인정해야 할 실익이 있다는 점에도 의문이 없다.

이에 비해 제1호와 제2호의 적용상 우선순위가 존재하는지, 특히 1호에 해당하면 2호의 적용은 배제되는 것인지에 대해서는 해석상 논란의 소지가 있다. 즉 특정 회사의 주식보유 분포에 있어서 대주주들이 다수 존재하고 있고, 그중 1호의 요건(30% 이상 지분 + 최다출자자)을 충족하는 대주주가 존재하는 경우에 1호에 따라 대주주(대주주가 법인인 경우에는 그 소유주)를 바로 동일인으로 볼 수 있는지 아니면 1호의 최대주주의 존재에도 불구하고 2호에 따라 다른 주체를 동일인으로 볼 수 있는지가 문제된다. 이에 관해서는 다음의 두 가지 해석론이 가능하다.

먼저 제1호의 정량적 요건 중심의 법 집행 기조로서 제1호 소정의 요건이 충족되는 상황에서는 제2호 충족 여부는 따질 필요 없이 제1호에 해당하는 주주(30% 이상 지분 + 최다출자)가 동일인의 지위를 갖게 된다고 보고, 따라서 그가 주식을 보유한 회사는 그 기업집단 소속 계열회사가 되는 것으로 해석할 수 있다(해석론 1). 학계에서도 같은 취지의 해석론이 발견되며,[24] 현행 규정의 외형도 이에 가까운 것으로 보인다.

반면에 제1호의 정량적 요건이 충족되더라도 제2호의 정성적 요건과 종합적으로 고려하여 제1호가 아닌 제2호에 따라 동일인 및 그 기업집단의 범위를 정할 수 있다는 해석도 가능하다(해석론 2). 시행령 제4조 본문이 적용상 우선순위를 언급하지 않고 "다음 각 호의 회사"라고만 규정하고 있다는 점, 1호를 우선 적용할 경우 불합리한 경우들이 발생할 수 있다는 점이 근거가 될 수 있다. 예를 들어 주주들이 친족관계에 있는 등 통일적 의결권 행사가 가능하고 그 지분의 합이 30%를 넘어선다면 30%의 최다출자 지분만으로 사실상의 지배가 어려운 경우가 있을 수 있다. 단, 이런 경우에는 제2호에 따라 2~3대 주주들이 동일인/동일인 관련자가 될 수 있을 것이다. 또한 동일인 관련자가 특정 회사 지분을 보유한 반면에 해당 회사가 동일인과는 사실상 아무런 관련성이 없는 경우에도 그 회사가 동일인 지배 기업집단 소속회사로 의제됨으로써 규제대상이 불필요하게 확장되는 결과가 발생한다. 단, 이 문제에 관한 학계의 논의가 풍부하지 않은 현 시점

---

24 강상엽, 「동일인 지정 제도: 정량적 기준과 정성적 기준의 비판적 검토」, 『경제법연구』, 제20권 제2호, 한국경제법학회, 2021, 211면에서도 같은 취지로 해석하고 있다.

에서는 이 같은 해석론을 명시적으로 밝힌 문헌은 발견되지 않는다.

(2) 제1호와 제2호의 관계에 관한 해석 방향

해석론 1에는 기업집단 범위에 관하여 투명성과 예측가능성을 높일 수 있다는 장점이, 해석론 2에는 현실을 반영하여 규제의 실효성을 도모할 수 있다는 장점이 있다. 회사제도는 원칙상 보유지분을 토대로 지배하는 시스템이므로 회사에 대한 지배력의 귀속이나 정도는 주주의 보유지분비율을 중심으로 판단되어야 한다는 점에 의문이 없다.[25] 그런 점에서 해석론 1에는 수긍이 되는 측면이 있다. 즉 계열회사 내지 기업집단 범위는 가급적 지분이라는 객관적이고 일관되며 예측가능한 지표를 중심으로 결정되는 것이 바람직하며, 지분율이라는 정량적 기준을 충족하지 않는 상태에서 정성적 기준을 적용하여 계열관계를 인정할 때는 보다 엄정한 평가와 판단이 요구된다고 할 것이다.[26] 다만, 해석론 1을 따를 경우에는 기업집단 규정의 해석 및 적용상 불합리한 결과들[27]이 발생할 수 있고, 그에 따라 기업집단 범위가 너무 경직적으로 정해지거나 불합리하게 확장될 우려가 있다. 더욱이 한국

25 대법원도 '회사에 대한 지배'의 의미와 관련하여 "소유하고 있는 다른 회사 주식의 의결권을 행사하여 그 회사의 경영에 영향력을 행사할 수 있는" 상태로 보고 있다. 대법원 2006. 11. 23. 선고 2004두5883 판결 참조.

26 권오승·서정, 『독점규제법 - 이론과 실무』 제4판, 법문사, 2020, 502~503면.

27 예를 들어, 30% 지분을 보유하고 최다출자를 하였음에도 전체 지분의 소유분포 및 구조상 2~3대 주주들이 친족관계에 있는 등 통일적 의결권 행사가 가능하고 그 지분의 합이 30%를 넘어선다면 30%의 최다출자 지분만으로 사실상의 지배가 어려운 경우가 있을 수 있다(단, 이런 경우에는 제2호에 따라 2~3대 주주들이 동일인/동일인 관련자가 될 수 있을 것이다). 또한 동일인 관련자가 특정 회사 지분을 보유한 반면에 해당 회사가 동일인과는 사실상 아무런 관련성이 없는 경우에도 그 회사가 동일인 지배 기업집단 소속회사로 의제됨으로써 규제대상이 불필요하게 확장되는 결과가 발생한다.

특유의 기업집단 현실에서 지분 외의 요인을 통한 계열회사 지배의 관행이 존재하므로, 이를 수용하기 위해서는 정성적 기준과 그 기준의 해석에 있어서 공정위의 재량이 요구된다는 점 또한 인정된다.

그렇다면, 1호를 우선 적용하여 계열회사 여부를 검토함을 원칙으로 하되, 1호의 30% 최다출자자가 존재하지 않는 상황에서 보충적으로 2호를 적용하거나, 30% 최다출자자가 존재하는 상황에서는 2호 소정의 '경영에 대한 지배적인 영향력'이 있는 동일인이 별도로 존재함이 명확히 입증되는 경우에 한하여 예외적으로 계열회사로 보도록 하는 것이 합리적일 것이다. 단, 2호의 적용에 관한 재량권 행사에 있어 신뢰보호원칙, 비례원칙, 평등원칙을 존중해야 한다는 지적[28]에는 유의할 필요가 있다.

(3) 2호 적용 시의 유의점

그런데, 1호의 요건이 충족되지 않는 상황에서 2호를 적용하여 계열회사로 보는 경우와, 1호를 충족하는 상황임에도 2호에 따라 계열회사로 보는 경우의 상황이 동일하지 않으므로, 각 경우에 동일인에 의한 '회사의 경영에 대한 동일인의 지배적 영향력'에 대한 입증의 정도 및 요구에 있어서 차이를 둘 필요가 있다. 즉 30% 이상의 최다출자자가 없는 상황에서는, 지분의 구조와 분산도, 동일인 관련자의 지분 등을 감안하여 특정 기업집단 동일인이 해당 회사의 임원 선임이나 업무집행과 관련한 주요 의사결정권을 갖는다는 계약적 근거나 현

28 서정, 「기업집단의 동일인 확정에 대한 검토」, 『경쟁법연구』, 제43권, 2021, 247~248면.

실적 정황을 입증하는 것으로 동일인 소속 기업집단 계열회사로 인정할 수 있다.

반면에 30% 이상의 최다출자자가 존재하는 경우에는, 최다출자자에 의한 지배적인 영향력을 제약하는 계약상 혹은 현실적인 요인이 규명되거나, 최대주주의 존재를 무시할 수 있을 만한 또 다른 '지배적 영향력'의 실체가 객관적으로 입증될 필요가 있다. 예컨대 최다출자자와 2대 주주 간의 지분 격차가 크지 않다거나, 최다출자자가 채권금융기관이거나 기업회생기구 등이어서 직접 경영에 개입하지 않는 상황, 임원선임 등에 관한 최다출자자의 의사결정권이 위임된 점이 입증된다면 최다출자자 외의 자를 동일인으로 인정할 여지가 있다. 반면에, 최다출자자의 지분이 압도적인 경우, 이질적이면서도 유력한 지위에 있는 소수주주들에 의해 회사가 장악되어 있는 경우, 특정 주주가 지배력을 행사하지 못하도록 주주들 사이에 견제 구도가 형성되어 있는 경우에는 2호를 근거로 하여 최다출자자 외의 특정 기업집단 동일인에 의한 지배력을 인정하기 어려울 것이다.

3. 계열회사 판단기준 관련 사례들

공정거래위원회 단계에서 계열회사 지정 관련 허위자료 제출이 문제되었던 사례들을 살펴보면, 동일인의 주식의 보유비중이 20.8%에 불과하였지만 해당 회시의 임원이 동일인 소속 계열회사의 전직 임원이었고, 동일인 소속회사와 사옥 건설 공사에 동참하였으며 내부서류도 공동으로 보관하는 등 공동운명체로 보이는 외관이 존재하는 경우,[29] 동일인 관련자의 지분이 일정 정도 있는 상태에서 임원겸임 또는 전체 매출에서 절대적인 비중을 차지하는 거래가 있었던 경우,[30] 동일인은 명목상 2대 주주(22%)에 불과하지만 주주 명부상 최대주주이자 당해 회사 대표이사가 회사의 운영 전반에 대한 결정권을 2대 주주 법인이 가지고 있다고 진술하였으며, 실제 회사의 보수 지급 업무를 2대 주주 법인의 총무팀에서 담당하고 있던 경우[31] 등 지분 여하에 관계 없이 동일인의 회사 경영에 대한 지배적 영향력이 객관적으로 인정되는 경우에 집중되어 왔다.

또한 법원 판례를 살펴보면, 68.97%의 지분을 가진 출자 법인(채권금융기관)이 존재함에도 9.74% 지분의 자연인(종전의 동일인)을 동일인으로 인정한 사례가 발견되는데, 이 사례에서는 약정상 계열 주채권은행이 해당 자연인이 추천한 자가 채권금융기관의 협조로 계열사의 대표이사로 선임될 수 있었던 점, 해당 자연인이 형식상으로는 채권금융기관의 감시 아래에 있지만 조직변경, 경영전략, 인사발령 등 주요의사결정이나 업무집행에 지배적 영향력을 행사하고 있던 점, 대주주인 채권금융기관이나 다른 계열사들도 해당 자연인이 회사의 사업내용을 사실상 지배하고 있음을 인정한 점 등 회사 경영에 대한 결정권한을 뒷받침하는 명확한 증거들이 존재하였다.[32]

같은 취지에서 대법원은 특정 투자자가 구 「금융투자업규정」상 주

---

29 공정거래위원회 의결 제96-331호.
30 공정거래위원회 2002. 2. 5. 의결 제2002-042호.
31 공정거래위원회 2009. 3. 11. 의결 제2009-075호.
32 서울고등법원 2012. 11. 15. 선고 2012누12565 판결.

요 주주에 해당하는지가 문제된 사안에 대하여 "기존 지배주주 등이 경영전략 등 주요 의사결정이나 업무집행에 관하여 그 요구나 지시를 따르지 않으면 안 될 사실상 구속력을 인정하기 어렵거나, 오히려 기존 지배주주 등이 지배적인 영향력을 계속 보유·행사하면서 투자자와 대립하거나 투자자의 추가 투자 등을 통한 지배 근거 확보를 견제하고 있는 상황이라면 그 해당한다고 볼 수 없다."고 판시한 바가 있다.[33]

한편, 비교적 초기의 사례들 가운데는 동일인인 피심인 및 동일인 관련자들이 전혀 지분을 보유하고 있지 않았지만 다른 계열회사를 통하여 해당 회사의 임원 임면 등 인사에 개입한 점이나 높은 거래의존도를 고려하여 동사의 경영에 사실상 지배력을 행사한 사례도 발견된다.[34] 그런데 특정 기업집단 동일인이 대상회사에 대하여 지배적인 영향력을 행사하더라도 지분이 전혀 없는 상태에서 단지 거래의존도만을 근거로 하여 계열회사로 의제하는 것이 타당한지에는 의문이 제기될 수 있다.

만일 지분이 없는 상태에서 다른 회사의 경영상에 지배적인 영향력을 행사할 수 있다면, 그 행위의 공정거래법적 실체는 계열회사에 대한 동일인의 경영상 지배적 영향력 행사가 아닌, 거래상 지위에 있는 사업자가 열위에 놓인 거래상대방의 경영에 대하여 행하는 간섭일 수 있기 때문이다. 즉 지분 미보유 상황에서의 경영상 영향력의 원인이 공정거래법상의 거래상 지위를 남용한(법 제45조 제1항 제6호) 경영간

33 대법원 2021. 3. 25. 선고 2016도14165 판결.

34 대규모기업집단 대우 동일인의 허위자료 제출행위 건 가운데 세화산업 등 일부 회사에 대하여 이런 경우들이 발견된다. 공정거래위원회 전원회의 2001. 4. 2. 제2001-048호 의결 등 참조.

섭(시행령 제52조 및 [별표2] 6. 마.[35])의 결과일 가능성도 배제하기 어렵다. 동일인/동일인 관련자의 지분이 없는 상황에서 거래의존도를 기반으로 경영상 영향력 행사에 여부를 판단함에 있어서 보다 면밀하고도 입체적인 분석이 필요한 이유이다.

아울러 회사 지분이 유력한 일부 주주들에게 비슷한 수준으로 분산되어 있거나, 주주 간 계약이나 협약이 주주들 사이에 실효적으로 작동하는 상황, 일시적인 컨소시엄 형태로 설립되어 일정 조건 충족 후 해산이 예정되어 있는 상황 등 특정 주주나 그 주주가 속한 기업집단의 동일인이 스스로를 해당 회사에 대해 사실상의 지배력을 지닌 것으로 인식하기 어려운 상황이 있을 수 있다.

계열회사 신고 누락 및 허위자료 제출 여부를 판단함에 있어서는 계열회사로의 인식가능성 및 자진신고의 기대가능성 등을 감안하여 구성요건적 사실에 대한 확인이나 고의성의 입증이 수행되어야 할 것이다.

4. 보론 – 외국계 기업집단의 범위 및 국외 계열사의 문제

공정거래법의 조문상 계열회사의 범위는 국내회사로만 국한되지는 않는다. 하지만 종래 공정위는 국내에 있는 외국계 기업집단의 범위

35 6. 거래상 지위의 남용
마. 경영간섭
거래상대방의 임직원을 선임·해임하는 경우에 자기의 지시 또는 승인을 얻게 하거나 거래상대방의 생산품목·시설규모·생산량·거래내용을 제한하여 경영활동을 간섭하는 행위

는 국내 법인 중 지배구조의 최상위에 있는 법인을 동일인으로 하여 획정한다는 입장을 취해 왔다. 이에 따라 한국지엠(GM), 에쓰오일 기업집단에 대하여 소속 국내법인 가운데 지배구조의 최상단에 위치해 있는 법인을 동일인으로 하여 계열회사를 판단하였다.

반대로 동일인 법인을 사실상 지배하는 외국법인은 공정거래법상 계열회사에서 제외된다. 즉 지배구조에서 동일인보다 상위에 있는 외국법인은 동일인의 지배를 받는 법인이 해당 외국법인에 다시 출자하는 등의 특별한 사정이 없는 이상, 공정거래법상 국외 계열회사 자체에서 배제된다. 이 경우 국내 동일인 법인의 최다출자자인 외국 법인은 동일인이 아닌 최다주주로 취급된다.[36]

한편 종전에는 국외 계열회사의 경우 공정거래법상 각종 공시의무를 적용받지 않으나, 현재는 공시의무가 부과되고 있다. 국외 계열회사에 대해 공시의무를 면제해 주었던 이유가 국외 계열회사가 특수관계인이 아니라고 보기 때문인지, 혹은 공정거래법상 대기업집단 규제의 취지를 감안하기 때문인지, 아니면 법 집행상의 현실적 한계 때문인지는 명확치 않다. 만일 두 번째의 논지대로라면 국내 경제력 집중의 억제에 있으므로 국외 계열회사가 설립된 국가의 경제력 집중은 공정거래법의 규율대상이 아니라는 점을 근거로 들 수 있는데, 그렇다면 국외 계열회사를 통하여 국내 경제력을 집중시키는 결과를 초래하는 경우에는 국외 계열회사도 규제대상에 포섭해야 한다는 논리가

36 김미리, 「해외 계열회사의 공정거래법상 취급 및 규제 동향 등에 대한 소개」, 『BFL』 제78호, 2016. 7, 95면.

도출된다. 하지만 이럴 경우 공시의무를 강제하는 것이 현지법상 제한되는 등 집행상의 현실적인 문제가 제기될 수 있을 것이다.

III. 소위 '지배력 기준'의 요건 및 그에 대한 해석

1. 시행령 제4호 제2호의 구조와 쟁점

시행령 제4조 제2호는 기업집단 계열회사 여부를 결정하는 중요 기준으로 활용되면서도 제1호에 비해 추상적 요건들이 다수 내재되어 있는 만큼 그 기준에 대한 법리상 쟁점이 발생할 소지가 좀 더 커 보인다.

시행령상 1호와 2호는 본문과 각 목으로 구성되는데, 그중 1호에서는 기업집단 범위 내지 계열회사에 대한 판단기준이 본문에서 제시되어 있고, 각 목에서는 주지하다시피 동일인 관련자의 세부 유형을 열거하고 있어서 기업집단의 범위가 아닌 동일인 관련자의 범위에 관한 근거규정으로 작용하고 있다. 이에 비하여 2호는 본문에서 "다음 각 목의 회사로서 동일인이 해당 회사의 경영에 대해 지배적인 영향력을 행사하고 있다고 인정되는 회사"로 규정한 다음, 각 목에서 계열회사의 여러 유형들을 열거해 놓고 있다.

그 결과 '각 목에서 열거된 회사'와 '동일인이 해당 회사의 경영에 대해 지배적인 영향력을 행사하고 있다고 인정되는 회사'의 관계가 어떠한지가 문제될 수 있다. 즉 동일한 의미의 요건을 반복한 것으로 볼 것인지 아니면 각각이 별개의 요건으로 입증되어야 하는지에 대한 해석이 갈릴 수 있다. 이에 대한 규명을 위해서는 조문의 형식과 입법기술적 특징, 공정거래법상 유사입법례를 토대로 제2호와 각 목의 관계에 대한 해석론이 필요하다.

2. 입법기술적 조망

2호 본문에는 “다음 각 목의 회사”와 “동일인이 해당 회사의 경영에 대해 지배적인 영향력을 행사하고 있다고 인정되는 회사”라는 두 기준이 연결되는 지점에 ‘~로서’라는 매개적 표현이 등장한다. 이 자격격 조사는 둘 이상의 법적 요건들을 병렬적으로 연계하기 위한 입법기술적 용어로 여러 법령에서 빈번히 활용되고 있다. 그 용례는 공정거래법 내에서도 쉽게 발견되는데, ‘로서’를 앞뒤로 하여 나열된 기준들의 관계가 용처마다 일의적이지는 않다. 즉 조문에 따라서는 각기 독자적으로 입증되어야 하는 별개 요건으로서의 관계에 있기도 하고 어느 하나가 다른 하나를 반복적으로 확인해 주는 관계가 성립되기도 한다.

그렇다면 조문의 입법취지 및 규율대상행위의 특징을 감안한 합목적적 해석기법을 통하여 요건 간의 관계를 규명해야 할 것이다. 이 경우 형식적 측면에서는 동일 취지의 인접 규정이 존재하는 경우에 이를 유력한 해석 기준으로 삼을 수 있다. 그런데 2호에서는 같은 취지의 유사 입법례가 바로 인접하여 존재하므로 이를 활용할 필요가 있다. 즉 시행령 제4조 제1호에서 ‘… 발행주식 총수의 100분의 30 이상을 소유하는 경우로서 최다출자자인 회사'가 제시되어 있다. 그런데 논리적으로 볼 때, 전단의 발행주식 30% 이상 소유 요건을 충족한다고 해서 당연히 최다출자자가 되는 것은 아니므로 30% 이상의 지분 소유와 최다출자자의 두 가지 사실 모두 입증되어야 1호의 요건이 충족되는 것으로 해석되어야 함에 의문이 없다.

같은 구도로 규정되어 있는 2호 역시도, 병렬적으로 나열되어 있는 조문 구조에도 불구하고 굳이 2호를 1호와 달리 해석해야 할 만한 근거를 찾을 수 없으므로 2호에서도 앞뒤의 요건을 독립적으로 해석하는 것이 자연스러울 것이다. 제4호 2호에 관해 이제껏 제시된 해석론[37]들은 양 요건을 독립적으로 충족되어야 하는 관계로 파악하고 있다. 그런 점에서 1호에서와 마찬가지로 2호에서도 두 요건 모두 입증을 요하는 것이 입법자의 의도라고 생각된다.

3. 세부 기준들의 맹점

한편 형식적 측면 외에도 법리적 측면에서 각 목의 회사가 곧 동일인에 의한 지배적인 영향력을 의미한다고 보기 어려운 점들이 있다. 무엇보다 제2호 각 목에서 열거된 회사들 사이에는 '동일인에 의한 지배적 영향력' 측면에서 그 의미와 정도를 같이 보기 어려운 편차들이 있으며, 그 회사들 가운데는 각 목의 요건사실 충족만으로는 곧바

37 권오승·서정, 『독점규제법 - 이론과 실무』(제4판), 법문사, 2020, 502~503면; 김미리, 「해외 계열회사의 공정거래법상 취급 및 규제동향 등에 대한 소개」, 『BFL』 제78호, 서울대학교 금융법센터, 2016. 7, 94~95면.

로 동일인에 의한 지배적인 영향력이 도출되지 않는 경우들이 존재하기 때문이다.

우선 가목상 '동일인이 다른 주요 주주와의 계약 또는 합의에 따라 대표이사를 임면한 회사 또는 임원의 100분의 50 이상을 선임하거나 선임할 수 있는 회사'에는 동일인이 보유지분과 관계없이 임원선임권을 통해 회사의 의사결정이나 업무집행 등 경영에 지배적인 영향력을 행사할 수 있음을 전제하고 있다.[38] 따라서 가목의 임원선임권은 해당 회사를 계열회사로 넉넉히 인정할 수 있는 원인이 된다. 이에 대한 상세한 분석은 후술한다.

반면에 나목부터 라목의 경우는 지배력을 발생시키는 원인이라기보다는 지배력을 확보한 동일인이 회사에 대하여 행사하게 되는 결과 내지 징표에 가깝다.[39] 예를 들어 즉 동일인이 자금거래를 하거나 채무보증을 하는 회사에 대해 동일인의 지배적 영향력이 곧바로 발생하는 것이 아니라 동일인이 지배적 영향력을 가지는 회사에 대해 자금거래나 채무보증이 쉽게 행해지는 현실을 반영한 지표로 볼 수 있다.[40]

다목의 인사교류 역시 계열관계에 있지 않은 회사들 사이에서는 발생가능성이 크지 않고 설령 인사교류를 하더라도 경제력 집중의 우려

---

38 같은 취지의 문헌으로서, 권오승·서정, 위의 책, 502면 참조.

39 공정거래위원회 심결에서도 이 점을 인식한 판단사례를 어렵지 않게 찾아볼 수 있다. 공정거래위원회 제9611기업1761, 9701조일0017, 9612조일1905, 9701조일0006 의결 등 참조.

40 예컨대 채무보증이 계열회사가 되는 원인이라고 본다면 채무보증으로 인해 형성되는 주채무자와 보증채무자의 견련관계를 근거로 하여 보증채무자가 주채무자의 경영에 지배적인 영향력을 행사한다는 의미가 되는데, 보증채무자가 금융기관에 채무보증을 해 주었다는 이유로 주채무자가 자신의 경영을 지배당하여 보증채무자의 계열회사로 전환된다는 전제는 법리적 측면이나 기업현실에 비춰 성립되거나 추론되기 어려워 보인다.

는 없는 경우가 대부분일 것이다.[41] 반면에 이미 동일인이 지배적 영향력을 행사하고 있는 계열회사들 사이에서는 임원겸임 등 인사교류는 쉽게 목격되는 현상으로서, 그로 인해 기업집단 소속 계열회사 간의 결속력과 경영상의 통일성을 강화시키는 효과가 발생한다. 즉, 가목/본문 간의 관계와 나목~라목/본문 간의 관계는 각각 논리적 선후관계를 달리하여 규정된 차이가 있다.

[참조] 시행령 제4조 2호 가목~라목에 따른 계열회사 요건 성립의 구도

- 가목의 임원선임권 요건 충족 → 회사 경영에 대한 동일인의 지배적 영향력 발생 → 해당 회사에 계열관계가 성립함
- 동일인이 지배하는 회사 → 나목~라목에서 제시한 요건사실이 발생 → 해당 회사가 계열회사임이 확인됨

더욱이 가목~다목은 임원선임이나 업무집행, 인사교류 등 기업집단 내부에서 발생하는 행위를 토대로 계열관계를 인정하는 근거로 삼는 반면에, 라목은 거래나 채무보증 등 대외적인 계약관계에 기초하여 계열관계를 추출해 내는 요건이라는 차이가 있는데, 이 때문에 라목의 경우는 더욱이 그 자체로 계열관계를 속단하기 어려운 점을 부인하기 어렵다.

각 목의 요건사실이 동일인의 지배적 영향력 외의 요인에 따라 발생하는 경우도 상정할 수 있다. 가령 기업집단 소속회사(동일인 관련자)

41 공정거래법 제9조 제2호의 임원겸임 방식의 기업결합은 인적 결합으로서 그 자체로는 흔히 발생하지 않고 주식취득과 같은 물적 결합의 후속조치로서 주로 행해지는 것과도 같은 맥락이다.

가 계열관계에 있지 않은 거래상대방 회사에 대해 통상적인 범위를 초과하는 수준으로 대량거래를 할 수가 있는데, 각 목만으로 동일인의 지배력을 인정할 경우에는 그런 회사 모두가 동일인 소속 기업집단의 계열회사로 의제되는 결과도 발생할 수 있다.

이 점을 고려한다면, 2호 각 목만으로 곧바로 동일인에 의한 지배적 영향력을 도출할 수는 없으며 추가로 본문 내지 나목에서 규정하는 지배적 영향력이 입증되는 경우에 계열회사로 인정되는 것으로 해석해야 할 것으로 보인다. 유사한 맥락에서 지분율 기준이 충족하는 경우 사실상 지배력을 '추정'하는 방식을 채택하는 것이 바람직하다는 지적도 각 호가 지닌 불확정성에 대한 문제의식에 기반한 것으로 볼 수 있다.[42] 다만, 나목의 경우는 규정 자체에서 이미 2호 본문과 동일한 '지배적 영향력'이 요건으로 제시되어 있으므로 굳이 다시 2호 본문에 대한 입증을 반복할 필요는 없을 것이다.[43]

환언하면, 제4조 2호에 의한 기업집단 소속회사 여부의 판단에 있어서 2호 본문상 "각 목의 회사"는 일종의 필요조건이고, 이에 더하여 "동일인이 해당 회사의 경영에 대해 지배적인 영향력을 행사하고 있다고 인정되는 회사"라는 충분조건이 성립되어야 계열회사로 볼 수 있을 것이다.

---

42 강상엽, 「동일인 지정 제도 재검토: '사실상 지배력'에 대한 분석을 중심으로」, 한국경쟁포럼 2022년 7월 발제문, 2022. 7. 7. 참조.

43 이와 관련하여 제2호의 가목 내지 나목에 해당될 경우에는 그러한 사실 자체로 '당해 회사의 경영에 대하여 지배적인 영향력을 행사하고 있다'는 요건도 충족된다고 보는 유사 견해가 발견되는데, 그에 대한 논지가 문헌상에는 명확히 나타나 있지는 않지만 위의 상황을 감안한 것이라면 동일한 논리 및 결론이라 할 수 있다. 서정, 「기업집단의 동일인 확정에 대한 검토」, 『경쟁법연구』, 제43권(2021), 236~239면.

4. '회사 경영에 대한 지배적 영향력'의 의미

(1) 판례상의 기준

2호 본문이나 나목 후단에서 요건으로 제시한 '동일인의 지배적 영향력'이 과연 어느 정도에 이르러야 하는지는 법령상 명확히 드러나지 않는다. 반면 타법상 유사개념에 관한 법원의 해석들은 찾아볼 수 있는데, 특히 금융 관련 규범상 '지배적인 영향력' 및 상법상 '사실상의 영향력'에 관한 판례들은 참조할 만하다.

먼저 대법원은 「금융투자업규정」[44]상 주요 주주의 판단기준에 관한 최근 판결에서 "경영전략 등 주요 의사결정이나 업무집행에 '지배적인 영향력'을 행사한다는 것은 주주가 경영전략 등 주요 의사결정이나 업무집행에 관하여 사실상 구속력 있는 결정이나 지시를 할 수 있는 지배의 근거를 갖추고 그에 따른 지배적인 영향력을 계속적으로 행사하는 것을 의미한다."고 판시하는 한편, "기존 지배주주 등이 경영전략 등 주요 의사결정이나 업무집행에 관하여 그 요구나 지시를 따르지 않으면 안 될 사실상 구속력을 인정하기 어렵거나, 오히려 기존 지배주주 등이 지배적인 영향력을 계속 보유·행사하면서 투자자와 대립하거나 투자자의 추가 투자 등을 통한 지배 근거 확보를 견제하고 있는 상황이라면 그 투자자를 주요 주주에 해당한다고 볼 수 없

---

44 이 판결에서 문제된 구 「금융투자업규정」(2016. 6. 28. 금융위원회고시 제2016-22호로 개정되기 전의 것) 제1-6조는 구 자본시장법 시행령 제9조 제2호의 위임에 따라 제2호 주요 주주의 요건 중 '금융위원회가 정하여 고시하는 주주'를 "임원(상법 제401조의2 제1항 각 호의 자를 포함한다)인 주주로서 의결권 있는 발행주식 총수의 100분의 1 이상을 소유하는 자"라고 규정하고 있었다.

다."고 판시한 바가 있다.[45] 물론, 이 판결의 배경이 된 「금융투자업규정」이나 구 자본시장법 시행령 제9조 제2호는 대주주 변경승인 제도와 관련된 규정으로서 해당 판시 부분도 본질적으로는 건전한 금융질서와 금융회사의 경영건전성의 유지라는 자본시장법의 입법목적[46]을 감안한 것으로 보아야 하므로 이를 곧바로 대기업집단에 의한 경제력 집중 억제를 지향하는 공정거래법상 요건에 관한 해석의 전거로 삼기에는 한계가 있을 수 있다. 다만, '건전한 금융질서의 유지'나 '경제력 집중의 억제'라는 두 법의 서로 다른 지향점을 감안하더라도 그 전제로서 확인되어야 하는 기업 내부의 영향력에 관한 한 이들 규범의 판단기법에는 상호간에 참조할 만한 공통지점이 존재한다고 본다.

이런 관점에 기초한다면, 자본시장법령상의 사실상 영향력에 관한 판결로부터, 공정거래법상 동일인에 의한 지배적 영향력의 성립한 요건으로서, i> 동일인이 해당 회사의 주요 의사결정이나 업무집행에 대해 구속력 있는 결정이나 지시를 할 수 있을 것, ii> 동일인이 회사를 지배할 수 있는 근거를 갖추고 있을 것, iii> 동일인에 의한 지배적 영향력의 행사가 계속적일 것, iv> 다른 주주 등이 지배적인 영향력을 보유·행사하면서 동일인/동일인 관련자와 대립하거나 견제하는 상황이 아닐 것 등의 지표를 추출해 볼 수 있다. 이 가운데 ii>에서 제시한 '지배의 근거'로는 회사 정관이나 주주 간에 체결되는 계약, 협약 정도를 들 수 있을 것이다.

---

45 대법원 2021. 3. 25. 선고 2016도14165 판결.
46 대법원 2018. 3. 15. 선고 2017도21120 판결.

한편 서울고등법원은 상법상 주요 주주 개념의 핵심 표지인 '사실상의 영향력'의 의미에 관하여 "법문상 이사·집행임원·감사의 선임과 해임 등 상장회사의 주요 경영사항에 대하여 사실상의 영향력을 행사하는 주주는 적어도 의결권 있는 주식 10%를 소유한 주주에 상응하는 정도의 권한을 가지고 있는 자라고 해석함이 균형에 맞는 점 등을 고려하면, 상법상 주요 주주는 주요 경영사항에 대하여 지배적 영향력을 행사하는 정도는 아니더라도 자기의 의사에 부합하는 결정을 이끌어 낼 수 있는 정도에는 이른 자를 의미한다."고 판시한 바가 있다.[47] 이 판결로부터는, 정량적 지표와 정성적 지표(혹은 불확정 개념)가 동시에 요건으로 제시된 경우에 정성적 지표를 해석하는 기준으로 정량적 지표를 활용하되 기준들 간의 균형을 도모해야 한다는 점, '지배적 영향력'은 '사실상의 영향력'보다 높은 수준의 영향력을 의미한다는 점을 시사점으로 도출할 수 있다.

이를 토대로 공정거래법 시행령상 동일인에 의한 지배적 영향력을 해석하자면, 1호 또는 2호의 각 목 가운데 '동일인의 지배적 영향력'이 사실상 내포되어 있는 가목과의 균형 속에서 그 의미와 정도를 가늠해 볼 수 있다. 요컨대, 동일인이 마치 30% 이상의 최다출자자 정도의 권한을 보유하거나 대표이사 또는 임원 50%를 선임할 수 있는 정도에 준하는 권한을 보유한 상태에서, 회사의 경영에 대하여 자기의 의사대로 결정권을 행사할 수 있는 정도의 상황이라면 '지배적 영향력'을 인정할 수 있을 것이다.

---

47 서울고등법원 2016. 9. 23. 선고 2015나2046254 판결.

(2) 이론상의 기준

한편 이론적 측면에서는 지배적 영향력을 판단함에 있어서 고려할 수 있는 새로운 요소들이 제시되어 있어서 주목된다.[48] 이에 따르면 2대 및 3대 주주 등 주요 주주의 지분율(혹은 2대 및 3대 주주와 최대주주 간 지분율 차이), 재무적 투자자 혹은 우호적 주주의 존재와 비중, 집중투표제를 채택하여 사용하는지 여부, 시차임기제를 채택하여 사용하는지 여부, 집중투표제와 시차임기제를 동시에 채택하여 사용하는지 여부, 독립적인 사외이사들이 이사회에서 차지하는 비중과 그들의 실제 영향력, 기관투자자와 개인투자자의 지분 및 의결권 보유율, 기관투자자 중 일반적으로 의결권 등 주주 행동주의를 적극적으로 행사하는 기관투자자(헤지 펀드 등)와 주로 소극적으로 행사하거나 행사하지 않는 기관투자자(뮤추얼 펀드 등)의 비율, 국민연금의 지분 보유 규모, 상법에서 요구하는 경우 이외에도 정관상 주주총회 특별결의 조항이 중요 안건에서 적용되는지 여부, 자기주식 보유 여부와 우호적 제3자에 대한 양도가능성 등을 감안한 해석론 및 입법적 보완이 필요한 것으로 지적된다.

이상을 종합해 보면, 특정인에 대한 동일인으로서의 지배적 영향력 여부를 판단하기 위해서는 회사의 정관이나 주주 간 협약상 동일인이 회사의 주요 업무에 대한 경영상 의사결정권, 업무집행권 혹은 임원선임권을 지배적으로 행사할 수 있도록 하는 근거가 존재하는지, 다른

---

48 강상엽, "동일인 지정 제도: 정량적 기준과 정성적 기준의 비판적 검토", 「경제법연구」, 제20권 제2호(2021), 214면 참조

주주들과의 사이에 긴장 또는 견제관계가 존재하는지, 동일인의 지배력이 지속적으로 이루어지는지 등이 고려되어야 할 것으로 보인다.

IV. 세부 기준(시행령 제4조 제1항 제2호 각 목)에 대한 분석

1. '가목'의 요건

시행령 제4조 제2호의 가목에는 정량적인 지표가 제시되어 있는 반면 추가적인 평가를 필요로 하는 정성적 요소는 포함되어 있지 않다. '가목'의 요건들은 회사의 경영상 의사결정 과정에 동일인의 의사를 개입시킬 수 있는 수준으로의 임원구성권 보유 가능성을 전제하고 있으므로 이를 충족하면 해당 회사의 경영에 대해 동일인이 지배적인 영향력을 행사하고 있음이 넉넉히 인정될 것이다. 따라서 동일인이 직접 회사의 주요 의사결정이나 업무집행에 영향력을 행사하는지에 대한 입증은 요구되지 않는다. 즉 '가목' 자체에 '2호' 본문의 정성적 판단기준을 충족하는 요소들이 사실상 내포되어 있는 것이고, 따라서 가목을 충족하는 회사는 그 자체로 계열회사로 봄이 타당하다.

단, 다른 주요 주주와의 계약 또는 합의가 전제되므로 이런 계약이나 합의의 존재가 규명되지 않는 상태에서는 대표이사나 임원 50% 선임권과 이를 근거로 한 계열회사성이 인정되지 않을 것이다. 또한 동일인이 가목의 기준에 이르지 못하는 임원선임권을 보유한 회사는 2호 본문의 지배적 영향력 여부에 대한 평가와 관계없이 '가목'의 기준상으로는 계열회사가 아닌 것으로 보게 될 것이다.

2. '나목'의 요건

(1) '나목'의 도입 취지와 제도적 기능

제2호 '나목'은 시행령상의 기업집단 범위 규정이 세분화되는 과정에서 1997년 도입된 규정으로서, 동일인이 지배적인 영향력을 행사하는 대상이 '해당 회사의 조직변경 또는 신규사업에 대한 투자 등 주요 의사결정이나 업무집행'으로 특정되어 있는 점에 특징이 있다.

그런데 회사의 조직변경 또는 신규사업에 대한 투자 등에 관한 주요 의사결정이나 업무집행에 대한 영향력은 원칙상 대주주나 임원들이 행사하는 것이 일반적이다. 그렇다면, 만일 동일인이 최대주주의 지위에 있거나(1호) 임원선임권을 갖는 경우(2호 가목)에는 주요 의사결정이나 업무집행에 대한 영향력도 자연히 행사할 수 있게 되므로, 2호의 나목의 요건도 동시에 충족되는 결과가 발생할 수 있다. 이 경우 규정 간의 중복이 뒤따르게 되는데 이를 회피하기 위해서는 '나목'은 제1호나 제2호 가목에 해당하지 않는 상황을 전제로 적용할 필요가 있다. 즉 동일인이 1호에서 정하는 요건, 즉 30% 지분 + 최다출자자에 해당하지 않고, 2호 '가목'의 요건, 즉 대표이사 또는 50% 임원선임권도 보유하지 않은 상태에서도 직·간접적으로 회사의 주요 의사결정이나 업무집행에 지배적인 영향력을 지속적으로 행사하고 있다면, 그 회사를 계열회사로 인정할 수 있다는 것이다.

이처럼 최다지분도 임원선임권도 보유하지 않은 주체가 회사의 의사결정이나 업무집행에 지배적인 영향력을 행사하는 상황은 일반적인 회사에서는 상정하기 어려운 일이지만, 한국의 기업집단 소속 계열회사들에서는 그간 흔히 목격되어 온 현상이기도 하였다. 동일인의 지분을 보유하지 않은 채 계열회사의 보유지분을 통해 회사의 조직변경이나 신규사업투자 등 주요 사안에 대해 의사결정권을 행사하는 경우를 예로 들 수 있다. 이 점에서 1호나 2호 가목처럼 회사제도의 기본 원칙으로부터 발생하는 지배적 영향력이 아니라, 한국의 기업집단 특유의 지배구조에서 발생하는 동일인의 지배적 영향력을 인식하여, 그 영향력하에 있는 회사를 계열회사로 포섭함으로써 기업집단으로 인한 경제력 집중을 실효적으로 포착, 억제하려는 취지를 담고 있다.

그로 인한 경제력 집중의 결과는 쉽게 예견될 수 있다. 이를테면, 동일인이 스스로 보유한 지분이나 임원선임권에 비하여 과도한 의사결정권을 가지고 조직변경이나 신규사업 투자와 같은 중대사안에 개입함으로써 회사 내부적으로는 주요 의사결정의 과정 및 결과를 왜곡시키고, 대외적으로는 무분별한 신규사업 진출 등 경제력의 일반집중을 심화시키는 한편, 동일인으로의 사익편취를 용이케 할 수 있다. 요컨대 대기업집단 규제 전반에 비춰 볼 때 나목은 동일인에 의한 경제력 집중을 효과적으로 규제하기 위하여 계열회사 범위를 확장한 대표적 규정으로 볼 수 있다.

(2) 요건에 대한 해석론

나목은 외연이 넓고 추상적인 여러 개념 요소들(조직변경, 신규사업에 대한 투자, 의사결정, 업무집행 등)을 요건으로 하여 구성된다. 그에 따라 개별 요건사실이 존재하는지를 규명한 후, 여기에 동일인이 지배적인 영향력을 행사하고 있음이 인정되면 당해 회사를 계열회사로 보게 된다. 단, 전술한 것처럼, 계열회사의 성립을 위해서는 2호 본문의 '회사 경영에 대한 지배적인 영향력' 요건도 별도로 요구되지만, 나목의 경우에는 그 자체로 이 요건이 포함되어 있으므로 나목에 해당한다고 판단된다면 2호 본문의 지배적인 영향력도 보유하고 있다고 인정될 것이다.

우선 조문상, 동일인이 지배적인 영향력을 행사하는 대상행위는 회사의 의사결정이나 업무집행 가운데도 조직변경이나 신규사업 투자와 같은 '주요한' 사안으로 국한된다. 여기서 주요하다는 것은 의사결정이나 업무집행 여하에 따라 회사에 미치는 영향을 큰 사안을 의미하는 것으로 보이고, 따라서 동일인의 개입이 지엽적이거나 부차적인 사안, 또는 일상적인 업무에 대해 행해지는 경우는 계열회사로 인정하기 어려울 것으로 생각된다.

한편 판례는 지배적 영향력이 인정되기 위한 요건으로서 그 영향력이 '계속적으로' 행사되거나 사회통념상 경제적 동일체로 인정되는 회사라고 볼 만큼 동일인이 경영에 직접적·계속적으로 관여하였음에 대한 입증을 요구하고 있다.[49] 이 같은 요건은 조문상으로는 추출되지 않지만, 법원은 기업집단 규제의 취지가 경제력 집중의 억제에 있고, 계열회사 편입의제에 따른 각종 의무를 부여하려는 취지를 감안

49 대법원 2021. 3. 25. 선고 2016도14165 판결, 서울고등법원 2018. 8. 22. 선고 2016누60173 판결.

하여 계속성 요건을 줄곧 제시해 오고 있다. 따라서 동일인/동일인 관련자의 업무집행 등에 대한 개입이 일시적이거나 일부 시기에 국한되는 경우, 혹은 특정 시점 이후에 업무집행에 대한 개입 주체가 변경되는 경우 등에는 동일인에 의한 지배적인 영향력의 존재를 인정받기 어려울 것이다.

한편, 대법원은 2015년의 소위 금호아시아나 사건 판결에서 채권금융기관협의회가 다수의 지분을 확보하고 있음에도 이를 동일인으로 볼 수 없는 이유를 설시하면서 회사의 주요 의사결정에 대한 채권금융기관협의회의 승인 또는 자금관리가 회사의 경영 차원이 아니라 경영 정상화를 위한 감시의 측면에서 이루어진다는 점을 근거로 든 바가 있다.[50] 즉 업무관여 회사의 경영을 위해서가 아니라 자신의 채권회수를 목적으로 한 감시행위는 동일인으로서 회사업무에 대한 개입으로 볼 수 없다는 것이다. 이 점에 비춰 보면 업무활동에 대한 개입 주체의 역할이 대상회사의 경영을 위한 목적이 아니고 자신의 투자이익 보전 등을 위한 경우에도 지배적 영향력을 인정받기 어려울 것으로 보인다.

이상을 정리하면, '나목'의 적용에 있어서는 행위요건의 충족 여부에 대한 형식적인 확인 못지않게 동일인의 지배적인 영향력하에 있는 회사를 계열회사로 포섭함으로써 기업집단에 대한 지배력의 확장(소유집중) 및 국민경제적 비중 및 리스크 증대 효과(일반집중)를 포착하고

---

50 대법원 2015. 3. 26. 선고 2012두27268 판결. 서울고등법원 2012. 11. 15. 선고 2012누12565 판결.

억제하려는 이 규제 본연의 취지를 감안할 필요가 있다.

(3) '다목'의 요건 및 쟁점 분석

다목은 동일인의 지분이나 임원선임권의 존재 및 정도 이외의 요소로서 인사교류 가능 여부에 주목하여 계열회사성을 판단할 수 있는 기준을 제시하고 있다. 그런데 전술한 바와 같이, 임원겸임, 복직 등의 인사교류는 계열관계에 있지 않은 회사들 사이에서는 발생가능성이 크지 않고 설령 인사교류를 하더라도 경제력 집중의 우려는 없는 경우가 대부분일 것이다. 마치 공정거래법 제9조에서 정하는 기업결합 유형 가운데, 제2호의 임원겸임 방식의 인적 결합은 그 자체로는 흔히 발생하지 않으며 주식취득과 같은 물적 결합의 후속조치로서 주로 행해지는 것과도 같은 맥락이다.

반면에 이미 동일인이 지배적 영향력을 행사하고 있는 계열회사들 사이에서는 임원겸임 등 인사교류는 쉽게 목격되는 현상으로서, 그로 인해 기업집단 소속 계열회사 간의 결속력과 경영상의 통일성을 강화시키는 효과가 발생한다. 그렇다면, 계열회사 여부의 판단기준으로서 인사의 교류는 해당 회사들이 동일인의 지배하에 있게 만드는 요소라기보다는 그 회사들이 계열관계에 있음을 확인시켜 주는 요소에 가깝다고 할 수 있다. 단, 인사상의 교류가 있는 회사들도 예외적으로 계열관계가 아닐 수도 있으므로 인사교류 자체를 곧바로 계열회사성을 확정하는 요소로 대입할 수는 없다.

주지하다시피 임원겸임은 시행령상 동일인의 지배를 받는 기업집단에 속하는지를 판단하기 위한 기준(시행령 제4조 제2호 다목 1)이자 법률상 규제대상 기업결합의 유형 가운데 하나로 열거되어 있다(법 제9조 제1항 2호). 단 기업결합심사기준(공정거래위원회고시 제2024-15호)에서는 모든 임원결합이 기업결합에 해당하는 것이 아니고, 대표이사를 겸임하거나 임원의 1/3 이상을 겸임하는 경우에 비로소 두 기업들 사이에 경제적으로 단일한 지배관계의 형성을 인정받아 기업결합에 이르는 것으로 보게 된다.[51] 이 경우 결합되는 두 기업 사이에는 동일인의 지배를 받는 계열관계가 성립된다. 시행령 제4조 제2호 다목도 이런 점을 감안하면 비록 임원겸임 방식의 인사교류가 있더라도 곧바로 동일인에 의한 경영상 지배적 영향력이 인정되는 것은 아니며, 임원겸임 방식의 인사교류에 더하여 해당 회사의 경영에 대해 지배적인 영향력을 행사하고 있다고 인정될 때 비로소 기업집단 소속 계열회사로 인정될 수 있는 것이다.

그렇지 않고, 만일 각 목의 회사가 곧 '해당 회사의 경영에 대해 지배적인 영향력을 행사하고 있다고 인정되는 회사'에 해당하는 것으로 볼 경우에는 기업결합심사기준 등 공정거래 관련 규범에서 제시되어 있는 조문의 취지나 요건에 배치되는 결과가 될 수 있음에도 주의를 요한다. 그렇다면 다목의 인사교류 사실에 대한 입증에 더하여 동일인이 그 회사의 경영에 대해 지배력을 행사하고 있는지가 추가로 규명되어야 비로소 계열회사로 볼 수 있을 것이다. 이 점은 후술하는 라목의 경우도 마찬가지이다.

---

51 기업결합심사기준 IV. 2. 가. (1), (2)

4. '라목'의 요건

(1) '라목'의 도입취지와 제도적 기능

'라목'에서 요건으로 제시된 자금 등의 거래나 채무보증 행위는 시행령상 계열회사의 판단기준이면서 동시에 법률상 대기업집단에 대한 대표적 사후규제와 사전규제의 대상이라는 특징이 있다. 본래 자금 등의 거래나 채무보증은 기업들이 제 나름의 합리적 동기에 따라 행하는 가치중립적 성격의 행위들이지만, 이 두 행위가 한국의 기업집단 현실 속에서 경제력 집중을 심화시키는 대표적 수단으로 작용하게 되면서 강력한 규제의 대상이 되어 왔다. 즉 전자에 대해서는 부당지원행위(또는 사익편취)의 금지라는 사후규제(법 제45조 제1항 9호)가, 후자에 대해서는 계열회사 채무보증 금지라는 사전규제(법 제24조)가 강력하고도 유보 없이 시행되어 오고 있다.[52] 이 가운데 동일인/동일인 관련자와의 거래는 일단 그 자체로서 위법은 아니지만 상당히 유리한 조건하에 부당하게 행해지는 경우에 한하여 사후규제의 대상이 되는데 비하여, 채무보증의 경우는 상호출자 기업집단 소속 계열회사 간에 감행되는 순간에 그 자체로 위법이 되므로 사전에 원천적으로 금지되는 규제대상이라는 차이가 있다.[53] 다만, 이 같은 강력한 사전규

---

52 부당지원행위가 기업집단 소속회사 간의 내부거래로 인해 시장의 봉쇄효과가 유발되거나 계열사 간 저가매도, 고가매입 방식의 지원행위를 통해 기업집단에 의한 경제력 집중이 심화시킬 수 있다는 점, 채무보증이 계열사 부실의 동반확산이나 퇴출기업의 시장 잔류, 대출자금 분배의 왜곡 등의 폐단을 유발할 수 있다는 점이 규제의 근거가 되어 왔음은 주지하는 바와 같다.

53 즉, 채무보증을 근거로 계열회사로 인정될 경우, 동일인 또는 동일인 관련자, 해당 회사는 사전 및 사후규제의 대상이 된다. 특히 동일인은 해당 회사를 계열회사로 신고하지 않은 점을 근거로 허위자료제출이나 신고누락에 따른 형사처벌의 대상이 될 수 있다. 또한 해당 회사와 채

제로 인해 최근에는 법 위반 사례가 거의 나타나지 않는 등 계열회사 간 채무보증 문제는 사실상 해소된 것으로 평가되기도 한다.[54]

한편, '라목'이 신설된 1997년은 공정거래법상 부당지원행위 규제가 신설되고 채무보증 규제가 강화된 시점이었다는 점도 주목되는데, 라목에서 동일인이 사실상 사업내용을 지배하는 회사의 유형을 신설한 취지 역시 이들 경제력 집중의 원인이 되는 기업집단 지배구조와 거래관행을 규제범위에 포함시키려 했던 일련의 입법적 조치의 일환으로 해석할 수 있다.

요컨대, 기업집단 범위의 판단기준으로 라목을 입법한 배경에는, 통상적인 상황에서는 발생하기 어려운 자금 등 거래나 채무보증이 기업집단 계열회사들 사이에 횡행해 온 현실을 인식하는 한편, 이를 기업집단 계열회사로 포섭하기 위한 단서로 활용하려는 취지가 자리 잡고 있다. 단, 이 같은 자금 등의 거래 및 채무보증이 통상적인 상황에서도 흔히 일어나는 기업활동이라는 점, 이를 기준으로 계열회사로 인정되는 경우에 강력한 사전/사후규제의 대상이 된다는 점, 특히 현재는 사실상 소멸된 채무보증 행위가 계열관계성의 인정으로 인해 발생하는 결과가 될 수 있다는 점을 감안하여, 통상적인 기업활동의 일

무보증의 관계에 있는 주체가 계열회사인 동일인 관련자인 경우에는 해당 회사와 동일인 관련자(계열회사)는 법 제24조에 따른 채무보증 금지규정을 위반하여 계열회사 간에 채무보증을 행한 것이 된다. 따라서 계열회사로 인정되는 순간 통상의 범위를 초과했는지를 따질 필요도 없이 바로 공정거래법의 위반이 문제될 것이다.

54 『2021년판 공정거래백서』에 따르면 2019년에 남아 있던 제한대상 3개 집단(에스케이, 카카오, 에이치디씨)의 채무보증 금액 106억 원은 2020년에 모두 해소되었고, 농협 기업집단의 계열회사 편입에 의해 신규 제한대상 채무보증(7억 원)이 발생하는 데 그친 것으로 나타나는 등 사실상 소멸된 수준에 이르렀다. 공정거래위원회, 『2021년판 공정거래백서』, 2021. 10, 288면.

환으로 행해지는 경우와 경제력 집중을 위한 비상적 수단으로 행해지는 경우는 준별하여 접근되어야 할 것으로 생각된다.

아울러, 전술한 바와 같이, 동일인 등과 특정 회사 사이에 통상적인 범위를 초과하여 행해지는 자금·자산·상품·용역 등의 거래 또는 채무보증은 동일인이 사실상 사업내용을 지배하는 회사에서 흔히 발생할 수 있는 행위이지만, 역으로 동일인과 그런 거래나 채무보증 행위가 있는 회사라고 해서 곧바로 계열회사임을 확정하는 징표로 보기 어려운 경우가 있을 수 있으므로 계열회사의 지정을 위해서는 '회사의 경영에 대해 지배적인 영향력'에 대한 입증이 추가로 요구된다고 봐야 할 것이다.

(2) '라목'의 요건 분석

라목에 해당하는 회사로 보기 위해서는 i> 동일인 또는 동일인 관련자와 해당 회사 간에 자금·자산·상품·용역 등의 거래 또는 채무보증이 있을 것, 그리고 ii> 해당 거래나 채무보증이 통상적인 범위를 초과할 것 등의 두 가지 요건이 충족되어야 한다. 이 가운데 최근 쟁점으로 부각된 채무보증을 중심으로 두 요건을 상설(詳說)하면 다음과 같다.

1) 공정거래법상 '채무보증'의 의미

공정거래법상 규율대상이 되는 채무보증은 기업집단 소속 계열회사의 자금조달 과정에서 다른 계열회사가 그 반환채무를 보증하는 법률행위를 의미한다. 일반적으로 민사 보증은 주채무자와 보증채무자의 관계에 제한을 두지 않고 있고, 그 피보증채무도 반드시 차입금 채무 즉 금융채무일 필요가 없으므로 상거래에서 공사 이행 채무와 같은 비금전채무, 또는 금전채무일지라도 상거래에서 발생하는 물품대금 채무 등도 보증의 대상이 될 수 있다.

이에 비해 공정거래법에서 문제 삼는 채무보증은 주채무자와 보증채무자가 기업집단 소속 계열관계인 경우로 한정되며 보증대상인 채무도 원칙상 금전채무 중에서도 차입금 채무에 대한 보증, 즉 '여신과 관련된 보증'만을 금지대상으로 한다는 점에서 민법상 보증에 비해 적용범위가 매우 협소하다는 차이가 있다. 또한 채무보증의 대상이 되는 여신도 '국내금융기관의 대출 및 회사채무의 보증 또는 인수'를 뜻하므로 금융채무, 즉 차입금 채무만을 대상으로 하며, 금융기관이 매개되지 않고 기업과 기업 간에 직접 행하는 보증은 공정거래법의 적용대상이 아니다. 이때의 채무보증은 인적 담보를 의미하므로 토지에 대한 저당권 설정과 같은 물적 담보는 해당되지 않는다.

동일한 법령에서의 용어는 법령에 다른 규정이 있는 등 특별한 사정이 없는 한 동일하게 해석·적용되어야 하므로,[55] 시행령 제4호 제2호 라목의 채무보증의 경우 이를 다른 개념으로 정의하지 않는 현 상태에서는 공정거래법상 채무보증 개념에서 벗어난 민법상의 채무보증을 라목 소정의 계열회사 판단의 기준으로 삼을 수 없는 한계가 있다.

---

55 대법원 2006. 11. 23. 선고 2004두8583 판결.

2) '통상적인 범위의 초과'에 대한 해석

한편 라목에서는 계열회사로 보기 위한 핵심 요건으로서 '거래 또는 채무보증이 통상적인 범위를 초과하여' 행해질 것을 제시하고 있다. 주지하다시피 공정거래법의 규율대상인 대기업집단(상출집단, 공시집단) 소속의 계열회사들 사이에는 부당지원행위(예컨대 정상가격과 실제가격의 차이가 상당한 경우) 및 채무보증(국내 금융회사로부터의 채무에 대한 지급보증)의 금지규정의 적용을 받게 되므로 '통상적인 범위'는 일단 이 규정상 금지대상 거래나 채무보증은 아니라는 점이 전제된다. 즉, 사후규제의 대상이 되는 '자금·자산·상품·용역 등의 거래'에서의 '통상적인 범위'는 정상적인 거래조건과 실제 거래조건 사이에 차이가 있으되(판례상의 기준) 그 차이가 상당한 수준(법률상의 기준)에는 이르지 않는 영역의 어느 부분을 의미하는 것으로 볼 수 있다.

반면에 채무보증의 경우는 법률상 정의되어 있는 개념을 벗어나거나 사전규제의 대상으로 금지되는 경우가 아닌 때에 비로소 '통상적인 범위'를 논할 실익이 있을 것이다. 공정거래법상 개념에서 벗어난 채무보증은 전술한 것처럼 통상적인 범위 여하와 관계없이 계열회사의 판단기준으로 삼을 수 없고, 법상 금지되는 채무보증은 통상적인 범위가 성립될 수 없기 때문이다.

그렇다면 채무보증의 경우 통상적인 범위는 이 두 경우를 제외한 상황을 전제로 검토되어야 하는데, 여기서의 '통상적인 범위' 역시도 다분히 추상적이고 불확정적인 기준인 데다 구체적인 기준이 시행령에 제시되어 있지 않아서 그 해석이 분분할 수 있다. 또한 '통상적'이란 표현은 '정상적'이란 표현과 함께 공정거래법상 법 위반 여부의 판단기준으로 곳곳에서 사용되고 있지만 두 용어의 의미에 규범적 차이가 있는지는 명확치 않다. 그럼에도 구체적인 사례에서 '통상적인 범위'의 해석에 객관성과 일관성이 필요하다는 점에는 의문이 없다. 특히 '통상적인' 경우와 '정상적인' 경우가 관념상 인접해 있고, 정상적인 거래에 관해서는 판례들이 적지 않게 축적되어 있으므로 이를 감안하거나 종합하여 '통상적인 범위'의 일반적 의미를 규명하고 구체적 사안에 적용할 필요가 있다.

우선 대기업집단에 대한 사후규제에서 흔히 거론되어 온 지표, 이를테면 부당지원행위나 사익편취 규제에서 지표로 활용되는 '정상' 가격 등의 기준에 따르자면, 공급에 소요되는 비용 등을 대비하여 볼 때 거래조건상 균형 및 합리성이 인정되는 수준을 '정상적인' 것으로 이해할 수 있다. 이와 관련하여 대법원은 '정상적인 거래관행'의 판단기준에 관해, 행위의 의도와 목적, 효과와 영향, 거래의 상황, 거래자의 지위의 정도 및 상대방이 받게 되는 불이익의 내용과 정도 등을 고려해야 한다고 판시한 바가 있다.[56] '통상적인 범위'의 의미나 판단기준도 공정거래법상 정상적인 거래관행의 경우와 크게 다르지는 않을 것으로 생각되는데, 그럼에도 용어를 굳이 달리 사용한 입법자의 취지를 적극적으로 해석하자면, 설령 비용과 거래조건 간에 일정 정도 불균형이 존재하더라도 업계에서 일상화되어 있거나 유사 사례가 존재하는 거래관행이라면 통상적인 범위로 인정될 수 있을 것이다. 그 범위의 폭은 특정 산업이나 거래분야에 따라 다르게 나타날 수 있는

56 대법원 2013. 1. 10. 선고 2011두7854 판결.

데. 이와 관련해서도 경제력 집중의 억제라는 규제 본연의 취지를 감안한 합목적적 법해석이 필요하다. 즉 업계에서 일반적 혹은 일상적으로 통용될 수 있는 거래관행인지, 자칫 그 관행이 경제력 집중의 폐단을 유발할 수 있는 정도에 이르는지를 감안하여 통상적인 범위에의 해당 여부가 판단되어야 할 것이다.

한편 이제까지 공정거래위원회 단계에서 채무보증이 문제된 사례들[57]을 살펴보면, '통상적인 범위' 자체는 주로 자본금 대비 채무보증 금액, 매출액 대비 거래금액의 비중 등이 고려되었다. 이때 대상회사들은 사업수행을 영속적으로 영위하는 회사들이었다는 점, 나아가 '계열회사'인지를 판단함에 있어서도 채무보증의 정도 이외에 지분율, 계열회사와의 거래 비중, 임직원 급여 결정 여부 등 경영상 의사결정 등의 사정을 종합적으로 검토하여 경영상 지배적인 영향력 행사 여부를 판단해 온 점에는 유의해야 할 것으로 보인다.

한편 하급심 판결[58]에서는 "단순히 대여 금액만을 기준으로 삼지 않고 동일인이 경영에 직접적·계속적으로 관여한 상태에서의 거래라는 점이 입증되지 않으면 '통상적인 범위를 초과하여 동일인과 자금·자산·상품·용역 등의 거래를 하고 있는 회사'에 해당한다거나 '사회통념상 경제적 동일체로 인정되는 회사'에 해당한다고 보기 어렵다."고 본 바가 있어서 제한적으로나마 참조할 필요가 있다. 특히 계열회

---

57 대규모기업집단 「기아」 동일인의 이의신청에 대한 건(9611기업1761, 9701조일0017), 구 대규모기업집단 「대우」 동일인의 허위자료제출행위에 대한 건(2001기업0081), 구 상호출자제한기업집단 「대주건설」 동일인의 허위자료제출행위에 대한 건(2008집단4239).

58 서울고등법원 2018. 8. 22. 선고 2016누60173 판결.

사의 판단기준으로서 자금 등의 거래나 채무보증이 지닌 특수성, 즉 이 표지만으로 계열관계를 단정하기 어려운 점을 감안하여 다른 요인들을 복합적으로 고려한 점은 주목할 만하다.[59]

이를 고려한다면, 계열회사 관련 규제의 궁극적 취지를 경제력 집중의 억제에서 찾자면, 라목의 요건으로서 '통상적인 범위를 초과'하는지의 판단에 있어서는 객관적으로 보기에 당해 자금 등의 거래나 채무보증을 통해 동일인의 지배를 받는 경제적 동일체가 형성된다는 점을 인정할 수 있을 만큼의 정황이 입증되어야 할 것이다.

59 이 판결은 이후 대법원에서 심리불속행으로 기각 확정되어서(대법원 2019. 1. 17. 자 2018두57766 판결) 서울고등법원의 판시 내용을 법원의 일반적 해석기조로 치환하기에는 한계가 있으나, 자금 등의 거래나 채무보증만으로 계열관계를 단정하지 않고 다른 요인들을 복합적으로 고려한 대목과 관련해서는 부분적인 시사점을 찾을 수 있다.

제 3 장

지주회사 체제의 기업집단에 대한 규제

제1절 | 지주회사 규제의 내용과 특징

I. 한국의 기업집단 지배구조와 지주회사

1. 지주회사 규제의 현황과 특징

(1) 규제의 파급 효과

지주회사(Holding Company)란 주식 또는 지분의 소유를 통하여 다른 회사의 사업내용을 지배하는 것을 주된 사업으로 하는 회사를 의미한다. 현행 공정거래법에 정의되어 있는 지주회사 개념(법 제2조 제7호)도 이와 같다.

공정거래법에 지주회사 규제가 도입된 시점은 법률 제1차 개정이 있었던 1986년 12월이었다. 당시의 규제는 지주회사 자체의 설립·전환을 전면 금지하는 것을 골자로 하고 있었는데,[1] 그 이전까지는 지주회사가 거의 존재하지 않았는데도[2] 일본 독점금지법의 선례[3]에 따라

1 당시의 법률(제3875호, 1987. 4. 1. 시행) 제7조의2에서는 지주회사의 설립금지를 표제로 하면서 "누구든지 주식의 소유를 통하여 국내회사의 사업내용을 지배하는 것을 주된 사업으로 하는 회사(지주회사)를 설립할 수 없으며 이미 설립된 회사는 국내에서 지주회사로 전환하여서는 아니 된다."고 규정하였다.

2 국내에는 공정거래법상 지주회사 제도가 도입되기 이전인 1972년 10월에 금호그룹이 금호실업을 설립하여 지주회사 체제로 전환한 바가 있었다. 즉 금호실업이 국내 지주회사의 시초라 할 수 있다. 다만, 당시 금호실업은 종합무역상사업을 겸하여 수행하고 있었고 자회사에 대한 사업내용의 지배 역할은 제한적이었다.

3 일본에서는 지주회사 규제가 없었던 1930~40년대에 여러 단계의 피라미드 구조를 가진 지주회사 형태의 재벌(Zaibatsu)이 활성화되었는데, 패전 후에 미 점령군을 중심으로 지주회사에 따른 경제력 집중의 우려가 제기되면서 1947년 독점금지법에서 지주회사 설립·전환을 금지하였다. 그리고 50년 후인 지난 1997년에 독점금지법의 목적에 반하지 않는 범위 내에서 지주회사의 설립·전환을 허용하는 방식으로 법이 개정되었다.

지주회사의 설립이나 전환을 원천적으로 금지시켰던 것이다.

이후 공정거래법상 지주회사 설립 금지규정은 1990년대 말 외환위기를 거치면서 근본적인 방향전환을 하였다. 국내·외로부터의 제도개편의 요구들이 계기가 되었다. 당시 재계 측에서 외자유치 및 기업구조조정 수단으로 지주회사의 활용 필요성을 제기하였고, 국제부흥개발은행(IBRD)은 과도한 경제력 집중을 초래하지 않는 조건으로 지주회사 설립을 허용할 것을 권고하였으며, OECD 또한 기업지배구조의 투명성 제고 및 구조조정 촉진을 위해 지주회사 설립의 허용이 필요하다는 의견을 제시하기도 했다.[4] 이에 따라 1999년 2월 법 개정을 통해 지주회사 설립·전환 자체는 허용하되, 과도한 경제력 집중을 방지하기 위해 증손회사 이상 소유 금지, 자회사 지분율 요건 등 각종 장치를 마련하는 것을 내용으로 하는 새로운 규제가 개시되었다.

지주회사의 규제는 수많은 변화와 번복의 과정을 거치면서 기업과 정부부처에 모두에 대해 괄목할 만한 영향력을 미쳐 왔다. 현재 공정거래법상 규제대상인 기업집단의 유형은 '공시대상기업집단', '상호출자제한기업집단' 그리고 '지주회사 체제 기업집단'의 세 가지 형태로 구분할 수 있다. 현실적으로는 지주회사 체제 기업집단, 순환출자 방식의 기업집단으로도 양분할 수 있을 정도로 지주회사의 수와 지주회사 전환집단의 수는 급증한 상태이다. 국내 상위권 기업집단의 상당수가 이미 지주회사 체제로 전환되어 있기도 하다.

---

4 OECD, 「Allowing holding companies would also help to promote transparency and restructuring」, 『한국경제 검토보고서』, 1998. 7 참조.

이 같은 일련의 상황에 비춰 볼 때 지주회사 규제는 사후규제와 더불어 국내 기업집단의 지배구조 및 거래행태, 그리고 기업 관련 정책환경에 가장 큰 영향을 미치는 요인이라고 평가할 수 있다.

(2) 규제기조와 변화와 그 배경

지주회사 규제는 대기업집단 규제 가운데서도 가장 빈번한 개정을 거쳐 온 분야다. 법령 개정의 범위와 정도가 컸으면서 방향 전환의 각도 또한 급격한 특징을 보여 왔다. 그 변화의 양상은 인식과 정책기조의 양 측면으로 나누어 짚어 볼 수 있다.

지주회사 규제의 변화를 유발한 주된 원인은 지주회사에 대한 정책분야와 학계, 그리고 시민사회의 인식 변화에서 찾을 수 있다. 제도의 도입을 전후로 한 시점에서 지주회사는 계열사를 확대하고 총수 중심의 지배구조를 공고화함으로써 경제력 집중을 심화시키는 원인으로 인식되었으나, 외환위기 이후로는 지주회사가 지배구조의 단순화, 계열사 간 지분 보유 차단, 부실 확산의 방지를 도모할 수 있는 방편으로 부각되면서 투명하고 건전한 지배구조의 상징으로 여겨지기도 하였다. 하지만 이후 지주회사 및 자회사, 손자회사의 수가 급증하고 총수 일가의 지배력 강화 및 편법적인 경영권 세습의 수단으로 지주회사 체제가 활용될 가능성이 우려되면서 지주회사는 다시 경제력 집중과 사익편취의 원인으로 지목되고 있다.

이 같은 인식 전환은 규제의 기조에도 영향을 미쳐 왔다. 즉 규제 초기(1987년, 1998년)에는 설립금지 중심의 엄격한 규제기조가 견지되었던 반면에, 이후 행위규제로 전환된 20여 년의 기간 동안(1999~2020년)

은 지주회사 설립 및 전환을 유지하기 위해 규제 수위를 점진적으로 완화하였으며,[5] 그 결과 실제 지주회사의 수가 급증하기에 이르렀다. 하지만 지주회사의 수가 정점에 달했던 2017년을 전후해서는 다시 지주회사의 설립 및 전환을 억제하는 방향으로 규제기조를 회귀하기 위한 논의가 전개되었고 그 결과 2020년 12월에는 자회사 지분 보유 기준을 상향하는 것을 내용으로 하는 규제강화 조치가 이루어졌다.

이런 관점을 기준으로 하자면 지주회사 규제는 아래의 세 단계를 거쳐 변천해 온 것으로 정리할 수 있다.

[표] 지주회사 규제의 시기별 변화의 추이

시기	내용
제1기(1987~1998년)	지주회사 설립금지 중심의 강력한 규제 시기
제2기(1999~2020년)	지주회사에 대한 전반적 규제완화 시기: 설립허용-행위제한의 규제 방식으로 전환한 이래, 20년간 지속된 규제완화 기조가 유지됨
제3기(2021년 12월~)	지주회사 규제의 일부 강화 및 일부 완화: 지주회사 설립 및 전환의 억제 방향으로 회귀한 반면에, 벤처지주회사 및 CVC 보유와 관련 규제는 대폭 완화됨

요컨대, 지주회사 방식은 장점과 단점이 모두 내재된 지배구조라

5 예를 들면, 2001년 3월 27일 법 개정 시에는 지주회사 자산총액 요건이 100억 원 이상에서 300억 원 이상으로 변경되었고, 2002년 3월 30일 개정에서는 지주회사 자산총액 요건이 300억 원 이상에서 1000억 원 이상으로 상향조정되었으며, 2004년 12월 31일 개정에서는 지주회사 체제의 투명성은 제고하되, 지주회사 설립·전환을 용이하게 할 수 있도록 하려는 취지에서 자회사 간 출자 금지 및 지주회사의 비계열회사를 통한 영향력 확대 방지를 위해 비계열사 주식 5% 초과 소유 금지규정이 신설되었다. 아울러 자회사의 사업 관련 손자회사에 대한 최소 지분율 요건(비상장사: 50%, 상장사: 30%)도 신설 및 지주회사 행위제한 규정에 대한 각종 유예기간이 부여되기도 하였다. 이후 2007년 4월 13일에는 지주회사 설립·전환을 촉진하기 위해 부채비율이 100%에서 200%로 상향되었으며 자회사·손자회사 지분율 요건도 상장회사 30%→20%, 비상장회사 50%→40%로 완화되었다. 또한 같은 해 11월 4일에는 행위제한 기준이 추가 완화되어 자회사-손자회사 간 사업 관련성 요건이 폐지되었고 100% 증손회사도 매우 제한적인 조건하에서나마 허용이 되었다.

할 수 있는데, 위 분류상 제1기는 지주회사의 폐단에 대한 경계심이 극대화된 시기인 데 비해, 제2기는 단점의 억제보다는 장점의 극대화에 정책 주안점이 맞춰진 시기라 할 수 있으며, 제3기는 장점보다 폐단이 커지고 있다는 인식에 따라 종전의 기조로 회귀한 시기로 정리할 수 있다.

(3) 일반 기업집단 규제와의 차별성

지주회사 제도는 일반 대기업집단 정책과도 일정한 차별성과 독자성을 둔 채 변화 및 발전해 오고 있기도 하다. 지주회사 고유의 경제력 집중을 억제하기 위한 규제 수단들을 수립하는 한편, 출자방식의 기업집단들이 심화시켜 온 경제력 집중을 해소하기 위한 창구로 지주회사 체제 전환을 지원하기 위한 행정조치들이 뒤따르기도 한다. 즉 지주회사에 대한 지원과 규제의 수단들이 공존하면서 상반된 정책목표들이 동시에 추구된다. 지원 수단은 공정거래법 외에도 세제 등 여러 방면에서 제공된다. 요컨대 지주회사 체제로 전환한다는 것은 수범자에게 규제대상이 된다는 의미와 더불어 다양한 인센티브가 부여된다는 의미가 있다. 예컨대 규제기조의 회귀 직전인 2017년 7월 1일에는 지주회사 자산총액 요건을 1,000억 원 이상에서 5000억 원 이상으로 변경하기도 하였는데, 이 무렵에는 이미 기업들에게 지주회사 설립 및 전환의 의미가 복합적으로 받아들여진 시점이어서 그 같은 지주회사 요건 상향이 규제의 완화인지 강화인지에 대해서는 기업마다 평가가 달라질 수 있었다.

[표] 일반 대기업집단 규제와 지주회사 규제의 비교

구분	일반 기업집단 규제	지주회사 제도
목적	대기업집단에 의한 경제력 집중 억제	경제력 집중의 억제+지주회사 체제 선택의 기회 제공
대상	대기업집단(상출집단, 공시집단)	대기업집단+중견기업집단
내용	사전 및 사후규제 중심(출자, 채무보증, 금융사 의결권제한, 사익편취 금지, 공시)	지원(지주회사에 대한 과세특례 및 금산분리 원칙 완화)+규제(설립, 신고, 행위제한을 위한 사전규제)

한편 지주회사 규제는 기업집단 전체의 자산이 아닌 최상단 지주회사의 자산총액(5천억 원 이상)만을 기준으로 하여 규제대상인지 여부가 결정된다. 환언하면 일반 기업집단의 규제 기준과 지주회사 체제 기업집단의 규제 기준이 각기 다른 층위에서 설정되어 있는데 그 결과 지주회사 체제의 기업집단 전체의 자산총액이 5조 원에 이르지 못하는 소위 중견기업집단도 존재할 수 있다. 실제로 지주회사의 자산총액은 5천억 원 이상이지만 지주회사가 속한 기업집단의 전체 자산총액이 5조 원에 이르지 못한 경우도 다수 존재하는 상황이다.[6] 이 점에서 지주회사 규제는 대규모기업집단은 물론 중견기업집단까지 포괄하는 규제로서의 성질을 갖고 있다.

2. 현행 공정거래법상 지주회사 규제의 내용과 해석론

(1) 지주회사의 설립제한에 관하여

지주회사는 법 제2조 제7호에 따르면 "주식의 소유를 통하여 국내회

6 실제로 2023년을 기준으로 170여 개의 지주회사 가운데 대기업집단에 소속된 지주회사는 이후 59개에 그치는 것으로 나타난다.

사의 사업내용을 지배하는 것을 주된 사업으로 하는 회사"를 의미한다. 지배의 방법이 임원겸임이나 계약체결, 영업양수 등이 아닌 '주식소유'를 통한 것이어야 한다. 이때의 주식에는 '지분'이 포함되며 단지 소유하는 것으로 족하고 실제로 지배하고 있는지 여부는 문제 삼지 않는다.

또한 '국내회사'의 사업내용을 지배하는 회사이므로 국외회사의 사업내용을 지배하는 경우는 지주회사에 포함되지 않으며, 지주회사가 소유하고 있는 국외회사도 규율대상이 아니다. 국내의 경제력 집중 억제에 주안점을 둔 규제이기 때문이다. 한편 '사업내용을 지배'하여야 하므로 소유권을 지배하기 위한 것이거나, 순수한 투자목적, 재산보전목적으로 다른 회사 주식을 소유하는 회사는 지주회사에 해당하지 않는다.

지주회사의 국내 회사 사업내용의 지배는 부차적 사업이 아닌 주된 사업이어야 한다. 이는 지주회사가 반드시 순수지주회사이어야 함을 의미하는 것은 아니고, 사업지주회사라도 특정 사업을 영위하기는 하지만 주로 다른 회사지배가 주된 사업이면 규제대상이 된다. 단 어느 정도면 주된 사업으로 볼 수 있을지가 모호할 수 있으므로 동법 시행령에서는 지주회사의 총 자산에서 자회사 주식가액의 총 합계액이 차지하는 비율 즉 '지주비율'이 50% 이상이면 주된 사업에 해당하는 것으로 의제하고 있다.

시행령은 이와 더불어 지주회사의 자산총액에 대해서도 중요한 기준을 제시하고 있는데, 지주회사의 직전년도 자산총액이 5,000억 원 이상인 경우에 공정거래법의 적용을 받게 된다. 이들 기준이 충족되면 기업이 원하는지와 관계없이 지주회사로 강제 전환된다. 기업의 자율적 선택사항인 지배구조가 법에 의해 강제된다는 점을 두고 타당성에 관한 문제 제기가 있었던 부분이기도 하다. 다만 법상으로는 행위규제의 대상이 되면서, 공정거래법 및 이를 준용하는 타법상의 각종 지원제도의 수혜대상이 되는 효과가 발생한다는 점에서 이 규제에 관한 기업의 입장이 복합적일 수 있음은 전술한 바와 같다.

(2) 지주회사 등에 대한 행위 제한에 관하여

1) 지분율의 제한

현행법상 지주회사 체제의 기업집단 구조는 '지주회사→자회사→손자회사→증손회사'의 3단계 출자 방식만 허용된다. 또한 지주회사의 자회사에 대한 지분율과 자회사의 손자회사에 대한 지분율은 상장 30%, 비상장 50% 이상 유지되어야 함이 원칙이다(법 제18조 제2항 제1호).[7] 단, 이에 대한 예외나 적용 유예기간을 둠으로써 전환의 용이성을 높이기 위한 조치가 줄곧 시행되고 있다. 한편, 손자회사의 증손회사 지분율은 100%인 경우에만 허용되는데, 이 규제는 가급적 지주회사 체제가 증손회사까지 확장되는 것을 억제하되 증손회사가 손자회사의 완전자회사인 경우에는 사실상 경제적인 단일체로 볼 수 있으므로 예외적으로 허용하겠다는 취지로 볼 수 있다. 각 단계별로 수직적 출자만 허용되고, 다른 계열사로의 출자, 예컨대 수평·방사·순환형 출자는 금지된다는 점에 유의해야 한다.[8]

---

7 한편 2023년 9월 말 기준 일반지주·자회사의 자·손자회사에 대한 평균 지분율은 각각 72.9%, 82.6%로, 법상 기준(상장 30%, 비상장 50%)을 충족하고 있다.

8 2023년 전후를 기준으로 할 때 일반지주회사의 자·손자회사에 대한 평균 지분율은 각각 70%

대와 80%대로 법상 규제 수준을 크게 상회하는 수준이다.

2) 부채비율의 제한

지주회사에 대해서는 부채비율에 대한 규제 즉, 200% 초과 금지 기준이 적용된다(제18조 제2항 제2호). 즉 지주회사는 빚(부채)이 자기 돈(자본)보다 2배 이상 많아서는 안 된다는 것인데, 차입을 통해 지주회사를 방만하게 운영하지 못하도록 하려는 취지와 더불어 자회사 등을 산하에 두고 있는 지주회사에 대해서는 지불능력을 보전하여 기업운영의 안정성을 확보토록 하기 위해 고도의 재무건전성을 요구한 것으로 볼 수 있다. 따라서 이 규제는 지주회사만을 대상으로 하며 자회사나 손자회사에 대해서는 적용되지 아니한다. 현실적으로는 대부분의 지주회사들이 현금 자산을 상당수 보유하는 등 재무건전성이 높은 상태이어서 평균 부채비율은 법률상의 기준보다 훨씬 낮은 수준을 유지하고 있다.[9]

3) 비계열사 주식 소유의 제한

지주회사는 비계열회사주식을 5% 이상 초과하여 소유하는 행위를 할 수 없도록 하는 소위 5% 룰을 적용받는다, 다만 소유하고 있는 비계열회사주식가액의 합계액이 자회사 주식가액의 합계액의 15% 미만인 지주회사에 대해서는 5% 룰의 적용을 제외하고 있다. 요컨대 비계열회사의 주식 소유를 통한 지배력 확장을 차단하기 위한 규제라 할

---

9 최근 국내 지주회사의 부채비율은 50% 미만을 유지하고 있다. 예를 들어 2023년 9월 말을 기준으로 할 때 전체 지주회사의 평균 부채비율은 41.7%이며 부채비율이 100%를 초과하는 지주회사도 극소수에 불과한 것으로 집계된 바 있다.

수 있다. 단, 계열회사는 아니면서 소유하고 있는 국내회사가 그리 큰 회사가 아니면 당해 회사 발생주식 총수의 5%를 소유할 수 있는 반면에, 자회사 외의 국내계열회사의 주식을 소유하는 행위는 금지된다.

이때 5% 룰 및 그 적용제외 판단을 위해서는 '지주회사가 소유한 비계열회사주식가액'과 '지주회사가 소유한 자회사 주식가액'을 각각 산정한 다음 그 비율이 15% 미만에 해당하는지 여부를 평가하게 되고, 각 주식가액 산정 시 지주회사 해당 여부 판단을 위한 자회사 주식가액 산정 시와 마찬가지로 '대차대조표에 표시된 가액'을 기준으로 산정하게 된다.

4) 금산분리 원칙

공정거래법은 지주회사 체제의 기업집단에 대하여 두 가지의 금산분리 원칙을 적용하고 있다. 일반지주회사의 금융사 보유 및 금융지주회사의 비금융사 보유 금지가 그것이다. 단, 전통적인 금산분리 규제의 취지 즉 부실의 확산이나 사금고화에 대한 우려 외에 경제력 집중을 억제하기 위한 고려가 추가된 점에 그 특징이 있다. 이 규제에 따라 지주회사 및 그 소속회사들은 체제 밖에서 금융/비금융 업종의 회사를 소유하는 상황이 나타나기도 한다.[10]

이 규제는 지난 1999년부터 시행되어 온 것으로서[11] 지난 2020년 12월 법률 개정에서는 이 같은 금산분리 원칙에 대한 최초의 예외가

---

10 일례로 지난 2021년 말 기준으로 일반지주전환집단(28개) 중 10개 집단이 체제 밖 29개 금융사를 보유한 것으로 나타나기도 하였다.

11 법률 제5813호, 1999. 2. 5. 일부개정, 1999. 4. 1. 시행.

인정되어 주목을 받고 있다. 일반지주회사가 금융회사의 일종인 기업형 벤처캐피탈(CVC)을 보유할 수 있도록 허용한 것인데, 이를 위해 공정거래법 제20조에 특례규정을 두고 있다. 이에 대한 상세한 분석은 별도의 절에서 다루기도 한다.

(3) 절차적 규제에 관하여

지주회사를 설립하거나 지주회사로 전환한 자는 공정거래위원회에 신고할 의무가 있다. 단, 신고의무는 설립·전환하려는 자가 아닌 이미 설립·전환한 자에 대해 부과되므로 사후신고로 족하다. 한편 지주회사가 사업연도 중에 소유주식이 감소하거나, 반대로 자산이 증가하여 시행령상의 기준에 미치지 못하게 되는 경우에는 그 사유가 발생한 날부터 지주회사의 지위가 소멸한다. 단 공정거래위원회에 그 사실을 신고하여야 한다.

3. 추가 논의의 필요성과 방향

지주회사 체제 자체는 가치중립적 지배구조이다. 따라서 기업집단이 어떤 방식의 거버넌스를 취할 것인지는 기업집단 스스로 결정할 사안이다. 다만 지주회사 체제는 경제적 측면에서의 순기능과 폐단을 동시에 갖고 있는 기업집단 지배구조이므로 그에 따른 폐단이나 부(負)의 외부효과를 최소화하기 위한 정책대응은 필요하다.

그간의 지주회사 규제의 효과는 정부 안팎은 물론 기업집단 측에서도 대체로 긍정적이었던 것으로 평가할 수 있다. 상당 기간 지속된 지주회사 전환 유도의 정책기조에 기업들이 우호적으로 반응해 왔고 정부도 기업 측의 요청을 수용하여 규제기조를 변화해 왔다. 특히 국내 기업집단 측에서는 지주회사 규제 및 전환의 인센티브가 없었더라면 기대하기 어려운 지배구조의 투명화·단순화가 실현되었다는 점이 이 제도의 성과라고 긍정적인 평가를 할 수 있는 부분이다.

그럼에도 지주회사 제도가 여전히 기업집단 규제의 일환으로 형성되어 있는 점, 독자성과 일관성을 동시에 추구해야 하는 복합적 지위, 이 제도를 둘러싼 각종 사전/사후규제의 상충 가능성 등 제도 보완의 여지가 여러 측면에서 드러나고 있다고 본다. 제도의 혼선 방지와 정합성 제고를 위한 추가적인 논의와 제도 보완이 여전히 요구된다. 이를 위해서는 지주회사 제도 본연의 순기능과 폐단을 다시 살펴볼 필요가 있다.

II. 지주회사 체제의 양면적 효과와 법적 접근방식

1. 지주회사 체제 고유의 순기능

(1) 개별 회사의 독립경영 강화

지주회사 체제하에서는 자회사 간 출자고리가 절연되어 각 자회사들은 자체 사업에 전념할 수 있는 반면에 지배력 확장을 위한 지렛대 역할이 제한됨에 따라 독립경영을 할 수 있는 구조적 기반을 확보할 수 있다. 특히 지주회사의 주된 수입이 자회사로부터 받는 배당금이라면 자회사는 지주회사에 대한 배당 유인을 높일 수 있고 그 과정에서 특정 주주가 아닌 주주 전체의 이익을 위한 경영이 실현될 수 있다.

(2) 경영과 사업의 분리로 인한 위험의 분산 및 차단

지주회사 체제에서는 경영과 사업을 분리함으로써 중장기적 관점에서의 의사결정, 공평하고 효율적인 자원배분, 자회사 경영의 책임성 증대, 객관적 지표에 의한 공정한 평가시스템 운영이 가능해진다. 자회사 등 계열사 간에도 일종의 위험 차단막(firewall)이 형성되어 위험의 전가 및 확산을 방지할 수 있는 장점이 있다. 특히 개별 사업부문을 자회사로 분사화하고 사업에 따른 리스크를 자회사로 국한시킴으로써 위험성을 수반하는 고부가가치 사업에 과감히 투자할 수 있는 환경이 조성되기도 한다. 순환출자방식의 기업집단의 경우 출자고리 역할을 수행하는 기업이 부실화되면 계열사의 부당지원이 뒤따를 가능성이 커지고 그로 인해 부실기업의 퇴출 경직성 문제가 발생할 수 있는데, 이런 리스크 관리와 관련하여 지주회사 체제는 비교우위를 갖는다고 볼 수 있다.

(3) 단순·투명한 출자구조로 기업집단의 책임성 및 투명성 제고

지주회사·자회사·손자회사 간 권리·책임관계가 명확하게 되어 자본시장 참여자들에 의한 경영감시가 용이한 장점도 꼽을 수 있다. 사업부 체제의 기업은 각 사업부의 실적을 객관적 지표로 평가하기 어려운 데 비해, 사업부서를 지주회사 산하의 개별 자회사로 독립시킬 경우 해당 자회사의 재무제표를 통해 자회사 경영진의 실적을 객관적

으로 평가할 수 있게 된다. 권한과 결과에 대한 책임소재가 분명해지는 한편, 지배주주들이 지주회사의 주식만을 주로 보유하는 지주회사 방식의 경우에는 자회사의 사업기회 편취 및 터널링(tunneling)의 소지가 감소되는 효과도 기대할 수 있다.

(4) 적대적 M&A 위험을 방지

순환출자 방식의 기업집단은 출자의 연결고리가 끊어지면 지배구조가 와해되고 대주주들의 통제력이 취약해지는 문제점이 있다. 이에 비해, 지주회사 체제하에서는 대주주 중심의 명확한 지배구조와 지분 상승으로 인해 지배구조의 취약성이 해소되고 적대적 M&A의 위험을 방지하는 효과가 발생한다.

2. 지주회사 체제의 폐단

(1) 단계적 지배구조와 선단식 기업집단의 운영

지주회사 체제에서는 동일인이 지주회사-자회사-손자회사로 이어지는 주식 피라미딩(Pyramiding)을 통해 적은 지분으로도 기업집단 전체를 지배하게 되는 CMS(Controlling Minority Structure) 구조가 고착화할 가능성이 상존한다. 여기에 자회사, 손자회사 등을 통해 업종 다각화를 추구하거나 선단식 운영의 가능성이 커짐으로써 국민경제 전반에 대한 '일반집중'을 초래할 수도 있는데 이런 점은 이미 한국 특유의 기업집단 환경에서 특히 우려되었던 온 현상이기도 하였다. 이에 더하여 지배주주(동일인)가 별도의 자금동원 없이도 동일한 자본으로 지주회사의 지분을 늘리고 기업집단 전반에 대한 지배력을 강화하거나, 계열을 분리하지 않고도 경영권을 유지 및 승계하기에도 용이해지는 상황이 발생한다. 요컨대 기업집단에 대한 '소유집중'이 심화되는 문제라 할 수 있다.

(2) 소수주주의 권익침해와 터널링의 유발 소지

동일인이 기업집단 소속회사별 보유 주식에 차이가 발생하게 되는 지주회사 체제에서는 지배주주인 동일인이 지분을 다수 보유한 지주회사와 자회사, 지배주주와 소수주주간에 이해상충이 발생할 가능성이 상존한다. 소위 주주권의 간접화로 인한 지주회사 소수주주의 권익침해 의 문제도 발생할 수 있다. 지배주주가 자회사 지분을 갖지 않거나 적게만 보유하는 경우에는 오히려 자회사에서 지주회사로의 터널링이 발생할 수도 있다. 특히 지주회사 체제의 소속회사들이 체제 밖의 계열회사와 거래하는 과정에서 지배주주(총수)에 의한 사익편취가 가능해 지기도 한다.

한편 지주회사 전환시 자회사의 주가가 높을수록 지주회사에 대한 지배주주의 지분이 더욱 증가하는 효과가 발생하므로, 회사가치를 조정하는 방법으로 지배주주의 지분을 높이는 시도를 가능성이 있다. 그런 이유에서 소액주주들이 지주회사 전환을 무산시킨 사례도 실제 나타나고 있다.[12]

---

12 2023년 2월에 있었던 모 백화점의 지주회사 전환 사례에서는 존속법인 백화점이 기존 차입금을 부담하고, 경제성 높은 회사는 대부분 지주사의 자회사로 편입시킨다는 점을 이유로 기존 주주들이 반대하였으며, 나아가 인적분할로 대주주의 지배력은 강화되지만 소액주주의 이익

(3) 독점의 유발로 인한 경쟁제한의 우려

지주회사가 그 경쟁기업들을 지주회사 산하에 자회사 형태로 포진시킬 경우 독점 내지 트러스트와 유사한 독과점 내지 '시장집중'을 유발할 가능성이 있다. 실제 미국의 지주회사 체제에서 20세기 초기에 자주 목격되었던 현상이기도 한데, 이 점에서 지주회사 문제는 기업집단 규제나 회사법적 사안을 넘은 경쟁법의 규율대상으로서의 성격을 갖게 된다. 미국의 지주회사 규제와 독점금지법의 집행에 관한 분석은 별도의 절에서 다루기도 한다.

[표] 지주회사 지배구조의 장·단점 비교

순기능	폐단
개별회사의 독립경영 강화	총수 일가에 의한 지배권 공고화 및 경영권 승계
기업집단의 책임성 및 투명성 제고	선단식 지배구조로 인한 과도한 경제력 집중 우려
위험의 분산과 차단	독점의 유발로 인한 경쟁제한의 우려
터널링 차단으로 인한 지주회사 소수주주 권익 보호	자회사 소수주주의 권익침해 및 지배주주의 사익편취 가능성

지주회사 체제는 지배주주가 지주회사에 전념하고, 지주회사는 자회사의 지분율을 높게 유지하면서 자회사의 독립성과 업종전문화를 추구하는 경우에는 지주회사 체제의 장점이 극대화될 수 있는 반면에, 이런 조건의 일부라도 충족되지 않을 경우 부작용이 나타날 수 있는 지배구조라 할 수 있다. 수직적 다단계 구조인 지주회사 체제의 장점은 출자방식의 방사형 기업집단에 대한 비교우위에서 발생하는 반

은 침해되는 '자사주의 마법'을 누리려는 편법적 조치라는 비판이 제기된 바 있었다.

면에, 지주회사와 자회사 간의 수직적 지배관계에서 여러 폐단이 발생한다. 즉 지주회사의 장점은 단점의 원인이기도 하다. 이런 특징들로 인해 지주회사에 대한 제도적 접근은 회사법 내지 소송법, 경쟁법, 대기업집단 규제법 등 다각적인 차원에서 시도되어 왔던 것이다.

3. 법적 이슈의 분포와 접근의 유형

지주회사에 대해 주요국이 취해 온 제도적 접근법은 기업지배 구조로서의 지주회사의 설립행위에 대해 직접적인 규제를 부과하지도, 설립 및 전환을 유도하는 친화적 정책을 취하지도 않는 자유주의적 입장이라 할 수 있다. 단 지주회사로 인해 발생하는 외부효과에 대해서는 어느 나라에서든 엄중한 기준에 따라 규율하여 왔고 그 결과 회사법, 증권거래법, 소송법, 그리고 경쟁법적 차원에서의 다각적인 접근이 가능하며 그에 따른 법 적용 및 제재의 사례들이 축적되어 있다.

회사법적 사안으로서의 지주회사는 소액주주와 채권자 이익침해 가능성과 지주회사에 의한 자회사 이익침해 문제, 그리고 지주회사나 자회사로부터 지주회사 지배주주로의 터널링 문제 등은 일차적으로 회사법 및 소송법적 통제수단의 적용대상이 되는 행위이기도 하다. 단 이들 문제는 지주회사 체제하에서만 발생하는 것은 아니므로 이를 규제하기 위한 별도의 규범을 마련하지 않더라도 전통적인 회사법의 적용 범주 내에서 규율이 가능하다.

지주회사로 인한 독과점 등 경쟁제한의 문제도 일단은 전형적인 경쟁법적 관심과 규율의 대상이 되므로 동법의 적용을 받게 된다. 관련 사례는 미국이나 독일, 일본 등 대부분의 나라에서 찾아볼 수 있다.

지주회사의 폐단 가운데 지배권의 공고화 및 경제력의 일반집중 심화의 문제는 국민경제 차원에서의 경제력 집중으로 귀결된다. 이에 따라 경제력 집중에 대한 별도의 입법체계를 독립적으로 마련하여 규제의 근거로 활용할 수 있다. 우리나라나 이스라엘의 접근법이 그러하다. 한편 산업 및 경제의 분야별로 지주회사에 특유한 사안들을 규제하기 위한 별도의 지주회사 규제입법도 찾아볼 수 있다. 공익산업 지주회사법이나 금융지주회사법의 경우가 그러하며, 한국이나 미국 등 주요국에서 입법례를 찾아볼 수 있다.

한편 지주회사는 조세법적 사안으로서도 중요한 의미를 지닌다. 기업집단 입장에서 지주회사로 전환할 고려해 볼 만한 인센티브의 대표적인 것이 조세법적 유인이다. 즉 익금불산입을 통한 지주회사-자회사 사이의 이중과세 회피가 가능하며, 최근에는 상속세 부담을 우회하여 특수관계인 중심의 지배구조 내지 소유구조를 유지하는 데에도 지주회사 방식의 비교우위가 확인되는 상황이다.

이상에 비추어 볼 때 지주회사 규제체계는 지주회사 자체를 대상으로 한 직접적 규제와 일반 규범을 통한 지주회사의 간접적 규제로 나눌 수 있고, 전자는 경제력 집중 규제 입법을 통한 규제와 지주회사 특유의 규제, 후자는 경쟁법적 규제, 회사법적 규제 등으로 나누어 볼 수 있다.

한국의 경우 대기업집단 정책 측면과 회사법적 측면의 규제를 공정거래법에서 담당하는 점에서 특징적이라 할 만하지만, 회사법적 측면은 전통적인 회사법의 규제 취지와는 다른 기능을 수행하고 있는 반면 전통적인 경쟁법적 규제 사례는 나타나지 않는 차이가 있다.

[표] 지주회사 규제의 유형

규제 유형		미국	독일	일본	영국	이스라엘
직접적 규제	경제력 집중 규제 (사전규제)	× 19세기 후반 셔먼법, 은행지주회사법, 공익사업지주회사법의 입법과정에서 고려	×	× 구 독점금지법에서 규제	×	○ 경제력 집중 억제법에서 직접 규정
	특별법적 규제	○ 금융지주회사법(금산분리 규제) 공익사업지주회사법(지주회사, 자회사, 손자회사 보유 금지)	×	×	×	×
간접적 규제	경쟁법적 규제	○ 셔먼법, 클레이튼법(독과점 및 기업결합 규제 중심)	○ 경쟁제한금지법을 통해 독과점 및 기업결합 규제	○ 독점금지법을 통해 사업지배력 및 기업결합 규제	○ 경쟁법을 통해 기업결합 규제	○ 제한적거래관행금지법을 통해 독과점 및 기업결합 규제
	회사법적 규제	○	○ 콘체른에 대한 규제	○	○	○

III. 한국에서의 지주회사 체제의 전개와 현황

1. 당초의 예상과 이후의 추이

지주회사의 설립 허용방안이 논의되던 1999년 당시 정부(공정거래위원회)는 지주회사 설립·전환을 허용하더라도 우려할 만한 부작용은 발생하지 않을 것으로 추측하였다. 그리 보았던 이유는 지주회사와 자회사 등에 대해 강력한 행위규제가 가해질 것이고, 따라서 지주회사를 통한 계열회사를 지배가 용이하지 않으므로 지주회사 전환 유인이 크지 않을 것으로 판단되었으며, 무엇보다 지주회사 전환 시 모자회사에 대한 중복과세로 인한 세금 부담이 상당할 것으로 보았기 때문이었다. 즉 기업집단들은 기존 출자방식의 지배구조를 선호하고, 지주회사로 전환하는 경우는 흔치 않을 것이라는 게 당시의 예상이었다.

하지만, 이런 예상과 달리 2001년 공정거래법에 따른 지주회사가 처음 등장한 이후 지주회사의 수는 지속적으로 증가하였다. 지주회사 설립·전환이 활성화되지 않을 것으로 예상하게 만든 난관들, 즉 공정거래법 및 세법에 따른 규제 부담이 법개정을 통해 지속적으로 제거 또는 감소되었기 때문이다.

그렇게 보자면 제도 도입 초기에 지주회사 규제에 관한 예측과 진단은 정확했던 셈이고, 그 진단에 따라 인센티브 부여를 위한 정확한 타깃을 설정하여 규제완화가 추진됨으로써 기업집단의 반응을 효과적으로 이끌어 내었던 것으로 평가할 수 있다.

공정거래법상 최초의 지주회사는 2001년에 설립된 (주)LG였으며, 이후 2003년에 지주회사 체제로의 전환이 완성되면서 지주회사 체제의 기업집단이 출현하기 시작하였다. 그 이전에도 금호기업집단이 1972년 10월에 종합무역상사를 지주회사로 전환한 금호실업이었으나, 사업지주회사의 형태였고 자회사 등 소속회사들에 대한 사업내용의 지배 역할은 제한적이어서 이 사례의 제도론적 의미는 크지 않은 것으로 평가할 수 있다.

이 점에서 공정거래법상 지주회사 설립 허용 조치가 있은 이후로 조망 범위를 좁힐 필요가 있는데, 제도 초기에는 강력한 행위규제가 시행되고 있었으므로 지주회사 설립이 활발하지 않아서, 2001년 5개를 기점으로 2007년까지 매년 2~5개 정도의 지주회사가 설립되는데 그쳤다. 하지만 규제완화가 본격적으로 시행된 2007년 이후로는

2017까지 연간 10개 안팎으로 증가하였고, 2017년에는 26개의 지주회사가 설립·전환되는 급증세를 보였다. 이후, 설립요건이 상향되고 행위규제가 강화된 2018년 이후로는 증감의 폭이 크지 않은 채 170개 정도로 전체 지주회사의 수, 즉 일반지주회사와 금융지주회사의 합이 유지되는 상황이다.[13] 다만 금융지주회사는 10개 안팎으로 큰 변화가 없는 가운데, 일반지주회사의 수의 변동 폭이 상대적으로 큰 양상을 보이고 있다.

2. 규제의 효과 및 함의

한편 행위규제의 효과는 비교적 가시적으로 나타났다. 2023년을 기준으로 할 때, 지주회사 평균 자산총액은 2조 9,107억 원(법상 기준은 5천억 원)이며, 일반지주회사의 자회사와 손자회사 평균 지분율은 각각 69.0%, 83.3%로 법적 기준인(상장회사 30%, 비상장회사 50%) 요건을 상회하고 있다. 지주회사의 평균 부채비율도 200% 규제 기준보다 크게 낮은 43.2%에 그치고 있다. 요컨대, 지주회사 제도가 정착된 이래

13 지주회사 수는 2017년 9월 기준 193개를 정점으로 하여 2019년 173개, 2020년 167개, 2021년 164개, 2022년 168개, 2023년 174개 등으로 감소한 이후 170개 안팎에서 유지되고 있다.

[표] 2013~2023년 연도별 지주회사 수의 추이

구 분	´13	´14	´15	´16	´17	´18	´19	´20	´21	´22	´23
일반지주회사	114	117	130	152	183	164	163	157	154	158	164
대기업집단	30	30	29	19	39	34	37	41	44	47	58
금융지주회사	13	15	10	10	10	9	10	10	10	10	10
대기업집단	2	1	1	1	2	3	2	2	2	1	1
합계	127	132	140	162	193	173	173	167	164	168	174
대기업집단	32	31	30	20	41	37	39	43	46	48	59

지주회사 중심의 기업집단들도 제도 환경에 적응하면서 양적·질적인 성장을 해 온 것으로 평가할 수 있다.

반면에, 지주회사의 수뿐만 아니라 자회사와 손자·증손회사의 수도 초기에 비해 크게 증가하였다. 특히 최근에는 지주회사가 직접 출자부담을 져야 하는 자회사보다는 손자회사의 수가 집중적으로 확대되는 양상이 나타나고 있다. 지주회사 체제를 통한 지배력 확장의 가능성이 현실화된 것인지를 중심으로 이 같은 현상의 의미를 살펴볼 필요가 있다.

지주회사 수를 급증하게 만든 원인은 제도와 현실의 두 측면에서 규명해 볼 수 있다.

먼저 제도적 측면에서는 의심할 바 없이 공정거래법상 설립 및 행위규제가 지속적으로 완화된 점을 꼽을 수 있다. 이에 더하여 법인세법상 익금불산입,[14] 조세특례제한법상 과세이연[15] 등 과세부담이 경

---

14 지주회사가 자회사로부터 받은 수입배당금의 일정 비율(일반법인에 비해 고율 인정)을 익금에 불산입하도록 하여 법인세 감경 혜택을 부여하는 것을 내용으로 한다(법인세법 제18의2).

[표] 일반법인/지주회사 익금불산입률 비교

일반법인(법인세법 제18조의3)			지주회사(법인세법 제18조의2)		
보유지분율		익금불산입률	보유지분율		익금불산입률
상장법인	비상장법인		상장법인	비상장법인	
100%	100%	100%	40% 초과	80% 초과	100%
30% 초과	50% 초과	50%			
30% 이하	50% 이하	30%	20% 이상 40% 이하	40% 이상 80% 이하	80%

단, 2022년 12월 31일 법인세법 개정으로 기업형태 구분 없이 지분율에 따라 불산입률을 단순화(100%, 80%, 30%)하였는데, 이 과정에서 일부 지주회사들은 오히려 익금불산입률이 낮아지는 경우가 발생함에 따라 지주회사에 한해 4년간 적용을 유예하는 조치가 취해졌다.

15 기업집단이 지주회사 체제로 지배구조를 전환할 때 발생하는 주식 양도 차익에 대한 세금 납부를 매각이나 상속 등 처분 때까지 유예하여 왔다(조세특례제한법 제38의2). 단 지난 2001년에 한시법으로 도입한 이래 3년의 일몰 시점마다 반복해서 연장해 왔으며, 종전법의 일몰 시

감된 점도 강력한 유인책으로 작용하였다. 지주회사 체제로 전환한 기업집단들이 지주회사 전환에서 결정적인 인센티브의 하나로 꼽는 부분이기도 하다. 이 외에도 기업활력촉진법상 특례규정을 통해 공정거래법상 지주회사 규제의 유예가 부여되기도 하였으나 공정거래법 자체의 규제 유예와의 차이가 크지 않아서 규제완화 인센티브로서 큰 기여는 하지 못하였다.

지주회사 체제의 증가 원인으로 주목해 보아야 할 부분은 오히려 현실적 측면이라 할 수 있다. 즉 지주회사의 전환 과정에서 동일인 중심의 지배 체제가 강화되거나 경영권 승계가 유용해지는 효과가 확인된 점이 기업집단이나 특수관계인들에게 상당한 동기를 부여한 측면이 있다.[16] 이런 현실은 최초의 지주회사 전환 사례로부터 최근까지도 줄곧 확인되고 있다.[17]

그 효과는 복층적 방편들을 통해 실현되는 것으로 보인다. 우선 종전의 주력 회사를 지주회사와 사업회사로 인적분할한 후 지배주주가 갖게 된 사업회사 지분을 지주사에 현물출자하는 방식이 자주 활용된

점은 2023년 12월 31일이다.

16 실제로 지배주주 내지 동일인, 동일인 관련자들이 기업집단에 대한 지배력을 강화하기 위한 수단으로 지주회사 제도가 활용되었다는 평가들이 내려진다. 이봉의, 『공정거래법』, 박영사, 2021, 592면; 박진우·이민교, 「중견기업의 인적분할을 통한 지주회사 전환」, 『한국증권학회지』, 제48권 제1호, 2019. 2. 등 참조.

17 2003년 (주)LG의 지주회사 전환 시점에도 이런 방식이 활용되었다. 당시 LG화학은 LGCI, LG화학, LG생활건강으로 인적분할되고, LG전자는 LGEI, LG전자로 인적분할되었으며, LGCI는 LG화학과 LG생활건강의 지분을 취득한 후 LGEI가 LG전자 지분을 취득하는 방식으로 이뤄졌다. 이 과정에서 주식교환에 의한 공개매수 방법을 활용하여 자회사에 대한 보유 지분율을 높이고 경영권을 강화하는 효과가 발생하였다. 이 사례를 분석한 문헌으로는 김주영·이은정, 「대규모기업집단의 지주회사 전환 사례」, 『지주회사와 법』(상), 노혁준 편, 소화, 2023, 220면 이하 참조.

다.[18] 이 과정에서 종전에 행사할 수 없었던 자사주에 의결권이 다시 살아나는 소위, '자사주 마법' 효과가 발생하는데, 이를 통해 지배주주(동일인)나 그 특수관계인들은 추가 자금동원 없이도 지주회사의 지분이 증가하는 결과를 누릴 수 있다. 그에 따라 기업집단 전반에 대한 지배력이 강화되고 경영권의 승계도 가능해지고 있다.

이상에서 살펴보았듯이 지주회사 제도는 대기업집단에 의한 경제력 집중 억제 제도의 일환이면서도 상대적으로는 규모의(중견) 기업집단도 규제대상에 포함되어 있으며, 그럼에도 출자방식의 기업집단에 대해 적용되지 않는 강력한 규제가 작동한다는 특징이 있다. 논리상으로는 지주회사 제체의 기업집단은 출자방식의 기업집단에 못지않게, 혹은 보다 심각하게 경제력 집중을 유발하는 요인으로 본다는 의미가 된다. 하지만 현실적으로는 지난 20여 년간 지주회사 제체가 선진적 지배구조로 여겨지면서 우호적인 정책기조가 장기간 지속되었고, 그 결과 기업집단들이 지주회사로 대거 전환되는 일이 발생하였다.

그리고 최근 들어서는 지주회사로 인한 경제력 집중의 폐단이 다시 주목받고 있는 상황이다. 공정거래법의 규율을 받는 지주회사 체제는 복잡한 순환출자 기업집단 체제에 비해 비교우위(second-best option)를 갖는다는 것이 그간의 평가였으나 이런 평가가 여전히 유효하다고 보기는 어려워졌다.

그렇다면, 한국의 기업집단 규제 속에서 지주회사에 대한 기대와

---

18 강희철·김경연, 「지주회사의 설립 및 전환방식의 개관」, 『지주회사와 법』(상), 노혁준 편, 소화, 2023, 190면 이하 참조.

우려는 어디에서 오는지를 살펴볼 필요가 있다.

3. 지주회사의 일반적 운영 실태와 수익구조

(1) 주요국의 지주회사 운영 실태

기업집단이 지주회사 방식을 채택하는 이유는 여러 가지다. 미국의 경우에 비춰 보면 해외 사업을 총괄하기 위한 다국적 기업으로서 지주회사 체제가 필요한 경우(IBM 등), 브랜드의 통합관리 및 유지를 위해 지주회사 체제를 활용하는 경우(필립모리스, RJR 나비스코 등), 유통소매기업이 지역밀착을 위해 각 지역에 자회사를 두면서 지주회사의 관리를 받도록 하는 경우(FSI 등), 프랜차이즈 방식으로 사업의 통합관리를 용이하게 하려는 경우(Merriot 등), 기업가치의 극대화를 위한 전략으로 지주회사 체제를 활용하는 경우(US Steel 등) 등 다양한 이유로 지주회사의 설립 및 전환이 이루어지고 있다. 그리고 이들 지주회사들의 운용 실태와 관련해서는 공통적으로 발견되는 몇 가지 특징이 있다.

첫째, 사업지주회사(operating holding company) 형태가 많다는 점을 들 수 있다. 지주회사 체제를 선택하는 이유의 하나가 구조조정이 용이하기 때문인데, M&A 시장 등 구조조정이 활성화되어 있는 환경에서는 사업부 단위로 기업을 분리하여 매각하는 데 큰 어려움이 없으므로 굳이 순수지주회사(pure holding company) 형식을 채택해야 할 필요성을 크지 않기 때문이다. 사업지주회사 형태를 취할 경우 지주회사들은 자체적인 수입원을 절대적 비중으로 보유할 수 있게 되므로 배당수익 등 자회사로부터 수취하는 수입의 비중은 적게 나타난다.

재무제표 상으로는 지주회사의 수익구조에서 자회사의 배당수익 이외에 사업소득이 상당 부분을 차지하게 된다.

둘째, 지주회사의 자회사 주식보유비율이 80~100%의 완전자회사에 가까운 형태가 대부분이라는 점이다. 소수주주권 등 기업 관련 제도의 발전에 따라 소 제기 성향이 강한 풍토하에서는 법적 분쟁의 발생 소지를 사전에 차단하려면 단순한 지분구조가 유리한데, 이런 풍토가 강한 미국 등지에서는 그와 같은 이유로 지주회사가 자회사에 대해 절대적인 지분을 확보하는 성향이 나타나고 있다. 자회사 지분을 100% 가까이 보유하고 있기 때문에 자회사로부터의 사익편취나 터널링, 사업기회 유용을 통하여 수입원을 부당하게 창출하려는 유인은 적다.

셋째, 지주회사의 수직적 단계도 단순해서 자회사가 손자회사를 보유하는 경우도 많지 않으며 대부분 2단계에 그치고 있다. 단 해외투자 또는 조세감면 목적에서 '지주회사→중간지주회사→자회사(손자회사)'의 출자구조를 갖는 경우들을 찾아볼 수 있다.

(2) 지주회사의 수익원

지주회사의 주된 사업은 순수지주회사이든 사업지주회사이든 자회사의 사업을 지배하는 것이므로 수익도 i> 자회사로부터의 이익 배분이나 배당(지분에 따른 배당이나 이자를 지급하기로 되어 있는 주식 및 채권의 배분을 포함함)을 통해 창출되는 것이 일반적이다. 이 외에 배당 외의 수익(이하 '배당 외 수익'이라 함)도 발생할 수 있는데, 예를 들면 ii> 자회사에 대해 회계처리 등 지엽적인 서비스를 제공하고 그 대가를 지급받는다거나, iii> 주식 등 자산의 매입 및 매각에 따른 차익이 발생하는 경우가 있으며, iv> 그 밖에 지주회사가 고유의 사업을 수행하는 경우에는 그 영업이익 등으로부터 수익을 창출하기도 한다.

순수지주회사의 경우 i>부터 iii>까지 수익의 비중이 높은 데 비하여, 사업지주회사는 iv>의 수익 비중이 상대적으로 높게 나타나는 차이가 있다. 단, 사업지주회사의 경우도 비록 재무제표상으로는 배당 외 수익의 비중이 높지만 자회사로부터 취득하는 배당금이 수익의 주를 이루는 경우가 대부분이다.

(3) 국내의 지주회사 지배구조 및 수익구조의 특징

1) 지배구조 측면

먼저 지주회사의 지배구조에서 동일인과 그 친족의 비중이 상대적으로 높은 반면에, 자회사 등에 대한 지분비율은 낮은 양상이 나타난다. 국내 기업집단들은 그간 동일인이 최상단 회사를 지배하고 그 회사가 다른 계열회사들과 순환출자를 통해 지배력을 확보하는 구조를 형성해 왔다. 지주회사 체제의 기업집단의 경우도 동일인이 지주회사의 지배주주 지위를 확보하고 그 지주회사가 자회사, 자회사가 손자회사의 지배력을 갖는 방식으로 기업집단 전체의 지배력이 동일인으로 수렴되는 과정을 거친다. 그런데 지주회사 체제에서는 동일인이 자회사나 손자회사의 지분을 굳이 확보할 필요가 없으므로 대개는 동일인의 지주회사 지분이 상대적으로 높은 반면에 자회사 등 계열회사 지분은 낮게 형성되는 경향이 나타난다. 국내 지주회사도 다르지 않아서 동일인·친족 지분은 상장사 평균보다 4~5배가량 높은 반면에 계열회사 지분은 상장사 평균의 1/4~1/5 수준에 머물러 있다. 지주회사에 대한 지분율도 평균 25% 안팎으로 절대적이지 않다. 다만 친족과 합산한 지분은 50%에 가까운 수준으로 형성되어 있다.[19] 최상단 회사의 지분만 놓고 보면 일반적인 기업집단에 비해 지분이 높게 유지되는 셈인데, 지주회사로 전환하는 과정에서 종전의 사업부문을 인적분할하여 독립시킨 후 현물출자함으로써 지주회사에 대한 지배주주의 지분율이 높아진 점도 이에 영향을 미친 것으로 추정된다. 요컨대 한국의 지주회사 체제는 동일인이 기업집단 전체에 대한 지배력을 확보하기에 용이한 환경이라고 볼 수 있다.

한편, 법상 지주회사의 종속회사들이 수직적으로 연장될 가능성을 차단하기 위해 공정거래법은 지주회사의 직계비속 회사를 증손회사까지만 인정하고 있다. 즉 지주회사 체제의 수직적 확장의 범위는 지주회사-자회사-손자회사-증손회사까지이다. 이 가운데 한국의 지주회사 체제에서는 자회사 외에 손자회사의 수가 많은 점이 특징이다. 지배주주 즉 동일인의 자산이 투입되지 않아도 된다는 점에서 자회사보다는 손자회사의 수를 늘리는 방식으로 기업집단의 외연을 확장시켜 온 것으로 볼 수 있다.

2) 수익구조 측면

한국의 지주회사들은 수익구조에 있어서 '배당 외 수익'의 비중이 큰 특징을 보이고 있다. 지주회사들이 소속회사들로부터 수취하는 배당

19 예를 들어, 2021년의 경우 전환집단 소속 일반지주회사(27개 집단, 32개 지주회사)에 대한 총수 및 총수 일가(총수 포함) 평균 지분율이 각각 26.0%와 50.1%로 집계된 바 있다.

외 수익은 부동산 임대료, 브랜드(상표권) 수수료, 컨설팅 수수료 등이다.

지주회사의 80% 이상이 배당 외 수익을 수취하고 있으며, 지주회사들의 매출액 대비 배당수익의 비중은 50% 이상인 것으로 집계된다. 특히 지주회사 체제의 매출액이 기업집단 전체에서 50% 이상을 차지하는 전환지주회사의 경우 매출액에서 배당 외 수익이 배당수익보다 높은 비중을 차지하고 있다. 배당수익이 90% 이상인 지주회사는 대부분 대기업집단 외의 중견 또는 소규모 지주회사이고, 규모가 큰 지주회사 체제의 기업집단일수록 배당 외 수익이 높은 경향성이 나타난다.

배당 외 수익의 비중이 높은 이유는 쉽게 추측할 수 있다. 우선 배당수익 자회사의 배당수익은 변동성이 크기 때문에, 지주회사의 안정적인 수익 확보를 위해 배당 외 수익을 확대하려는 유인이 발생한다. 자회사의 주식 보유비율이 절대적이지 않은 국내 지주회사들의 경우는 배당금을 높게 책정하더라도 그 수익이 지배주주에게 귀속되는 비중은 크지 않다. 따라서 배당수익보다는 배당 외 수익에 좀 더 관심을 둘 가능성이 커진다. 지주회사의 배당 외 수익의 비중이 높을수록 자회사의 평균지분율이 낮은 음의 상관관계가 존재하는 점이 이를 반증한다. 즉 배당 외 수익의 비중이 높은 지주회사일수록 자회사 지분율이 낮은 것이 국내 지주회사 체제의 기업집단에서 나타나는 현상이다. 반대로 자회사의 비율이 높다면 배당 외 수익의 비중도 낮아질 수 있다는 논리가 성립된다.

한편 배당 외 수익(브랜드 수수료, 부동산 임대료, 컨설팅 수수료) 관련 거래는 대부분 수의계약 방식으로 계약 체결되며, 대규모 내부거래 공시대상에 해당하지 않는 경우(50억 원 미만)가 많아서 이사회의결이나 주주총회 결의를 거치지 않는 경우가 대부분이다. 이 점에서 사익편취의 발생 가능성에 대한 우려가 제기될 수 있다. 요컨대 자회사 비중을 높여야 배당 외 수익의 비중이 낮아지고, 배당 외 수익의 불투명한 거래도 감소할 것으로 기대할 수 있으며, 이런 기대가 곧 지난 2020년 12월의 법 개정을 통해 자회사 지분비율을 종전의 기준대로 10%씩 상향조정한 이유가 되었다. 이 밖에 지주회사 전환집단 소속 지주회사의 경우 자·손자·증손 등 소속회사들과의 내부거래 비중이 높은 반면에 체제 밖 계열회사와의 내부거래 비중은 낮은 성향이 나타나기도 한다.

이상을 종합하여 주요국의 지주회사 운영 실태를 정리하면 아래 표와 같이 요약된다.

[표] 주요국의 지주회사 운영 실태 비교

구분	미국	독일	일본	영국	한국
기업집단 형태	기업집단을 형성하는 경우에는 출자보다는 지주회사 방식이 일반적(전체적으로는 기업집단 방식보다는 사업부제를 통한 독립기업 형태가 일반적)	기업집단은 콘체른 형태가 일반적	출자 방식의 기업집단과 지주회사 체제가 공존	기업집단을 형성하는 경우에는 출자 보다는 지주회사 방식이 일반적	출자 형태와 지주회사 형태가 유사한 수준으로 기업집단을 형성
지주회사 형태	사업지주회사가 일반적(공익사업 및 금융지주회사는 순수지주회사 형태)	사업지주회사 또는 순수지주회사 형태로 운영	사업지주회사가 일반적	순수지주회사가 일반적	순수지주회사가 일반적
지주회사의 자회사 지분	대부분 100% 지분 보유	대부분 100% 지분 보유	50~100% 등 다양하나 상당수가 100% 지분 보유	대부분 100% 지분 보유	상장회사 30%, 비상장회사 50% 이상 최소 지분비율 규제가 존재하나 현실적으로는 규제보다 높은 지분율을 보유
연결납세 제도	도입	도입	도입	도입	도입

IV. 지주회사 규제의 평가와 과제

1. 제도의 복합성과 수범자의 법적 안정성

지주회사 규제는 단일 기조 속에 운용되어 왔다기보다는 한국의 기업현실과 관련 현안에 있어서 일종의 고차방정식을 푸는 해법으로 작동해 왔다. 말하자면 기업구조조정의 촉진, 지배구조의 투명성 제고, 경제력 집중의 억제 정책의 수단으로 지주회사 제도가 활용되었으며, 2020년 법 개정 시에는 벤처 활성화라는 생경한 정책목표까지 추가되었다. 기업집단 정책 가운데 정책 수요들이 다양하고도 이질적인 양상으로 포진되고 실현되어 온 규제였다.

그 결과 기업집단규제 내의 상충 소지도 드러나고 있다. 예컨대 대기업집단 규제와 혁신성장 내지 중소벤처기업 활성화 정책은 각각의 이질성으로 인해 어느 하나를 추구하면 다른 하나가 위축되는 상충 현상이 발생할 가능성이 크다. 그 점에서 보자면 지주회사 규제와 관련해서는 공정거래법을 위시하여 조세법, 기활법 등 유관 법제 간의 정합성 제고가 가능한지에 대해 근본적 의문이 제기될 수 있다. 그럼에도 수범자 입장에서의 예측 가능성 및 법적 안정성 저하에 대한 고민은 규제의 운영과정에서 지속적으로 필요해 보인다.

2. 관련 규제 간의 균형

(1) 출자형 대기업집단 규제와의 균형

기업집단 중에는 계열회사가 지주회사 체제 내에만 소속된 경우, 지주회사 체제 안팎에 고루 존재하는 경우, 지주회사가 다수 존재하는 경우, 지주회사 체제를 도입하지 않고 순환출자 방식으로만 결성된 경우 등 다양한 형태가 존재할 수 있다. 상호출자제한기업집단은 물론이고 공시대상기업집단에서 지주회사를 보유한 경우에 공정거래법상 지주회사 규제대상이 아닌 경우는 찾기 어려운 반면에, 지주회사 규제대상이기는 하지만 공시대상기업집단의 규모에는 이르지 못한 경우는 다수 있을 수 있다. 이 가운데, 지주회사에는 자회사 지분, 부채비율, 금산분리 원칙 등 출자방식의 일반 기업집단에는 적용되지 않는 규제가 작동한다. 예컨대 금산분리 원칙에 따라 일반지주회사의 금융사 보유 및 금융지주회사의 비금융사 보유가 금지되며, CVC의 경우도 일반 기업집단이 CVC를 보유하는 것보다는 지주회사가 CVC를 보유하는 것이 훨씬 더 어렵다. 일반 기업집단에는 적용되지 않는 지주회사 규제 때문이다.

요컨대 지주회사 체제와 일반 기업집단 사이에 전반적인 규제 차이가 발생한다. 입법의 외형만 놓고 보면 경제력 집중 측면에서 지주회사 체제의 폐단이 일반 대기업집단에 비해 보다 심화될 수 있다는 점이 전제가 되어야 하는데, 그 근거 내지 타당성은 경험적으로나 경제적으로 명확히 규명되어 있지 않은 상태이다.

(2) 중견기업집단에 대한 규제의 적정성

현행법은 규제대상 기업집단의 판단 지표로 자산총액을 채용하면서 그 기준으로 기업집단 전체의 자산총액을 기준으로 하는 경우와 최상단 회사인 지주회사의 자산규모를 기준으로 하는 경우의 이원적 구도를 제시하고 있다. 지주회사 체제 기업집단의 경우는 후자에 해당하는데 그 결과 지주회사 규제대상 기업집단은 상호출자제한기업집단은 물론이고 공시대상기업집단보다 넓어서 중견기업집단도 이에 상당수 포함될 수 있다.

한편 규제 간 균형이나 정합성도 문제이다. 현행법상 지주회사 규제의 적용대상과 사익편취 규제의 적용대상이 일치하지는 않는다. 그 결과 가령 지주회사 체제를 도입했지만 공시대상대기업집단에는 속하지 않은 경우에는 제47조 사익편취 규제의 대상이 아님에도 불구하고 CVC와 관련해서는 사전규제의 대상으로 포섭될 수 있다. 그렇다면 사익편취 규제의 대상이 아닌 기업집단에 대해 사익편취를 우려한 사전규제를 계속 적용할 것인지를 고려해야 한다. 정책적 필요와는 별개로 논리적 측면에서 보자면 공시집단에 해당하지 않는 지주회사 CVC에 대해서는 규제의 예외를 인정할 만한 여지가 있다.

(3) 지주회사가 대주주의 지배력 강화 수단으로 활용되는 측면에 대한 고려

현재와 같이 지주회사 제도가 기업집단의 지배구조의 강화 수단으로 활용되는 상황을 어떻게 볼 것인지도 규제론적 관점에서 검토할 필요가 있다. 대주주의 입장에서 추가 자금동원 없이 지배력을 강화할 수 있다는 점에서 합리적인 선택일 수 있지만 소수주주의 권익침해 가능성뿐만 아니라 경제력(기업집단에 대한 소유·지배력) 집중을 유발할 우려가 있다면 규제론적 관점에서 이런 현상을 재평가하는 것이 요구된다.

그간의 정책기조에 비춰 보면, 이 정도의 지배구조 강화 수단에 대해서는 그간 매우 엄격한 규제가 신설되거나 작동해 왔는데, 그에 비해 지주회사에 대해서는 별다른 제도적 조치가 강구되지 않은 상황이다. 규제의 불가피성과 더불어 형평성과 균형 차원에서의 분석이 뒤따라야 할 부분이다.

3. 규제 간의 정합성 및 변화에 따른 예측 가능성 문제

(1) 지주회사에 대한 사전규제와 공정거래법상 사후규제의 관계

최근 개편된 사전규제의 내용들은 주로 사후규제대상이 되는 일감몰아주기 및 사익편취의 가능성을 사전에 차단하려는 데 맞춰져 있다. 예컨대 2020년 법 개정에 따라 강화된 지주회사 자회사 주식 보유비율 제한(제18조 제2항 제1호) 조치나, 새로 신설된 지주회사 보유 CVC에 대한 설립, 행위, 투자자금 회사 제한(제20조) 규정은 동일인과 그 일가에 의한 사익편취의 가능성을 차단하기 위한 목적에서 도입된 측면이 강하다. 요컨대 일단 행위 자체는 허용하되 사후적으로 사익편취가 발생할 경우 법 제47조를 적용하는 방식이 아니라, 제47조의 대상이 되는 사익편취 요인을 사전에 차단하는 방식을 취한 것으로 볼 수 있다.

그렇다면 사후규제 수단이 존재하는 상황에서 사후규제대상행위의 발생 가능성을 차단하기 위해 사전규제를 강화한 조치는 불가피한지, 지주회사 집단에서 발생하는 사익편취는 사전규제 수단을 동원해야 할 만큼 훨씬 위험한 것인지에 대한 규명이 선행될 필요가 있다.

규제의 정당성과 지속가능성을 위해서는 사후규제대상행위들의 발생 가능성이 높아졌다는 점 때문에 사전규제를 강화하거나 신설하는 것에는 신중할 필요가 있으며, 사후규제만으로 근본적 해결이 어려워지는 단계에 도달하기 전까지는 일단은 사후규제 수단 중심으로 정책을 집행하는 것이 바람직한 방향일 것이다. 단 사후규제의 기준을 합리화하는 노력은 병행되어야 할 것임은 물론이다.

(2) 규제기조에 대한 예측 가능성 문제

지난 2020년 공정거래법 전부개정을 둘러싸고 가장 첨예한 의견 대립이 있었던 부분의 하나가 곧 지주회사의 자회사 주식 보유비율의 상향 조치였다. 신규 설립·전환된 지주회사이거나, 기존 지주회사가 자·손자회사를 신규·편입하는 경우에만 제한적으로 규제의 강화가 이루어졌고 그나마도 종전에도 행해진 규제 수준, 즉 30%, 50% 기준은 1999년부터 2007년까지 적용되었던 기준이다. 이 점에서 규제의 회귀 내지 복원 조치로 볼 수 있다. 종래의 정책기조에 대한 회귀를 상징하는 징표이자 이 제도의 중단기 정책수단적 성격을 보여 주는 사례로서 법 개정 전후로 감지된 사익편취의 징후들(자회사로부터의 배당 외 수익이 증가하는 현상)이 기준의 회귀에 일종의 정당성을 부여한 측면이 있다.

단, 이 규정과 관련하여 빚어졌던 논란은 기억할 필요가 있다. 이제까지 지속적으로 완화되어 온 규제가 방향의 전환이 아닌 종전으로의 선회 내지 회귀였다는 점, 지주회사 설립 및 전환을 유도해 온 이제까지의 정부기조에 맞춰 지배구조를 준비해 온 기업집단들의 신뢰 보호 문제를 제기했다는 점을 고려한다면 좋은 선례로 보기 어려울 것이다. 이 부분 역시 사후규제 수단(법 제47조상의 사익편취 금지규정)이 존재하는 상황에서 사전규제를 강화해야만 하는 불가피성이 좀 더 설득될 필요는 있었다고 본다.

(3) 벤처지주회사에 대한 규제완화(법 제18조 제2항 제2호 및 제3호) 부분

CVC를 대체하기 위해 대폭 완화된 벤처지주회사 관련 규제가 CVC를 허용한 개정법률에서도 유지되었다. 현행법상 벤처지주회사는 일반지주회사와는 달리 비계열사 주식취득 제한이 폐지되어 비계열사 발행주식의 5% 이상 취득이 가능하다. 또한 벤처지주회사의 자회사 지분요건(상장·비상장 모두 20%)을 고려하면 적은 자금으로 다수의 벤처기업을 자회사로 둘 수 있게 된다.

하지만 벤처지주회사에 대한 규제완화 필요성은 CVC 도입으로 인해 반감된 측면이 있다. 벤처지주회사 규제완화와 일반지주회사의 CVC 보유허용이 동시에 실현되면서 수범자들의 관심이 후자에 집중되고 있다. 이처럼 제도적 효용이 낮은 가운데 벤처지주회사에 대한 특례규정이 지주회사 규제 전체의 정합성을 약화하는 요인으로 작용하고 있는 측면이 있다. 이 제도의 운용실태를 점검하여 실효성이 적은 것으로 판단될 경우에는 제도의 보완으로부터 폐지까지를 포함한

근본적인 방안들이 검토되어야 할 것이다.

4. 지주회사 체제의 기업집단에서 지주회사 소속 계열사의 사업내용을 지배하는 자를 누구(동일인 혹은 지주회사)로 볼 것인지의 문제

공정거래법상 동일인 개념은 법령에 명시적으로 규정되어 있지는 않다. 하지만 기업집단에 대한 정의규정(제2조 제2호)의 조합을 통해 충분히 추출될 수 있어서, '기업집단 소속회사의 사업내용을 사실상 지배하고 있는 자'가 곧 동일인이라고 보는 것이 학계와 실무계의 수렴된 이해이다. 이에 비해 지주회사의 개념은 법에 명시되어 있는데, 전술한 바와 같이 법 제2조 제7호에서는 이를 "주식(지분을 포함한다. 이하 같다)의 소유를 통하여 국내 회사의 사업내용을 지배하는 것을 주된 사업으로 하는 회사로서 자산총액이 대통령령으로 정하는 금액 이상인 회사"로 정의하고 있다.

이 두 개념에 공통적으로 포함된 표지가 곧 '사업내용에 대한 지배'이다. 단 동일인은 '사실상'이라는 요건이 추가됨으로써 형식이나 법적 근거 여부에 관계없이 지배상태로 포섭할 수 있는 여지를 둔다는 차이가 있기는 하다. 그럼에도 조문의 외형상으로는 지주회사의 종속회사의 사실상 지배하고 있는 자는 지주회사일 수도, 지주회사의 지배주주로서의 동일인일 수도 있는 중첩의 상태가 발생한다. 이 경우 지주회사 체제를 독립적인 기업집단으로 보고 지주회사인 법인을 동일인으로 보는 방안도 생각해 볼 수 있다. 지주회사 전환집단의 경우에 대해서도 마찬가지 고려가 가능할 것이다. 하지만 지주회사가 복수로 존재하거나 지주회사 체제 밖에 계열회사를 두고 있는 기업집단의 경우에는 다시 별도의 동일인을 지정하여야 하는 문제가 있으므로 모든 지주회사 체제 기업집단에 대해 법인 지주회사의 동일인 지정을 관철하기 어려운 한계가 있다. 현실적으로는 지주회사의 자회사나 손자회사의 사업내용도 지주회사의 최대주주가 지배하는 것으로 보는 것이 타당하다. 그렇다면 지주회사 체제의 동일인도 최상단 지주회사의 지배주주를 중심으로 지정하는 것이 합리적이며, 실무에도 부합하는 일일 것이다.

다만, 그럼에도 동일인 개념에 관한 강학상의 해석보다는 현행법상 지주회사 개념 정의규정이 혼선의 원인을 제공하고 있는 부분에 대해서는 입법적으로 명확성을 강화하는 방향으로 조정할 필요가 있다.

제2절 | 지주회사 규제에 대한 비교법 분석 – 미국의 지주회사 규제를 중심으로

I. 미국에서의 지주회사 및 관련 규제의 출현 배경

1. 경쟁 회피를 위한 다양한 기업연합체들의 등장

미국에서 지주회사는 경제발전의 중요 단계마다 중요 이슈이자 과제로 등장했던 기업지배구조이다. 주지하다시피 미국에서는 남북전

쟁 발발 이후 산업화가 급속도로 진행되었고 그 결과 전에 없던 대기업들이 대거 등장하였다. 이후 대기업들은 경쟁과 연대를 통해 발전을 거듭하였는데, 그중 1870년대 들어 불황에 따라 기업 간에 가격경쟁이 과열되면서 대기업을 중심으로 경쟁을 회피하기 위한 여러 시도들이 나타나게 되었다. 그런 경쟁회피 수단으로 이 무렵에 등장한 것이 기업 연합체들이었다.

당시 미국 내에서 가장 산업 규모가 크고 운임 경쟁이 심했던 분야가 철도 산업이었는데, 철도 사업자들은 소위 풀(pool) 방식의 기업연합 형태로 상호 연결되는 형태를 취하였다. 신사협정과 기업결합의 중간 형태라 할 수 있는 이 풀은 그 구성 기업들의 생산을 하나로 통합한 후 일정 비율에 따라 수익을 배분하는 방식으로 유지 및 운영되었다. 수익배분 이외에 소속기업들이 공동으로 가격책정, 생산할당, 시장분할 등을 수행키로 하는 내용의 카르텔과 유사한 협정을 체결하기도 하였는데 그 결과 풀에서 행해지는 관행들이 보통법에 따라 위법한 것으로 판명되는 경우도 발생하였다. 다만 풀은 참여기업 간의 결속력이 비교적 약한 연합체(loose combination)이기도 해서 참여기업들이 기회주의적인 태도를 견지함에 따라 협정파기가 빈번히 발생했다.

이에 따라 기업들은 풀보다 강력하면서도 독점적인 연합체(tight combination) 형태를 대안으로 모색하였는데 그 결과로 등장한 것이 트러스트(Trust)였다. 영국의 신탁제도에 기원을 둔 이 트러스트 체제하에서는 참여기업의 대주주가 자신 소유의 의결권 있는 주식을 수탁회사에 인도하고 그 대신 트러스트 증서(trust certification)을 교부받아 수익을 분배받도록 되어 있었다. 트러스트는 당시 미국 내 최대기업이었던 스탠다드오일(Standard Oil Co.)에 의해 1879년에 채택되면서 미국의 기업계 전반으로 확산되기에 이르렀다.

트러스트하에서 기업집단의 자본과 지배는 분리되고 수탁자는 경영에 대한 지배권을 보유하게 되어 참여하고 있는 시장에서 매우 강력한 지위를 점하게 된다. 반면에 산업 및 시장의 집중화로 인해 소비자의 이익은 크게 저하되었고 철도와 석유 트러스트 간의 제휴에 따라 노동자와 농민의 반감이 극대화되면서 미국 전반에 반트러스트 운동 및 입법의 원인을 제공하게 되었다. 이에 따라 트러스트에 의한 독점과 거래제한이 'common law'에 따라 금지되기 시작하였고, 1890년에 셔먼법이 제정되면서 트러스트는 규제의 핵심표적으로 지목되었다.

그 결과 스탠다드오일 트러스트(1892)와 에디스톤 강철(Addyston Pipe & Steel Co.) 트러스트(1898)가 위법으로서 금지되면서 트러스트는 크게 위축되었고 이를 대체하기 위한 새로운 형태의 기업연합으로서 지주회사가 주목을 받기 시작했다.

2. 트러스트의 대안으로서의 지주회사

1888년 이전에 미국에서는 회사가 다른 회사의 주식을 취득하거나 보유하는 것을 목적으로 하는 회사의 설립이 금지되었다. 그 결과 법령에 의한 허가 없이 지주회사를 설립하는 것은 허용되지 않았으며, 경쟁을 제한할 목적으로 경쟁회사의 주식을 취득하는 것 또한 공공질서에 반하는 행위로서 무효화되었다.

단, 연방과는 달리 일부 주의 특별법에서는 다른 회사의 주식 보유가 허용되기도 하였는데 그 결과 일부 주에서는 주식 보유를 통해 다른 회사를 지배하는 것을 주된 사업으로 하는 지주회사의 설립이 가능해지게 되었다. 실제로 1832년 최초의 지주회사 형태로 등장한 볼티모어-오하이오 철도회사(Baltimore and Ohio Railroad)도 주법에 따라 설립된 회사였다.[20] 이후 1870년대에 들어서는 펜실베니아 철도회사, 그리고 가스회사(1870)나 전기·전력회사(1880) 등 공익사업 분야에서 지주회사들이 속속 등장하면서 지주회사는 미국 내에서 점차 기업집단의 대표적인 유형으로 자리를 잡게 되었다.

이후로도 지주회사 설립을 허용하는 주법이 점차 증가하면서 지주회사의 설립은 한결 더 활성화되었다. 예를 들면 뉴저지(New Jersey)주에서 1888년 지주회사법(Holding Company Act)이 제정된 이래 Delaware, Maine, West Virginia, New York 등의 대부분 주들이 회사법을 개정하여 회사의 주식 소유를 명시적으로 인정하였으며, 법인의 주식교환에 의한 기업합병이 가능해진 점도 지주회사의 설립 증가를 촉진하는 또 다른 요인이 되었다.

한편 연방 독점금지법의 표적이 되었던 트러스트 형태의 기업집단들은 이 새로운 형태의 기업집단이 대안 내지 규제의 회피 수단으로 인식하기 시작했다. 그에 따라 트러스트 보유 주식을 지주회사에 이전하는 방식으로 기업집단 및 독점의 연장을 꾀하게 되었다. 1899년

20 동 회사는 다른 철도회사의 주식을 인수한 지주회사로서 사업활동을 영위하면서 다른 회사의 주식을 소유·지배했던 사업지주회사였다.

사업지주회사로 설립된 스탠다드오일 뉴저지가 그 대표적인 사례라 할 수 있다.

1900년대 들어서면서 지주회사 형태의 기업연합은 더욱 보편화되었다. 미국 내 기업 간 결합의 대부분은 지주회사 조직에 의한 것이었으며, 1904년에는 미국 내 제조업 부문 기업의 25%를 지주회사가 지배하였고, 1910년대에는 제조업의 상위 100개사 중 31개가 지주회사에 해당하였다. 이후 1920~1930년대 들어 미국의 주요 산업에 속하는 기업 중 70% 이상이 사업지주회사에 속할 만큼 확산되었으며,[21] 1960년대 감소세를 나타내기 전까지 미국의 기업집단 형태를 대표하는 지배구조로 보편화되었다.

한편 미국 독점금지법적 관점에서 볼 때 지주회사는 트러스트의 대안으로 등장한 만큼 이에 대해 셔먼법 등 독점금지법을 적용할 것인지가 줄곧 논의되어 왔다.[22] 미국 법원에서는 집중되는 독점자본을 염려하여 지주회사를 분할하려는 시도가 있었으나, 그럼에도 불구하고 기업경영의 견고한 결합으로써 지주회사는 보편화되고 발전하였다.

3. 지주회사에 대한 법적 규율방식 및 규제체계

미국에서 지주회사의 설립 및 전환, 지배구조 자체를 대상으로 삼는 규제 및 규범은 존재하지 않는다. 단 지주회사에 의한 경쟁제한의

---

21 이재형, 「지주회사 관련 정책에 대한 비판적 접근」, 『기업지배구조연구』 vol. 8(2003 가을호), 101면.

22 이동원, 『지주회사』, 세창출판사, 2001, 57~58면.

우려가 발생하는 경우에 다른 회사에 대해서와 마찬가지로 경쟁법 내지 독점금지법상의 규제를 받게 되고, 다른 한편으로는 소수주주의 이익을 침해하거나 임원 등이 회사에 손실을 끼치는 경영활동을 한 경우에는 그에 대해 책임을 물을 수 있는 회사법적 내부통제 수단이나 주주대표소송 등 소송법적 수단들이 지주회사 및 그 자회사 등에 적용되고 있다.

요컨대 지주회사 자체를 규율대상으로 삼는 일반 규범은 존재하지 않지만, 경쟁법 및 회사법, 혹은 소송법상의 고유 규정이 지주회사 체제의 기업집단에 대한 통제 시스템으로 작동하고 있으며, 이 점에서 대기업집단의 독자적 규제보다는 경쟁법상의 독과점 규제나 회사의 내부통제 시스템, 혹은 자본시장 규율 법제를 통한 간접적 규제방식을 지주회사에 대한 미국식의 법제 및 규제환경으로 설명할 수 있다.

한편 비록 미국 내에서 일반지주회사의 규제를 위한 일반규범은 존재하지 않지만, 금융부문이나 전력, 가스, 수도와 같은 공익사업부문에서 해당 분야의 지주회사를 규율하는 특별법은 존재한다는 점에 유의해야 한다. 은행지주회사법(Bank Holding Company Act, Gramm-Leach-Billey Act)과 공익사업지주회사법(Public Utility Holding Company Act)이 이에 해당하는 규범들로서 이들 규범 내에서는 지주회사로 인한 경제력 집중 문제를 규제하기 위한 규정들이 일부 엿보인다는 점이 주목된다.

아래에서는 지주회사를 직접 대상으로 하되 특별 분야에 국한하여 규제의 근거를 마련해 두고 있는 규범들을 특별법으로 정리·분석하는 한편, 비록 지주회사를 직접 대상으로 하지는 않지만 간접적 내지 실질적으로 지주회사로 인한 폐단을 규제하는 역할을 수행하고 있는 경쟁법 내지 독점금지법, 그리고 회사법상의 규제 수단들을 살펴보기로 한다. 아울러 지주회사의 규제는 아니지만 지주회사의 지배구조에 영향을 미치고 있는 세법상 규정의 대략을 살펴보기로 한다.

4. 미국에서의 지주회사 개념

(1) 강학상 개념

미국에서는 지주회사가 제도화된 1930년대부터 지주회사에 대한 개념이 강학상 및 실무상으로 정립되었다. 지주회사 개념에 대한 학설 및 견해는 아래와 같이 정리된다.

먼저, Simons는 타 기업을 지배하기 위하여 요구되는 과반수의 투표권과 권력을 얻는 데 충분한 주식의 보유를 목적으로 하는 기업형태로 그 조직을 구성하고 있는 독립된 사업단위에서는 영향을 주지 않는 강력한 조직을 형성하고 있는 회사로 정의하였다. 이에 비해 Bonbright와 Means는 '다른 회사의 주식(지분) 소유를 통해 그 회사의 경영을 지배하거나 실질적인 영향을 미치는 지위에 있는 회사'라는 의미로 파악하였다.[23]

또한 Mosher와 Crawford는 '다른 회사의 의결권 있는 주식의 대다수를 보유함으로써 그 다른 회사를 통제하려는 명시적 목적에 따

---

23 Bonbright and Means, *The Holdings Company*, New York, McGraw-Hill(1932), pp. 7~8.

라 설립된 회사'로 설명하였으며,[24] Marcus Lutter는 지주회사를 기업의 조직형태로 보아 적어도 법으로 독립한 하나의 다른 사업에 참여하여 관리하는 것을 주된 목적과 고유한 임무로 하면서 기업활동이 기업결합의 정점에 있는 것을 특징으로 하는 형태라고 파악하였다.[25] 지주회사의 기능 측면을 중시하는 입장으로 볼 수 있다.

한편, Robert Liefmann은 주식을 보유하고 이것을 기초로 하여 자기의 증권을 발행하고 이로써 증권(Effektensubstitution)을 행하는 기업으로 보았다. 여기에서 증권이란 공정설비와 같은 자기의 현실적 자본을 창출하기 위함이 아니라, 다른 기업의 증권을 취득하고 이에 참여하기 위하여 주식이나 사채를 발행하는 것이라고 한다.[26]

James. C. Bonbright와 Gardiner C. Means는 지주회사를 하나 또는 수 개의 다른 회사의 주식을 적어도 일부 소유함으로써 다른 회사를 지배하는 회사라고 하여, 미국 내 지주회사의 실태에 근거하여 정의하고 있다.[27]

(2) 실정법상 개념

미국 법제상 일반지주회사에 대한 개념 정의규정은 존재하지 않는

---

24 William E. Mosher and Finla G. Crawford, *Public Utility Regulation*, New York: Harper and Brothers, 1933, p. 322. 이 문헌에서는 지주회사를 "A corporation formed for the express purpose of <u>controlling other corporations</u> by the ownership of a majority of their voting capital stock"로 표현하고 있다.

25 M. Lutter, Holding, Handbuch, Otto. Schmidt, 1998, S. 4; 황근수, 『지주회사의 법리』, 한국학술정보, 2006, 40면에서 재인용.

26 鞠子公男, 『株会社』, 商事法務研究会, 1971, 8~9面.

27 James. C. Bonbright, Gardiner C. Means, the Holding Company, Maple Press Company, 1932, p. 10; 이동원, 『지주회사』, 1998, 10면.

다. 반면 공익사업지주회사 및 금융지주회사에 관해서는 각기 이를 규율하는 특별법을 통해 법적 개념을 추출할 수 있다.

1) 공익사업지주회사법상의 지주회사 개념

공익사업지주회사법(Public Utility Holding Company Act: PUHCA)에 따르면 공익사업지주회사는 공익사업회사(Public Utility Company)의 주식 10% 이상 또는 공익사업회사의 지주회사 주식 10% 이상을 직·간접적으로 소유·보유·통제하는 회사로서 증권거래위원회(SEC)에 등록한 회사를 의미한다.

공익 관련 서비스나 판매계약, 공공사업 관련 증권의 발행에 관한 거래 등 여러 주에 걸친 사업에 종사하기 위해서는 등록하도록 하고, 지주회사의 자회사는 또 다른 회사를 지배하여 스스로 지주회사가 될 수 없도록 2단계 이상의 출자를 금지한다. 특히 지주회사가 직·간접적으로 당해 지주회사 체제 내의 자회사 등으로부터 부채를 차입하거나, 담보를 제공받는 행위, 지주회사 또는 자회사가 정부 승인 없이 당해 지주회사 체제 내의 다른 회사에 자금을 대여하는 행위는 금지된다.

2) 금융지주회사법상 금융지주회사의 개념

미국에서는 1956년 은행지주회사법(Bank Holding Company Act: BHCA)상 은행지주회사제도를 입법화한 후, 1999년 금융서비스현대화법(Gramm-Leach-Billey Act)에 따라 종전 은행지주회사보다 규제완화된 형태의 금융지주회사를 도입하였다.

동법에서는 i> 직접 또는 간접, 단독 또는 공동으로 은행 주식을 25% 이상 소유하고, ii> 은행의 과반수 임원 선임에 대해 영향력을 보유하며, iii> 경영에 대해 직·간접적으로 영향력을 행사하는 경우를 금융지주회사로 규정하면서,[28] '본질적인 금융 업무 또는 그에 부수하는 업무'를 수행할 수 있도록 규정하고 있다. 이로 인해 현재 은행들은 자회사나 지주회사를 통해, 보험업, 증권업, 부동산개발업 등을 영위하고, 증권회사나 보험회사는 은행 인수가 가능해진다.

Ⅱ. 지주회사 관련 특별법에 의한 규제

지주회사에 관한 특별법이라 할 수 있는 은행지주회사법과 공익사업지주회사법의 내용을 살펴보면 다음과 같다.

1. 공익사업지주회사법

(1) 공익사업 부문에서 지주회사 규제법의 출현 배경

미국에서 지주회사제도의 발전 및 보급에 큰 공헌을 한 것이 공익사업지주회사였다. 공익사업분야에서는 지주회사 체제가 대표적인 기업조직으로 활용되었다. 초기에는 경쟁을 회피할 목적이었으나, 이후 공익사업 수행의 효율성, 예를 들어 발전이나 송전의 출력시스템

28 12 U. S. C. § 1843(a).

과 관련하여 경제성을 확보하기 위한 목적에서 지주회사 체제가 채택되었다. 1930년대 미국의 전력사업의 3/4이 지주회사의 지배하의 10대 기업집단 소속이었으며, 가스산출량의 45%가 16개 지주회사 집단에 의해 지배되었다.[29]

공익사업지주회사는 다변화된 공익사업을 체계적으로 통합·운영하여 기업의 재무능력을 강화하고, 효율적인 경영관리와 고도화된 서비스 측면에서 효용을 줄 수 있다.

하지만 공익사업지주회사는 여러 가지 폐해도 노출시켰는데, 이에 따라 연방거래위원회(FTC)는 공익사업지주회사의 실태를 조사하여 그 결과 보고서로 제시하였다. 이에 따르면 지주회사는 투자자나 소비자 또는 양자 모두에게 위협이 된다는 것이었다.[30]

이를 구체적으로 살펴보면, i> 부당한 자산가치에 근거하거나 내부거래로 인한 서류상의 가공 이윤을 토대로 일반 국민에게 증권을 발행한다. ii> 과도한 서비스요금, 보통주에 대한 과도한 배당, 자회사의 지주회사에 대한 대출 등의 방법으로 지주회사들이 운영자회사를 착취하고 잘못 관리한다. iii> 주의 규제를 회피하기 위해 지주회사를 운영함 등의 내용이 포함되어 있었다.

또한 기업결합 등 경쟁제한적 행위, 주식의 물타기(watering stock), 자본의 가공 등 소비자와 투자자, 자회사가 생산하는 상품 서비스를

---

29 James C. Bonbright & Gardiner C. Means. ibid. pp. 91~92.
30 Amy Abel, RS20015: Electricity Restructuring Background: Public Utility Holding Company Act of 1935(PUHCA), Congressional Research Service, Report for Congress, 1999, p. 2.

지배주주에게 특혜적으로 공급하고 그 부담을 일반 소비자에게 전가하는 반경쟁적 행위 등이 지적되었다. 또한 중간 지주회사를 설립하여 대기업을 지배한 후 자회사인 대기업의 보증으로 무리하게 차입을 확대한 결과 지주회사가 도산하는 경우도 발생하였다.

이런 상황이 기존 독점금지법이나 사업법을 통해 통제하기 어렵다고 보고, 지주회사의 남용을 방지하기 위한 목적에서 미국 의회는 1935년 공익사업지주회사법(Public Utility Holding Company Act; PUHCA)을 제정하였다.[31]

(2) 공익사업지주회사법(PUHCA)의 구체적 내용

20세기 초 미국의 공익사업지주회사와 관련하여 제기된 문제들은 일면 최근의 우리 상황과도 유사한 부분이 있으며, 실제 경제력 집중의 남용을 방지하기 위한 입법적 고려가 이 법에 깊이 개입되었다. 특히 지주회사가 자회사의 착취를 방지하기 위한 취지가 반영되어 있다는 점이 주목된다.

동법 입법의 근본 취지는 투자자의 이익을 보호하고 지주회사의 활동을 규제하기 위한 것이다. 즉 공익사업 규제의 실효성을 확보하기 위하여, 공익사업이 거대화하는 것을 방지하고 수요자의 이익보호 차원, 기업집단 내의 거래에 제한을 가하는 데 목적이 있었다.

다만 통신, 철도 등 다른 공익사업은 이 법의 규제대상에서 제외되

31 Public Utility Holding Company Act of 1935. Aug. 26, 1935, ch. 687, title I, 49 Stat. 803(15 U. S. C. 79 et seq.).

었다. 통신, 철도 등 다른 공익사업을 이 법의 규제대상에서 제외한 이유는, 공익사업지주회사법이 연방거래위원회에 의한 전기 및 가스 지주회사의 남용에 관한 조사를 토대로 제정되었다는 점과 함께 전기통신사업에 대해서는 이미 1934년 통신법이 제정되어 규제를 받고 있었기 때문이다.

동법에서는 전술한 바와 같이, 공익사업지주회사에 대해 개념을 정의하고 등록의무를 부과하였다. 이에 따르면 공익사업지주회사는 공익사업회사의 주식 10% 이상을 소유한 회사로서 증권거래위원회(SEC: Securities and Exchange Commission)에 등록한 회사를 의미한다.

아울러 동법에서는 공익사업지주회사에 대해 여러 의무부과 및 금지규정을 두고 있다. 우선 여러 주에 걸친 공익사업지주회사들의 피라미드 구조를 불법화하였고, 공익 관련 서비스나 판매계약, 공공사업 관련 증권의 발행에 관한 거래 등 여러 주에 걸친 사업에 종사하기 위해서는 등록하도록 하였으며, 지주회사가 자회사로부터 3단계 이상 거리를 두는 구조, 즉 지주회사의 자회사가 또 다른 회사를 지배하여 스스로 지주회사가 될 수 없도록 2단계 이상 출자하는 행위를 금지하였다.[32]

또한, 지주회사가 자회사와 판매·서비스 계약을 체결하지 못하게 하는 등 내부거래를 규제하고 있다. 지주회사가 직·간접적으로 당해 지주회사 체제 내의 자회사 등으로부터 부채를 차입하거나, 담보를 제공받는 행위, 지주회사 또는 자회사가 정부 승인 없이 당해 지주회

---

32 한철수, 「지주회사에 대한 정책방향」, 『상장협연구』 제56호, 2007. 10.

사 체제 내의 다른 회사에게 자금을 대여하는 행위는 금지된다.

한편, 공익사업회사의 주식 10% 이상을 소유한 지주회사들은 연방증권거래위원회(SEC)에 등록을 하여야 하며, 재정적 거래와 주식보유 상황에 관한 상세한 회계를 보고토록 하는 한편, 전기, 가스산업에 관한 광범위한 권한을 SEC에 부여하였다.

2. 금융지주회사법

(1) 은행지주회사법의 출현 배경과 규제의 내용

미국의 금융지주회사제도는 은행지주회사로부터 시작되었다. 미국에서는 1930년대 대공황기(Great Depression)에 많은 은행이 도산하였는데, 그 원인 중의 하나가 은행이 위험이 높은 증권업을 겸업하였기 때문이라는 시각이 팽배했다. 이에 따라 미국연방의회는 은행의 증권업 직접 영위를 금지하고 은행과 증권회사와의 계열관계(affiliation) 형성을 금지하는 1933년 은행법(Banking Act of 1933, 일명 글래스-스티걸법[Glass-Steagall Act]이라고 함)을 제정하였고, 상업은행업무(commercial banking, 즉 은행의 전통적인 업무인 예금 및 대출업무를 의미함)와 투자은행업무(investment banking, 증권의 인수[underwriting], 매매[dealing], 위탁매매 및 중개[brokerage] 등 증권업무를 의미함)의 분리라는 이 원칙이 이후 60여년간 금융제도의 근간으로 자리 잡게 되었다.

하지만 1950년대 들어 미국에서는 회사채 발행이 급증하고 증권시장이 활성화되면서 대형은행을 중심으로 1933년 글래스-스티걸법(Glass-Steagall Act of 1933)의 규제대상이 아닌 은행지주회사를 설립하고 그 자회사를 통해 주로 증권업으로의 확장을 꾀하려는 시도가 시작되었다.

은행지주회사를 통한 겸업이 만연하고 그에 따라 글래스-스티걸법의 실효성이 약화되자 연방의회는 다시 은행지주회사가 비은행업무를 취급하는 자회사를 통제하려는 입법을 추진하였는데 그 결과로 제정된 것이 곧 1956년 제정된 은행지주회사법(Bank Holding Company Act)이다.

(2) 은행지주회사법상의 규제

동법의 입법목적은 은행 간의 네트워크 형성을 제한하고, 다수의 주에서 지점을 보유하지 못하도록 하는 제한을 회피하는 것을 방지하는 한편, 은행지주회사의 권한, 즉 비은행업무 영역에 대한 규제를 함으로써 금산분리 및 소수의 유력한 은행이 상거래(commerce)를 지배하는 것을 방지하고 은행과 상거래(commerce) 간의 경제력 분리를 도모하기 위한 것이었다.[33]

아울러 동법의 제정에는 은행 간 결합으로 인한 시장집중현상에 대한 규제와 함께 경제력 집중에 대한 고려도 포함된 것으로 분석된다. 즉 은행지주회사에 의한 i> 복수은행의 소유가 부당하게 시장을 집중시키는 것을 방지하려는 의도 외에, ii> 은행과 '일반사업'의 분리를 통해 일종의 '일반집중'을 억제하려는 정책 의도가 있다는 것이다.[34]

---

33 W. A. Lovett, *Banking and Financial Institutions Law in a Nutsell*(5th ed, 2001), p. 194.

34 C. Felsenfeld, *The Bank Holding Company Act: Has It Lived Its Life?*, Villanova Law Review, Vol. 38, 1993, p. 27.

또한 iii> 은행지주회사의 형태를 취하는 거대 은행에 의한 집중으로부터 지방은행의 보호를 도모하려는 취지도 규제의 배경에 포함되어 있다.

은행지주회사법에 따라 은행지주회사에 해당하면 연방준비제도이사회(Board of Governors of Federal Reserve System: FRB)에 의한 은행지주회사 및 그 자회사 전체에 대한 통합적인 규제감독의 대상이 된다. 즉 은행지주회사의 자회사가 취급할 수 있는 업무를 '은행업무 및 밀접하게 관련된 주변 업무와 부수업무'로 제한하는 한편, 업무범위에 대한 결정권을 연방준비제도이사회에 부여하였다.

또한 동법에 따라 은행지주회사는 은행업과 관련 없는 자회사를 가질 수 없고 금융지주회사는 금융업(financial in nature)을 영위하는 자회사 이외의 자회사를 소유할 수 없기 때문에 은행업과 산업 간의 통합은 금지된다.

은행지주회사법상 은행지주회사란 은행 또는 다른 은행지주회사를 지배하는 회사를 의미한다. 회사가 은행 또는 다른 회사를 지배한다는 것은 i> 회사가 직·간접적으로 또는 다른 사람을 통해 은행 또는 다른 회사의 의결권 있는 주식 25% 이상을 소유(own), 지배(control) 또는 의결권(power to vote)을 가지거나, ii> 은행 또는 다른 회사 이사 다수(majority)의 선임에 대한 지배를 하거나, iii> 은행 또는 다른 회사의 경영 또는 정책에 지배적인 영향을 직접 또는 간접적으로 행사하는 것으로 연방준비제도 이사회가 결정한 경우이다.[35]

---

35 12 U. S. C. §1841(a).

은행지주회사의 범위에는 이에 덧붙여 개인(person), 상속재산(estate), 신탁(trust), 조합(partnership), 법인(corporation), 협회(association) 및 이와 유사한 기관이 위 요건에 해당하는 경우도 포함된다.

은행지주회사법상 은행의 범위는 연방예금보험법(Federal Deposit Insurance Act)상의 부보은행(insured bank)[36]과 미국법상 설립된 기관으로 요구불예금 또는 예금자가 제삼자에게 지급할 목적으로 수표나 이와 유사한 수단으로 인출할 수 있는 예금을 수취하고 상업대출(commercial loan)을 하는 기관이다.[37] 1987년 Competitive Equality Banking Act 제101조는 은행지주회사법상 은행으로 취급되지는 않으나 끼워 팔기 금지의 대상이 되는 기관으로 제한된 목적을 가진 신탁회사(limited-purpose trust companies), 신용카드 은행(credit card banks), Edge Act and Agreement corporation, 기업여신회사(industrial loan companies)를 포함한다.

(3) 금융지주회사법으로의 개편

동법을 통해 은행지주회사를 통한 겸업을 제한하였음에도 불구하고 은행들은 업무 확장 노력을 계속하였고, 법원도 이를 추인하는 경우가 많아지는 현상이 발생했다. 또한 FRB의 업무제한 완화정책으로 인해 은행이 증권이나 보험업 등을 겸업할 수 있는 범위도 넓어졌다.

---

36 부보은행에는 연방인가은행(national bank), 주인가은행(State bank), District bank(Washington D. C. 법에 따라 운영되는 은행), 외국 은행 연방지점 및 부보지점(Federal branch and insured branch)이 포함된다.

37 12 U. S. C. §1971.

다만, 증권업계와 보험업계의 반발과 제도적 장벽 때문에 그 이상의 확장에는 한계가 있었다. 특히 1980년대 이후에는 글래스-스티걸법과 은행지주회사법에 따른 겸업금지가 미국 금융산업의 경쟁력을 약화시킨다는 지적이 제기되었다.

이에 따라 1980년대 이래 20여 년간 금융제도를 개혁하기 위한 법안이 여러 번 연방의회에 상정되었으나, 그때마다 이해관계집단의 대립으로 번번이 법안 통과는 이루어지지 못하였다. 하지만 1990년대 후반 들어 더 이상 금융산업의 경쟁력 저하현상을 방치할 수 없다는 위기의식이 팽배해지면서 관련 이해관계집단이 대타협을 보게 되고, 이에 따라 1999년 11월 연방의회는 금융지주회사(financial holding company)의 설립을 허용하는 것을 골자로 하는 '금융서비스현대화법(Financial Service Modernization Act: Gramm-Leach-Billey Act로도 불림)'[38]을 제정하였다.

이에 따라 종전의 은행과 증권회사 간의 계열관계 형성을 금지하던 글래스-스티걸법 제20조[39]는 폐지되어 은행·증권·보험 상호간 진입장벽은 제거되었고 겸업이 허용되고, 은행과 증권회사와의 계열관계(affiliation) 형성이 가능해졌으며, 종전 은행지주회사보다 규제완화된

38 최종안 작성에 주도적인 역할을 한 상원 은행위원회 위원장인 Phill Gramm. 하원 은행위원회 의원장인 James Leach 및 하원·상업위원회 위원장인 Thomas Bliley Jr.의 이름을 따서 Gramm-Leach-Billey Act라는 명칭으로 통용되기도 한다.

39 Glass-Steagall Act, sec. 20(12 U. S. C. sec. 377): "…no member bank shall be affiliated in any manner … with any corporation, association, business trust, or other similar organization engaged principally in the issue, floatation, underwriting, public sale, or distribution at wholesale or retail or through syndicate particpation of stocks. bonds. debentures, notes or other securities…."

형태의 금융지주회사의 설립도 허용되어 그 산하에 은행, 증권회사, 보험회사 및 '본질적인 금융업무 또는 그러한 금융업무에 부수하는 업무(financial in nature or incidental to such financial activity)'[12 U. S. C. § 1843(k)(1)]를 영위하는 자회사를 둘 수 있게 되었다.

동법상 본질적 금융업무는 다음과 같다.[40]

① 타인을 위한 대출, 환(exchange), 송금 및 투자, 또는 현금 및 증권의 보관

② 보험업무, 연금(annuities)의 제공·발행 및 그러한 업무를 위한 본인·대리인 또는 중개인으로서의 업무

③ 금융투자 또는 경제에 관한 자문업무(1940년 투자회사법, Investment Company Act of 1940)에 따른 투자회사에 대한 자문업무 포함)

④ 은행이 직접 보유하고 있는 자산 풀(pools)에 대한 권리를 표창하는 상품의 개발 또는 판매 업무

⑤ 증권의 인수 및 매매 또는 시장조성(market making) 업무

⑥ 금융서비스개혁법 제정 전에 FRB가 은행업무와 밀접한 관계가 있다고 판단한 업무(to be closely related to banking business)

⑦ 미국 이외의 지역에서 은행지주회사가 영위할 수 있는 업무

⑧ 머천트뱅킹 업무

⑨ 보험포트폴리오투자 업무

---

40 Financial Services Modernization Act, sec. 103(a)[12 U.S.C. 1843(k)(4)].

또한 금융지주회사는 '금융업무에 보완적인 업무(complementary to a financial activity)이면서 예금취급금융기관이나 금융시스템의 건전성에 중대한 위험을 초래하지 않는 업무(does not pose a substantial risk to the safety or soundness of depository institution or the financial system generally)'를 자회사를 통하여 영위하는 것도 가능하다. 본질적인 금융업무 및 그 부수업무 등의 범위에 대한 판단은 FRB가 하게 되며, FRB는 금융업무의 범위를 판단할 때 재무부 및 OCC와 협의하도록 되어 있다. 이로 인해 현재 은행들은 자회사나 지주회사를 통해, 보험업, 증권업, 부동산개발업 등을 영위하고, 증권회사나 보험회사는 은행 인수가 가능해졌다.

종전까지 미국의 은행들은 1934년 증권거래법(Securities Exchange Act of 1934)에 규정된 브로커/딜러의 정의에 해당되지 아니하였고, 그에 따라 은행은 처음부터 SEC의 규제대상인 업무에 있어서도 그 적용이 면제되었다. 하지만 금융개혁에 따라 은행이 행하는 증권(브로커/딜러) 업무는 기능별로 SEC의 규제·감독(functional regulation)을 받게 되었다. 단, 일부 경우에 대해서는 브로커의 정의에 해당하지 않아 SEC에 등록할 필요가 없으며, 따라서 SEC의 규제 및 감독대상에서 제외된다.[41]

또한 투자은행지주회사(investment bank holding companies) 제도가 도입되고, 이에 수반하여 증권거래법이 개정되었다. 이에 따르면 투자은행지주회사는 SEC에 임의로 등록을 함으로써 SEC의 규제·감독

41 Financial Services Modernization Act, sec. 201[15 U. S. C. 78c(a)(4)(B)].

을 받게 된다. 여기서 '임의의 감독'이란 새로운 시스템은 지주회사의 산하에 있는 모든 사업체를 감독당국의 감독 아래 두는 것이 바람직하다는 거래 당사자 및 외국의 기대 내지 요청에 따른 것이다.

투자은행지주회사는 i> 하나 또는 복수의 브로커나 딜러를 소유하든가 지배하는 자연인 이외의 자, ii> 투자은행지주회사를 지배하거나 투자은행 지주회사에 지배되거나 또는 이와 공통의 지배를 받는 자라고 정의된다.

이 법에 의하면 은행이나 저축기관(일정한 예외 있음)과 관련성(affiliate)이 없는 투자은행지주회사는 SEC에 서면으로 통지함으로써 SEC의 감독하에 들어가는 것을 임의로 선택할 수 있다. SEC에 의한 감독은 SEC가 증권거래법의 목적에 비추어 필요하지 않다든가 적당하지 않다고 판단하지 않는 한 신청한 지 45일이 지난 후부터 효력을 발생한다.

일단 SEC의 감독 아래 들어간 투자은행지주회사는 다시 SEC에 대하여 서면으로 통지함으로써 SEC의 감독을 받지 않을 것임을 선택할 수 있다. 이러한 선택은 1년 후 또는 SEC가 필요 또는 적당하다고 인정하는 기간(1년보다 길거나 짧을 수도 있음)이 경과하면 효력이 발생한다. SEC는 일정한 경우에 있어서는 투자은행지주회사에 대한 감독을 중지할 수 있다.

SEC의 감독을 받기로 한 투자은행지주회사는 SEC가 규정으로 정한 기록보존 및 보고의무를 부담하는 외에 SEC의 검사대상이 된다. SEC는 최대한 가능한 범위 내에서 그의 감독하에 있는 투자은행지주회사 또는 그 관련 회사가 다른 감독당국 또는 자율적 감독기관(self regulatory organization)에 제출하기로 되어 있는 보고서를 사용하여야 하는데, SEC의 감독하에 있는 투자은행지주회사 및 그 관련 회사는 SEC의 요구가 있으면 관련 보고서를 SEC에 제출하여야 한다. SEC는 최대한 가능한 범위 내에서 다른 감독당국이 작성한 검사보고서를 이용하여야 한다.

SEC는 투자은행지주회사에 대한 감독권한을 행사함에 있어서 은행법의 해석 및 운용에 관하여는 관련된 은행감독당국에, 각 주의 보험법령의 해석 및 운용에 관하여는 당해 관할 주의 보험당국에 각각 의존하도록 하고 있다.

(4) 지주회사와 자회사의 관계

미국에서는 지주회사 체제 내의 자회사 경영이 악화되거나 파산될 위험이 있는 경우에 그 지배하는 회사(즉 지주회사)가 자회사를 구제하기 위해 지원을 해야 한다는 이론이 제시되어 왔다.[42] 소위 '힘의 원천 이론(Source of Strength Doctrine)'으로 불리는 이 같은 이론은 금융서비스현대화법에 명시되었다. 즉 예금취급금융기관의 계열회사나 지배주주가 당해 예금취급금융기관에게 자산을 이전한 경우, 이전 당시 예금취급금융기관이 연방감독기관으로부터 자본증액을 요구받거나 불충분한(undercapitalized) 자본을 보유하고 있던 경우라면 누구든지 그 이전한 자산에 대한 반환소송이나 자산이전과 관련된 손해배상청

42 Jonathan R. Macey & Geoffrey P. Miller, *Banking Law and Regulation*, Little, Brown and Company, 1992, p. 656.

구를 연방감독기관(재산보전인[conservator] 또는 파산관재인[receiver] 자격이 되는 경우 포함)에게 제기할 수 없다.[43]

12 U. S. Code Chapter 17 은행지주회사 편의 구조

§ 1841 – 정의조항
§ 1842 – 은행 지분 또는 자산의 취득
§ 1843 - 비은행기관에서의 이해관계
§ 1844 – 행정
§ 1845 – *삭제*
§ 1846 - 주에 대한 권한의 유보
§ 1847 - 벌칙
§ 1848 – 사법심사
§ 1848a – *삭제*
§ 1849 – 저축기관 관련 규정
§ 1850 – 자회사의 취득 및 끼워 팔기, 연방준비제도이사회 절차, 인가신청, 이해관인으로서 경쟁자 및 피해자, 사법심사
§ 1850a – 증권지주회사
§ 1851 – 자기자본거래 금지 및 헤지 펀드와 비공개기업 투자펀드와의 관계설정 금지
§ 1852 – 대규모금융회사에 관한 집중의 제한

[참고] § 1852 대규모금융회사에 관한 집중의 제한

(b) 집중의 제한
(e)항에 따른 위원회(금융안전성감독위원회: Financial Stability Oversight Council)의 권고에 따라, 금융회사는 다른 회사의 모든 자산을 합병 또는 통합하거나, 이를 전부 혹은 실질적으로 전부 취득함에 있어서 당해 거래의 완료 시 취득회사의 전체 연결부채가 당해 거래 직전연도 말의 모든 금융회사 총 연결 부채의 10%를 초과하게 되는 경우에는 이를 하여서는 아니 된다.

43 Financial Services Modernization Act, sec. 730(21 U. S. C. 1828).

(c) 집중 제한의 예외

연방준비제도이사회의 사전 서면 동의가 있을 경우, (b)항에 따른 집중 제한 규정은 다음의 취득행위에 대해서는 적용하지 아니한다.

(1) 채무불이행 상태 또는 그럴 우려가 있는 은행에 대한 취득

(2) 본 편 제1823조 (c)항에 의한 연방예금보험공사가 제공하는 지원과 관련된 취득

(3) 금융기관의 부채에 최소한의 증가를 유발할 뿐인 취득

(e) 위원회의 연구 및 규칙제정

(1) 연구 및 권고

(A) 2010년 6월 21일로부터 6개월이 도과하기 전에, 위원회는 본 장에 따른 집중도 제a항이 금융의 안정성, 금융시스템의 도덕적 해이, 미국 금융기관들 및 금융시장의 효율성과 경쟁성, 미국 내 가계 및 기업에 대한 여신 및 그 밖의 금융서비스의 비용 및 유효성에 미치는 영향에 대한 연구를 완료하여야 한다.

(5) 금융지주회사법의 정리 및 시사점

금융지주회사법은 은행 등 금융산업의 특수성을 반영하여 지주회사의 개념과 자회사가 수행할 수 있는 업무의 범위를 제한하는 데 주안점을 둔 규범이다. 주로 자회사의 업무범위를 은행업으로 국한할 것인지, 아니면 겸업 내지 계열관계를 인정할 것인지가 규제의 내용과 개편의 주축이라 할 수 있다. 지난 2000년 제정된 한국의 금융지주회사법 내용과 유사하다. 단, 은행지주회사법 이래 줄곧 금산분리 정책이 시행되어 왔으므로 일면 이 법은 경제력 집중의 억제와 관련성을 갖는다고 볼 수 있으며 이 점이 사실상 입법의 취지로 고려되었다는 분석이 제기된다. 다만, 경제정책 가운데도 금융정책에 따라 규제의 내용이 결정되므로 이 법 경제력 집중 억제적 성격은 제한적이라 할 수 있다.

또한 지주회사와 자회사 간의 관계에 대해서는 자회사의 위험에 대해 지주회사의 지원 역할에 관한 규정을 두고 있기는 하지만, 지주회사 및 자회사 주주 간 이해상충 문제는 규제대상에 포함되지 않는다.

III. 경쟁법에 의한 지주회사 규제

1. 셔먼법에 의한 지주회사 규제

1890년에 제정된 셔먼법(Sherman Act)[44]은 주지하다시피 제1조에서 카르텔 등 부당한 거래제한에 대한 금지규정을, 제2조에서 독점화의 금지규정을 실체법으로 두고 현재에 이르고 있다. 셔먼법상 지주회사 자체를 직접 표적으로 삼는 규제의 근거는 존재하지 않지만, 이들 셔먼법상 경쟁법적 일반 규정들이 지주회사를 통한 독과점이나 거래제한행위에 대해 적용될 수 있음은 물론이다.

동법 제1조는 주제통상(interstate commerce), 외국과의 거래 또는 통상을 제한하는 모든 계약, 트러스트 또는 기타 형태의 결합 또는 공모를 위법으로 규정하고 있는데, 수 개의 회사가 연합하여 지주회사를 설립하고 그에 의해 시장을 지배하는 경우에 해당 지주회사에 대해 동조상의 트러스트 또는 결합을 근거로 동조가 적용될 수 있다. 단 1911년 스탠다드오일 판결[45] 이래 모든 거래제한이 위법한 것이 아니

44 15 U. S. C. §§ 1-7.
45 U. S. v. Standard Oil Co. of New Jersey, 221 U. S. 1(1911).

라 오직 부당한 거래제한만 위법하다고 보고 있기 때문에, 원고는 지주회사의 설립 및 활동이 경쟁을 제한한다는 점을 증명하여야 한다.

한편 동법 제2조는 주제통상, 외국과의 거래 또는 통상의 어떠한 부분이라도 독점화하거나 독점화를 기도하는 경우 또는 그러한 목적으로 다른 1인 또는 수인과 결합 또는 공모하는 자는 유죄로 규정하고 있다. 제1조가 공동행위에만 적용되는 데 비해 제2조는 단독행위와 공동행위 모두 적용될 수 있으므로 그 범위가 넓은 것으로 평가된다. 단 양 규정의 적용범위가 언제나 명확한 것은 아니다. 지주회사의 경우에도 제2조가 될 적용가능성이 있으며, 특히 독점화의 금지에 주안점을 둔 제2조가 제1조에 비해 지주회사에 대한 적용의 여지가 더 넓은 것으로 볼 수 있다.[46]

미국 법원은 독점금지법이 지주회사 그 자체에 대해서는 규제를 하지 않으며 지주회사의 활동의 결과로서 거래 제한이나 독점 등의 경쟁제한적 효과를 발생시키는 경우에 규제의 대상이 된다고 하는 입장을 분명히 해 왔다. Northern Securities 사건,[47] 스탠다드오일 회사 사건[48]과 American Tobacco Co. 사건[49] 및 U. S. Steel 사건[50]에 대한 연방대법원의 판결이 대표적이다.

이 가운데 1904년 Northern Securities 사건은 경쟁관계에 있는 복수의 회사를 지배할 수단으로서의 지주회사가 셔먼법에 위배됨을

---

46 鞠子公男,『持株會社』, 商事法務硏究會, 1971, 28面.
47 Northern Securities Co. v. U. S. 197(1904).
48 U. S. v. Standard Oil Co. of New Jersey, 221 U. S. 1(1911).
49 U. S. v. American Tobacco Co., 221 U. S. 106(1911).
50 U. S. v. U. S. Steel Corp., 251 U.S. 417(1920).

보여 준 판결이다. 이 사건은 경쟁사 관계였던 Great Northern 철도회사와 Northern Pacofic 철도회사가 Northern Securities사를 설립하고 그 주주들이 양 사의 지배를 시도한 사건을 배경으로 발생하였다. 이에 대해 연방법무부가 이들 3사와 그 주주를 셔먼법 위반으로 기소하였고 법원은 이를 인용하는 판결을 내렸다. 법원은 이와 같은 결합이 셔먼법에서 규정하는 트러스트에 해당하고 설령 아니라고 해도 수 개의 주간 혹은 외국과의 거래를 제한하는 결합에 해당하므로 더 이상의 주식취득과 지배력 행사를 하여서는 안 된다고 판시하였다.

한편 1892년 판결에서 연방대법원이 오하이오 스탠다드오일과 스탠다드오일 트러스트의 분리를 명하자 해당 대기업들은 형식상 트러스트를 해산하기로 하고 그 대신 뉴저지주에 지주회사(Standard Oil Co. of New Jersey)를 설립하고 여기에 주식을 이전하는 조치를 취하였다. 이에 대해 연방법무부가 지주회사와 관련회사 및 주주를 셔먼법 위반으로 기소하였고, 법원은 1911년 스탠다드오일 사건에 대해 다시 셔먼법 제1조, 제2조 위반을 이유로 지주회사 소유 주식의 이전 등을 명하였다.

또한 1911년에 있었던 American Tobacco 사건에서는 기존 연초회사의 매수와 그 주주나 경영자에 대한 10년 내지 20년간의 경업금지 의무가 부과된 미국 연초회사에 대해 법원이 역시 셔먼법 제1조, 제2조 위반으로 그 결합의 해체를 명하였다.

스탠다드오일 사건과 American Tobacco 사건에서는 모두 지주회사 방식에 의해 형성된 독점사업자에 대한 셔먼법의 적용 여부가 쟁점이었는데 연방대법원은 소위 합리의 원칙(rule of reason)을 적용하여 이들 지주회사가 의도한 시장지배의 목적 및 그 효과에 대해 위법성을 인정하고 지주회사의 해체를 명하였고 그 결과 스탠다드오일사는 74개의 자회사 가운데 33개사가 분리되기도 하였다.

이에 비해 1920년에 있었던 U. S. Steel 사건에서는 U. S. Steel사가 경쟁을 회피하기 위한 목적에서 1901년 약 180개의 독립기업을 그 지배하에 두는 지주회사 체제의 기업집단을 구축하였으나, 법원은 지주회사 방식의 기업집단 운영이 야금 기술력의 제고, 철강의 일관생산의 채용, 외국 수출의 건전화 등 합리적인 사유에 따른 것이라 보고 지주회사 설립을 합법으로 인정하였다.

2. 클레이튼법에 의한 지주회사 규제

1914년에 연방거래위원회법(FTC Act)과 함께 제정된 클레이튼법(Clayton Act)은 주지하다시피 배타적 거래, 차별취급과 더불어 기업결합에 대한 규제 근거를 둔 미국 내 주요 경쟁법의 하나이다. 단, 클레이튼법도 지주회사를 직접 규율대상으로 하는 규정은 존재하지 않는다. 다만 동법 제7조에서 어떠한 상거래 분야에서 경쟁을 실질적으로 제한하거나 독점을 발생시키는 경향을 가질 수 있는 주식, 지분 또는 자산의 취득행위를 금지하고 있으므로, 지주회사 방식의 주식이나 지분의 취득행위가 동조의 적용대상으로 포섭될 수 있다. 특히 제7조 기업결합 관련 규정은 셔먼법 제2조의 독점 금지규정을 보다 구체적으로 발전시킨 형태로서 주요 기업이 경쟁회사의 주식을 매입하여 트러스트화하고 지주회사를 통해 산업 전반에 걸쳐 지배력 행사를 차단하려는 의도로 제정되었으며, 이런 점에서 '지주회사 조항'으로 불리기도 하였다.

1953년에 당시 최대의 은행지주회사인 트랜스아메리카사가 다수의 은행을 소유하는 한편, 트랙터 제조·항공기의 부품과 금속제품 등의 일반사업에 대한 주식을 소유한 행위에 대하여 FRB가 클레이튼법 제7조 위반으로 소추한 사례도 발견된다.[51]

제3절 | 일반지주회사 보유 CVC에 대한 규제

I. 지주회사 규제에 있어서 CVC 설립 허용의 의의와 논점

1. CVC의 의미와 국내에서의 활용 동향

현행 공정거래법은 일반지주회사가 금융업이나 보험업을 영위하는 회사를 자회사로 두는 것을 금지한다(법 제18조 제2항 제5호). 하지만 이 같은 원칙에 대한 특례로서 금융회사의 일종인 기업형 벤처캐피탈(Corporate Venture Capital: 이하, 'CVC'라 함), 즉 「벤처투자 촉진에 관한 법률」에 따른 벤처투자회사와 「여신전문금융업법」에 따른 신기술

51 Tansamarica Corp v. Board of Governors, 206 F. 2d 163. 167, 3rd Cir. 1953.

사업금융전문회사의 경우는 일반지주회사가 보유할 수 있다(법 제20조 제1항). 지난 2020년 12월에 있었던 공정거래법 전부개정(2021년 12월부터 시행) 시에 도입된 이 규정은 지주회사에 대한 규제의 완화이면서 1999년 이래 견고하게 유지되어 오던 금산분리 원칙의 예외를 인정한 첫 번째 사례이다. 또한 벤처 활성화라는 새로운 정책 목적이 대기업집단 규제의 방향을 전환시킨 점에서도 이례적인 입법적 조치로 평가할 수 있다. 이 같은 복합적인 구도 속에 자리 잡은 CVC 규제는 지주회사 규제의 일환으로 포함되어 있다는 점에서 지주회사 규제의 핵심 논제가 되었다.

CVC는 일반 벤처캐피탈(이하, 'VC'라고도 함)의 일종이면서 그 대주주가 기업, 즉 회사법인으로 구성되는 특별한 VC 형태를 의미한다. 이미 20세기 초부터 유사 형태가 출현했던 것으로 알려지는 이 금융사는 최근 벤처캐피탈 시장에서 투자주체로서의 비중을 빠르게 확장해 가고 있다.[52] 과거에 일시적으로 주목을 받았던 닷컴, IT 벤처 현상과 달리 향후 벤처기업에 대한 장기적인 투자의 형태로 자리 잡게 될 것이라는 전망[53] 속에 투자자와 벤처업계로부터의 기대와 더불어 규제

---

52 전체 벤처투자 시장에서 CVC가 차지하는 비중이 크게 증가. 특히 최근 수년간 주요국에서의 성장률은 연간 100% 이상으로 급증하였다. 현재 벤처투자 시장에서 미국은 대략 50%, 중국은 70%를 CVC가 점유하고 있다. CVC만 놓고 보면, 미국계 CVC들(Google Ventures, Salesforce Ventures, Intel Capital)이 세계 시장의 최상위권을 점한 가운데 중국계 CVC들(Baidu Ventures, Legend Capital)도 글로벌 영향력을 강화해 가고 있으며, EU와 일본에서도 CVC에 대한 관심과 비중이 확대되는 상황이다. 맹주희, 「국내외 기업형 벤처캐피탈(CVC)의 현황과 규제의 특징」, 『자본시장포커스』 2021-24호, 2021. 11. 23. 참조.

53 그 이유로는, 1970년대 이후로 3차례의 벤처투자붐을 겪으면서 위험자본에 대한 경험적 역량이 축적되어 있고 현재는 이런 축적된 경험이 발휘되어 벤처투자의 규모나 건수가 증가하는 단계로 이어지고 있다는 점을 들 수 있다. 그리고 CVC가 모기업의 기존사업 가치를 향상하거나, 벤처기업과의 시너지를 통해 시장력을 강화하거나, 투자대상 벤처기업을 통해 신제

당국의 관심을 함께 받고 있기도 하다. 특히 글로벌 경제의 전방위적인 융복합화의 흐름 속에서 기업들이 시장에서의 영향력을 확대하고 혁신을 도모하기 위한 전략을 추구하고 있는데, 종래의 전략으로 활용되었던 R&D나 기업 간의 제휴 및 조인트벤처, M&A 등의 한계를 극복하거나 이를 촉진하기 위한 수단으로 CVC가 선택되는 양상들이 목격된다.

하지만 그 같은 국제적 추세에 비한다면 이제까지 국내에서의 CVC 설립과 투자 활동은 그리 적극적이거나 활성화된 것으로 평가되지 못하였다.[54] CVC의 매력과 설립 유인을 떨어뜨리는 각종의 규제들이 적지 않게 존재해 왔기 때문이다. 그중 대표적인 하나가 「독점규제 및 공정거래에 관한 법률」(이하, '공정거래법'이라 함)상 지주회사에 대한 규제였다. 현행법 제18조 제2항 제5호(구법 제8조 제2항 제5호)에서는 일반지주회사(즉 금융사와 보험사 이외의 회사를 자회사로 두는 지주회사)가 금융사를 자회사로 두지 못하도록 제한하고 있었는데 산업표준분류표상 금융회사에 해당하는 CVC도 그에 따라 지주회사 체제 내에서의 설립 및 운영이 금지되어 왔던 것이다. 이에 더하여 지주회사 체제 밖에서 설립되어 있던 40여 개의 CVC들도 모회사와의 시너지를 극대화하는 CVC 고유의 전략적 목표를 추구하기보다는 모기업 소유자의 편법적

품과 신기술을 확보하고, 나아가 모기업의 사업을 다각화하는 등의 비교우위가 있다는 점을 들 수 있다.

54 지난 2020년 기준으로 국내의 전체 벤처캐피탈 투자 규모는 9조 815억 원으로서 국내 CVC가 전체 벤처캐피탈 투자에서 차지하는 비중은 23% 안팎에 그치고 있다. CVC가 벤처캐피탈 투자에 참여한 투자 건수도 미국 등 주요국에 비해 훨씬 적은 수준으로 평가된다. 맹주희, 앞의 글, 3면.

경영권 승계나 지배구조 확장의 수단으로 활용되는 경우,[55] 혹은 투자의 위험을 줄이기 위해 모기업에 납품 중인 업체를 대상으로 투자를 집행하는 등 전형적인 CVC와는 거리를 둔 채 일반 VC의 중간 형태로 운영되는 성향을 보여 온 점[56]도 국내에서 CVC가 활성화된 것으로 보기 어렵게 만드는 요인으로 작용하였다.

2. 최근 변화의 양상과 그 원인

그런 가운데, 2022년에 들어서면서 CVC들이 종전에 비해 더욱 적극적으로 전략적 목표를 추구하는 한편, 대기업집단 사이에서 CVC 신설을 추진하려는 움직임들이 목격되고 있다. 아울러 새로운 투자처를 찾는 모태펀드나 투자자금을 유치하려는 벤처업계 모두에서 대안으로 CVC를 주목하는 동향들도 감지되고 있다.[57] 이 같은 변화의 조짐이 나타나게 된 주된 원인은, 물론 지난 2020년 12월 전부개정된 공정거래법에서 종전에 금지되어 왔던 일반지주회사의 CVC 보유를

---

55 김동윤·신동엽, 「신기업벤처캐피탈 투자에 미치는 거시적 요인의 영향: 산업 호황, 외생적 위기, 경제 성장, 경쟁 강도를 중심으로」, 『벤처창업연구』, 15(4), 2021 참조.

56 신영수, 「벤처지주회사 및 기업형 벤처캐피탈과 관련한 최근 규제 개편안의 법적 쟁점과 과제」, 『IT와 법 연구』 제18권, 경북대학교 IT와 법 연구소, 2019. 2, 82~83면.

57 벤처회사의 생애는 자금지원을 받아 신기술을 개발하는 인큐베이터 단계인 '창업기'와 자금지원을 바탕으로 기술의 사업화가 이루어지는 액셀러레이터 단계, 즉 '성장기', 그리고 시장 영향력을 확대하여 기업공개(IPO) 또는 M&A되는 단계를 의미하는 '회수기'의 세 단계로 구분되는데, 한국의 경우는 이 선순환의 고리 중 회수 단계가 유독 취약한 면모를 보여 왔다. 실제로 투자 회수액의 비중을 놓고 보면 장외매각이나 기업공개(IPO)에 비해 M&A는 3% 안팎의 미미한 수준에 그치는 것으로 나타난다. 벤처기업의 인수를 주도해야 할 국내 대기업들은 기업구조조정, 사업재편 차원에서 M&A를 활용해 온 반면 벤처투자·M&A에는 대체로 소극적인 경향을 보이고 있다.

허용하는 개혁적 조치(제20조의 신설)가 실현되었기 때문일 것이다.

뚜렷한 찬반 대립 속에 여러 차례의 방향 전환과 번복 과정을 거쳐 마침내 공정거래법 전부개정 시에 도입된 이 규정은 동법상 일반지주회사의 금융자회사 소유를 금지하는 지주회사 규제를 완화한 것이면서, 동시에 지난 1999년부터 견지되어 온 금산분리 원칙(법 제18조 제2항 제5호)에 대해 예외를 인정한 최초의 사례이기도 하다. 아울러 종래 업계로부터 지속적으로 제기되어 왔던 벤처 활성화의 요구를 수용한 조치라는 점에서도 중소벤처기업정책 및 산업정책적 의미를 찾을 수 있다.

요컨대 지주회사 규제 및 금산분리 원칙의 완화라는 점에서는 이 법이 줄곧 유지해 왔던 대기업집단 정책에 일대 변화를, 벤처기업들의 M&A를 촉진함으로써 벤처투자자들의 출구(exit)를 제공하고 재투자를 유인한다는 점에서는 벤처 활성화 정책의 일환으로서의 의미를 이 법 제20조가 지니고 있다.

3. 쟁점의 소재 및 분석의 주안점

그런데, 이 진일보한 조치가 기대한 만큼의 효과를 거둘 것인지를 제도 시행 초기에는 확인하기는 쉽지 않으며 시장의 반응과 업계의 동향을 좀 더 확인한 후에야 가늠이 될 것이라는 게 일반적인 예측인 듯하다. 비록 종전 규제가 상당 부분 완화되기는 하였지만, 그 이면에서는 CVC의 설립, 자금조달, 업무영역, 투자대상, 투자금 회수 등 운용 전반에 걸쳐 만만치 않은 규제들이 함께 강구되어 있기 때문이다. 그리고 이 같은 부수적 규제들이 병설된 이유는, 주지하다시피 제도 도입 과정에서 줄곧 뒤따랐던 각종 우려들, 이를테면 규제완화로 인해 자칫 타인자본을 통한 산업지배가 용이해지거나, 투자대상 벤처기업의 무분별한 M&A로 인해 계열회사가 대폭 증가하거나, 또는 대기업집단 총수 일가에 의한 사익편취 및 편법세습이 발생할 가능성을 차단하거나 최소화할 필요가 있었기 때문이었다.

이처럼 상반된 입법취지가 공존해 있는 공정거래법상 CVC 관련 규정은 바로 그런 까닭에 입법의 취지와 조문의 상호관계에 대한 입체적인 이해와 그에 기반한 면밀한 해석을 요구하고 있다. 아래에서는 이러한 배경 및 상황 인식을 토대로 하여 현행 공정거래법상 CVC 관련 규정들이 어떤 도입과 고려 속에 도입되었으며, 그로 인해 초래되는 해석상 쟁점들은 어느 지점에서 어떤 구도로 발생하는지를 살펴보기로 한다. 나아가 CVC의 활성화 또는 폐해 방지를 위한 향후의 법/정책적 과제들을 추출해 보기로 한다.

II. 일반지주회사에 의한 CVC 보유 허용의 배경

1. CVC를 둘러싼 경제현실과 규제 환경

(1) CVC의 특유의 장점 및 VC와의 차별성

'CVC'나 '기업형 벤처캐피탈'은 강학상·실무상 사용되는 표현이다. 실정법상 이에 해당하는 법령용어는 「벤처투자 촉진에 관한 법률」에 따라 설립된 '벤처투자회사', 그리고 「여신전문금융업법」에 따라 설립된 '신기술사업금융전문회사'이다. 어느 경우이든 회사법인 즉 모기업이 그 주식을 소유하여 지배하고 있는 특수한 형태의 벤처캐피탈이라는 점에서는 공통된다.

CVC는 VC의 일종이므로, 투자조합을 모집하여 펀드를 조성하고 유망한 벤처기업들에 투자하여 종합적인 지원을 통해 가치를 상승시킨 후, 수익이 발생하면 기업공개(IPO)나 M&A, 구주 매각을 통해 수익금을 회수하여 다시 투자자들에게 배분하는 일련의 과정을 마찬가지로 거치게 된다. 이 점에서 보면 CVC도 일반적인 VC처럼 자금 투자를 통한 수익(ROI: Return on Investment)의 획득이라는 재무적 목표(financial purpose)를 추구하고 또 이를 위해 투자 포트폴리오를 구성할 수도 있다. 하지만, 대부분의 CVC는 단순히 재무적 목적을 넘어 모기업의 사업 시너지를 위한 전략적 목적(strategic purpose)에서 펀드를 모집하고 투자대상 벤처기업를 선별하는 것이 일반적이다.[58]

CVC의 운용 방식도 이런 관점에서 몇 가지로 유형화할 수 있다. 즉, 모기업의 핵심사업에 대한 전략을 강화하기 위해 모기업과 긴밀하게 연계하면서 인접사업을 수행하는 벤처에 주로 투자를 하는 방식, 모기업과의 연계성은 다소 약하지만 기존사업 전략 및 제품판매를 보완하기 위해 사업인프라를 구축할 수 있는 벤처투자 포트폴리오를 구성하는 방식, 모기업 사업과의 관련성은 적지만 향후 신규 진출

58 CVC의 경제적 효과를 분석한 문헌으로는 Andrieu, G.「The Impact of The Affiliation of Venture Capital Firms: A Survey」, *Journal of Economic Surveys*, pp. 27(2), 2013, pp. 234~246; Tantalo, C. and R. L. Priem,「Value Creation Through Stakeholder Synergy」, *Strategic Management Journal* 37, 2016, pp. 314~329; 한국경제연구원,『벤처기업 M&A 활성화를 위한 제도 개선방안』, 2017. 11. 등이 있다.

가능성이 높은 사업을 염두에 두고 이에 적합한 신사업 분야의 벤처기업들을 대상으로 투자 포트폴리오를 구성하는 방식 등 다양한 형태가 존재한다.

이 과정에서 벤처기업이 CVC의 모기업이나 그 소속 기업집단과의 장기적 파트너십을 형성하는 한편, 이들 기업으로부터 경영전략 전반에 대한 자문, 회계·공시 시스템의 공유, 상품의 수요와 공급 조절, 가격 관리 서비스를 제공받기도 한다. 나아가 모기업 및 그 소속 기업집단이 보유한 인적 자원과 국내외 네트워크를 이용하여 수익 창출과 해외 진출을 지원받기도 하는데, 이런 CVC만의 이점들을 바탕으로 투자대상 스타트업이나 벤처기업의 성공가능성이 훨씬 높아지는 효과를 기대할 수 있다.[59]

한편, 투자자금 측면에서도 기관투자자, 정부, 해외자본 등 유동자금 외에 동일 기업집단 소속 계열회사들 사내유보금 등으로부터의 출연으로 자금이 조성되기도 하는데, 이 같은 자금동원력에 있어서도 일반 VC와는 상당한 차이가 있다.

반면에 투자 성공 시의 보수나 인센티브 측면에서는, VC가 투자조합에 대부분 배분을 하는 데 비하여, CVC는 수익금이 투자조합으로만 배분되지 않고 일정 부분 그 소유주주인 모기업의 사내유보금 등으로 편입되기도 하므로 투자자 입장에서는 수익성이 낮게 형성될 가능성이 있다. 그럼에도 투자대상 벤처기업의 높은 성공률로 인해 투

---

59 Tantalo, C. and R. L. Priem, 「Value Creation Through Stakeholder Synergy」, *Strategic Management Journal* 37, 2016, pp. 314~329.

자금의 회수가능성이 안정적으로 유지되는 장점이 커서 투자회수 금액상의 비교열위를 상쇄하는 효과를 낳기도 한다.

(2) CVC 관련 국제적 동향과 한국적 특수성

CVC에 내재한 사업적 매력과 안정성, 그리고 국내 기업들의 사업역량과 풍부한 사내유보금에 비춰 본다면, 한국에서의 CVC 운용 동향은 전술한 것처럼 주요국에서의 활성화 추이에 반해 다분히 위축되어 있는 상황이다.[60] 전략적 목적보다는 여전히 재무적 투자가 주를 이루고 있어서 벤처 활성화와 혁신의 선순환을 유인하는 기능은 미미하였다. 일면 CVC의 시각에서 투자 매력도가 높은 혁신기업이 많지 않다는 현실적인 이유도 지목할 수 있지만, CVC의 장점을 극대화할 수 있는 구도를 막아 온 규제 환경이 오히려 보다 주된 원인을 제공했던 것으로 봐야 할 것이다. 그런 규제의 대표적인 예로 꼽을 수 있는 것이 일반지주회사 체제 내에 CVC의 설립을 금지해 온 공정거래법상 지주회사 규제(현행법 제18조, 구법 제8조의2)였다.

다만 이 규정은 국내의 지주회사와 자회사에 대해서만 적용되었는데, 그 결과 국내에서 대기업집단 내에 CVC를 두기 위해서는 공정거래법상 지주회사 규제를 우회할 수 있는 여러 방법들, 예컨대 i> 지주회사 체제가 아닌 대기업집단들이 CVC를 설립하는 형태, ii> 지주회사 체제를 유지하는 기업집단이 지주회사 체제 밖에서 계열사로 CVC

---

60 국내 CVC 가운데는 그간 삼성벤처투자(Samsung Venture Investment)와 카카오벤처스(Kakao Ventures) 정도가 세계적 규모의 투자활동을 전개하고 있는 상황이다.

를 보유하는 형태, iii> 대기업집단의 해외계열사로 CVC를 보유하는 형태, 또는 iv> 기업집단 소속회사의 사업부서 형태로 사실상 CVC와 같은 기능을 수행토록 하는 형태들을 선택하곤 하였다.

(3) CVC에 대한 종전 규제의 근거

그렇다면 종래 CVC의 설립을 금지해 왔던 규제들은 어떤 근거를 배경으로 하고 있었으며, 현재는 왜 그 규제를 완화한 것인지에 대해 살펴볼 필요가 있다. 우선 CVC를 포함한 금융회사를 일반지주회사 체제 내에 존속하지 못하도록 규제해 온 이유는 크게 두 가지 측면에서 도출해 볼 수 있다. 경제력 집중이 유발될 가능성과 금융-산업자본의 결탁에 대한 우려가 그것이다.

1) CVC를 통한 경제력 집중의 유발 가능성

CVC는 표준산업분류표상 금융회사에 해당한다. 일반적으로 금융회사는 고객들로부터 조성한 타인자금 즉 예치금이나 투자금, 보험료 등을 관리·운용하게 되는데 그 과정에서 보유한 타인자본을 투자나 M&A에 활용하기도 한다. 문제는 이들 금융회사가 대기업집단에 속한 경우에는 그 자금을 신사업분야에의 투자나 기존 계열회사의 지분 확보에 활용함으로써 기업집단의 강화 및 외연 확장의 결과가 발생할 수 있다는 점이다. 특히 후자의 경우에는 기업집단의 특수관계인 중심으로 경영권이 편법승계되거나 사익편취의 수단으로 활용될 우려가 함께 제기될 수 있다. 요컨대 특히 지주회사가 금융회사를 자회사로 보유하게 될 경우에는 이 같은 우려가 현실화할 가능성이 훨씬 크고 그 효과도 강력하게 나타날 수 있다. 일반지주회사에 대하여 금융회사를 자회사, 손자회사, 증손회사로 두지 못하도록 한 주된 이유가 여기에 있다.

금융회사의 일종인 CVC에서도 같은 우려가 제기되어 왔다. 즉 지주회사가 CVC를 보유할 경우 조성된 투자자금을 가지고 벤처회사를 지주회사 체제 내에 있는 기업들의 기존사업을 지원하거나 신규사업 진출을 돕기 위한 교두보로 활용하기 위한 목적에서 벤처회사에 투자하거나 M&A를 추진할 수 있다. 그 결과 기업집단의 유지 또는 확장 경제력을 집중하는 결과를 낳을 수 있다.

여기에 더하여 CVC의 투자대상회사의 성과로 인한 수익이 특수관계인에게 귀속될 경우 단기간에 자본 축적이 가능해져서 모기업이나 기업집단 전체의 지배권을 강화하거나 경영권의 편법승계의 수단으로 악용될 수 있다. 실제로 국내에 이미 활동해 온 CVC의 동향을 살펴보면, 대표이사 등 임원진 구성에 있어 CVC의 독자적인 경영권보다는 기업집단 전체 차원의 통제하에 유지되어 왔다거나, 스타트업이나 신기술회사를 발굴하기보다는 계열사 간의 거래내부화 방식의 관계가 구축되는 성향을 보여 온 점도 이를 뒷받침하였다.[61]

2) 금융-산업자본의 결탁 가능성

한편 일반지주회사가 금융회사인 CVC를 자회사로 보유하는 것은

61 신영수, 「개정 공정거래법상 CVC 관련 규정에 대한 평가와 전망」, 『경영법률』 제31권 제4호 2021, 167면 이하 참조.

산업자본이 금융자본을 소유하는 것을 의미하므로 공정거래법상 대기업집단 규제의 핵심 목표인 금산분리 원칙의 적용을 받게 된다. 오스트리아 출신의 경제학자 루돌프 힐퍼딩(Rudolf Hilferding)이 그의 저서 『금융자본론(Das Finanskapital)』에서 주창한 것으로 알려진 금산분리(separation of industrial and financial capital) 원칙은, 산업자본과 금융자본을 분리시켜서 그 두 자본이 서로에 대한 소유·지배를 엄격히 제한하는 원칙을 의미한다. 이 원칙의 작동 방향은 산업자본에 의한 금융자본의 소유·지배 금지와 금융자본에 의한 산업자본의 소유·지배 금지의 상반된 방향과 구도로 전개된다. 전자는 비금융주력자(산업자본)에 의한 금융의 사금고화를 방지하기 위해[62] 주로 은행의 소유 한도를 정하는 방식(은산분리)으로,[63] 후자는 대출자로서 금융기관의 기업에 대한 감시 및 견제 기능의 유지와 동반 부실을 차단하기 위해 주로 금융지주회사의 비금융회사 소유·지배를 제한하는 방식으로 실현된다.[64]

다만 이 원칙의 발현과 강조점은 산업과 금융의 유착 과정과 형태에 따라 시대와 지역별로 다른 양상을 보여 왔다. 예컨대 20세기 초 이래 독일 등 유럽 지역에서는 금융자본에 의한 경제, 산업의 지배에 주안점이 주어졌다면, 20세기 후반 한국의 경제성장 과정에서는 주로

---

62 이 밖에 산업자본에 의한 금융자본 지배와 관련하여 제기되는 우려로는 예금주의 정보를 계열기업의 상품 판매 이용, 계열기업 고객(원재료 공급자 및 제품의 수요자)에 대한 특혜 대출, 계열기업의 경쟁기업에 대한 여신 제한 등을 들 수 있다.

63 1982년부터 은행의 민영화가 이루어져 은행이 대주주의 사금고화가 되는 것을 방지하기 위한 수단으로 비금융주력자의 은행 주식보유 한도를 4%(지방은행은 15%)로 제한하고 있다(은행법 제16조의2 비금융주력자의 주식보유 일부제한 등).

64 금융지주회사법 제6조의3과 제37조의1상 금융지주회사는 비금융회사 주식을 보유할 수 없고 은행과 보험사는 다른 회사 지분에 15% 이상 출자할 수 없다.

산업자본에 의한 금융자본 지배와 더불어 대기업집단 소속 산업-금융자본의 분리에 주안점을 둔 제도화가 추진되어 왔다. 공정거래법은 이 가운데 주로 대기업집단 내에서의 금융-산업 부문의 결탁에 대한 경계심에 기초한 규제체계가 형성된 특징을 보이는데, 구체적으로는 지주회사 규제(제18조 제2항 제4호 및 제5호)와 금융회사 의결권 제한 규정(제25조)이 그 소임을 담당하고 있다. 이들 규정은 금융과 산업의 동반부실 및 금융자원의 비효율적 배분을 방지한다는 금산분리 원칙 고유의 기능을 수행하는 한편, 대기업집단 소속의 금융 계열사와 비금융 계열사들이 상호간의 지배권을 유지하여 기업집단 전체의 영향력을 키우고 특수관계인의 지배권을 강화하지 못하도록 하려는 취지를 아울러 갖는다. 따라서 금산분리 고유의 기능에 더하여 경제력 집중의 억제 수단으로서의 기능도 함께 수행한다는 차이가 있다. 그리고 이 같은 공정거래법상 금산분리 원칙이 지주회사-CVC 사이에도 동일하게 유지되어야 한다는 인식이 장기간 지속되어 왔던 것이다.[65]

(4) CVC에 대한 규제기조 변화의 배경

금산분리 원칙이 은행법에 도입된 1982년과 공정거래법에 도입된 1999년 당시의 시점에는 국내 기업들의 국제신용도가 높지 않고 보유자본도 불충분해서 금융기관을 통한 자금조달에 절대적으로 의존할 수밖에 없는 구조였다는 점에서 금융과 산업자본의 결탁의 가능성

65 관계부처 합동, 「M&A 활성화를 위한 벤처지주회사 제도개선 방안」, 『혁신성장 관계장관회의 18-12 자료집』, 2018. 8, 2면.

및 우려는 실재했던 것으로 볼 수 있다.

하지만 한국 경제가 괄목할 만한 성장을 이룬 현 시점에서는 국내 기업들이 이미 상당한 사내유보금을 보유하고 있는 데다 자체 신용만으로 회사채 등을 통해 자금조달이 충분히 가능하므로 굳이 금융기관을 산하에 두는 방식으로 자금을 운용할 필요성이 크지 않다. 더욱이 설령 그럴 만한 현실적 필요성이 감지되더라도 현행법상의 행정제재와 형사처벌의 위험을 감수하면서까지 금융기관을 사금고화할 가능성은 크지 않다는 게 일반적인 시각이다.

CVC에 대해서도 금산분리 원칙의 적용이 불가피한지에 대해서는 상반된 입장이 제기될 수 있다. 특히 CVC는 금융고객의 예탁금이 존재하지 않고 투자금으로 운영되는 것이므로, 사금고화나 시장지배력 확장의 수단으로 활용될 가능성이 크지 않다는 점, 계열사에 대한 여신제공(산업자본에 의한 금융자본 지배)이나 고객의 예탁금을 통한 계열회사 지분확보(금융자본에 의한 산업자본 지배의 일정 부분)에도 한계가 있다는 반론이 가능하다. 이에 더하여 지주회사가 아닌 기업집단이 보유한 CVC에 대해서는 적용되지 않는 규제를 굳이 지주회사하의 CVC에 대해 적용해야 하는 불가피성과 규제의 불균형도 문제로 지적될 수 있다.[66]

다만 예치금이나 보험금 형태는 아니지만 투자조합을 통해 조달한 자금 역시 타인자본에 해당하며, 이를 계열회사 확장에 활용할 가능성 또한 전혀 간과하기는 어렵다. 즉, 투자대상 기업에 대한 지분투자

66 신영수, 「벤처지주회사 및 기업형 벤처캐피탈과 관련한 최근 규제 개편안의 법적 쟁점과 과제」, 『IT와 법 연구』(제18권), 경북대학교 IT와 법 연구소, 2019. 2, 92~93면.

를 주로 하므로, 투자대상회사를 M&A 하기에 용이하며, 기존사업과 연계한 투자를 함으로써 투자대상 회사를 계열회사로 편입하거나 기존사업의 시너지를 높임으로써 시장지배력이나 경제력 집중을 야기할 가능성에는 여전히 유의할 필요가 있다.

요컨대 전형적인 금산분리 원칙의 배경이나 논거와는 다소 다른 구도를 가지고 있긴 하지만, CVC를 통한 기업집단의 경제력 집중 및 지배력 유지·확대의 우려 자체는 큰 틀에서 유사하다는 전제가 성립된다. CVC가 벤처 활성화의 효과적 수단으로 부각된 이후로 입법에 대한 논의와 정책기조가 도입 일변도로만 전개되지 못했던 이유도 CVC에 내재된 이 같은 복합성 때문이다.

아래에서는 이런 인식을 배경으로 현행 지주회사 규제의 예외로서 CVC를 허용하게 된 경위를 좀 더 상세히 살펴보기로 한다.

2. 일반지주회사에 의한 CVC 설립 허용의 경위와 입법 과정

(1) 초기의 정책기조 및 이후의 변화

공정거래법상 일반지주회사의 CVC 보유 허용이 논의되기 시작한 시점은 지난 2018년 정부 내에 공정거래위원회, 기획재정부, 중소벤처기업부 등 관계부처 합동으로 벤처기업에 대한 M&A 활성화 방안이 대두되면서부터였다.[67] 특히 지주회사 규제의 주무관청인 공정거래위원회 차원에서 벤처 활성화에 대해 전향적 입장 속에 벤처지주

67 관계부처 합동, 앞의 자료, 참조.

회사 규제완화와 더불어 CVC 도입에 대한 타당성 분석이 이루어졌다.[68] 또한 이 무렵 공정위 주도로 발족된 공정거래법 전면개편 특별위원회에서 이 방안이 본격적으로 논의되었다.

하지만, 금산분리 원칙을 어떻게 극복 내지 돌파할 것인지, 즉 외형상 엄연히 금융회사에 해당하는 CVC에 대해서만 이 원칙의 예외를 인정할 것인지가 이내 가장 큰 의제이자 난관으로 부각되었다. 그 결과 제도 도입에 앞서 사회적 합의가 선행되어야 한다는 쪽으로 방향이 수렴되었고, 특히 대기업집단에 대한 특혜론 및 경제력 집중을 우려한 반대론이 강력히 대두되면서 당초 추진되었던 법률 개정안은 그 동력이 급속히 약화되었다.[69] 법 개정의 초안을 마련하는 역할을 담당한 공정거래법 전면개편특위 역시도, CVC 허용은 단순히 공정거래법상 지주회사 규제완화 차원에서 수용 여부를 논할 수 없는 사안이라는 것으로 잠정적 결론을 내리게 되었다.

이후 공정거래위원회의 입장도 금산분리 원칙을 유지하는 쪽으로 선회하였는데, 지주회사의 CVC 보유를 허용하는 것으로 규제를 완화할 경우에는 자칫 공정거래법 전부개정의 핵심으로 추진되던 지주회사 규제강화 조치와 상충되는 결과가 될 수 있다는 점도 고려되었다. 즉 종전의 공정거래법이 지주회사의 설립 및 전환에 대해 과도

---

68 『조선일보』, 2018. 7. 11, 「'대기업 지주사의 벤처투자 허용' 이달 중순쯤 발표」(출처: https://biz.chosun.com/site/data/html_dir/2018/07/11/2018071100202.html?utm_source=naver&utm_medium=original&utm_campaign=biz) 참조.

69 『이데일리』, 2018. 8. 2, 「김상조 'CVC 도입 금산분리 충돌 … 벤처지주사 활성화 우선'」(출처: https://www.edaily.co.kr/news/read?newsId=02571526619303384&mediaCodeNo=257&OutLnkChk=Y) 참조.

한 인센티브를 부여하고 있다는 인식을 갖고 있던 공정위 입장에서는 CVC를 허용할 경우 자칫 지주회사 전환 내지 설립의 인센티브를 더 키우는 결과가 된다는 딜레마가 있었다. 여기에 일부 대기업집단의 경우 지주회사 전환 후 금융회사인 CVC를 2년 내에 처분해야 하는 상황이므로, CVC 허용 시 특정 기업의 법 위반 상태만 해소해 주게 되는 점도 부담스러운 부분이었다.[70]

그 결과 CVC 도입 방안을 대신하여 벤처지주회사에 대한 규제를 추가로 완화하는 방안이 대안으로 부각되었으며, 이를 골자로 한 공정거래법 전부개정안이 20대 국회 회기 중인 2018년에 마련되었다.[71] 하지만 공정거래법 개정안 전체에 대한 찬반양론이 팽배해지면서 국회에서의 심의 및 법안 통과가 지연되었고 이내 20대 국회가 만료되면서 벤처지주회사 중심의 벤처 활성화 방안마저 폐기되기에 이르렀다.

(2) 21대 국회에서의 재논의 및 법안의 통과

이후 2020년에 들어서면서 정부와 21대 국회 차원에서 벤처 활성화

70 당시는 롯데 지주회사가 보유한 롯데액셀러레이터와 SK디스커버리의 투자회사인 인터베스트는 2년간 규제 유예를 받고 있어서, CVC가 도입될 경우 이 두 지주회사는 규제를 면제받을 수 있는 상황이었는데 이후 롯데액셀러레이터는 지주체제 밖 계열사인 '호텔롯데'의 자회사로 전환하였다. SK의 경우는 일반지주회사 체제인 SK디스커버리로 전환 과정('17년 12월)에서 20년간 보유하던 인터베스트 주식을 처분하고('18년 12월) 해외계열사 100% 출자 방식으로 미국에 설립한 CVC SKTVC(SK텔레콤 벤처캐피탈)를 운영하였다.

71 당시 법안은 자산총액이 300억 원을 넘으면 벤처지주회사로 신청할 수 있도록 설립요건을 완화하고, 기존 지주회사가 벤처지주회사를 자·손자회사로 설립하는 경우 벤처지주회사의 자회사 지분 보유 특례를 인정하였으며, 벤처지주회사의 경우 일반지주회사와는 달리 비계열사 주식취득 제한을 폐지, 즉 비계열사 발행주식의 5% 이상 취득도 가능하도록 하였고, 벤처지주사에 속한 벤처기업은 10년까지(현행 7년) 대기업집단 계열사 편입을 유예하는 것을 내용으로 하였다. 이런 내용은 이번 법률 개정에도 대부분 반영되었다.

는 여전히 핵심적인 정책 과제로 자리 잡았다. 벤처업계 및 대기업집단으로부터 일반지주회사의 CVC 보유 허용에 대한 요청과 함께 CVC 관련 규제완화 무산에 대한 각종의 비판도 지속적으로 제기되었다.

이에 따라 2020년 7월 관계부처 합동으로 일반지주회사의 CVC 제한적 보유 추진방안이 재추진되었다. 다만 법적 근거 및 주무관청을 어디로 할 것인지에 대해서는 중소벤처기업부의 소관법률(「벤처투자 촉진에 관한 법률」)에 두는 방안과 공정거래법에 두는 방안이 검토되었는데, 결국 공정거래법 전부개정 중 대기업집단 관련 규정 내에 CVC 도입을 골자로 한 신설규정을 두는 쪽으로 결론이 내려졌다. 후속조치로서 관련 규정을 포함한 공정거래법 전부개정 정부안이 국회에 제출되었고, 같은 취지의 의원발의 법안(공정거래법 개정안 7건, 벤처투자법 개정안 1건)도 다수 발의되었다.

단, 재추진의 과정에서도 여전히 금융자본과 산업자본의 결탁, 타인자본을 통한 기업집단의 지배력 확장, 기업집단 특수관계인에 의한 사익편취 등의 가능성이 강하게 제기되면서 법안의 내용은 CVC의 설립을 허용하되, CVC의 행위를 상당 정도 제한하는 규제를 두는 쪽으로 가닥이 잡히게 되었다.

이런 번복과 수정의 과정을 거쳐 전부개정안이 마련되었고 2020년 12월에 법안이 국회를 통과하면서 마침내 시행일인 2021년 12월 30일부터 일반지주회사의 CVC 보유가 가능해졌다. 아울러 벤처지주회사에 대한 규제완화 조치도 함께 입법이 되었는데,[72] 그 결과 벤처 활

72 벤처지주회사는 공정거래법상 벤처기업을 자회사로 하는 지주회사로서 지주회사가 소유하고

성화를 위한 제도로서 CVC와 벤처지주회사라는 두 가지 수단이 공정거래법 내에 자리 잡게 되었다.

III. 현행법상 지주회사 및 CVC 관련 규제의 내용과 특징

현행 공정거래법상 일반지주회사의 CVC 보유 및 부수적 규제는 제20조에 규정되어 있다. 따라서 이 규정은 동법 제18조 제2항 제5호에서 규정하는 일반지주회사의 금융자회사 보유 금지규정에 대한 특례로서의 의미를 지닌다. 즉 일반지주회사의 CVC의 설립을 허용하되 행위를 제한하는 방식의 규제를 신설하였다. 한편 종래 CVC에 대한 규제의 근거 규범인 「중소기업창업지원법」과 「여신전문금융업법」, 「벤처기업육성에 관한 특별조치법」은 여전히 존재하면서 규범력을 유지하고 있으므로 CVC에 대한 규제의 체계는 이들 규범 외에 공정거래법이 추가되는 형태로 재편되었다.

이런 구도 가운데 공정거래법에 터 잡은 새로운 규정은 주로 금산분리, 경제력 집중, 사익편취 등에 대한 우려를 고려하여 CVC의 설립, 투자, 그리고 절차에 관한 규제의 근거 규범으로서 차별적 기능을 수행하고 있는바, 그 주요 내용은 다음과 같이 정리된다.

있는 벤처기업의 주식가액 합계액이 당해 지주회사가 소유하고 있는 전체 자회사 주식가액 합계액의 100분의 50 이상인 회사를 의미한다. 벤처지주회사 관련 규정은 지난 2002년 공정거래법에 신설되었다(현행 공정거래법 제8조의2 제1항 제2호 및 동법 시행령 제15조의2).

1. CVC의 설립 요건

(1) 지주회사의 CVC 보유 요건

공정거래법은 일반지주회사가 기존 벤처캐피탈 형태인 '벤처투자회사' 및 '신기술사업금융업자'(이하, '신기사'라 함)의 주식을 소유할 수 있도록 함으로써 자회사로서 CVC의 설립 및 보유를 허용하는 한편, 금산분리 원칙의 특례를 인정하였다. 즉 현행법상 지주회사의 CVC 설립 시, 벤처투자회사와 신기사 가운데 하나를 선택할 수 있다. 단 일반지주회사가 CVC를 자회사로 둘 경우 그 지분은 100%를 유지토록 하였다(법 제20조 제2항). 이때의 일반지주회사에는 중간지주회사는 포함되지 않으며 따라서 중간지주회사의 CVC는 여전히 금지되는 것으로 해석된다. 중간지주회사는 지주회사의 자(손자)회사의 지위도 가지고 있어 자(손자)회사의 금융사 소유를 제한하는 법 규정(법 제18조 제3항제3호 등)이 적용되기 때문이다.

한편 CVC로서 벤처투자회사와 신기사의 설립 등록 및 최소자본 요건은 공정거래법이 아닌 벤처캐피탈 관련 규범을 적용받는다. 이에 따라 벤처투자회사에 대해서는 「벤처투자 촉진에 관한 법률」상의 설립 절차와 기준에 따라 최소자본 20억, 중소벤처기업부 등록 의무가 여전히 부과되며, 마찬가지로 신기사도 「여신전문금융업법」에 따라 최소자본 100억 원을 갖추고 금융감독원에 등록하여야 한다.[73]

---

73 CVC 관련 지주회사 규제완화의 초기 시점에는 신기사 방식이 선호되는 경향이 나타나고 있다. 이미 설립된 CVC도 모두 금융위원회 등록 사례들인 점도 그에 따른 결과로 보인다. 벤처투자회사는 자본요건(최소자본금 20억 원)이 신기사(100억 원)에 비해 낮고 설립 인가에 소요

(2) CVC의 재무건전성

또한 CVC를 일반지주회사의 100% 완전자회사로 설립토록 함으로써 CVC의 설립자본에 대한 타인자본의 개입 여지를 차단하였다. 다른 법인과 더불어 기업집단 특수관계인이 CVC의 경영에 직접 개입하거나 사익을 편취하지 못하도록 하려는 취지로 이해된다.

한편, CVC의 부채비율은 「벤처투자 촉진에 관한 법률」 및 「여신전문금융업법」의 요건(벤처투자회사 2,000%, 신기사 900%)이 아닌, 공정거래법의 기준을 적용하여 기존 지주회사의 부채비율과 동일한 기준(200%)이 요건으로 제시되었다(제20조 제3항 제1호). 즉 공정거래법상 일반지주회사의 자회사로 설립되는 CVC는 부채가 자본 총액의 2배를 초과할 수 없는데, 이는 일반 VC에 적용되지 않는 규제이므로, 결국 CVC에 대해서는 VC에 비해 훨씬 높은 수준의 재무건전성을 요구한 것으로 볼 수 있다.

2. CVC에 대한 행위 제한

(1) CVC의 업무 범위

공정거래법 제20조는 CVC의 영업 및 사업수행과 관련해서도 상당

되는 기간도 2주 이내로 신속한 장점이 있는 반면에 벤처투자조합의 일정 비율 이상을 벤처기업에 투자해야 하는 규제 등을 적용받게 되어 신기술사업자에 투자하는 신기사에 비해 투자 가능 회사의 범위가 협소한 단점이 있다. 즉 시장에서는 투자에 대한 규제환경을 중심으로 CVC 설립 유인이 형성되고 있는 것으로 추측된다. 다만 자본력을 갖춘 대기업의 입장에서는 굳이 자본요건이 낮은 벤처투자회사를 설립할 필요성이 크지 않다는 현실적 요인도 일정 부분 영향을 미칠 수는 있다.

히 엄격한 규제를 두고 있다. 우선 CVC의 업무범위는 투자 업무만 허용되며, 여타 금융 업무는 금지된다(법 제20조 제3항 제2호 및 제3호). 일반 벤처캐피탈 회사인 신기사의 경우는 여신전문금융업법상 융자 업무, 타 금융업의 겸업이 가능한 반면에, 일반지주회사가 보유하는 CVC의 타 금융업의 겸업은 허용되지 않는다. 벤처투자 및 혁신금융 활성화라는 CVC 허용 취지에 충실하도록 하는 한편, 금산분리 원칙의 예외를 인정함으로 인한 폐해, 예컨대 금융업을 통한 산업지배의 가능성을 차단하기 위한 취지로 이해할 수 있다.

(2) 투자자금의 조성

CVC의 자금조달 단계에서도 규제가 작동한다. 즉 CVC의 투자재원을 마련하기 위한 조합(펀드)을 조성할 때에는 자기자금이나 계열회사 자금의 펀드 출자는 허용하되, 특수관계인 즉 총수 일가 및 계열회사 중 금융회사 즉 일반지주회사 체제 밖 계열회사로서 기업집단에 속하는 금융회사의 출자가 금지되어 있다. 현행법 시행령상으로는 일반지주회사가 주식을 소유한 창투사 및 신기사에 대하여 자신이 소속된 기업집단 소속회사가 아닌 자가 출자금 총액의 100분의 40 이내에서 대통령령으로 정하는 비율을 초과하여 출자한 투자조합,[74] 자신이 소속된 기업집단 소속회사 중 금융업 또는 보험업을 영위하는 회사가 출자한 투자조합, 자신의 특수관계인(동일인 및 그 친족에 한정함)이 출자

74 이 규정에서 투자조합은 「벤처투자 촉진에 관한 법률」 제2조제11호에 따른 벤처투자조합 및 「여신전문금융업법」 제2조 제14호의5에 따른 신기술사업투자조합을 의미한다.

한 투자조합(동일인이 자연인인 기업집단에 한정함)의 어느 하나에 해당하는 투자조합을 설립하는 행위를 금지대상으로 규정하고 있다.[75]

요컨대, 투자자금은 기업집단 내부 자금 60% 이상, 외부자금 40% 이하로 구성된 펀드를 통해 조성이 가능하며, 총수 일가의 자금은 투입이 금지된 점이 특징이다. 일면 계열사 자금 등 기업집단 내부자금과 외부자금은 허용한도 내에서만큼은 충분히 조달받을 수 있게 되었다는 점이 주목된다. 타인자본을 이용한 기업집단 지배력 확장이라는 전형적인 금산결탁의 폐단을 최소화하기 위한 규제라 할 수 있다. 제도 도입 이후 일반지주회사들과 벤처업계에서 가장 많은 완화 요구가 제기되었던 규제이기도 하다.

한편, 시행령은 투자자금의 조성에 대한 규제의 대상을 지주회사 산하의 CVC가 '투자조합을 설립하는 행위'만을 대상으로 명시하고 있어서 새로 설립하는 경우 외에 이미 설립되어 있는 투자조합에 대해서는 공정거래법 제20조에서 정한 일련의 규제대상이 되지 않는 것인지 의문이 있으나[76] 공정거래위원회 유권해석을 통해 이미 설립된 조합에 대해서는 규제를 적용하지 않는 것으로 정리되었다.[77]

---

75 단, 예외적으로 계열회사가 아닌 중소기업창업투자회사 및 신기술사업금융전문회사를 자회사에 해당하게 하는 과정에서 해당 중소기업창업투자회사 및 신기술사업금융전문회사 주식을 발행주식총수 미만으로 소유하고 있는 경우로서 해당 회사의 주식을 보유하게 된 날부터 1년 이내인 경우(1년 이내에 발행주식총수를 보유하게 되는 경우에 한정한다), 자회사인 중소기업창업투자회사 및 신기술사업금융전문회사를 자회사에 해당하지 아니하게 하는 과정에서 해당 중소기업창업투자회사 및 신기술사업금융전문회사 주식을 발행주식총수 미만으로 소유하게 된 날부터 1년 이내인 경우(발행주식총수 미만으로 소유하게 된 날부터 1년 이내에 모든 주식을 처분한 경우에 한정한다)에는 금지대상에서 제외시키고 있다.

76 이 부분에 관한 상세한 분석은 신영수, 「CVC(기업형 벤처캐피탈) 투자조합에 관한 공정거래법상 규제의 해석론」, 『경제법연구』 제21권 제2호, 2022. 8, 185~204면 참조.

77 현재 일반지주회사 소속 CVC 6개사가 총 71개 투자조합을 운영하고 있는데, 이 가운데 일반

(3) 투자대상의 제한

CVC가 벤처기업에 투자하는 단계에서도 공정한 투자를 담보하기 위해 투자가 금지 대상이 설정되었다(법 제20조 제3항 제5호). 즉 CVC는 소속 기업집단의 총수 일가 즉 특수관계인(동일인 및 그 친족)이 조금이라도 지분을 보유하고 있는 기업, 그리고 CVC가 소속된 기업집단 소속회사 즉 계열회사)에 대한 투자가 금지된다(동호 가목, 나목). 이 같은 제한은 총수 일가의 사익편취 및 계열사 간 부당한 지원행위를 사전에 차단하기 위한 목적을 가진 것으로 이해된다. 아울러 CVC를 통해 자칫 대기업집단으로의 경제력 집중이 심화되는 결과를 방지하기 위해 공시대상기업집단 및 상호출자제한기업집단 소속회사에 대한 투자도 금지된다(동호 다목).

또한 지주회사 체제 내의 CVC 허용은 국내 벤처, 창업투자의 활성화를 위한 것이므로 해외 투자는 CVC 총자산의 20%로 제한된다(동호 라목). 또한 CVC의 설립 형태별 소관법령에 따른 투자의무도 동일하게 적용되어, 벤처투자회사의 경우 「벤처투자 촉진에 관한 법률」에 따라 등록 후 3년 내에 총자산(자기자본 + 조합 출자금)의 40% 이상을 창업·벤처기업 등에 투자해야 하며, 신기사의 경우 「여신전문금융업법」에 따라 신기술사업자[78]로 투자대상이 제한된다.

지주회사 소속 CVC가 신규 설립한 투자조합은 8개이며, 나머지 63개 투자조합은 CVC가 지주체제에 편입되기 전에 설립·운영된 조합들이다.

78 신기술을 개발하거나 이를 응용하여 사업화하는 중소·중견기업을 의미한다.

(4) 투자금의 회수 규제

한편 CVC 또는 그 투자조합이 투자한 회사의 회사의 주식, 채권 등을 기업집단의 동일인 및 그 친족, 혹은 이들이 투자한 회사로서 지주회사 등이 아닌 계열회사가 취득 또는 소유하도록 하는 행위도 금지된다(제20조 제3항 6호). CVC 또는 그 투자조합이 보유한 벤처기업의 주식을 총수 일가에게 저가에 양도하여 부당한 지원을 하는 것을 방지하기 위한 취지의 규제로 볼 수 있다. 입법 과정에서는 이미 부당지원 행위나 사익편취에 관한 사후규제 수단이 존재하므로 사전규제는 필요치 않다는 의견도 제기되기도 하였으나 CVC로 인한 지배력 확장 및 편법승계의 우려가 제기됨에 따라 규제 도입이 관철되었다.

3. CVC에 대한 절차적 규제

한편 CVC에 대한 규제 및 모니터링의 효율성을 높이기 위해 개정 법률은 CVC를 보유한 일반지주회사 및 해당 CVC로 하여금 공정거래위원회에 대한 보고의무를 부과하고 있다(법 제20조 제4항 및 제6항). 이에 따라 CVC를 보유한 일반지주회사도 CVC 주식을 취득 또는 소유한 날로부터 4개월 이내에 그 사실을 공정거래위원회에 보고하여야 하며, 일반지주회사가 보유한 CVC는 기존 벤처투자회사 및 신기사로서 관련 소관부처(중소벤처기업부, 금융감독위원회) 보고의무를 이행하면서 추가적으로 공정거래위원회에 출자자 현황, 투자내역, 자금대차관계, 특수관계인 거래관계 등을 정기적으로 보고할 의무를 부담하게 된다.

CVC가 준수해야 하는 설립·행위제한 의무의 위반 여부에 대한 조사·감독 및 제재 권한은 공정거래위원회가 갖는다. 단, 벤처투자법 및 여신전문금융업법상 CVC에 대한 조사 및 감독 권한은 여전히 중소벤처기업부와 금융위원회가 보유한다.

4. CVC 투자 벤처기업의 대기업집단 편입 유예

CVC가 투자한 중소·벤처기업이 대기업집단 편입요건 충족 시, 즉 CVC가 해당 기업의 지분 30% 이상을 소유하고 최다출자자인 경우 또는 해당 기업 경영에 대해 지배적인 영향력을 행사하고 있는 경우에는 대기업집단 편입을 10년까지 유예토록 하였다. 이 같은 유예기간은 개정 법률에서 벤처지주회사에 대해 적용된 확대 기준(7년 → 10년)과 동일하다. 통상적으로 벤처기업이 사업성공 단계에 들어서려면 10년 정도의 시간이 필요하다는 점에서 대기업집단 투자회사임에도 불구하고 중소기업으로서의 혜택을 확장하는 것이 바람직하다는 인식에 따른 것이다.

10년의 유예기간에 대해서는 도래 직전에 CVC 투자 벤처기업을 매각하는 방법으로 규제 개시를 회피할 가능성이 제기될 수 있으나, 이 같은 폐단은 유예기간을 인정하는 한 잠재되어 있는 것으로서 개정 법률과 같이 일단 유예기간을 길게 인정하되, 향후 유예기간을 악의적 이용이 발생하지 않도록 주시하는 한편 남발 시에 대책을 강구하는 접근법이 타당한 것으로 보인다.

[표] 규제의 대상 및 단계별 유형 및 내용

규제 유형		내 용
CVC를 보유한 '일반 지주회사'에 대한 규제		· CVC의 설립 형태는 벤처투자법상 벤처투자회사와 여신전문금융업법상 신기사로 제한됨 · 일반지주회사의 100% 완전자회사 형태로만 설립 가능함 · CVC 주식의 취득 또는 소유일로부터 4개월 이내에 그 사실을 공정거래위원회에 보고해야 함
'CVC'에 대한 규제	재무건전성 관련 규제	· CVC의 부채가 자본 총액의 2배를 초과할 수 없음(부채비율 200%) · CVC는 자금대차 관계를 공정거래위원회에 정기적으로 보고해야 함
	업무범위 관련 규제	· CVC 업무범위는 투자로 국한되며, 여타 금융업무 수행은 금지됨 · 투자 내역을 공정거래위원회에 정기적으로 보고하여야 함
	펀드조성 관련 규제	· 펀드(투자조합)에 조성된 자금 중 기업집단 내부자금이 60% 이상이어야 하고, 외부자금 출자는 최대 40%까지로 제한됨 · 내부자금이지만 총수 일가 및 금융 계열회사(즉 일반지주회사 체제 밖의 계열회사로서 기업집단 소속 금융회사)의 자금의 출자는 금지됨 · 출자자 현황을 공정거래위원회에 정기적으로 보고하여야 함
	투자대상 관련 규제	· 특수관계인(동일인 및 그 친족)이 지분을 보유하고 있는 기업, CVC 계열회사, 공시대상기업집단, 상호출자제한기업집단 소속회사에 대한 투자는 금지됨 · 특수관계인 거래관계를 공정거래위원회에 정기적으로 보고하여야 함
	투자금 회수(exit) 관련 규제	· CVC 또는 그 투자조합이 투자한 회사의 주식, 채권 등을 기업집단의 동일인 및 그 친족, 혹은 이들이 투자한 회사로서 지주회사 등이 아닌 계열회사가 취득 또는 소유하도록 하는 행위도 금지됨
CVC의 투자대상 '벤처기업'에 대한 규제 유예		· CVC가 해당 기업의 지분 30% 이상을 소유하고 최다출자자인 경우 또는 해당 기업 경영에 대해 지배적인 영향력을 행사하고 있는 경우에는 대기업집단 편입이 10년간 유예됨

IV. 지주회사 및 CVC 규제의 쟁점들

1. 이 규제의 복합성

그간의 발전 과정에 비춰 볼 때 지주회사 규제를 위시한 공정거래법상 대기업집단 규제는 정치한 법리적 토대 위에 제도적 기반을 형성해 왔다기보다는 단기 현안의 해결을 위한 정책수단으로서 그 면모를 갖추어 온 측면이 강하다. 이를테면 경제력 집중의 억제와 금산분리로부터 중소기업 보호에 이르기까지 취지와 층위를 달리하는 여러 정책 목적들이 입체적으로 둘러싼 상황 속에서 현재의 규제체계가 구축된 것으로 볼 수 있다. 그 결과 규제 개편 때마다 기존의 규제가 포기되거나 새로운 규제로 대체되는 일, 혹은 규제수단 사이의 짜임새 즉 정합성이 벌어지거나 좁혀지는 일들이 숱하게 발생해 왔다. 금산분리, 경제력 집중 억제에 더하여 사익편취 금지와 벤처 활성화라는 새로운 정책과제가 개입된 CVC 규제에서도 이 같은 현상들이 목격된다.

[표] CVC 규제완화로 인한 우려와 대응책

CVC 규제완화에 따른 우려	대응책
금산분리 예외범위의 확대	• CVC는 투자행위만 허용, 타 금융업 수행 금지
타인자본 이용 지배력 확장	• CVC는 지주회사가 지분 100% 보유 자회사로 설립 • CVC 차입 규모 제한(자기자본의 200%) • 펀드 조성 시, 외부자금 출자는 40%로 제한
총수 일가의 사익편취	• 소속 기업집단 총수 일가의 지분 보유 기업 투자 금지

[출처] 관계부처합동, 「일반지주회사의 CVC 제한적 보유 추진방안」, 2020. 7. 30.

2. 총론적 측면

(1) 금산분리 원칙에 대한 CVC 관련 규정의 함의

CVC의 허용은 일반지주회사가 금융회사를 자회사로 둘 수 없도록 하는 내용의 소위 금산분리에 대한 중대한 예외를 인정한 점에서 적지 않은 의미가 있다. 경제 규제에 있어서 금산분리 원칙은 그간 교조적이라 일컬을 만큼의 견고한 입지를 확보한 채 관련 규범 내에서 강력한 기조를 지속케 하는 토대가 되어 왔다. 하지만 이 원칙에 기반한 굳건한 정책들에 비하여 실제의 금산 결탁 사례는 적어도 최근의 경우 잘 떠오르지 않는 게 사실이기도 하다. 더욱이 최근 인터넷전문은행과 관련하여 은산분리 원칙마저 해소된 상황에 비추어 보면 금산분리적 관점에서의 CVC에 대한 경계심은 다소 과도한 측면이 있었다. 이 점에서 개정 공정거래법은 금산분리 원칙을 경제현실의 변화에 맞춰 완화한 선례로서 의미가 있다. 향후 관련 규제에 적지 않은 영향을 미치게 될 것으로 예상된다.

(2) 공시대상기업집단에 속하지 않는 지주회사 보유 CVC에 대한 규제의 문제

CVC의 규제체계 수립 과정에는 공정거래법상 주요 규율대상행위의 발생 가능성에 대한 고려도 상당 부분 반영된 것으로 볼 수 있다. 지주회사가 특수관계인의 사익편취 수단으로 악용될 가능성을 차단하기 위해 총수 일가가 지분을 보유한 기업이나 계열사에 대한 투자를 금지한 점, 총수 일가 및 계열회사 중 금융회사 즉 일반지주회사 체제 밖 계열회사로서 기업집단에 속하는 금융회사의 출자를 금지한 점이 그렇다. 현행 공정거래법상 지주회사의 자회사 지분비율을 종전의 기준에 비해 10% 상향조정한 조치와 같은 맥락이라 할 수 있다.

단 현행법상 지주회사 규제의 적용대상(지주회사 자산총액 5,000억 원)과 사익편취 규제의 적용대상(기업집단 자산총액 5조 원)이 일치하지는 않아서, 예컨대 지주회사 체제를 도입했지만 공시대상 대기업집단에는 속하지 않은 경우(즉 중견기업집단 소속 지주회사)들이 존재한다. 만일 그렇다면 제46조의 사후규제(사익편취 규제) 대상이 아닌 경우에도 CVC와 관련해서는 사전규제의 대상으로 포섭되는 결과가 발생한다. CVC에 관해 사전규제를 강화해야 할 필요성이 명확치 않은 데다, 그런 필요성 여부는 별론으로 하더라도, 논리적 측면에서도 문제 제기가 될 수 있는 부분이다. 공시대상기업집단에 속하지 않는 기업집단의 지주회사 보유 CVC에 대해서는 규제의 예외를 인정하는 방안을 모색해 볼 필요가 있다.

(3) CVC 모회사가 지주회사인지 일반 대기업집단 소속회사인지에 따른 규제 차이

공정거래법상 CVC 규제는 대기업집단 규제와의 정합성 측면에서의 문제점이 지적될 수 있다. CVC는 기존의 벤처투자법이나 여신전문금융업법에 따른 등록, 최소자본금 요건, 투자의무에 더하여 일반 지주회사의 완전자회사로 설립, 부채비율 제한, 투자 외 금융업무 금지, 펀드조성 시 타인자본 조달 제한, 총수 일가 지분 보유 기업 투자 금지 등 공정거래법상 규제를 추가로 부담하게 된다. 그 결과 일반 기업집단이 CVC를 설립하는 것보다는 지주회사가 CVC를 설립하는 것이 더 어려운 수준이 된 점을 부인하기 어렵다. 요컨대 CVC에 관한한 지주회사 시스템과 일반 기업집단의 규제 차이가 발생한다. 논리적으로 지주회사가 CVC를 설립함에 따른 폐단이 대기업집단의 CVC 설립에 비해 더 큰 것으로 전제된 것인데, 현실적 근거 여부와 함께 대기업집단 정책기조와의 부조화가 문제될 수 있다.

(4) CVC와 벤처지주회사 관련 규정 간의 정합성

한편 공정거래법은 일반지주회사로 하여금 CVC의 지분을 100% 보유하도록 하고 있다. 기존의 지주회사의 자회사 지분율 규제의 기준이 낮아서 지주회사 및 자회사 설립이 남발한다는 문제의식에 따라 현행법에서는 자회사 지분을 종전에 비해 10%씩 상향하기로 한 점에서 보면, CVC에 대한 100% 완전자회사 기준도 같은 맥락으로 이해될 수 있는 측면이 있다. 이에 비해 벤처지주회사의 경우는 현행법상 자회사 지분비율 규제를 일반 지주회사에 비해 완화된 20%, 40% 기준을 적용받도록 하였다. 비록 벤처지주회사와 CVC의 역할에 차이는 있지만 벤처 활성화를 위한 목적에서 이루어진 규제완화 조치가 양 기업에게 달리 적용되는 결과가 된 점은 부인할 수 없다. CVC를 대체하기 위해 추진되었던 벤처지주회사 관련 규제완화 조치[79]들이 CVC를 허용한 개정 법률에서도 유지된 결과 유사한 취지의 벤처지주회사와 CVC에 대해 다소 다른 기조의 규제가 적용된 결과가 되었다. 다만 벤처지주회사의 활용도가 매우 빈약했던 종래의 경향이 지속될 경우 유사 제도와의 이런 부정합성이 현실적 문제로 부각될 가능성은 크지 않을 것이다.

---

79 구체적으로 살펴보면, 먼저 자산총액이 5,000억 원이 아닌 300억 원 이상이면 벤처지주회사 설립 및 전환을 신청할 수 있도록 설립요건을 완화하였다. 이에 따라 자본금 100억 원만으로 벤처지주회사 설립이 가능하게 되었으며, 벤처지주회사의 자회사 지분요건(상장·비상장 모두 20%)을 고려하면 300억 원의 자금으로 지분가치 100억 원의 벤처기업을 최대 15개까지 자회사로 둘 수 있게 되었다. 또한 기존 지주회사가 벤처지주회사를 자·손자회사로 설립하는 경우 벤처지주회사의 자회사 지분 보유에 대하여 특례를 인정키로 하였다. 예컨대, 지주회사가 자회사로 벤처지주회사를 설립하는 경우, 벤처지주회사는 벤처 자회사 지분을 40%가 아닌 20% 이상만 보유토록 하였다(법 제18조 제2항 제2호).

3. 각론적 측면

(1) CVC 보유가 허용되는 지주회사의 의미

공정거래법은 종전에 금융지주회사의 CVC 보유는 제한을 두지 않되, 일반지주회사에 대해서만 금융 자회사 보유가 금지되어 왔었으나, 2021년 12월부터 규제를 완화한 것이다. 따라서 금산분리 완화의 대상은 일반지주회사로 제한된다. 그런데 현행법상 일반지주회사는 금융지주회사 외의 지주회사를 의미하므로 금융·보험회사를 자회사로 두고 있지 않은 일반지주회사 형태의 중간지주회사도 CVC를 보유할 수 있는 일반지주회사의 범위에 포함되는지가 문제될 수 있다.[80]

1) 자회사인 중간지주회사의 CVC 보유에 관한 쟁점

먼저 공정거래법 제18조 제2항 제5호와 제20조 제2항의 조문 외형만 놓고 볼 때 가능하다는 주장이 제기될 여지가 있다. 그 가능 여부는 두 규정만이 아니라 공정거래법상 지주회사 및 그 자회사에 대한 규제 전반을 종합해서 규명될 필요가 있다.

주지하다시피 중간지주회사는 지주회사의 자회사 또는, 손자회사의 지위도 함께 갖고 있다. 즉 공정거래법상 자회사(제18조 제3항)나 손

80 실제로 중간지주회사들의 CVC 보유가 가능한지가 기업실무상 문제되기도 한다. 예를 들어 S 기업집단의 지주회사는 그 자회사이자 중간지주회사를 설립하고 중간지주회사의 산하에 반도체 회사를 손자회사로 보유하고 있는데, 손자회사인 반도체 회사는 반도체 관련 벤처기업에 대한 투자를 위해 그 산하에 또 다른 증손회사로 CVC 설립을 고려한 바가 있다.

자회사에 대한 규제(제18조 제4항)의 적용대상이 된다. 이 가운데 지주회사의 자회사에 대해서는 법 제18조 제3항 제3호 본문에서 "금융업이나 보험업을 영위하는 회사를 손자회사로 지배"하는 것을 금지하고 있다. 따라서 지주회사의 자회사인 중간지주회사가 그 자회사이자 금융회사인 CVC를 보유하는 행위는 이 규정에 따라 금지된다. 다만, 예외적으로 일반지주회사의 자회사가 될 당시에 금융업이나 보험업을 영위하는 회사를 손자회사로 지배하고 있는 경우에는 자회사에 해당하게 된 날부터 2년간 그 손자회사를 지배할 수 있다(제18조 제3항 제3호 단서). 여기서 이 규제에 대하여 다시 제20조 제2항에 따른 예외가 적용되는지가 문제 된다.

2) 손자회사인 중간지주회사의 CVC 보유에 관한 쟁점

한편, 같은 조 제4항 본문에서는 지주회사의 손자회사가 "국내 계열회사의 주식을 소유하는 행위" 자체를 금지하되, 제4호에서는 예외적으로 손자회사가 국내 계열회사, 즉 증손회사의 발행주식총수를 소유하는 경우는 그 증손회사의 보유를 허용하고 있다. 단 증손회사의 발행주식 전부를 소유하더라도 그 증손회사가 금융업 또는 보험업을 영위하는 회사인 경우에는 허용 대상에서 제외된다. 따라서 일반지주회사의 손자회사에 대해서도 금산분리 원칙이 적용된다.

따라서 후술하는 바와 같이 공정거래법상 신설된 CVC 설립 요건에 따라 일반지주회사는 CVC 발행주식 전부를 보유하여야 하는데 만일 손자회사가 CVC를 증손회사로 보유하는 경우에는 제20조 제2항의 100% 지분 보유 요건을 충족할 수 있지만, 제18조 제4항에 따라 금

융사인 CVC의 보유가 금지된다. 단, 공정거래법 제18조 제5항에서는 증손회사가 국내 계열회사주식 소유를 금지하고 있는데, CVC는 법 제20조 제3항 제5호에 따라 "자신이 소속된 기업집단 소속회사에 투자하는 행위"를 할 수 없으므로 제18조상의 손자회사에 의한 계열회사주식 금지규정과는 호응 관계가 성립된다.

요컨대 지주회사의 손자회사가 CVC를 완전자회사로 보유하는 경우에도 제18조와 제20조가 상충되므로 자회사의 경우와 마찬가지의 해석상 문제가 발생한다.

3) 세부 쟁점에 대한 평가 및 소결

가. 자회사인 중간지주회사의 CVC 보유에 관한 평가

자회사인 중간지주회사의 CVC 보유 문제는 결국 금융지주회사가 아닌 중간지주회사가 일반지주회사로 보는 것을 허용할지 여부에 관한 문제이다. 일견 '금융지주회사'와 '중간지주회사'는 지주회사가 보유한 자회사의 성격에 따른 수평적 분류기준에 의한 지주회사 유형인데 비해, 모회사로서의 '지주회사'와 그 자회사나 손자회사로서의 '중간지주회사'는 수직 구조상의 분류기준 따른 지주회사 유형이라 할 수 있다. 즉 일반지주회사인지 여부와 중간지주회사인지 여부는 층위를 달리하는 구분법에 따른 분류 결과이다. 그리 보면 중간지주회사도 일반지주회사가 될 수 있다는 주장도 논리적으로는 가능하다.

하지만, 지주회사 규제의 취지를 고려한다면, 중간지주회사도 일반지주회사로 볼 수 있다는 결론은 중간지주회사가 기업집단 내에 또 다른 배타적 지배체제가 형성되고 그 구조 내의 최상단을 중간지주회사가 점한다는 의미가 강화되므로, 수직적 출자를 통한 단순·투명한 소유·지배 구조를 형성하고, 직계 구조가 수직적으로 연장되는 것을 억제하려는 공정거래법상 지주회사제도의 취지에 위배된다.

게다가 손자회사나 증손회사에 대한 규제와 상충하거나 중첩되는 혼선이 초래될 것이다. 중간지주회사를 지주회사 체제의 최상단에 놓인 또 다른 일반지주회사로 의제할 경우 지주회사에 대한 규제와 그 자회사나 손자회사에 관한 규제가 중복적용될 것이기 때문이다.

그렇다면, 중간지주회사를 일반지주회사에 준하여 취급하는 것은 규제의 본래 취지와 체제 정합성 측면에서 타당하지 않다.

나. 자회사인 중간지주회사의 CVC 보유에 관한 평가

손자회사인 중간지주회사의 CVC 보유 문제 역시도 규제의 외형보다는 전체 체계와 기능 측면에서 타당성이 평가되어야 한다.

손자회사인 중간지주회사에 대해서도 앞서 살펴본 자회사인 중간지주회사의 경우와 마찬가지로 일반지주회사가 될 수 있다는 주장도 논리적으로는 제기될 수 있으나, 지주회사 규제의 취지를 고려한다면 허용되기 어렵다.

또한 손자회사가 CVC를 보유할 경우 CVC가 전략적 투자(SI)를 하는 벤처기업들은 CVC의 모기업인 손자회사의 사업활동에 조력할 수 있는 기업들로 선별될 가능성이 크므로 사실상 손자회사와의 관련성을 갖게 되고 더욱이 그 손자회사가 중간지주회사인 경우에는 증손회사들과의 시너지를 연계한 라인업을 구축할 가능성이 커진다는 점에도 유의해야 한다. 이 경우 CVC 투자대상 벤처기업들이 사실상 고손회사와 유사한 형태로 운영될 가능성이 있으므로 지주회사 체제의 직계 구조가 수직적으로 연장되는 것을 억제하려는 공정거래법의 취지에 정면으로 반하는 결과가 된다.

다른 한편으로는 공정거래법이 일반지주회사의 CVC 보유를 했던 핵심적 이유는 벤처·스타트기업들을 인수함으로써 벤처시장에서의 투자자금 회수(exit) 효과를 촉진시키려는 이유에서인데, 공정거래법 제18조 제5항에 따라 증손회사는 더 이상의 직계비속 회사를 두거나 계열회사에 투자하지 못하기 때문에 투자대상 벤처기업의 인수기능을 수행하는 데 한계가 명확하다.

그렇다면 CVC가 전략적 투자가 아닌 재무적 투자만 하게 된다는 점에서 기능상 모순이 발생하고, 만일 전략적 투자를 하려 해서 벤처기업을 인수하려 하면 공정거래법에 따라 금지될 것이기 때문에 벤처기업의 회수기능을 수행하지 못하게 된다. 따라서 공정거래법이 CVC 관련 규제를 허용한 취지에 부합하지 못하는 결과가 발생한다.

이 점에 비춰 볼 때, 지주회사의 손자회사인 중간지주회사가 CVC를 보유하는 행위도 해석상 금지되어야 할 것으로 판단된다.

결론적으로, CVC의 보유가 허용된 일반지주회사에는 중간지주회사는 포함되지 않는 것으로 해석되며, 따라서 중간지주회사의 CVC는 여전히 금지되어야 할 것으로 판단된다.

다만 입법상으로 미비점이 존재하는 점이 드러난 만큼 이를 명확히 하기 위한 법제적 보완 조치가 모색될 필요는 있다.

(2) 일반지주회사의 보유대상 금융회사의 범위

1) 현행법상의 대상: CVC와 창업기획자

현행법상으로는 두 가지 형태의 CVC(창투사, 신기사)만 보유가 가능하다. 이 두 회사 이외의 보유를 허용할 필요는 없는지가 문제된다. 고객자금 수신기능이 없어 지배력 확대 우려가 낮은 PEF, 나아가 은행·보험사를 제외한 증권사·자산운용사 등 기타 금융회사를 규제대상에서 제외할 필요가 있다는 의견도 대두된다.

이와 관련하여 창업기획자 보유의 허용 필요성이 제기됨에 따라 관련 정책이 변화하고 있는 점이 주목된다. 창업기획자(액셀러레이터)는 초기 창업자에 대한 투자와 전문 보육을 하는 자로서, 법인형 앤젤이라 할 수 있다. 국내에서는 「벤처투자 촉진에 관한 법률」의 시행에 따라 창업기획자가 벤처투자조합을 결성하여 운영할 수 있게 되면서 2017년부터 등록을 통해 사업을 개시하였다.[81]

창업기획자도 창업투자회사와 함께 벤처투자촉진법상의 투자사에 해당한다. 단 창업투자회사는 성장 단계에 있는 기업에 통상 10억 원 이상 투자하고, 창업기획자는 3년 미만 초기창업기업에 1~5억 원 정도 투자한다는 차이가 있다. 창업기획자도 일정 요건을 충족하면 창업투자회사처럼 벤처투자조합을 결성할 수 있으므로 일반지주회사의 CVC 허용과 관련해 동등한 기준이 적용될 필요가 있었다. 이에 따라 법령을 개정하여 일반지주회사가 보유할 수 있는 CVC 형태에 신기

81 이후 연간 70~80여 개 업체가 등록해 오고 있으며 2022년 10월에 400개사에 이르렀다. 일반 VC의 수가 230여 개인 것에 비하면 2배 가깝게 성장한 것으로 볼 수 있다.

사, 벤처투자회사와 함께 창업기획자를 포함키로 하였다.

2) PEF의 포함 여부

일반지주회사가 CVC를 보유할 수 있도록 허용한 상황에서, 고객자금 수신기능이 없어 지배력 확대 우려가 낮은 사모투자펀드(private equity fund: 이하, 'PEF'라 함), 나아가 은행·보험사를 제외한 증권사·자산운용사 등 기타 금융회사를 규제대상에서 제외해야 한다는 의견이 제기될 수 있다.[82] 주지하다시피 투자자들에게 장기투자 기회를 제공함과 동시에 부동자금을 산업자본으로 흡수하고 기업구조조정을 촉진하는 기능을 수행한다. 이 제도는 국내자본에 의한 기업의 인수와 구조조정 촉진을 위해 2004년 10월 자본시장법 개정을 통해 도입된 바 있다. PEF의 지배구조는 단순 투자자인 유한책임사원(limited partner: LP)과 투자 및 운용을 겸하는 무한책임사원(general partner: GP)으로 구성된다.[83] 이런 상황에서 자본시장법은 지난 2016년 창업·벤처기업에 대한 투자를 전문으로 하는 '창업·벤처전문 경영참여형 사모집합투자기구'(창업벤처 전문 PEF) 제도를 도입하였다.

PEF는 M&A 시장에서뿐만 아니라, 기업에 대한 투자 부분에서도 다양한 모습으로 참여하고 있는데, M&A 시장에서는 대형 규모의

82 같은 맥락에서 일반지주회사의 자회사인 CVC는 금융·보험회사(PEF) 지배행위가 금지되는 점에 대해서도, 벤처투자 스펙트럼을 확대하고 투자조합과의 형평성 문제를 해결하기 위하여 CVC의 PEF 보유 허용 여부에 대한 검토가 필요하다는 주장도 제기될 수 있다.

83 LP는 출자금액 범위 내에서만 책임을 지는 소수의 고액 개인투자자 및 기관투자가들로서 이들의 출자내역은 비공개되는 데 비해, GP는 펀드를 설립하여 투자와 운용을 책임지며 자산운용회사, 은행 등이 참여한다는 차이가 있다.

M&A, 구조조정기업의 M&A 분야에서 활동하고 있으며, 중소형 규모의 딜에서는 경영권을 인수하여 매도하는 Buy-out 구조보다는 상장 직전의 비상장 기업에 대하여 투자하는 구조로 주로 이용되는 경향이 있다. Buy-out은 투자대상 기업의 지분이나 핵심자산의 매수를 통해 경영권을 확보하고 기업가치를 증대시킨 후 동 지분이나 자산을 매각하여 고수익을 실현하는 방식을 의미한다. 이 점에서 지주회사체제 내로 PEF가 유입될 경우 CVC 설립 유인을 제고하고 투자의 활성화에도 일정 부분 기여할 것으로 기대된다.

하지만, PEF의 투자성향이 VC와는 다르다는 점에 주목할 필요가 있다. 즉 CVC를 포함한 벤처캐피탈은 스타트업 등 사업 초기의 투자를 중심으로 하며 적은 규모로 다양한 기업을 대상으로 투자 포트폴리오를 구성하는 데 비하여 PEF는 어느 정도 성장한 중소기업 이상에 투자하고 경영권에 참여하게 된다는 점이 다르다. PEF에 의한 벤처투자가 전혀 없는 것은 아니지만 초기창업 단계의 기업에는 투자를 거의 하지 않는 것이 현실이다. 이 점만 놓고 보면 PEF가 스타트업이나 벤처기업에 투자하여 성장을 유인하는 역할을 수행할 것이라는 기대 효과는 제한적이라고 본다. 벤처 스타트업 투자를 촉진하려는 규제완화의 취지나 방향에 부합하지 않는 측면이 있다.

3) CVC의 PEF 보유 관련 쟁점에 대한 평가 및 소결

사모펀드는 대상회사의 경영권을 인수하더라도 이를 영구적으로 보유할 수 있는 것이 아니라 15년까지만 보유할 수 있으므로 결국에는 M&A 매물로 다시 나오게 될 수밖에 없다는 점에서 PEF를 통한

M&A는 과도기적인 성격을 가진다는 점에서 근본적인 한계가 있다.

PEF의 경우 구조조정 참여를 통한 기업가치 제고로 투자자금을 회수하는 장기투자는 거의 없는 상황이다. 또한 PEF는 투자자의 이익을 도모해야 한다는 점에서 대상기업의 이익보다 투자자의 이익을 우선시하는 등으로 인해 이해상충이 발생할 수 있다. 여기에 PEF가 계열사에 유리한 방식으로 운영할 경우 부당지원의 문제가 부각될 가능성이 있다.

PEF 운용자산은 일반 투자조합에 비해 훨씬 큰 규모인데, 투자자금을 운용하기에 따라서는 대규모 자금을 기반으로 투자대상 벤처기업을 확대하고 이를 계열사의 편입으로 연계하는 등의 경제력 집중의 우려가 발생할 가능성이 있다. 또한 PEF의 업무집행사원(GP)이 적은 지분으로도 투자대상회사의 경영에 참여할 수 있다는 점도 대기업집단 정책 측면에서 간과할 수 없는 부분이 될 것이다.

한편 PEF는 벤처투자조합과 달리 규모가 성숙한 기업을 대상으로 가치상승(value-up)시키는 데 중점을 두는 등 투자 성향이나 목표가 다르기 때문에 CVC가 PEF을 단독으로 운영하기보다는 PEF는 하되 Co-GP 방식으로 리스크를 감소시키는 선택을 할 가능성이 크므로 이와 관련한 논점도 별도로 검토되어야 한다. 벤처투자법은 자본시장법에 의한 투자매매업자, 투자중개업자 또는 집합투자업자가 투자조합 GP 라이선스를 보유한 회사들과 함께 투자조합의 Co-GP가 될 수 있도록 하고 있다.

벤처투자법은 벤처투자회사, 신기사, 일정한 요건을 충족한 창업기획자, 유한회사, 유한책임회사 및 외국투자회사 등이 투자조합을 결성할 수 있으며 이들 회사가 투자조합의 Co-GP가 되는 것은 허용된다. 창투사와 신기사가 Co-GP가 될 수 있고, 벤처투자회사와 외국투자회사가 Co-GP가 되는 것도 가능하다. 투자조합의 GP는 투자조합과의 계약에 따라 그 업무의 일부를 LP에게 위탁할 수 있다. LP가 업무 일부를 위탁받을 수는 있지만, 출자금 모집은 할 수 없고, 업무집행권이 있는 Co-GP가 될 수는 없는 것으로 해석된다. 자본시장법상 PEF도 Co-GP가 가능하다. 이때 PEF는 공정거래법 GP의 계열회사로 판단되고, Co-GP인 경우 원칙적으로 이들 중 출자지분율이 높은 GP의 계열회사로 보게 된다.

그런데, 자회사 간 Co-GP 참여가 계열사 거래실적을 만들어 주기 위한 목적에서 활용되고 있는 현실에 비춰 보면 PEF가 계열사 간 직·간접적 지원의 수단으로 활용될 가능성을 배제하기 어렵다. 한편 PEF에 일반지주회사들은 참여할 가능성이 크지 않지만 자회사나 손자회사는 LP로 들어갈 수 있을 것으로 예상된다. 그럼에도 현재의 규제 환경이 변화하지 않는 한 CVC가 PEF를 운용할 실익이나 필요성은 크지 않다는 생각이다.

(3) 부채비율 규제에 대한 이해

공정거래법상 규제 가운데 CVC의 부채비율 200% 기준을 둔 점이 CVC 설립을 어렵게 하는 요인으로 작용할 것이라는 우려가 없지 않다. 특히 벤처투자회사는 1,000%, 신기사는 900%까지 허용해 주는 자기자본 대비 차입 규모도 CVC는 200%까지만 제한적으로 허용하고 있는데 이 점에서 일반지주회사의 자회사인 CVC는 그 밖의 CVC에 비해 훨씬 엄격한 규제를 적용받는 결과가 되었다. 다만 이를 새로운 규제의 창설로 보기보다는 현행법상 지주회사에 대한 규제 기준을 그대로 적용한 것으로 여기는 것이 타당한 이해일 것이다. 요컨대 공정거래법상 CVC는 일반지주회사의 자회사로 설립되므로 지주회사 규제의 근간을 훼손하지 않도록 기존 규제를 유지한 것으로 해석되어야 할 것이다.

(4) CVC의 대기업집단 편입 유예의 취지

CVC 투자 기업에 대한 대기업집단 편입 유예기간을 10년으로 한 조치 역시도 벤처지주회사 규제와의 일관성을 유지한 사례로 볼 수 있다. 다만, 10년의 유예기간에 대해서는 도래 직전에 CVC 투자 벤처기업을 매각하는 방법으로 규제 개시를 회피할 가능성이 제기될 수 있으나, 이 같은 폐단은 유예기간을 인정하는 한 잠재되어 있는 것으로서 개정 법률과 같이 일단 유예기간을 길게 인정하되, 향후 유예기간을 악의적 이용이 발생하지 않도록 주시하는 한편 남발 시에 대책을 강구하는 접근법이 타당하다고 본다.

(5) 투자조합에 대한 규제의 의미

한편 CVC는 본래 모기업의 사업역량을 강화하거나 신사업진출을 용이하게 하기 위한 전략적 목적을 추구하게 되고, 그 주요 수단으로 M&A가 선택될 것으로 보인다. 그런데 현행법에서는 투자대상 벤처기업의 소위 엑시트(exit)나 모기업 소속 기업집단에 의한 인수에 대해서는 행위규제를 하고 있지 않다. 이를 제한할 경우 CVC의 본질적 기능과 장점 자체를 훼손시킬 수 있으므로 규제대상으로 삼지 않은 점에는 타당성이 있다. 다만, 총수 일가에 대한 지분투자 및 투자조합 출자를 엄격히 금지한 취지와의 정합성 측면에서 이 점을 짚어 볼 필요는 있다.

전술한 바와 같이, 총수 일가의 투자금을 차단한 점이 오히려 총수 일가가 투자 책임으로부터 벗어나게 해 주는 역효과가 발생할 수 있고, CVC를 통해 성공한 벤처기업을 기업집단이 M&A하는 경우에는 경제력 집중의 폐단이나 총수 일가에 대한 사익편취의 우려를 위해 두었던 각종 규제가 의미가 없어지는 결과가 될 수도 있다. CVC의 운용 결과에서 이런 점이 나타난다면, 규제를 강화해야 한다는 논거가 되거나, 반대로 총수 일가에 대한 규제를 유지할 필요가 없다는 반론도 제기될 수 있을 것으로 예상된다.

(6) 투자조합 규제에 대한 적용유예의 대상과 조건

공정거래법은 CVC의 투자조합 자금조성에 관한 규제에 대하여 일정한 유예기간을 설정해 두고 있다. 즉 일반지주회사가 비계열 VC를 자회사에 해당하게 하는 과정의 경우에는 동법 제20조 제3항 단서 및 제20조 제2항 단서에 따라 최대 1년까지는 규제의 적용을 유예받을 수 있도록 하고 있다.

그런데 이 유예 규정에는 통상적인 규제의 적용유예 규정들에 비해 매우 협소하고도 까다로운 조건들이 제시되어 있는 점이 주목된다. 우선 투자조합에 대한 규제의 유예는 법 제20조 제3항의 단서에서 "제2항 각 호의 어느 하나에 해당하는 경우에는 제1호부터 제5호까지의 규정을 적용하지 아니한다."는 규정을 통해 도출된다. 여기서 제20조 제2항의 각 호는 일반지주회사가 비계열 VC를 자회사로 편입시키는 단계에서 일시적으로 CVC의 "주식을 발행주식총수 미만으로 소유하고 있는 경우로서 해당 회사의 주식을 보유하게 된 날부터 1년 이내인 경우"를 상정하고 있다. 그리고 이를 토대로 제2항 본문에 따른 '일반지주회사의 CVC 100% 지분 보유 규제'로부터 제3항 각 호에 따른 각종의 행위규제들에 대해 최대 1년간 유예기간을 인정한 것이다. 투자조합은 이런 구도 속에서 다른 행위규제들[84]과 함께 병렬적으로 적용유예를 받게 된다.

단, 제20조 제2항과 제3항을 연계하여 해석하면, 투자조합에 대해 적용유예가 인정되는 경우는 전술한 바와 같이 대단히 지엽적인 경우에 국한된다는 점에 유의할 필요가 있다. 즉, 제2항 제1호에 따르면 i> CVC 유형 가운데 일반지주회사가 비계열 VC를 자회사에 해당하게 하는 단계일 것, ii> 일반지주회사가 CVC의 주식을 발행주식총수 미만으로 소유하고 있는 경우일 것, iii> 해당 회사의 주식을 보유하게 된 날부터 1년 이내인 경우일 것 등의 세 가지 조건이 충족되어야 비로소 규제의 적용이 유예될 수 있다. 그 결과 일반지주회사가 CVC를 소유하는 유형 가운데 i> 직접 CVC를 자회사로 설립하는 경우와 ii> 계열 VC를 일반지주회사의 자회사에 해당하게 하는 경우는 적용유예의 대상에서 제외된다.

주지하다시피, 기존 수범자를 규제대상이 되는 사업형태로 전환하는 과정에서 발생할 수 있는 우발적인 법 위반 상태를 일시적으로 해

---

84 동 규정상 1년의 적용유예기간은 CVC 투자조합에 대한 출자규제뿐만 아니라 CVC에 대한 규제 전반, 즉 일반지주회사의 CVC에 대한 100% 지분율 준수 조항, 부채비율 200% 제한 조항, 투자 외의 금융업무 수행 금지 조항 등에도 동일하게 적용된다.

소해 주기 위하여 입법자는 흔히 법 적용의 유예라는 입법 기술을 활용해 오고 있다. 기업활동을 둘러싸고 이미 법률관계가 형성되어 있는 상태를 감안하여 규제의 근간은 유지하되 기업활동의 법적 안정성과 예측가능성을 일정 기간 담보해 주기 위한 조치라 할 수 있다.

실제로 공정거래법 대기업집단 규제에서도 유예기간을 둔 경우는 쉽게 발견되는데, 지주회사 규제에 대한 적용유예(2년, 1년)를 대표적인 예로 들 수 있고, 상호출자 규제에서 합병, 담보권의 실행 등에 따른 상호출자에의 적용유예(6개월)도 같은 맥락의 사례로 이해할 수 있다. 특히 법 제18조 제2항 제2호 '마'목과 '바'목의 지주회사의 자회사 주식 보유에 관해 1년간의 유예를 둔 점[85]은 CVC에 대한 적용유예와 매우 유사한 취지에 따른 것으로서, 제20조 제2항은 이들 규정과의 형평성과 일관성을 도모하는 한편, 현행법의 근저에 깔린 CVC 활성화 조치의 일환으로, 환언하면 규제유예를 통해 CVC 전환을 촉진하려는 조치로 볼 수 있다.

단, 현행법은 CVC 투자조합 규제에 대해서는 비계열 VC의 지주회사 자회사 편입에 대해서만 유예를 인정하고 있고, 지주회사 체제 내에 CVC를 설립하는 경우와 계열 VC를 지주회사 내로 편입하는 행위에 대해서는 유예기간이 인정되지 않는다는 점에 그 특징이 있다. 이와 더불어 규제대상이 우선 투자조합의 설립행위로 국한되므로 적용유예 또한 설립하는 투자조합이 대상이며 기존의 투자조합에 대해서는 유예기간이 인정되지 않는다. 이를 도표로 정리하면 다음과 같다.

85 법 제18조 제2항 제2호 마목, 바목

[표] CVC에 대한 투자조합 규제의 유형

CVC 형태		투자조합에 대한 규제	규제에 대한 적용유예
지주회사 내 CVC 신설		○	×
계열 VC의 지주회사 체제 내 편입	기존 투자조합	×	×
	신설 투자조합	○	×
비계열 VC의 지주회사 체제 내 편입	기존 투자조합	×	×
	신설 투자조합	○	○ (1년)

이 같은 이례적 적용유예 규정이 CVC를 둘러싼 경제현실을 섬세하게 고려한 결과에 따른 것인지, 아니면 입법적 오류 내지 미비에 기인한 것인지는 조문의 외형만으론 분명하지 않다. 다만, 비계열 VC에 대해서도 유예기간을 둔 반면에, 지배력 확장 우려가 더 적을 수 있는 계열 VC의 지주회사 체제 내 편입에 대해서는 오히려 유예기간을 두지 않은 것이 CVC 활성화 취지와는 배치되어 보인다는 점은 명확하다.

제4절 | 지주회사 규제와 금산분리 원칙

I. 금산분리 원칙의 구도와 공정거래법에서의 전개

현행법 체계상 금산분리 원칙이 투영된 규제들은 여러 법 영역에 산재해 있다. 즉 은행법, 「금융산업 구조개선에 관한 법률」, 보험업법, 금융지주회사법 등 전통적인 금융규제 관련 규범은 물론이고, 공정거래법상 대기업집단의 규제 근거규정을 통해서 작동하고 있는 점이 특징이다. 금융규제 관련 규범이 이해상충이나 위험의 전이, 그리고 경제력의 집중을 방지하기 위한 전형적인 근거에서 금산분리 규제를 유지하고 있다면 공정거래법은 한국 특유의 기업집단 지배구조 속에서 발생하는 계열사 간의 금산결합, 예컨대 계열 금융회사가 보유한 타인자본을 통해 기업집단의 계열사 확장이나 동일인 일가의 지배력 강화의 수단으로 활용되지 못하도록 하려는 목적이 추가된 점에 차이가 있다.

이 가운데 공정거래법상 금산분리 규제는 지난 1998년 공정거래법상 대기업집단 규제가 재편되면서 그 내용의 일부로 포함되었다. 그 이후 동법 상의 금산분리는 지주회사 체제의 기업집단에 대한 규제와 상호출자제한기업집단에 대한 규제의 두 축을 중심으로 집행되어 오고 있다. 전자는 금산분리에 위반되는 자회사 등의 주식소유 및 지배금지(즉 일반지주회사, 자회사, 손자회사의 금융보험 자회사, 손자회사, 증손회사 보유금지 및 금융지주회사의 비금융자회사 보유금지), 그리고 후자는 상호출자제한기업집단 소속 금융회사의 계열회사 의결권 제한 제도이다. 전자는 소유규제, 후자는 의결권제한에 해당함은 전술한 바와 같다.

그중 지주회사 관련 금산분리 규제는 1999년 지주회사에 대한 설립 허용 및 행위 제한조치가 시행되면서 개시되었고, 현재는 법 제18조(구법 제8조의2) 제2항 제4호 및 제5호, 그리고 동조 제3항 제3호에 자리를 잡고 있다.[86] 주지하다시피, 이들 규정 가운데 제18조제2항 제4호는 금융지주회사가 금융업 또는 보험업을 영위하는 회사의 외의

86 지주회사 관련 금산분리 원칙에 대해 분석한 연구로 송옥렬, 「지주회사 금산분리 규제의 재검토」, 『경제법연구』 제20권 제3호, 2021, 21~44면이 있다.

국내회사의 주식을 소유하는 행위를 금지하는 규정으로서 금융자본에 의한 산업자본 지배를 차단하는 기능을 수행한다. 반면에, 동조 제2항 제5호는 일반지주회사로 하여금 금융업 또는 보험업을 영위하는 국내회사의 주식을 소유하는 행위를 금지하고 있다. 산업자본에 의한 금융자본 지배를 차단하는 역할을 담당하는 규정이다.

한편, 동조 제3항 제4호에서는 일반지주회사의 자회사에 대하여 금융업이나 보험업을 영위하는 회사를 손자회사로 지배하는 행위를 금지하고 있다. 금산분리 원칙을 일반지주회사의 자회사에 대해서도 적용한 규정이다. 단, 지주회사 체제 내에서 금산분리 원칙의 수직적 확장은 이 규정에 국한되므로 금융지주회사 자회사나, 지주회사의 손자회사에 대해서는 금산분리 원칙이 적용되지 아니한다.

다만 아래에서는 관점의 범위를 좀 더 넓혀서 금산분리 관련 규정을 금융규제법과 공정거래법으로 나누어 분류해 보고 공정거래법상의 금산분리 규제가 금융규제법의 그것과 구분되는 차이점을 살펴보기로 한다.

II. 금융규제법상 금산분리의 형태와 주안점

1. 금융규제법상 금산분리의 구도

먼저 현행 금융 관련 규범상 금산분리의 이념이 투영된 규정들의 현황과 주요 내용은 다음과 같다.

금산분리의 유형	근거 조문	규제 내용
금융자본에 의한 산업자본 소유·지배 금지	은행법 제27조 및 제27조의2(동법 시행령 제18조)	은행의 고유업무 범위는 3개 분야로, 부수업무는 채무보증, 어음인수 등 15개 분야로 제한됨. 따라서 비금융업무를 수행하여 해당 시장에 진출할 수 없음(단, 금융혁신지원 특별법에 따른 혁신금융서비스에 대해서는 예외가 인정됨)
	은행법 제37조 제1항	은행은 비금융회사의 의결권 있는 주식을 15% 초과하여 소유할 수 없음
	금융산업의 구조개선에 관한 법률 제24조	은행 등 금융회사는 비금융회사 지분을 20% 확보시 금융위원회 승인받도록 함
	보험업법 제109조	보험회사는 비금융회사의 의결권 있는 주식을 15% 초과하여 소유할 수 없음
	금융지주회사법 제6조의3	금융지주회사는 금융업 또는 보험업 이외의 비금융회사의 주식을 소유할 수 없음. 다만, 금지되는 계열회사주식소유(법 §6의4)가 아닌 경우 5% 이내에서 소유 가능(제44조 제1항)
	금융지주회사법 제19조 제1항	금융지주회사의 자회사는 非금융회사를 지배할 수 없음. 여기서 지배는 회사가 단독으로 또는 특수관계인과 합쳐 계열회사의 최다출자자가 되는 경우를 의미함(시행령 제2조 제3항)
	저축은행감독규정 제30조 제1항 iii	저축은행은 다른 회사의 지분을 15%까지만 소유 가능
산업자본에 의한 금융자본 소유·지배 금지	은행법 제15조	동일인은 금융기관의 의결권있는 발행주식총수의 10%(지방금융기관의 경우는 15%)을 초과하여 금융기관의 주식을 보유할 수 없음(제1항) 동일인은 금융기관(지방금융기관을 제외)의 의결권있는 발행주식총수의 4%를 초과하여 주식을 보유하거나, 금융기관의 최대주주가 되거나, 동일인의 주식보유비율이 금융기관의 의결권있는 발행주식총수의 1% 이상 변동된 때에는 금융감독위원회에 보고하여야 함(제2항) 동일인의 주식보유 비율이 10%(지방은행의 경우 15%), 25%, 33%를 각각 초과할 때마다 금감위의 승인을 받아야 함(제3항)
	은행법 제16조의2	비금융주력자(계열회사 중 비금융회사의 자본총액이 전체 자본총액의 25% 이상이거나 비금융회사의 자산총액 합계액이 2조 원 이상 등에 해당하는 산업자본)는 원칙적으로 은행의 의결권 있는 주식을 4%(지방은행은 15%)를 초과하여 보유할 수 없음 단 의결권을 행사하지 않는 조건으로 금감위 승인을 얻은 경우에는 10%까지 보유 가능함 한편 「인터넷전문은행 설립 및 운영에 관한 특례법」상 비금융주력자는 인터넷전문은행의 의결권 있는 발행주식 총수의 34%까지 주식을 보유할 수 있음(동법 제5조 제1항)
	금융지주회사법 제8조의2	비금융주력자는 은행지주회사의 의결권 있는 주식을 4%(지방은행지주회사의 경우 15%) 초과하여 보유할 수 없음
	간접투자자산 운용업법 제144조의16	사모투자펀드를 이용한 산업자본의 은행 우회 지배를 방지하기 위해 비금융주력자가 사모투자펀드의 유한책임사원으로 출자총액의 10%를 초과하거나, 4% 초과 10% 이하를 보유하며 최대주주인 경우, 또는 무한책임사원인 경우에는 은행법상의 비금융주력자로 간주하여 은행소유에 제한을 둠

금융규제법은 금융자본에 의한 산업자본의 지배와 산업자본에 의한 금융자본 지배의 두 가지 결합 유형 모두를 규율대상으로 한다. 이 가운데 「은행법」 제37조 제1항, 금산법 제24조, 「보험업법」 제109조, 하위규범으로서 「상호저축은행업감독규정」 제30조 제1항 III은 은행, 보험사, 금융지주회사, 저축은행 등 금융회사들이 비금융회사의 의결권 있는 주식을 일정 비율 이상으로 보유하는 것을 제한하고, 「금융지주회사법」 제6조의3 및 제19조 제1항은 금융지주회사나 그 자회사가 비금융회사의 주식을 소유하거나 지배하는 행위를 금지하고 있다는 점에서 '소유규제'의 형태를 띠고 있다. 이에 비해 은행법 제27조 및 제27조의2는 은행의 고유업무 범위는 3개 분야로, 부수업무는 채무보증, 어음인수 등 15개 분야로 제한하는 한편, 은행이 이들 고유 업무 영역을 벗어나서 사업활동을 영위하지 못하도록 제한하는 일종의 '영업규제' 방식을 채택하고 있다.

한편 「은행법」 제16조의2, 「금융지주회사법」 제8조의2, 「간접투자자산운용업법」 제144조의16 등은 산업자본에 의한 금융자본 소유·지배 금지를 위한 규정들로서 앞선 규제와는 결합의 주체와 대상 측면에서 상반되지만 결합의 구도와 규제의 양상은 유사한 모습을 보인다. 비금융주력자가 은행 또는 은행지주회사의 의결권 있는 주식을 일정 비율 이상으로 보유하지 못하도록 하거나 산업자본이 사모투자펀드를 이용하여 산업자본의 은행을 우회 지배하지 못하도록 하려는 소유규제 방식을 취한다는 점에서 그러하다.

다만 이들 규정 외에도 은행법 제15조에서는 동일인[87]으로 하여금 금융기관의 의결권 있는 발행주식총수의 10%(지방금융기관의 경우는 15%)을 초과하여 금융기관의 주식을 보유하지 못하도록 하는 한편(제1항), 동일인이 금융기관(지방금융기관을 제외)의 의결권 있는 발행주식총수의 4%를 초과하여 주식을 보유하거나, 금융기관의 최대주주가 되거나, 동일인의 주식보유비율이 금융기관의 의결권 있는 발행주식총수의 1% 이상 변동된 때에는 금융감독위원회에 보고하여야 하도록 하고 있다(2항). 아울러 동일인의 주식보유 비율이 10%(지방은행의 경우 15%), 25%, 33%를 각각 초과할 때마다 금감위의 승인도 받도록 의무화하고 있다(3항). 일응 산업자본의 동일인에 의한 금융기관 보유를 금지하는 효과가 있을 수 있지만 규정만으로는 주주가 비금융주력자인지 즉 산업자본 여부를 구분하지 않는다는 점에서 엄밀한 의미에서의 금산분리 또는 은산분리 규제로 보기는 어렵다. 즉 동일인에 의한 은행의 소유를 엄격히 제한하여 은행에 대한 독단적인 경영권 행사를 통제하려는 것이 이 규정의 본래 취지라 할 수 있다.[88]

2. 금융규제법상 금산분리 규제의 기능과 특징

위와 같은 금융규제법상 금산분리 규제는 모두 이해상충[89]의 결과

87 은행법상 동일인은 공정거래법의 개념과는 다른 의미를 지닌 것으로서, 본인 및 특수관계인을 의미한다(동법 제2조 제8호). 여기서의 특수관계인의 범위는 동법 시행령 제1조의4에서 상세히 규정하고 있다.

88 최영주, 「은행법상 은산분리 법제와 정책에 관한 검토」, 『동아법학』 제65호, 2020. 3, 436면.

89 이 같은 이해상충은 특히 주주들이 주주권 행사를 통해 보유하는 회사에 대한 물권적 지배권

로 인해 금융거래 질서의 왜곡 즉 금융자본의 이동이 금융회사와 비금융계열사 간으로 내부화 또는 집중됨에 따라 자금배분이라는 금융회사 본연의 공적 기능이 위축되고 금융자원이 비효율적으로 배분되는 문제를 사전에 방지하려는 취지를 갖고 있다. 더불어 자신이 영향력을 행사하거나 모자관계에 있는 금융회사로 하여금 비금융회사에 대한 대출심사를 느슨히 함으로써 자금을 대출해 준 비금융회사가 부실해지고 그 부실이 금융자본으로 전이됨에 따른 금융시스템 위기(contagion risk)로 확산되지 않도록 하려는 본래의 기능을 수행하게 된다.

이에 더하여 「은행법」 제27조 등은 일종의 영업규제 관련 규정으로서, 금융기관이 고객예탁금을 통해 형성한 자금상의 우위를 비금융업종 진출의 기반으로 활용함으로써 금융기관의 수익성 다각화가 국민경제의 집중도를 부당하게 심화시키는 폐단(일반집중)을 차단하는 기능을 수행한다. 아울러 금융회사 자본력의 산업자본 전이에 따라 산업자본이 속한 관련시장에서의 경쟁이 왜곡하고 독과점 구도를 공고히 할 가능성(시장집중) 역시도 이를 통해 억제되는 효과가 있다.

단, 금융규제법상 금융자본의 산업자본 진출 제한 대상은 금융회사 자체나 그 자회사로 설정하고 있어서 개별회사 단위나 모자회사 관계를 기반으로 한 금산결합 현상에 치중한다. 따라서 기업집단의 계열사 간의 관계를 기반으로 발생하는 금산결합까지는 포섭되지 않는 구도이다.

과 예금자나 투자자들이 대출채권을 통한 보유하는 채권적 청구권 사이에서 발생하는 것으로 분석된다. 김자봉, 「금산분리의 법리 - 법적 권리 간 이해상충의 경제적 인센티브와 충돌의 사회적 비용을 중심으로」, 『은행법연구』 제13권 제2호, 2020, 91~117면 참조.

이에 더하여 산업자본의 지배가 금지되는 금융자본의 유형에는 은행을 위시하여, 보험회사, 금융지주회사, 저축은행 등 다양한 반면에, 산업자본의 주식소유 제한 대상은 은행으로 국한된다는 점도 특징이다. 이를테면 금융자본에 의한 산업자본 지배 규제, 산업자본에 의한 은행자본 지배 규제라는 차등적 구도가 형성되어 있다.

한편, 은행법 제15조가 비록 은행법상 동일인에 의한 은행지배를 금지하고 있기는 하지만, 입법자가 금융회사를 지배하는 본인이나 그 특수관계인들이 금산결합을 통해 지배권을 공고히 하거나 사익을 편취하는 행위까지를 염두에 둔 것으로 보기는 어렵다.

이 같은 금융규제법상의 금산분리 규제의 양태는 이 규제가 역사적으로 취해 온 전형적인 구도와 인식에 기반한 것이자, 공정거래법상 금산분리를 이질적이게 하는 본질적 요소라 할 수 있다.

III. 공정거래법상 금산분리 규제의 차별성

1. 공정거래법상 금산분리 규제의 구도와 성격

한국에서 금산분리 관련 규정들은 금융규제법 이외에 현행 공정거래법에도 적지 않게 자리 잡고 있다. 단, 이들 규제는 모두 대기업집단 규제의 일환으로서 형성 및 집행된다는 점, 즉 일정 규모 이상의 기업집단에서 발생하는 금융, 산업자본의 결합만을 규제의 대상으로 삼는다는 특징을 보인다. 공정거래법 내에서도 금융자본에 의한 산업자본 지배와 그 역의 관계 모두를 포괄하고 있는 금산분리 규제의 구도는 아래 표와 같이 요약할 수 있다.

금산분리의 유형	근거 조문	규제 내용
금융자본에 의한 산업자본 소유·지배 금지	공정거래법 제18조 제2항 제4호	금융지주회사는 금융업 또는 보험업을 영위하는 회사 이외의 국내회사의 주식을 소유할 수 없음
산업자본에 의한 금융자본 소유·지배 금지	공정거래법 제18조 제2항 제5호	일반지주회사는 원칙적으로 금융업 또는 보험업을 영위하는 국내회사의 주식을 소유할 수 없음 단, CVC의 주식에 대해서는 동법 제20조에 따라 예외적으로 발행주식총수 소유할 수 있음
	공정거래법 제18조 제3항 제3호	일반지주회사의 자회사는 금융업이나 보험업을 영위하는 국내 계열회사의 주식을 소유하거나, 금융업이나 보험업을 영위하는 회사를 손자회사로 지배할 수 없음
	공정거래법 제18조 제4항 제4호	일반지주회사의 손자회사는 금융업 또는 보험업을 영위하는 국내 계열회사의 주식을 소유하거나, 금융업이나 보험업을 영위하는 회사의 발행주식총수를 소유하여 증손회사로 지배할 수 없음
	공정거래법 제25조	상호출자제한기업집단에 속하는 국내회사로서 금융업 또는 보험업을 영위하는 회사는 취득 또는 소유하고 있는 국내 계열회사주식에 대하여 의결권을 행사할 수 없음 단, 해당 국내 계열회사(상장법인으로 한정함)의 주주총회에서 임원선임, 정관변경, 합병 등의 사항을 결의하는 경우에는 15%까지 의결권 행사가 가능함

공정거래법상 금산분리 규제가 금융규제법상의 그것과 다른 첫 번째 차이점은, 전술한 것처럼 이 규제가 자리 잡은 조문상의 위치에서 찾을 수 있다. 즉 공정거래법상 대규모기업집단에 의한 경제력 집중의 억제 장(제4장)에 위치하면서, 일정 규모 이상의 기업집단(자산총액 5천억 원 이상의 지주회사를 중심으로 형성된 기업집단, 자산총액 10조 원 이상의 대기업집단[90])에서의 금산 결합현상에 국한하여 금산분리 규제가 적용되

90 2024년부터는 명목 GDP 대비 0.5% 이상을 차지하는 기업집단을 대상으로 하여 지정된다.

고 있다. 그렇다는 것은 이 규제가 금융자본이나 산업자본에 해당하는 회사 자체 혹은 그 자회사나 계열회사를 통해 상호간의 경계를 넘어서 발생하는 현상에 착안점을 두고 있으며 단순히 모자회사의 수직적 구조 이상의 방계구조 내지 집단적 계열구조에서 발생하는 특유의 결합의 폐해를 표적으로 삼고 있음을 의미한다. 그 결과 공정거래법상 금산 결합의 주체는 지주회사와 그 자회사 및 손자회사, 또는 상호출자제한기업집단에 속하는 국내회사로 설정되며, 규제되는 결합의 대상은 금융지주회사에 의해 지배되는 산업자본의 경우(제18조 제2항 제4호) 비금융 국내회사를, 그리고 산업자본에 의해 지배되는 금융회사의 경우(제18조 제2항 5호, 제3항 제3호, 제4항 제4호 및 제25조) 기업집단 소속 국내계열회사로 국한된다.

또한 규제되는 행위는 주식의 소유 자체인 경우(소유규제)가 대부분이나, 동법 제25조에서는 상호출자제한기업집단 소속 금융, 보험사들의 국내 계열회사주식의 보유 자체는 허용하되 의결권 행사를 제한하는 독특한 방식(의결권규제)을 취하고 있다.

이에 비해 공정거래법상 금산분리 규제는 일정규모 이상의 기업집단을 전제로 그 규제대상을 제한해 놓고 있으므로, 금산결합이 기업집단 전체에 미치는 영향에 주안점을 두고 있으며, 단순히 모자회사의 수직적 구조를 넘어서 방계구조 내지 집단적 계열구조에서 발생하는 특유의 금산결합 문제를 규제의 표적으로 삼고 있다는 차이가 있다. 요컨대 공정거래법상 금산분리는 기업집단 규제의 연장선상에서 차별적으로 조망 및 접근될 필요가 있다.

그 점에서 우선 추론할 수 있는 폐단이 금융계열회사를 통한 기업집단의 지배력 강화이다. 주지하다시피 금융회사는 고객들로부터 조성한 타인자금 즉 예치금이나 투자금, 보험료 등을 관리, 운용하게 되는데 그 과정에서 보유한 타인자본을 투자나 M&A에 활용하기도 한다. 문제는 이들 금융회사가 기업집단에 속한 경우에는 그 자금을 신사업 분야에의 투자나 기존 계열회사의 지분확보 수단으로 활용됨으로써 지배주주의 기업집단에 대한 지배력을 강화시키거나 그 지배력의 외연을 확장하는 결과가 초래될 수 있다는 점이다. 기업집단 경영권을 2대 혹은 그 이하의 세대로 편법 승계하거나 총수 일가의 사익편취하려는 수단으로서 계열 금융회사가 활용될 것이라는 우려도 이로부터 제기된다. 특히 지주회사가 금융회사를 자회사로 보유하게 될 경우에는 이 같은 우려가 현실화할 개연성 및 파급효과가 훨씬 강하게 나타날 수 있다. 일반지주회사로 하여금 금융회사를 자회사, 손자회사, 증손회사로 두지 못하도록 규제해 온 주된 이유가 여기에 있었다.

이 점은 최근 들어 규제의 완화 및 재편이 시도되고 있는 공정거래법상 기업형 벤처캐피탈(Corporate Venture Capital, 이하 'CVC'라 함) 관련 규정에서도 거듭 확인된다. 공정거래법 제18조는 금산분리 규제의 하나로서 일반지주회사의 금융회사 보유를 금지하고 있으나, 지난 2020년 12월 전부개정 시에 금산분리 규제에 대한 최초의 예외로 동법 제20조가 신설되었는데 이 규정에서는 일반지주회사가 금융회사인 CVC를 보유할 수 있도록 허용하였다. 단, 금산분리 규제의 완화에 따른 부작용을 최소화하기 위해 새로운 규제를 병렬적으로 비치함으로써 규제의 완화와 신설이 동시에 이루어지는 양상이 나타났다. 그런데 규제완화에 따른 폐단을 우려한 새로운 규제들은 대부분 대기업집단의 경제력이 CVC를 통해 확장될 가능성, 예컨대 계열회사의 수가 부당하게 증가하거나 특수관계인이 사익을 편취할 가능성을 차단하기 위한 것들이다. 이 점은 현행 공정거래법 제18조상의 금산분리 규제가 경제력 집중의 억제 제도의 일환으로 운영되고 있음을 강하게 암시하고 있다.

2. 금산분리를 통한 기업집단의 경제력 집중 억제

공정거래법상 금산분리 규제의 소재는 기업집단의 경제력 집중 억제 관련 규정들 가운데도 지주회사 행위제한 규정(제18조 제2항 제4호 및 제5호)과 더불어 금융회사 의결권 제한 규정(제25조)에 두고 있다.

한국경제가 금산의 결합에 따른 폐단을 체감하게 된 주된 계기는 지난 1990년대 후반의 외환위기 시점이라고 할 수 있는데 관치금융하에서 대기업집단들이 금융회사 보유 자산을 사금고화하거나 은행 등 금융기관이 다수의 대기업에 대해 행한 부실대출을 함에 따라 시스템 리스크로 이어진 경험을 우리 사회가 겪게 되었으며, 그 경험은 이내 금융 관련 규범은 물론이고 공정거래법 내에도 금산분리 규제를 신설하게 만드는 동력으로 작용하였다.[91] 계열금융사의 사금고화 문

---

91 1999년 개정된 지주회사 관련 규제는 종전의 설립금지에서 설립허용 및 행위제한 방식으로 규제의 근본 기조를 전환하는 한편, 제8조의2에 금융지주회사의 비금융자회사 보유행위와 더불어 일반지주회사의 금융, 보험사 보유행위를 금지대상으로 규정하였다. 이들 규제는 현재도 원형 그대로의 모습을 유지한 채 작동하고 있다. 다만 그에 대한 중대한 예외적 입법이 지난 2020년 공정거래법 전부개정 시에 제20조에 자리를 잡게 된 것인데, 그 규정이 곧 기업형 벤처캐피탈에 대한 일반지주회사 보유 허용에 관한 특례이다. 이에 대해서는 후술한다.

제는 이후 2013년에도 발생하였고 그 결과 금산분리를 강화해야 한다는 지적이 정부와 시민단체들로부터 제기되기도 하였다.

그리 보자면 공정거래법상 금산분리 규정 또한 금융과 산업의 동반 부실 및 금융자원의 비효율적 배분을 방지하는 데에 주안점을 둔 규제로 평가할 수 있다. 다만 이 규제의 입법 당시 국내 기업들의 국제 신용도는 높지 않았고 보유자본도 불충분해서 금융기관을 통한 자금조달에 절대적으로 의존할 수밖에 없는 구조였던 데 비하여 현재 국내 대기업집단 및 그 소속회사들은 대부분 상당한 사내유보금을 보유하고 있고 자체 신용만으로 회사채 등을 통해 자금조달이 충분히 가능해진 것이 사실이다. 더욱이 금융규제와 형사처벌의 위험을 감수하면서 금융기관을 사금고화할 것이라는 점을 전제로 한 규제는 실익이 크지 않다고 보아야 한다.[92] 경제계에서 요구하는 금산분리 규제완화론의 취지도 자금조달 목적보다는 융합의 시너지에 대한 기대감에 따른 것으로 보인다.[93]

그렇다면 입법 당시의 금산분리 규제의 효용은 상당 부분 감소된 것으로 볼 수 있고 이 규제의 의미와 효용은 또 다른 차원에서 찾는 것이 타당하다고 본다. 이와 관련하여 대기업집단 소속의 금융 계열사와 비금융 계열사들이 상호간의 지배권을 유지하여 기업집단 전체

---

92 신영수, 「벤처지주회사 및 기업형 벤처캐피탈과 관련한 최근 규제 개편안의 법적 쟁점과 과제」, 『IT와 법 연구』, 경북대학교 IT와 법 연구소, 2019. 2. 등 참조.

93 지난 2018년 말에 실시한 경제분야 전문가 100인에 대한 설문조사 결과에서 '가장 시급한 금융시장 규제 과제 및 법안'으로 융합에 기반을 둔 4차 산업혁명 발전을 위한 금융과 산업의 분리 규제완화'라는 답변이 이미 49%로 가장 높은 비중을 나타냈다. 문화일보, 「금산분리 규제완화, 가장 시급한 금융 과제 49%」, 2019. 1. 2. 기사 참조.

의 영향력을 키우고 특수관계인의 지배권을 강화하지 못하도록 하려는 기능에 주목할 필요가 있다. 즉 계열 금융사들이 보유한 타인자본을 통해 기업집단 특수관계인의 지배력이 강화되지 못하도록 하는 한편, 사익편취의 가능성을 차단하는 기능이 오히려 현재의 공정거래법상 금산분리 규제가 수행하는 기능의 본령에 해당한다고 평가되어도 지나치지 않다고 본다.

또한, 계열관계에서 발생하는 금산의 결합이 산업자본이 속한 시장에서 자칫 공정거래법상 부당지원행위의 경우와 유사한 양상의 경제력 집중을 유발할 수 있는 가능성에도 추가적인 주의가 필요하다. 계열사 간 내부거래 관행이 자리 잡아 온 한국의 기업집단 환경을 감안하면, 금융자본을 계열관계로 유입한 비금융계열사(산업자본)들이 금융자본을 통해 유동성과 투자여력을 추가로 확보하고 그 비교우위를 기반으로 해당 시장에서의 경쟁조건 차이를 유발하여 참가자들 사이의 경쟁을 제한하는 요인으로 작용할 가능성을 간과하기 어렵기 때문이다. 이 점에서 금융규제법상 금산분리 규정들이 산업자본이 속한 시장에서의 경쟁제한성 또는 경제력 집중을 억제하는 기능은 한국적 상황에서 독자적인 의미를 지니는 것으로 볼 수 있다.

이 점에서 공정거래법상 금산분리 규제는 당초 입법자의 의도 여부는 별론으로 하더라도 그 본연 기능에 더하여 한국의 기업환경에서 발원하는 특유한 거래관행 및 시장의 경쟁제한 요인들을 교정하는 역할을 수행하고 있다는 점을 간과해서는 안 될 것으로 생각된다.

다만 이런 추론과 논리구성이 가능하다면 장기간 산업자본들 사이에서 독과점적 구도가 고착된 시장에서 금융자본의 진입이 독과점 구도에 변화를 유도하고 경쟁을 촉진하는 계기가 될 가능성 역시도 주목할 만한 부분이다. 환언하면 금산분리 완화를 위한 논의에서 완화 조치가 수행할 것으로 기대되는 경쟁촉진적 기능도 함께 고려될 필요가 있다. 이른바 골목상권에의 진입 방식이 아닌 플랫폼이나 통신시장에의 금융자본 진입 문제를 조금은 다른 관점에서 조망해 볼 수 있는 근거를 이로부터 추출해 낼 수도 있다.

제 4 장

상호출자제한 기업집단에 대한 사전규제

제1절 | 출자규제

I. 공정거래법상 출자규제의 구도

출자(contribution)란 자본으로서의 재산이나 노무, 신용을 회사나 조합, 그 밖의 영리 법인에 내놓는 행위, 특히 회사의 경우는 사원이 회사의 목적 달성에 필요한 유형·무형의 수단을 지급하는 행위를 의미한다. 출자는 기업들로 하여금 자본금을 확충하고, 사업을 확장하는 한편, 경영권을 안정적으로 유지하기 위한 수단이 된다. 하지만 기업집단의 소속회사들 사이에서 발생하는 경우에는 경제력을 집중시키는 효과를 낳게 되므로 공정거래법은 경제력 집중을 억제하기 위해 출자를 규제해 오고 있다. 단 기업집단 내의 출자로 인한 경제력 집중은 해당 기업집단의 규모가 큰 경우에 국민경제적 차원으로 확산될 수 있다고 보고, 직전연도 자산규모를 기준으로 일정 규모(명목 국내총생산의 0.5%) 이상의 기업집단에 대해서만 규제를 시행해 오고 있다.

기업집단 소속회사들 간의 출자는 상호출자로 칭할 수 있다. 이때의 상호출자는 직접상호출자와 간접상호출자로 구분되는데, 전자는 2개 회사의 상대방 회사에 대한 출자를, 후자는 3개 이상 회사 간의 환상형 출자를 의미한다. 공정거래법은 전자만을 상호출자로 전제하고 후자는 순환출자라 칭하고 있다.

공정거래법상 출자규제는 1987년부터 직접상호출자를 금지하되 간접상호출자는 출자총액제한제도를 통해 간접적으로 규제해 왔다.

하지만 출자총액제한제도는 2008년에 폐지되었고[1] 이후 한동안은 직접상호출자만을 규제대상으로 해 오다가 2014년 7월에 신규순환출자 금지 제도가 도입되면서 현재는 직접 및 간접 상호출자 모두 규제대상에 포함되어 있다.

II. 상호출자 규제

1. 상호출자 규제의 도입 배경

상호출자란 2개 이상의 독립된 회사가 서로 상대방 회사의 발행주식을 소유하는 행위를 의미한다. 상호출자는 회사지배의 안정화를 이룰 수 있고, 생산재나 유통망의 안정적 확보 내지 시장의 확대에 기여할 수 있다.[2] 또한 기업 간 정보의 교환 및 기술제휴를 가능하게 하는 긍정적 효과도 있다.[3]

반면에 상호출자는 계열회사 간 상호출자로 기업공개를 회피하고 특

---

1 출자총액제한제도는 지난 1986년 공정거래법 제1차 개정 시에 법 제10조에 신설되었는데, 초기에는 출자총액한도를 순자산액의 40%로 정하였다가 1994년 4차 개정 시에 순자산액의 40%에서 25%로 하향 조정하였다. 이후 1998년 법 개정 시에 출자총액제한제도를 폐지하였다가 이듬해인 1999년에 재시행하였으며, 2007년에 출자총액한도를 순자산액의 40%로 다시 상향 조정하였다. 하지만 이 제도는 기업의 출자 행위에 대한 직접적·사전적·일률적 총량 규제로서 외환위기 이후 취해진 제도적 보완과 수익성 위주의 투자관행의 정착에 따라 출자총액제한제도의 역기능이 부각됨에 따라 2008년 법 개정 시에 결국 폐지되기에 이르렀다.

2 권오승 외 6인, 『독점규제법』(제7판), 법문사, 2020, 145면.

3 Ronald J. Gilson & Mark J. Roe, "Understanding the Japanese Keiretsu: Overlaps Between Corporate Governance and Industrial Organization", *The Yale Law Journal*, vol. 102 no. 4, 1993, p. 897.

정대주주가 다수계열회사를 지배하는 수단으로 활용되기도 한다. 즉 기업집단 소속회사들이 상호출자를 통해 자금을 서로 주고받는 관계를 형성할 경우 각 회사는 실질적인 출자 없이 가공적으로 자본금을 늘리거나 계열기업을 확장하여 경제력을 집중시키는 효과를 낳게 된다.

이 같은 상호출자 행위는 경제력을 집중시키기 이전에 회사 내부의 자본을 공동화하여 투자자와 채권자의 이익을 침해할 수 있다. 이에 따라 상호출자는 종래 상법과 자본시장법에서 주식의 상호보유라는 이름으로 규제되기도 하였다.

이 가운데 1982년 개정된 구 증권거래법 제189조에서 종전의 증권거래법의 규제를 받는 공개 기업들 간에 주식상호보유를 금지하였다. 하지만 동 규정은 이후 1998년 12월 법 개정 시에 삭제되었다. 한편 1984년 개정된 상법에서는 두 가지 경우, 즉 모자관계 회사 간의 주식상호보유,[4] 주식상호보유에 대한 의결권 제한 규정[5]을 두고 있다.

이 같은 상법은 주식의 상호보유 자체를 원천적으로 금지하지는 않으며, 기업집단 소속의 회사만을 대상으로 하는 것도 아니다. 비계열회사 간의 주식보유도 제한된다. 하지만 회사의 자본충실을 기할 필요성이 있으므로 모자관계인 경우에 한하여 자회사의 모회사 주식소유를 금지하고 모자관계에 있지 않은 회사라도 10%를 초과 소유하고 있는 경우에는 의결권을 박탈한 것이다. 다만, 이 같은 상사법상의

---

4 상법 제342조의2의 자회사에 의한 모회사주식취득 제한에 따라, 모회사가 자회사 주식의 50% 이상을 초과하여 소유하고 있는 경우에 자회사는 모회사의 주식을 취득할 수 없다.

5 상법 제369조 제3항의 주식상호보유에 대한 의결권 제한 규정에서는 회사, 모회사 및 자회사 또는 자회사가 다른 회사의 발행주식 총수의 10분의 1을 초과하는 주식을 가지고 있는 경우 그 다른 회사가 가지고 있는 회사 또는 모회사의 주식은 의결권이 부여되지 않는다.

제한 규정은 자본충실을 목적으로 한 것으로서, 제재 및 구속력이 미약하고 그마저도 주식회사 사이에서만 적용되며, 주식회사와 유한회사 간 혹은 유한회사 상호간에는 제한을 두지 않는다. 또한 당사자들(예컨대, 주주들)이 이해관계가 달라지더라도 가급적 법정에서 다투지 않으려는 경향 때문에 실제로 이를 문제 삼는 경우는 많지 않다.

과거에 증권거래법의 규제를 받던 시기에는 금융감독위원회의 제재를 받았으나, 폐지된 이후로는 금융규제의 대상에서도 제외된 상태이다. 따라서 이러한 제도만으로는 경제력 집중의 수단으로 사용되는 상호주보유를 차단하기에 한계가 있다고 보고 공정거래법에서 출자문제를 별도로 규정하게 된 것이다.

2. 현행법상 규제의 내용과 특징

공정거래법은 직전연도 자산총액을 기준으로 국내총생산의 0.5%에 해당하는 상호출자제한기업집단에 속하는 국내 회사에 대하여 자기의 주식을 취득 또는 소유하고 있는 국내 계열회사의 주식을 취득 또는 소유하는 행위를 금지하고 있다(제21조 제1항). 즉 자기의 주식을 소유하고 있는 동일 기업집단의 2개 계열회사 간 상호출자는 상호보유주식의 규모나 지분율의 과다와 관계없이 전면 금지된다. 이 규제는 상호출자제한기업집단 소속 계열회사 간의 상호출자만을 규제대상으로 하므로 계열관계에 있지 않은 회사 간의 상호출자나 국내총생산의 0.5% 미만의 기업집단에 속하는 국내회사 간의 상호출자는 금지대상이 아니다.

한편 상호출자제한기업집단 소속회사 간의 상호출자라 하더라도 불가피한 사유로 상호출자가 발생되는 경우에는 상호출자가 인정된다. 회사의 합병 또는 영업전부의 양수로 인한 경우, 담보권의 실행 또는 대물변제 수령으로 인한 경우가 그러하다. 단, 이 경우에도 6개월에 한해 예외가 인정되므로 6개월 이내에 양 회사 중 하나가 상대회사 주식을 처분해야 한다(법 제21조 제2항).

아울러 공정거래법은 상호출자 규제를 면탈하려는 탈법행위도 금지하는데, 특정금전신탁을 이용한 상호출자, 타인의 명의를 이용한 상호출자를 구체적인 탈법행위 유형으로 규정하고 있다. 상호출자금지의 기준이 이처럼 법률상 명확히 제시되어 있는 까닭에 규제를 위반하는 경우는 자주 발생하지 않는다. 요건이 명확하기도 하지만 상호출자를 우회할 수 있는 용이한 수단을 활용할 수 있었기 때문인데, 간접상호출자 즉 순환출자가 그것이다.

Ⅲ. 신규순환출자의 금지

1. 규제의 도입 배경

순환출자란 기업집단 내에서 3개 이상의 계열사가 연쇄적으로 출자하여 자본금을 늘려 가는 과정에서 출자가 고리형태로 연결되는 것을 의미한다. 순환출자는 그 자체로 위법은 아니며, 흔히 발견되는 지배구조의 한 형태로서 기업들은 여러 이유에서 순환출자를 시도하게 된다. 예컨대 순환출자를 통해 계열사 간 자금을 쉽게 조달할 수 있으며 한 계열사가 자금을 조달하여 다른 계열사의 주식을 매입하면 해당 계열사는 자금을 확보하고 그룹 전체의 재무구조가 개선되는 효과가 있다. 계열사가 적대적 인수합병(M&A)의 대상이 될 경우, 다른 계열사들이 보유한 지분을 이용하여 경영권을 방어하기에도 용이하다. 하지만 현실적으로는 순환출자를 통해 계열사 간 지분을 상호 보유하면, 적은 지분으로도 그룹 전체를 지배할 수 있어서 창업자나 총수 일가의 지배권을 강화하는 데에 유리하다는 점이 순환출자의 주된 동기로 작용하는 경우가 많다. 특히 한국의 기업집단은 성장과정에서 순환출자 방식으로 기업집단 전체의 규모를 키우고 기업집단 내부의 지배권을 강화하여 왔다. 특히 순환출자는 가공자본을 형성하고 소유와 지배의 괴리를 심화시키며 기업집단의 지배주주가 실제 소유권에 비해 과도한 지배력을 행사하게 하는 수단이 된다. 순환구조의 일부에 부실이 발생하면 고리에 얽혀 있는 다른 우량 계열사까지 부실이 전이될 우려도 제기된다.

사실 가공자본을 동원한 계열사 확장 및 총수 일가 지배력 강화 문제는 순환출자·지주식출자·계열식출자 등 모든 다단계 출자에서 발생하지만, 그중에서도 순환출자는 최초 출자자금이 회수된다는 점에서 다른 형태의 출자와는 차이가 있는 데다 자금의 출처와 귀속이 불분명하다는 점에서 소유·지배구조의 불투명성이 가장 높은 형태로 여겨져 왔다. 하지만 종전의 상호출자금지만으로는 이를 통제하기에 뚜렷한 한계가 있었다.

이에 따라 지난 2014년 공정거래법 개정 시에는 상호출자의 우회수단인 순환출자를 활용한 지배력 확장 등 부작용을 방지하기 위해 순환출자 규제를 도입하되 신규출자만을 대상으로 하는 입법이 이루어지게 되었다.

2. 규제의 내용과 특징

공정거래법상 순환출자 규제는 상호출자제한기업집단 소속 계열회사 간의 순환출자를 신규로 형성하거나 강화하는 것을 금지한다. 단, 순환출자가 이미 형성된 기업집단에 대해 모든 고리를 단절하는 것은 재산권에 대한 과도한 침해 및 소급입법금지 원칙에 저촉될 우려가 있으므로, 상호출자제한기업집단으로 지정된 기업집단들이 2014년 7월 25일 법 시행일 이후에 형성한 순환출자만을 금지대상으로 하였다.

한편 사업구조개편, 기업구조조정 등의 과정에서 발생하는 순환출자는 예외를 허용함으로써 기업의 투자 등 건전한 사업활동에 제약을 최소화할 필요가 있으므로 신규순환출자의 경우에도 기업의 사업구조개편 등 정상적 기업활동에 대해서는 예외가 인정된다. 회사의 합병·분할, 영업전부의 양수, 주식의 포괄적 교환·이전 과정에서 형성되는 신규순환출자가 그러한 경우이다. 단, 기존 순환출자 고리 내의 합병은 고리 내 포함되는 회사 수가 감소하는 점 등을 감안하여 제한없이 허용된다. 아울러 사업구조개편 과정에서 불가피하게 형성되는 신규순환출자는 예외로 허용하고 6개월의 해소 유예기간을 부여하고 있다. 신규순환출자가 금지된 이래 순환출자를 통한 과도한 지배력 유지·확장, 경영권의 편법적 상속·승계 등의 가능성이 상당 부분 감소하는 효과가 나타나고 있다.

대규모기업집단 내 순환출자는 신규순환출자 금지제도 시행연도인 2013년 직전에 대폭 감소한 데 이어 제도 시행 이후에도 감소 추세가 계속되어 왔다. 그리고 2017년 이후에는 특히 기존 순환출자에 대한 기업집단의 자발적 해소에 따라 순환출자가 대폭 감소되었다. 다만 기존 신규순환출자 금지제도의 경우 상호출자제한기업집단으로 지정된 이후에는 신규순환출자 형성 및 강화가 금지되나, 상호출자제한기업집단 지정을 앞둔 집단이 규율회피를 위해 사전에 순환출자를 확대하는 것을 방지할 필요성이 발생하였다.

하지만 기존의 순환출자도 대부분 해소된 상태에서 현재의 규제로도 정책목표는 어느 정도 달성된 것으로 볼 여지가 있었다. 이에 따라 규제의 실익을 고려하여 상호출자제한기업집단으로 신규 지정된 기업집단이 지정 전부터 보유한 순환출자에 대하여 의결권을 제한하는 것으로 지난 2021년부터 개편된 규제가 적용되고 있다. 이에 따라 신규 지정되는 상호출자제한기업집단은 지정일 이후의 순환출자만을 금지하고 있으며, 지정 전부터 보유한 순환출자에 대해서는 2021년 12월 30일 법 시행일 이후의 의결권만 제한된다.

3. 출자규제 관련 법리적 쟁점

(1) 기존 순환출자의 해소와 소급입법의 문제

순환출자 규제가 도입되고 개정되는 시점마다 기존의 순환출자 구도를 규제대상에 포함시킬 것인지가 검토 대상이 되었으며, 그 과정에서 기존 출자구조에 대해 규제를 가하는 것이 소급입법인지가 중요 논점으로 부각되었다.

주지하다시피 법령이 그 효력 발생일 이전의 사항에 적용되는 것으로 입법할 경우 법적 안정성 또는 관계자의 신뢰를 해치므로 헌법 제13조 제2항에 따라 소급입법을 금지하는 것이 원칙이다. 다만 순환출자의 규제가 이 원칙에 반하는 것인지에 대해서는 추가적인 검토가 필요하다.

소급입법에는 효력 발생일 이전에 이미 종결된 사항에 소급하는 진정소급과 효력 발생일까지 종결되지 않고 진행 중인 사항에 소급하는 부진정 소급이 있는데, 소급입법금지의 원칙은 기본적으로 진정소급의 금지를 의미하며 원칙적으로 부정되지만 예외적으로 인정될 가능성은 열려 있다. 특히 부진정소급의 경우는 원칙적으로 허용하되 공익과 사익 간의 비교형량에 따라 부정되는 경우가 있을 수 있다.[6]

기존 순환출자 해소의 경우 법 시행일 이전의 사항에 적용되는 것으로서 소급입법의 논란이 있을 수 있으며, 진정소급인지 부진정소급인지에 대한 판단이 불분명한 측면이 있다. '취득'이라는 행위에 초점을 맞출 경우, 이미 법 시행일 이전에 주식의 취득이 완료되었으므로 진정소급 가능성이 있는 반면에 '소유'라는 행위에 초점을 맞출 경우, 법 시행일 현재에도 진행 중인 사안으로 볼 수 있어 부진정소급으로

6 양미향, 「遡及立法禁止原則과 그 許容限界」, 『법제』, 2001, 40~52면.

볼 수 있기 때문이다.

만일 부진정소급으로 볼 경우, 공·사익 간의 비교형량의 결과 기존 순환출자 해소를 통해 얻는 공익보다 이를 통해 침해되는 사익이 크다면 신뢰보호의 법리에 따라 입법자의 형성권은 제한될 것이다.[7] 이 점에서 순환출자 해소를 통한 소유·지배구조 괴리 문제 해소, 기업지배구조 개선 등의 공익과 비자발적 기업지배구조 재편 및 주식매각에 따른 내부지분율 손실, 각종 세금 등의 비용과 기존 순환출자를 정당한 것으로 신뢰한 점을 보호하기 위해 신뢰이익의 상실에 따른 손해가 비교형량되어야 할 것이다.

(2) 출자규제의 예외 사유로서 상계의 타당성

현행법상 출자규제에 대해서는 기업현실을 감안한 유연성을 두려는 취지에서 사업구조개편 과정에서 불가피하게 형성되는 출자의 경우 6개월의 해소 유예기간을 부여하고 있다. 회사의 합병·분할, 영업전부의 양수, 주식의 포괄적 교환·이전 과정에서 형성되는 상호출자나 신규순환출자가 그러하다.

이와 관련하여 공정거래위원회는 2013년 9월 17일 아시아나항공의 금호산업 CP(기업어음)채권 출자전환이 구법 제9조 제1항 제2호의 대물변제의 수령으로 볼 수 있어 상호출자금지의 예외 사유에 해당한다고 유권해석한 점이 주목된다.[8] 당시 계열사의 기업어음을 보유한 회

7 헌법재판소 1998. 11. 26. 선고 97헌바58 결정.

8 공정거래위원회 보도자료, 「아시아나항공 보유 금호산업 CP채권의 출자전환은 상호출자 금지의 예외사유에 해당」, 2013. 9. 17. 참조.

사가 당해 계열사의 유상증자 출자전환을 통하여 계열사의 주식을 취득하는 과정에서 상호출자가 발생하였는데, 이에 대하여 공정거래위원회는 해당 상호출자가 계열 확장, 지배력 강화 의도가 있는 상호출자와 달리 기업구조조정 과정에서 채권단 결정에 따른 출자전환에 의해 발생한 점을 근거로 하여 해당 출자전환은 '상계'가 아니라 신주인수계약, 상계계약 등이 포함된 형태의 '대물변제' 계약이며, 따라서 상호출자금지의 규제취지에 비추어 볼 때 예외 사유에 해당한다고 판단을 내린 바 있다.[9] 이 같은 판단에 대해서는 법리적 측면에서의 검토와 재고가 필요해 보인다.

주지하다시피, 대물변제는 채무자가 부담하고 있던 본래의 채무이행에 대체하여 다른 급여를 함으로써 채권을 소멸시키는 채권자와 변제자 사이의 계약으로서, 채무에 갈음한 급부 내지 급여를 성립요건으로 하는 요물계약이다. 반면에 상계는 채권자와 채무자가 서로 동종의 채권·채무를 가지는 경우에 채무자의 일방적 의사표시에 의하여 그 채권·채무를 대등액에서 소멸시키는 행위로서, 단독행위의 성격을 가지며 상호간의 상계합의도 급부의 제공을 요건으로 하지 않는 낙성계약에 해당한다. 채권자와 채무자가 서로 청구하고 이행하는 번거로움을 덜고, 어느 일방이 파산 등으로 인해 자력

9 이 같은 판단이 내려진 것은, 출자전환의 경우 채무자가 자신의 채무에 갈음하여 채권자에게 신주를 교부함으로써 채무를 소멸시키는 채권자와의 의사합치(계약)이며, 다만, 채무자의 기업어음채무와 채권자의 주금납입의무가 상계계약에 의해 서로 소멸하는 과정을 포함하게 되는데 주금납입 하루 뒤 신주발행이 이루어지는 상법절차상 CP채권은 주금납입기일에 소멸하고 그 익일인 신주발행일에는 존재하지 않아 대물변제로 보기 어려운 측면이 있기는 하지만, 당사자 간의 합의(상계계약)에 의해 채권소멸시점을 신주발행일로 정할 수 있다는 점을 고려한다면 대물변제로 볼 수 있다고 본 것이다.

이 악화된 경우 다른 일방이 불이익을 입는 불공평한 결과를 방지하기 위한 목적에서 행해진다는 점에서 일응 양자는 유사한 기능을 수행한다.

요컨대, 기능은 유사하지만 개념상으로는 명확히 구분되는 제도라 할 수 있고 양자를 구분하는 핵심적인 표지는 요물계약성 즉 채무에 갈음한 급부를 성립요건으로 하는지 여부에 관한 차이에 있다. 그런데 출자전환이 신주발행과정에서 발생해서 절차상 채권이 소멸하는 시점에 대물변제의 대상인 주식이 존재하지 않아서 일차적으로 대물변제로서의 요건을 충족하지 못하고 있음이 명백하다. 대물변제의 개념을 확장해서 출자전환을 포섭하기에는 현물의 급부가 반드시 이루어질 것을 요건으로 하는 대물변제의 개념상 표지가 너무 뚜렷하였다.

공정거래법이 대물변제를 상호출자의 예외 사유로 인정하는 이유는 현금이 아닌 다른 수단으로 채무를 소멸시키는 효과를 갖는다는 점에 주목한 것으로서, 그것이 요물계약인지 여부보다는 본래의 채무를 다른 방식으로 소멸시키는 과정에서 불가피하게 발생하는 상호출자를 일정기간 동안 금지대상에서 제외한다는 취지를 가지고 있다. 이 점에서 우리 법이 대물변제를 예외 사유로 인정한 이상, 상계 역시 인정하지 않을 이유가 없다는 주장도 가능하다. 하지만 합병, 영업양수, 담보권실행, 대물변제 등 예외 사유로 인정된 행위들은 모두 당사자의 의사와 관계없거나 예상하지 못한 상황에서 발생한다는 공통점이 있고, 따라서 이들 행위로 인한 상호출자를 예외 없이 금지할 경우, 합병 등 당사자가 별개의 경제적 목적하에 도모한 사업활동을 제대로 수행할 수 없게 될 것이 우려되기 때문에 예외를 인정한 것이다.

대물변제 역시 같은 맥락에서 예외 사유로 포함되었다고 할 수 있는데, 대개는 A사 계열사인 B사의 주식을 보유한 상태에서, B사에 대하여 채무자관계에 있는 C사가 자신의 채무이행을 위해 보유하고 있던 A사의 주식을 대물변제하는 과정에서 A-B 간에 상호출자가 발생하는 경우를 상정한 것으로 볼 수 있다. 이 같은 경우 B는 의도하지 않게 상호출자를 한 것이 되고, C로부터 대물변제를 받아서라도 채권을 회수해야 할 불가피성이 인정되므로 상호출자의 예외를 인정해 준 것으로 이해할 수 있다.

그렇다면 제3자가 보유하고 있던 주식을 대물변제받는 과정에서 상호출자가 발생한 것이 아니라, 계열사 당사자들 간에 주식을 주고받는 상황에서 상호출자가 발생한 경우까지 입법자가 상호출자의 예외를 인정한 것으로 해석할 수 있는지에 의문이 생긴다. 이 같은 해석 기법이 유동적인 기업 및 경제현실을 감안하여 제도의 유연성과 구체적 타당성을 강화하는 데 기여한 측면은 있지만, 입법 형성적 성격의 법 해석의 범위 내에 있는지는 의문이다. 행정법규로 규정되어 있는 규제의 법적 안정성 차원에서도 향후 법 집행에서는 외형상의 요건을 간과하지 않는 해석이 필요하며, 규제의 운영상 유연성을 발휘할 필요가 있다면 입법적으로 공간을 확보하는 조치가 강구되어야 할 것이다.

제2절 | 채무보증 규제

I. 채무보증 규제의 배경과 연혁

1. 계열사 간 채무보증 규제의 취지

주지하다시피 공정거래법상 규율대상이 되는 채무보증은 기업집단 소속 계열사의 자금조달 과정에서 다른 계열사가 그 반환채무를 보증하는 법률행위를 의미한다. 한국의 경제성장 과정에서 기업들은 자금동원여력이 부족했던 초기부터 사업자금의 상당 부분을 타인자본에 의존하는 차입경영 방식을 채용했고 이 과정에서 계열사 간 채무보증이 자금조달을 실현하거나 조력하는 효과적 수단으로 활용되어 왔다. 특히 채무보증은 계열관계 외의 기업 간에는 사실상 거의 발생하지 않아서 대기업집단 소속 기업들 상호간에만 향유 가능한 금융상의 혜택으로 여겨지는 것이 현실이다.

사실 계열회사 간 채무보증은 기업집단 소속 기업의 관점에서는 매우 효율성이 큰 금융조달 방식이라 할 수 있다. 외부자본의 공급에 제약이 있는 경우에 내부자본시장을 조성하여 자본제약을 완화하고 우량한 투자기회를 적극적으로 활용할 수 있게 하는 한편, 보증관계를 통하여 정보의 비대칭을 완화함으로써 내부자본시장을 효율화하는 등의 긍정적 기대효과들이 있기 때문이다.[10] 문제는 채무보증의 활용 가능성이

10 최도성, 「대규모기업집단의 지배구조」, 권오승 편, 『자유경쟁과 공정거래』, 법문사, 2002, 335면.

대규모기업집단 소속의 극소수 기업들에 국한되면서 대기업집단에 의한 경제력 집중의 우려를 야기하는 한편, 경쟁정책적 관점에서도 시장의 경쟁 여건을 왜곡하는 결과를 유발하게 된다는 점에 있다. 즉 계열사 간 채무보증 행위는 피보증인이 누리는 내부적 효율성에도 불구하고 다양한 부의 외부효과(negative externalities)를 수반하는 행위이다.

그 외부효과의 주된 양상은 경제력 집중으로 나타난다. 계열사 간 채무보증은 기업집단 내 한계기업의 퇴출을 지연·저지시키고, 부실의 전이 내지 연관 기업들의 동반부실화를 초래함으로써 국민경제의 리스크를 키울 수 있다.[11] 게다가 채무보증으로 인해 강화된 견련관계는 해당 기업집단의 공동운명체적 속성을 증진시킴으로써 소속 기업집단으로부터 발원하는 경제력의 일반집중, 그리고 기업집단의 특수관계인들을 위한 소유·지배집중을 강화하는 데 기여할 가능성이 크다.

다른 한편에서는 전술한 바와 같이 경쟁정책적 측면의 외부효과도 발생한다. 계열사로부터의 보증을 통해 자금조달이 수월해지는 대기업집단 소속의 극소수 기업들은 동원된 자금력 및 유동성 확보를 기반으로 다양한 사업수행을 도모할 수 있게 된다. 이처럼 시장 자금이 채무보증을 용이하게 받아 낼 수 있는 대기업집단 계열사에 편중되면, 결국 독립·중소기업의 공정한 자금조달 기회가 박탈되는 등 여신시장의 경직화와 자원배분의 비효율화를 초래하게 될 것이다.[12] 요컨대 채무보증은 금융자원 배분의 왜곡으로 인한 경쟁 여건의 불균형 차원의 사안이기

---

11 권오승·서정, 『독점규제법』(제5판), 2022, 557면.

12 조성욱, 「경제위기 이후 재벌정책에 대한 평가」, 『21세기 한국기업의 경쟁력』(서울대학교 기업경쟁력연구센터 심포지엄 자료집), 2002, 13면.

도 하며, 이 점에서 유의미한 경쟁정책적 고찰의 대상이 아닐 수 없다.

그런데 기업에 자금을 지원하면서 그로 인한 대금채권의 안정적 회수 가능성 확보를 우선순위에 두게 되는 금융기관의 입장에서는 채무자인 기업이 소속 계열사로부터 보증을 얻는 상황 자체를 기피할 유인이 크지 않다. 즉 금융시장의 자율 내지 자정 기능만으로 계열사 간 채무보증 관행이 통제되거나 억제되는 결과를 기대하기는 어렵다.[13]

따라서 무분별한 채무보증을 통한 계열사 연계관계를 차단함으로써 일부 계열사의 부실이 그룹 전체의 부실화를 초래하는 위험을 차단하고 개별 기업 중심의 독립경영체제 여건을 조성하기 위한 별도의 공적 수단이 요구되는데, 그런 경제현실 및 입법정책적 요청을 수용하여 도입된 것이 공정거래법 제24조의 계열사 간 채무보증 금지규정이라 할 수 있다.[14]

이 규제로 인해 대규모기업집단 소속 기업들은 계열사 채무보증에 의존한 방만한 차입경영을 억제함으로써 기업의 재무구조 건실화를 도모할 수 있게 되고, 동반부실의 위험이 감소되면 개별 기업에 대한 시장평가의 적정화로 기업가치가 제고되는 효과가 있기 때문에 채무보증 해소에 나설 유인을 갖게 된다.

2. 규제의 도입 및 변천 과정

1992년 12월 8일에 도입되어 1993년 4월 1일부터 시행되기 시작

13 권오승 외 6인, 『독점규제법』(제7판), 법문사, 2020, 149면.

14 판례도 계열사 간 채무보증 금지의 입법취지를 과도한 경제력 집중을 방지하기 위한 것으로 파악하고 있다. 대법원 2006. 10. 27. 선고 2004두3274 판결.

한 채무보증 규제는 당초 '계열사 간 부당지원행위의 금지규정'과 함께 입법이 추진되었으나, 1992년에 채무보증 제한 규정만이 입법의 실현을 이루었고, 부당지원행위 금지규정은 1996년에 입법 재추진을 통해 비로소 도입이 관철되었다.[15] 1990년대 중반 무렵의 정책환경하에서는 부당지원행위보다 채무보증으로 인한 폐해가 더 중차대하거나 시급한 과제로 평가되었던 것으로 해석할 수 있다.

채무보증 규제는 시행 이후 여러 차례 기술적으로 보완되고 점차 규제를 강화하는 방향으로 정비되어 현재에 이르고 있다. 또한, 법률 이외에 동법 시행령도 수시 개정함으로써 규제대상을 보다 구체화해 오는 한편, 외형상 보증 형식을 취하지 않으면서도 사실상 보증과 동일한 경제적 효과를 발생시키는 일련의 행위들을 탈법행위로 금지함으로써[16] 자칫 발생할 수 있는 규제의 공백을 메워 오고 있다.

계열회사 간 채무보증에 대한 규제는 대상과 기준을 수차례 변경하면서 발전해 왔다. 도입 당시에는 대규모기업집단의 지정이 자산순위를 기준으로 한 것이어서 1위에서 30위까지 채무보증제한집단(상호출자제한기업집단과 동일)으로 지정된 기업을 대상으로 채무보증의 한도를 자기자본의 200%로 제한한다는 기준이 적용되었다. 이는 기업이 보유한 자본의 2배를 넘지 않는 범위 내에서만 계열사 간 채무보증이

---

15 공정거래법상 관련 규정은 구법 공정거래법 제2조(정의) 제3의7호 및 제10조의2(계열회사에 대한 채무보증의 금지)에 자리 잡았고, 2020. 12. 29. 전부개정(2021. 12. 30. 시행) 법률에서는 내용상 큰 변화가 없는 상태에서 제2조 제18호 및 제24조로 규정의 조번이 변경되었다.

16 국내 금융기관에 대한 계열회사의 기존 채무를 면하게 함이 없이 동일한 내용의 채무를 부담하는 행위 이른바 '병존적 채무인수', 그리고 다른 기업집단 소속회사로 하여금 자기의 계열회사에 대해 채무보증을 하면서 그 대가로 다른 기업집단 소속회사에 대하여 행하는 '교차 채무보증'이 그것이다.

허용된다는 의미였는데, 전면 금지가 아닌 2배까지의 허용 가능성을 인정해 준 점에 대해 경제력 집중으로 인한 폐해를 억제하기에는 미흡하다는 지적이 학계와 정부 안팎으로부터 제기되었다.

그에 따라 1996년부터 채무보증한도를 자기자본의 100%로 하향하였고, 이후 1998년부터는 신규 채무보증을 전면적으로 금지하되 기존의 채무보증은 2001년 3월까지 단계적으로 해소토록 하는 것으로 규제가 대폭 강화되었다. 그 결과 2001년 초까지 채무보증의 93.3%가 해소되는 등 높은 성과를 거두기도 하였다.

이와 더불어 채무보증제한 제도의 실효성을 담보하기 위해 보증의 형식을 취하지 않으면서 실질적으로 보증과 동일한 경제적 효과를 발생시키는 행위를 열거하여 이를 탈법행위로 금지하는 조항을 시행령에 신설한 점도 의미가 컸다. 채무보증 규제를 탈피하기 위한 유사 보증행위를 포섭하는 차원으로 정책적 관심이 확장되는 계기라 할 수 있다.

II. 현행법상 채무보증 규제의 구도와 내용

1. 금지대상 채무보증의 개념

공정거래법상 금지되는 채무보증(제한대상 채무보증)은 국내 금융기관(외국계 은행 국내지점 포함)으로부터의 여신과 관련하여 채무보증제한 기업집단에 속하는 회사(금융·보험사는 제외)가 국내 계열회사에 대하여 행하는 보증의 경우에 한정된다.

이때 보증은 당연히 인적 담보를 의미하며 저당권 설정과 같은 물적 담보는 해당하지 않는다. 따라서 금융기관(여신)이 매개되지 않고 기업과 기업 간에 직접 행하는 보증(인적 보증), 예를 들면 A그룹의 B사가 비계열사인 C사로부터 외상매입을 하면서 B사의 계열사인 D사가 직접 보증하는 경우는 법상 금지대상이 되는 채무보증에 해당되지 않는다.

또한 보증한 회사가 금융·보험회사인 경우는 제외되므로 계열회사 중 금융·보험회사로부터 보증을 받은 것은 제외되는 반면에, 일반 비금융·보험회사가 금융·보험회사에 대해 보증을 한 경우는 채무보증에 해당된다.

한편 공정위에서 지정한 기업집단 소속 국내 계열사 간 보증만 해당하므로 해외 현지법인 간 또는 해외 현지법인과 국내법인 간 보증도 규제대상에서 제외된다.

2. 국내 금융기관 범위

대기업집단 소속회사는 계열사가 국내 금융기관(외국계 은행 국내지점 포함)으로부터의 여신과 관련한 채무보증(제한대상 채무보증)을 할 수 없는데, 여기서 국내 금융기관은 「은행법」에 따른 은행, 「한국산업은행법」에 따른 한국산업은행, 「한국수출입은행법」에 따른 한국수출입은행, 「중소기업은행법」에 따른 중소기업은행, 「보험업법」에 따른 보험회사, 「자본시장과 금융투자업에 관한 법률」에 따른 투자매매업자·투자중개업자 및 종합금융회사 그리고 시행령 제3조의4에서 규정하는 「여신전문금융업법」에 따른 여신전문금융회사와 「상호저축은행법」에 따른 상호저축은행을 의미한다.

여기서, 은행은 은행법상의 은행만을 대상으로 하므로 한국은행은 제외되는 반면, 농협중앙회, 수협중앙회의 신용부문은 규제를 적용받게 된다. 또한, 은행법 제59조 제1항에 따라 외국은행 국내법인, 지점, 대리점은 국내 금융기관에 해당하는 반면에 외국은행의 사업소는 해당되지 않는 것으로 본다. 국내 금융기관의 해외지점은 포함되지만 해외법인은 이에 포함되지 않는다.

한편 「보험업법」에 따른 보험회사는 생명보험사, 손해보험사를 들 수 있으며, 2007년 8월 「자본시장과 금융투자업에 관한 법률」 개정에 따라 투자매매업자·투자중개업자 및 종합금융회사가 국내 금융기관의 유형에 포함된다. 여기에는 외국계 증권회사도 포함되는 것으로 해석된다. 이 외에 여신전문금융회사로서 신용카드회사, 할부금융회사, 리스회사, 신기술금융회사도 국내 금융기관에 포함된다.

3. 여신의 종류

현행법은 국내 금융기관으로부터의 여신과 관련된 보증을 금지대상으로 한다. 따라서 보증이라도 여신 이외의 공사이행 보증 등은 금지대상에서 제외된다. 여기서 채무보증의 대상이 되는 여신은 '국내 금융기관의 대출 및 회사채무의 보증 또는 인수'를 의미하는데(공정거래법 제2조 제9호), 일반적으로는 금융기관의 대출과 지급보증으로 구분할 수 있다. 사모사채를 금융기관이 직접 인수하고 이에 대해 계열사가 보증한 경우도 채무보증에 해당한다. 반면에 사모사채를 금융기관이 아닌 비금융회사가 직접 인수한 경우는 계열사의 보증이 있더라도 채무보증에 해당되지 않는 것으로 본다. 인수자가 사전에 결정되지 않고 보유자도 수시로 변할 수 있는 공모형식의 채권(예: 자산유동화 증권)은 발행 시 금융기관이 인수하더라도 채무보증에 해당되지 않는다.

한편 리스의 경우는 금융리스만 여신에 해당되며 운용리스는 여신에 포함되지 않으므로 운용리스에 대한 보증도 규제대상이 아니다. 여신의 종류를 금융기관 내부적으로 정하고 있는 대출과목을 기준으로 하여 정리하면 다음과 같다.

[표] 대출과목 기준 여신 종류

대출		지급보증
상업어음할인	특별자금대출	상업어음보증
기업어음할인	차관자금대출	무역어음인수
기업어음대출	외화차관자금대출	수입신용장관련보증
당좌대출	국외지점대출	차관지급보증
적금관계대출	금융리스	사채지급보증
무역어음대출	내국수입유산리스	차관인수
무역어음할인	보증어음매입	화물선취보증
일반자금대출	무역어음매입	기타원화지급보증
방위산업지원자금대출	지급보증대지급금	기타외화지급보증
국민투자기금대출	기타운전자금대출	기타지급보증
재정자금대출	기타시설자금대출	
외상채권대출	기타외화대출	
신탁자금대출	사모사채인수	
	기타대출	

4. 제한대상과 제한제외대상 채무보증의 구분

한편 공정거래법 제24조 단서에 따라 채무보증 규제의 예외가 인정되는데, 「조세특례제한법」에 의한 합리화 기준에 따라 인수되는 회사의 채무와 관련하여 행하는 보증과 기업의 국제경쟁력 강화를 위하여 필요한 경우의 채무에 대한 보증이 이에 해당한다. 적용제외의 구체적 대상은 동법 시행령 제31조에서 규정하고 있다.

이에 따르면 채무보증은 공정거래법에 의해 통상 제한대상과 제한제외대상 채무보증으로 구분할 수 있다. 즉, 원칙적으로 공정거래법에 의한 채무보증 규제는 모든 채무보증에 적용이 되나, 일부 국제경쟁력 강화 등과 관련한 채무보증에 대해서는 예외적으로 채무보증에 해당되더라도 규제하지 않는다.

포괄근보증의 경우 원칙적으로 현재 또는 장래의 모든 채무를 일정한도 내에서 보증하는 것이므로 어떤 종류의 여신이 발생되었는지에 관계없이 제한대상 채무보증에 해당한다. 포괄근보증서를 징구하였으나, 여신 종류를 한정함으로써 사실상 특정 또는 한정근보증의 효과를 갖는 경우에는 관련 증빙을 첨부하여 제한제외대상 채무보증에 해당한다는 사실을 반드시 확인받아야 한다.

III. 계열사 간 채무보증의 추이와 과제

1. 채무보증의 추이와 정책 효과

지난 1998년 4월 이래 상호출자제한기업집단의 계열회사 간 채무보증이 금지된 이후 채무보증 금액은 지속적인 감소 추세를 보이고 있다. 계열회사 간 보증을 통해 경제력 집중을 심화시키는 불합리한 자금조달 관행도 그에 따라 개선되는 등[17] 채무보증 규제가 시장준칙

17 2020년 5월 말 기준으로 제한대상 채무보증은 존재하지 않는 것으로 나타난다.

으로 정착된 것으로 평가된다.

이런 외형적 성과의 가장 직접적인 원인은 무엇보다 현행 법령이 상당히 구체적인 기준을 제시하고 일관된 규제기조를 견지해 왔기 때문인데, 그 결과 대기업집단 소속회사들이 굳이 법상의 명료한 기준에 저촉되는 채무보증 행위를 감행하려는 시도를 하지 않고 있는 것으로 볼 수 있다.[18] 이와 더불어 그간 경제위기를 거치는 과정에서 부실 계열회사에 대한 채무보증이 기업집단 전체의 동반부실화를 유발할 수 있음이 경험적으로 확인된 점, 그에 따라 채무보증 규제의 불가피성에 대한 공감대가 기업들 사이에 형성되어 있는 점도 일조하고 있다.

이상에 비추어 볼 때 법상 규제대상임이 명확한 채무보증의 경우에는 향후에도 억제력이 실효적으로 작용할 것으로 예상되며, 계열사간 채무보증 관행으로 인한 대규모기업집단의 편중여신 및 기업집단 동반부실화 위험은 현실화될 가능성이 크지 않을 것으로 전망된다.

이 같은 현실은 일견 이 제도가 시장 준칙으로 확고히 자리 잡은 결과 위법행위의 발생 가능성이 최소화되었다는 긍정적 의미로 해석될 수 있다. 다만 대규모기업집단 소속 기업들이 규제대상 이외의 방식을 통해 채무보증 수요를 충족하고 있음을 방증하는 것인지 여부에도 주의할 필요가 있다. 그렇게 보는 이유는 최근 들어 채무보증의 실체

18 다만 2021년의 실태 자료를 살펴보면, 전체 상호출자제한기업집단(40개)의 채무보증 금액은 1조 1588억 원(8개 집단)으로, 전년 대비 1조 724억 원 증가한 것으로 집계되었다. 이는 채무보증을 보유한 4개 집단이 상호출자제한기업집단으로 신규 지정되면서 발생한 결과로서, 이들 기업집단을 제외한 기존 집단의 사실상 채무 보증액은 177억 원으로 전년도 대비 20.5% 감소한 것으로 나타났다. 공정거래위원회, 「2021년 상호출자제한기업집단 채무보증 현황」(2021. 10. 26. 보도자료) 참조.

와 규제환경의 실효성을 객관적이고도 새로운 관점에서 재평가해 보게 만드는 징후들이 새롭게 발견되고 있기 때문이다.

그 징후의 대표적인 예로 꼽을 수 있는 것들이 기업 간의 자금보충 약정, 그리고 총수익스와프(Total Return Swap)로 일컬어지는 TRS 거래이다.[19] 이들 약정 및 거래는 사실상 채무보증과 유사한 기능을 수행함에도 현행 법령의 외형상으로는 규제의 대상 여부가 불분명하여 현행법상의 잣대로는 위법으로 재단하거나 제한하기 어려운 사각지대에 놓여 있다. 그런 가운데 우회적 금융거래에 대한 기업들의 의존도와 활용도는 점차 증가하고 있는 것으로 추정된다.

이처럼 대기업집단 규제 측면에서 사실상 채무보증과 유사한 기능을 수행하는 금융거래가 존재하는 상황을 대하면서, 규제를 우회하는 현실 변화를 법이 따라가지 못한다는 문제의식을 가져야 할지, 아니면 기존 제도의 역할이 축소될 만큼 금융거래 환경이 달라졌으므로 굳이 새로운 규제를 신설하여 추적할 필요가 없는 것으로 봐야 할지 모호하다. 같은 맥락에서, 일견 성공적인 것으로 여겨져 온 현행 법령상 채무보증 규제가 실효성 측면에서 한계에 직면한 것은 아닌지, 그리고 자금보충약정이나 TRS 등 채무보증 유사 금융거래의 경제적 기능을 공정거래법적 관점에서 어떻게 조망하고 평가할 것인지를 원점에서 고민해 봐야 할 시점이다.

---

19 예컨대, 자신의 보통주를 기초자산으로 하는 교환사채를 발행하고 당시 계열회사가 교환사채 인수자와 동 교환사채를 기초자산으로 하는 TRS 계약을 체결하여 채무에 대한 손익을 인수함으로써 사실상 채무보증과 동일한 효과를 가져다주는 신용보강을 제공한다.

2. 채무보증 유사거래의 실태

(1) 쟁점의 소재

현실의 금융거래에서는 엄밀한 의미에서 민법상 보증[20]으로 보기는 어렵지만 그와 유사한 기능을 수행하는 거래 수단들이 적지 않게 존재한다. 그런 수단으로 꼽을 수 있는 것들로는 전통적인 민사 계약적인 수단에 의하는 방법으로서 컴포트레터(comfort letter), 손해담보, 자금보충약정, 그리고 신용 파생상품 거래에 의하는 방법으로서 TRS, CDS, CLN 등을 들 수 있다.

이 가운데 공정거래법상 규제대상인 채무보증과 유사한 기능을 수행하는지 여부를 판단하기 위해서는 하나 더 추가적인 분류 필터가 필요하다. 민법상 보증은 반드시 그 피보증채무가 차입금 채무 즉 금융채무일 필요가 없다. 따라서 상거래에서 공사 이행 채무와 같은 비금전채무 또는 금전채무일지라도 상거래에서 발생하는 물품대금채무라거나 손해배상채무라면 보증의 대상이 될 수 있다. 하지만 공정거래법에서 문제 삼는 채무보증은 원칙상 금전채무 중에서도 차입금 채무에 대한 보증, 즉 '여신과 관련된 보증'만을 금지대상으로 한다. 또한 이때 채무보증의 대상이 되는 여신은 '국내 금융기관의 대출 및 회사채무의 보증 또는 인수'(공정거래법 제2조 제9호)를 뜻하므로 결국 (국내 금융기관으로부터의) 금융채무, 즉 차입금 채무만이 해당

---

20 민법 제428조(보증채무의 내용) 제1항에서는 "보증인은 주채무자가 이행하지 아니하는 채무를 이행할 의무가 있다."라고 규정하고 있으며, 동조 제2항에서는 "보증은 장래의 채무에 대하여도 할 수 있다."라고 규정하고 있다.

된다. 따라서 민법상 보증과 유사한 기능을 수행하는 방법들 모두가 공정거래법상 대기업집단 규제와 관련성을 가지는 것은 아니고 차입금 실질의 부담에 대한 보증 유사의 기능을 수행하는 유형으로 국한된다.

다만 현실적으로는 여러 일련의 거래를 결합시킴으로써 여신에 대한 채무보증의 효과를 창출할 수 있으므로 이 점에도 주의를 요한다. 당사자들이 의도하는 보증의 본질적인 대상은 차입금 채무 또는 그와 유사한 실질을 지니지만 채무자가 외형상 그리 분류되는 것을 회피하기 위하여, 예컨대 금융거래를 몇 단계 추가함으로써 마치 차입금 채무가 아닌 사업상의 상거래 채무를 보증하는 것처럼 구성하거나, 법률적인 의미에서는 '채무'로 보기 어렵고 단지 경제적 부담에 불과하여 엄밀한 의미에서 피보증대상으로서의 '주채무' 성립을 인정하기 어렵도록 금융거래를 구성한다면 사실상 채무보증과 다를 바 없는 효과를 유발하게 될 것이다. 요컨대 공정거래법상 채무보증 효과 여부를 판단하기 위해서는 실거래마다의 사안별 조망 및 접근이 추가적으로 필요할 수도 있다.

(2) 채무보증 유사 금융거래의 유형

1) 자금보충약정의 경우

자금보충약정은 프로젝트 금융(project finance) 실무에서 활용되는 용어로서, 예컨대 프로젝트의 건설을 위해 건설사 등이 컨소시엄으로 참여하면서 특수목적법인(SPC)을 설립하면, 이 SPC가 사업자금의 상당 부분을 금융기관으로부터 대출받아 사업을 시행하는 형태로 진행

된다.[21] 이때 SPC가 부담하는 차입금 채무에 대하여 SPC에 대한 출자자들이 대주(貸主, Lender)들에게 직접 보증을 제공하지 않고, SPC의 대주들에 대한 채무 상환 재원이 부족할 수 있는 일정한 사유가 발생할 경우 출자자들이 SPC에게 후순위대출을 실행하거나 추가 출자를 하기로 특약하는 경우가 많은데, 이 특약을 자금보충 특약 또는 자금보충 약정이라고 하는 것이다. 본래 의미의 자금보충은 부족한 사업비를 보충하여 사업이 계속 진행될 수 있도록 하는 취지였으나, 실제로는 주로 대출원리금 상환재원 부족 시 자금을 보충할 목적으로 이루어지고 있는데, 차주의 상환재원 부족 시 이를 보충한다는 기능은 보증과 유사하기 때문에 공정거래법의 채무보증에 해당하는지 여부가 문제되고 있는 것이다. 자금보충 의무를 부담하는 주체는 SPC에 대한 출자자라든지 그 밖에 사업상의 높은 관련성 내지 영향력을 갖는 자로서, 공정거래법상 계열사 개념을 충족시키는 경우가 생길 수도 있다. 공정거래법상의 규제 회피가 가능하다면, 이것은 자금보충 약정이 체결되는 또 다른 이유이자 가장 본질적인 이유가 될 수도 있다.

2) 총수익스와프(TRS)에 관하여

TRS 즉 총수익스와프는 '대출채권이나 증권, 그 밖의 기초자산에서 발생하는 실제 현금흐름과 사전에 약정된 확정 현금흐름을 교환하는 거래[22]로서 신용파생상품의 하나로 분류된다. 거래의 형태를 살펴

---

21 박준·한민, 『금융거래와 법』(제2판), 박영사, 2020, 721면.

22 정순섭, 「총수익률스왑의 현황과 기업금융법상 과제」, 『파생금융거래와 법』(제2권, BFL 총서 17), 2020, 345면.

보면 기초자산을 보유한 자산보유자가 그 자산, 예컨대 대출채권에서 실제 발생하는 현금흐름(예컨대 실제 회수하는 원리금액)을 TRS 계약 상대방에게 지급하고, 그 상대방은 TRS 계약의 다른 일방인 자산보유자에게 사전에 TRS 계약에서 합의된 현금흐름(예컨대 TRS 계약 당사자 간에 설정된 일정 금액에 금리를 가산한 금액)을 지급하기로 약정하게 된다. 이 경우 자산보유자는 기초자산으로부터 발생하는 불확실성 즉 위험을 상대방에게 이전(매도)하는 반면에 거래 상대방은 위험을 매수함으로써 보장을 판매하는 기능을 수행한다.

이처럼 TRS는 보장매도자가 보장매수자의 기초자산에 대한 신용위험과 시장위험을 보장한다는 기능적인 측면에서 보증과 매우 유사한 것으로 평가된다.[23]

기초자산이 채권인 경우, 그로 인한 실제 현금흐름을 이전하고 그 대가로 안정적인 현금흐름을 이전받는다면, 해당 채권의 채무자가 채무를 제때 상환하지 못함으로 인한 위험을 보장받는 효과가 생기므로 보증과 실질적인 기능이 유사해진다. 기초자산이 채권이 아닌 주식인 경우에도, 주식 보유로 인한 실제 현금흐름을 이전하고 그 대가로 주식취득에 소요된 자금의 원리금 상당액을 받기로 한다면, 주식취득 자금 상당의 대출금채무 상환을 보장받는 효과가 생기므로 보증과 유사한 속성이 더해질 수 있다. 이 점에서 신용공여를 규제하는 각종 법령상의 규제를 회피하기 위한 용도로 TRS가 사용되는지를 살

23 정순섭, 위의 논문, 352면.

펴봐야 한다.[24]

(3) 제도 보완의 방향과 대안

자금보충약정과 TRS 거래가 형식적으로는 자금을 보충하거나 신용파생 거래이지만, 그 실질이 신용지원 기능에 있다면 이에 착안하여 공정거래법 목적상, 이들 전체를 '하나의 목적을 가진 일련의 거래'로 보아 계열사 간 보증 내지 탈법행위로 파악함이 타당하다. 경제력 집중에 더하여 계열사의 신용지원, 순환출자 해소가 부당지원이나 업무상 배임, 상장법인의 특수관계인에 대한 신용공여 금지규제 저촉 등의 문제로 연계될 가능성도 배제하기 어렵다. 이런 현실에 대응하기 위해서는 현행 규제를 유지하는 소극적 접근방식보다는 채무보증과 유사한 금융거래를 규제의 취지에 부합하도록 하기 위한 새로운 접근을 시도해 볼 필요가 있다.

그 대안으로서 기존의 채무보증 개념을 대체하여 자금보충약정, TRS, 그 밖에 CDS 등 기타 이와 유사한 기능을 수행하는 거래 형태를 모두 아우를 수 있는 대안적 개념을 모색해 볼 필요가 있다. 그 대안으로는 계열사에게 자금을 지원하는 기능, 환언하면 금융기관에 대하여 계열사의 신용을 보강하는 기능을 포괄하는 개념으로서 계열사에 대한 신용공여를 고려해 볼 만하다.[25] 이미 채무보증과 유사한 행위를 모두 포괄하도록 규정하는 입법례가 은행법과 자본시장

24 이에 관한 상세한 분석은 이상훈·신영수, 「공정거래법상 채무보증 규제의 한계 분석과 대안의 모색」, 『선진상사법률연구』 제98권, 법무부, 2022, 229~255면 참조.

25 이상훈·신영수, 위의 논문, 245면 이하 참조.

법, 그리고 상법상 존재하기도 한다.

돌이켜 보면, 기업집단 내부의 지원 및 거래 방식에 변화가 목격될 때마다 그에 맞춰 규범과 제도적 환경을 재구축하며 변모해 온 것이 지난 대기업집단 규제의 발전 과정이었다. 공정거래법상 채무보증 규제에도 그런 시점이 도래하고 있다.

제3절 | 금융·보험회사의 의결권 제한

I. 규제의 의의

1. 규제의 의미

금융·보험회사의 의결권 제한의 입법취지는 금융이나 보험사업을 통해서 축적된 자금을 계열회사에 출자함으로써 경제력 집중을 확대할 가능성을 차단하는 것에 있다. 금융회사나 보험회사는 대량의 자금을 용이하게 모을 수 있는 위치에 있으며, 이러한 자금을 적절하게 운영하는 것도 금융 및 보험회사의 중요한 사업내용이라 할 수 있다. 그러나 이 자금이 계열회사에 대한 지배권을 확보하는 데 사용될 가능성이 있으며, 이를 방지하기 위하여 기업지배의 근거가 되는 의결권을 제한하는 방식으로 규제가 이루어지고 있다.

한편 금융 및 보험회사의 계열회사에 대한 출자가 지배권을 갖는 수준에 이르지 않는 경우에도 자금의 편중된 운영에 의하여 금융시장의 비효율적 운영과 자금 수요자인 사업자들 간의 경쟁을 왜곡할 우려도 있다.[26] 즉 금융·보험회사가 대규모기업집단에 내부화되는 사금고화 현상이 발생함으로써 한계기업인 계열회사를 지원하는 등의 비효율적인 방식으로 금융시장이 운영될 가능성이 있으며, 이러한 우려를 방지하는 것도 동 규제의 의의라 할 수 있다.

2. 규제의 도입 취지

금융·보험회사의 의결권 제한 제도는 공정거래법상 대기업집단 규제가 개시된 1986년 제1차 동법 개정 시에 도입되어 1987년 4월부터 실시되어 온 규제이다. 입법 당시는 구법 제7조의5에 규정되었다가 이후 제11조를 거쳐 현재는 제25조에 자리 잡고 있다.

이 규제는 제도 도입 시점부터 금융자본과 산업자본 간의 이해상충이나 양 자본 간의 위험의 전파에 대한 우려보다는 경제력 집중에 대한 고려가 제도 도입의 취지 및 이후 집행의 방향이 되어 왔다. 즉 계열금융회사의 방대한 운용자산, 고객의 자산 등 "타인 자금을 이용하여 매입한 주식을 통한 의결권 행사로 부당하게 영향력을 확장"하는 것을 방지하기 위한 것으로 이해된다.

이 점은 이 규제가 도입된 1986년 12월 당시의 국회 경제과학위원회

---

26 은행 또는 보험회사의 의결권 보유를 각각 100분의 5와 100분의 10으로 제한하고 있는 일본 독점금지법 제11조의 해석과 관련하여 유사한 논의를 전개하고 있는 實方謙二, 『獨占禁止法』, 有斐閣, 1998, 108~109면 참조.

심사보고서에서도 확인되는데, 이에 따르면 "대규모기업집단이 계열 금융회사의 방대한 운용자산을 이용하여 계열기업을 확장하는 것을 확실히 규제할 필요가 있다는 관점에서 …… 계열회사주식에 대한 의결권 행사만을 제한"하는 것으로 이 규정의 입법목적이 설명되고 있다.[27]

또한 2002년 1월 26일 법 개정으로 구 공정거래법 제11조의 의결권 행사 제한의 예외 사유가 도입되었을 당시 국회 정무위원회 회의록 전문위원 검토 보고서에서도 "금융·보험회사의 자산은 대부분 고객의 자산이므로 의결권 제한을 완화하게 되면 상호출자제한기업집단은 소속 금융·보험회사의 고객자산으로 자신의 영향력을 확대하게 될 것이고 이는 출자에 의한 경제력 집중 확대보다 더욱 심각한 문제를 야기"할 우려가 있음을 지적하여 위 규제의 주된 목적이 고객자산을 이용한 지배력 확대 방지에 있다는 점이 명시적으로 언급되어 있다.[28]

공정거래위원회 역시 위 법의 취지를 "국내 주요 대규모기업집단은 대체로 하나 이상의 금융 또는 보험회사를 소유하고 있으면서 이들 회사의 자금력을 바탕으로 계열회사의 주식을 집중적으로 소유하고 있다. 본래 금융·보험회사는 일반대중이 예탁한 자금을 운영하는 기관이므로 이러한 타인의 예탁자금이 기업집단의 확장이나 강화를 위한 수단으로 이용되는 것은 문제가 있다. 그러나 주식투자는 금융·보험회사의 주요한 자산 운영수단이고, 또한 계열회사의 주식이라 하더라도 자산운영의 대상에서 제외시킬 수는 없으므로, 금융·보험회

27 「1986. 12. 경제과학위원회 심사보고서」, 17면.
28 「2001. 12. 3. 정무위원회 회의록」, 15면.

사가 소유하는 계열회사의 주식에 대한 의결권만을 박탈함으로써 금융·보험회사가 기업집단의 확장이나 강화의 수단이 되는 것을 방지하는 규정을 두게 되었다."고 밝히고 있다.[29]

이 점에서 디지털화 시대에 대응한 금산분리 규제완화의 대상으로서 금융보험사 의결권 제한 규제에 관한 논의 공간은 다른 분야에 비해 협소할 수 있다. 그럼에도 금산분리 규제의 지평이 한국 경제에서는 전통적인 범주보다 확장되어 운용되고 있음을 확인하는 한편, 경제현실의 변화와 수범자의 요구에 따라 유연성을 발휘해 온 이 규제만의 특수성으로부터 일정한 입법정책적 함의를 도출하기에는 충분한 의미가 있다.

3. 규제의 연혁

1986년 12월의 규제 도입 시에는 제7조의5에 "대규모기업집단에 속하는 회사로서 금융업 및 보험업을 영위하는 회사는 취득 또는 소유하고 있는 국내 계열회사주식에 대하여 의결권을 행사할 수 없다."고 규정함으로써 금융·보험사의 의결권을 전면적으로 제한하는 방식을 취하였다. 이후 1992년 12월 8일 개정 시에 "다만, 금융 및 보험업을 영위하는 회사가 금융 및 보험업을 영위하기 위하여서나 보험자산의 효율적인 운용·관리를 위하여 관계법령에 의한 승인 등을 얻어 주식을 취득 또는 소유하고 있는 경우에는 그러하지 아니한다."는 단서를 둠

29 공정거래위원회, 「공정거래위원회 40년사」, 2021 참조 .

으로써 의결권 제한에 예외가 인정되기 시작했다. 금융·보험회사가 정상적인 고객자산 운용차원에서 취득·보유하는 주식에 대해서는 금융·보험회사 본연의 목적 달성을 위해 의결권 행사를 허용한 것으로 볼 수 있다.[30] 2002년 1월 개정 시에는 국내 기업에 대한 외국인의 적대적 M&A으로부터 국내 기업을 방어할 필요성이 있다는 재계의 요청을 수용하여 계열회사가 임원의 임면, 정관변경, 합병 및 영업양도에 대하여 결의하는 경우에 한하여 특수관계인과 합하여 계열회사 발행주식 총수의 30%까지 의결권을 행사할 수 있도록 규제를 추가로 완화하였다.

하지만 이 규정이 경영권의 방어가 아니라 지배주주의 지배력 유지·확장 수단으로 활용되고 있다는 지적이 제기되자 2004년 12월에는 의결권의 예외적인 행사 한도를 낮추되 기업들에게 주는 파급효과를 최소화하기 위해 2008년 4월 1일까지 단계적으로 그 비율을 감소하여 최종적으로는 15%로 낮추는 방향으로 규제가 다시 강화되어 현재에 이르고 있다.

II. 금융·보험회사 의결권 제한의 현황과 쟁점

1. 현행 규제의 내용

공정거래법 제25조 본문에 의하여 상호출자제한기업집단에 속하는 회사로서 금융업 또는 보험업을 영위하는 회사는 취득 또는 소유하고

30 이원우, 「계열금융회사 의결권 제한을 둘러싼 법적 쟁점」, 『BFL』, 서울대 금융법센터, 2006, 52면.

있는 국내 계열회사주식에 대하여 의결권을 행사할 수 없다. 금융 또는 보험회사의 계열회사주식의 취득 또는 소유 자체가 금지되는 것은 아니며, 보유하고 있는 주식의 의결권 행사만 제한되는데, 이러한 조치로도 경제력 집중의 억제를 위한 규제로 충분하다는 것이 입법자의 판단이었던 듯하다.

동법 제25조 단서는 금융·보험회사의 의결권 제한의 예외를 규정하고 있다. 동 단서를 보충하는 각 호는 금융업 또는 보험업을 영위하기 위하여 주식을 취득 또는 소유하는 경우, 보험자산의 효율적인 운용·관리를 위하여 「보험업법」 등에 의한 승인 등을 얻어 주식을 취득 또는 소유하는 경우, 상장법인인 당해 국내 계열회사의 주주총회에서 임원의 선임 또는 해임, 정관변경, 그 계열회사의 다른 회사로의 합병, 영업의 전부 또는 주요 부분의 다른 회사로의 양도의 어느 하나에 해당하는 사항을 결의하는 경우를 예외 사유로 규정하고 있다.

1호 및 2호의 예외 사유는 자산의 적정한 운용을 위하여 보유하고 있는 주식의 의결권 행사가 필요할 수 있다는 점에서 예외의 불가피성을 인정할 수 있다. 그러나 3호는 계열회사에 대한 지배권을 강화·유지하기 위한 것과 관련된다.

2. 법적 쟁점의 소재와 변천

공정거래법상 금산분리 원칙이 반영된 대표적인 규제로서 법 제18조의 금산분리 규정이 일반 또는 금융지주회사를 대상으로 한다면, 이 규제는 상호출자제한기업집단을 대상으로 적용된다. 또한 제18조가 금융-산업자본 간의 보유행위 자체를 금지하는 데 비해, 제25조는 보유 주식의 의결권을 제한한다는 점에서 차이가 있다.[31]

이처럼 의결권 행사를 제한하는 방식을 채용하는 한편 위반 시 형사처벌이 예정되어 있다는 점에서 헌법상 과잉금지의 원칙, 평등원칙, 명확성의 원칙에 반한다거나 헌법 제126조 사기업 경영 불간섭의 원칙에 위반한다는 주장이 제기되기도 하였다.[32] 기업의 경영권 방어를 위해 의결권 행사 범위를 확대해야 한다는 주장도 줄곧 대두되고 있다.

요컨대, 이 규제를 둘러싼 종래의 쟁점은 제한의 수위나 정도의 적정성에 관한 것이라 할 수 있는데 이 구도는 최근 들어 규제대상 금융회사의 범위의 적정성으로 옮겨지고 있다. 즉 의결권 제한의 대상, 혹은 더 나아가서는 금산분리 규제의 대상으로서 현행법상 금융업 및 보험업의 범위가 너무 넓은 것이 아닌지의 이슈로 집중되고 있다. 실제로 최근 공정거래위원회의 심결에서는 동법상 규제대상으로 금융업의 판단기준으로 통계청 고시상의 기준이 타당한지가 쟁점으로 부각되기도 하였다.[33] 아래에서는 이 점에 착안하여 현행법 및 실무상

---

31 일본 독점금지법에서도 이와 유사하게 은행 및 보험회사의 의결권을 제한하되, 일반사업회사의 총주주의 의결권 5%(보험회사는 10%)를 초과하여 취득·보유하는 것을 금지하고 있어서 우리 공정거래법과는 차이를 보이고 있다.

32 실제로 이 규정에 대해서는 삼성생명주식회사 외 2인이 2005년 6월에 헌법소원을 제기하기도 하였다.

33 지난 2023년 1월에 공정거래위원회에서 다루어졌던 케이큐브홀딩스의 금융보험사 의결권 제한 규정 위반 사건에서 피심인인 케이큐브홀딩스는 상호출자제한기업집단인 카카오의 소속회사이면서, 이 회사의 연도별(2015~2021년) 전체 수익(산출액) 중 배당수익, 금융투자수익 등 금융적 성격을 갖는 수익의 비중이 95%를 상회하였다는 점, 회사 스스로도 주된 사업활동이 금융업이라는 인식하에 2020년 7월 임시주주총회를 통하여 자신의 사업목적에 한국표준산업분류상의 금융업(K64)의 하위 업종 중 하나인 '기타 금융투자업(K64209)14)'을 추가하는 내용으로 정관을 개정하고, 같은 해 7월 사업자등록증에 '기타 금융투자업(K64209)'을 영위업종으로 추가하였던 점을 근거로 금융업을 영위하는 회사로 판단한 바 있다. 이를 토대로 카카

금산분리 규제의 대상으로서 금융자본 내지 금융회사 혹은 금융업의 범위에 대한 적정성을 분석해 보기로 한다.

Ⅲ. 규제의 전제로서 금융회사 개념에 대한 분석 및 재구성

현재 공정거래법 제2조 10호에서는 "금융업 또는 보험업"이란 「통계법」 제22조 제1항에 따라 통계청장이 고시하는 한국표준산업분류상 금융 및 보험업을 의미하는 것으로 규정하되, 일반지주회사는 공정거래법상 금융업 또는 보험업을 영위하는 회사에서 제외하고 있다. 또한 한국표준산업분류 Ⅰ. 3. 바. 2) 가)에서는 사업자의 주된 산업활동은 산출물에 대한 부가가치(액) 또는 산출액에 의하여 결정한다고 규정하고 있다. 표준산업분류는 통계청이 경제주체들의 산업활동에 관한 통계 작성 목적으로 제정·운용해 오고 있는 것으로서 당연히 타 법상의 제도에 대한 고려가 개입되어 있지 않다. 마찬가지로 공정거래법이 준용하고 있는 고시상의 금융 및 보험업도 금산분리 내지 대기업집단 규제의 취지를 염두에 두고 분류된 것은 아니다.

다만 중앙행정청이 고시로서 제정 및 운용 중인 기준이라는 점에서 공신력이 있고, 타 정책분야에서도 이 분류기준을 채용하는 사례들이 없지

오와 카카오게임즈는 각각 한국표준산업분류상 '정보서비스업(J63)' 및 '출판업(J58)'을 영위하는 회사로서 금융업 또는 보험업(K64~66)을 영위하는 회사가 아니므로 피심인이 카카오 및 카카오게임즈의 주식을 취득·소유한 것은 금융업 또는 보험업을 영위하기 위해 주식을 취득 또는 소유한 경우에 해당하지 않는다는 점 등을 근거로 공정거래법에 위반하는 의결권 행사로 판단하였다. 공정거래위원회 2023. 2. 1. 의결 제2023-014호 상호출자제한기업집단 「카카오」 소속 ㈜케이큐브홀딩스의 의결권 제한 규정 위반행위에 대한 건 참조.

않으며(예를 들면 금산법 제24조 제6항 제1호 가목, 「금융지주회사법」 시행령 제2조 제1항 등), 공정거래법이 금융회사나 금융기관이 아닌 '금융업 또는 보험업'이라고 표현하고 있는 상황에서 '금융업'과 '보험업'에 관한 분류기준을 제시하고 있다는 점 등에서 공정거래법이 이를 규제대상 여부에 대한 판단기준으로 활용하는 것 자체를 오류 내지 문제로 단정할 수는 없다.

그럼에도 통계청 고시상의 분류 기준을 적용한 결과 개별 사안마다 규제의 취지에 부합되지 않는 상황들이 발생할 가능성은 상존해 있으므로 그 적절성은 지속적으로 검토될 필요가 있다. 더욱이 침익적 성격의 행정처분 및 제재가 수반되는 규제라면 규제의 대상 및 범위를 규제의 목적과 취지를 감안하여 최소한도로 설정하는 것이 타당하다.

한편 통계청 고시 외에도 여러 법령 및 하위규범에서 '금융업 또는 보험업을 영위하는 회사'의 판단 시에 고려할 만한 기준들이 제시되어 있다. 예컨대 「한국은행법」상으로도 금융기관을 제시하고 있는데 여기서는 은행과 은행지주회사를 금융기관으로 보는 한편, 보험회사와 상호저축은행업무 또는 신탁업무만을 하는 회사는 금융기관으로 보지 않음으로써 매우 협소한 기준을 적용하고 있다.

[참고] 「한국은행법」상 금융기관

제11조(금융기관의 범위) ① 이 법에서 "금융기관"이란 「은행법」 제2조에 따른 은행과 「금융지주회사법」에 따른 은행지주회사를 말한다. ② 삭제 ③ 보험회사와 상호저축은행업무 또는 신탁업무만을 하는 회사는 금융기관으로 보지 아니한다.

다만, 한국은행의 실무상 금융기관은 제공하는 금융서비스의 성격

[표] 한국표준산업분류(통계청 고시)상의 금융 및 보험업

금융업	보험 및 연금업	금융 및 보험 관련 서비스업
은행 및 저축기관	보험업	금융 지원 서비스업
중앙은행	생명보험업	금융시장 관리업
중앙은행	생명보험업	금융시장 관리업
일반은행	손해 및 보증보험업	증권 및 선물 중개업
국내은행	손해보험업	증권 중개업
외국은행	보증보험업	선물 중개업
신용조합 및 저축기관	사회보장보험업	기타 금융 지원 서비스업
신용조합	건강보험업	증권 발행, 관리, 보관 및 거래 지원 서비스업
상호 저축은행 및 기타 저축기관	산업재해 및 기타 사회보장보험업	
신탁업 및 집합 투자업	재보험업	투자 자문업 및 투자 일임업
신탁업 및 집합 투자	재보험업	그 외 기타 금융 지원 서비스업
신탁업 및 집합 투자업	재보험업	보험 및 연금관련 서비스업
기타 금융 투자업	연금 및 공제업	보험 및 연금관련 서비스업
기타 금융업	연금 및 공제업	손해사정업
여신 금융업	개인 공제업	보험대리 및 중개업
금융 리스업	사업 공제업	기타 보험 및 연금 관련 서비스업
개발 금융기관	연금업	
신용카드 및 할부 금융업		
그 외 기타 여신 금융업		
그 외 기타 금융업		
기금 운영업		
지주회사		
그 외 기타 분류 안 된 금융업		

에 따라 은행, 비은행예금취급기관, 보험회사, 금융투자회사, 기타 금융기관, 금융보조기관 등으로 분류하고 있는데 그 유형은 아래와 같이 정리할 수 있다.

한국은행의 실무상 금융기관의 유형

- 은행: 일반은행과 개별 특수은행법에 의해 설립된 특수은행
  - 일반은행: 시중은행(인터넷전문은행 포함), 지방은행, 외국은행 국내지점
  - 특수은행: 한국산업은행, 한국수출입은행, 중소기업은행, 농협은행 및 수협은행
- 비은행예금취급기관: 상호저축은행, 신용협동기구, 우체국예금, 종합금융회사
- 보험회사: 생명보험회사, 손해보험회사, 우체국보험, 공제기관 등
- 금융투자업자: 투자매매·중개업자, 집합투자업자, 투자자문·일임업자, 신탁업자
- 기타 금융기관: 여신전문금융회사, 벤처캐피탈회사, 대부업자 및 증권금융회사 등
- 공적 금융기관: 한국무역보험공사, 한국주택금융공사, 한국자산관리공사, 한국투자공사 등

이 외에 「국고금 관리법 시행령」 제11조에서도 금융회사 등의 범위를 규정하고 있는데, 여기서는 은행, 체신관서, 신용협동조합중앙회, 새마을금고중앙회, 상호저축은행중앙회, 산림조합중앙회, 금융투자업자와 더불어 한국은행, 국세납부대행기관 및 국세 외 국고금납부대행기관을 포함하고 있다. 제1항에서는 비교적 대표적인 금융회사들이 열거되어 있는 반면에 제2항은 법령의 취지에 맞게 국고금 관리업무를 취급하는 기관까지를 포함하고 있는 특징을 보인다.

[참고] 「국고금 관리법 시행령」상 금융회사

제11조(금융회사 등의 범위)

① 법 제12조 제1항 단서에서 "대통령령으로 정하는 금융회사 등"이란 다음 각 호의 어느 하나에 해당하는 기관을 말한다.

1. 「은행법」 제2조 제1항 제2호 및 제5조에 따른 은행(이하 "은행"이라 한다)
2. 체신관서
3. 「신용협동조합법」에 따른 신용협동조합중앙회
4. 「새마을금고법」에 따른 새마을금고중앙회
5. 「상호저축은행법」에 따른 상호저축은행중앙회
6. 「산림조합법」에 따른 산림조합중앙회
7. 「자본시장과 금융투자업에 관한 법률」 제8조 제1항에 따른 금융투자업자

② 법 제18조 제3항에서 "대통령령으로 정하는 금융회사 등"이란 제1항에 따른 기관, 한국은행, 「국세기본법」 제46조의2에 따른 국세납부대행기관 및 국세 외 국고금납부대행기관(이하 "금융회사등"이라 한다)을 말한다.

한편 「금융기관검사 및 제재에 관한 규정」 제2조 제2호에서도 금융기관의 개념과 유형을 제시하고 있는데 우선 금융기관의 개념에 대해서는 설립·해산, 영업의 인·허가, 승인 또는 업무감독·검사 등과 관련하여 「금융위원회의 설치 등에 관한 법률」 및 금융업 관련법의 적용을

받는 회사·관계기관·단체 등으로 정의하면서 구체적으로 열거되는 금융업 관련법 소관 금융기관들을 이에 포함되는 것으로 규정하고 있다. 매우 폭넓고 다양한 금융기관들이 이에 해당할 수 있고 통계청 고시와 달리 금융 본연의 기능에 충실한 분류체계를 수립한 점에서는 주목되지만, 검사와 제재 목적에서 분류한 점이 한계로 지적될 수 있다.

「금융기관검사 및 제재에 관한 규정」

> [참고]
> "금융업관련법": 은행법, 한국산업은행법, 중소기업은행법, 한국수출입은행법, 자본시장과 금융투자업에 관한 법률(이하 "자본시장법"이라 한다), 금융회사의 지배구조에 관한 법률, 대부업 등의 등록 및 금융이용자 보호에 관한 법률, 전기통신금융사기 피해 방지 및 피해금 환급에 관한 특별법, 보험업법, 보험사기방지 특별법, 여신전문금융업법, 상호저축은행법, 신용협동조합법, 농업협동조합법, 수산업협동조합법, 산림조합법, 금융기관 부실자산 등의 효율적 처리 및 한국자산관리공사의 설립에 관한 법률, 신용정보의 이용 및 보호에 관한 법률, 화재로 인한 재해보상과 보험가입에 관한 법률, 자산유동화에 관한 법률, 담보부사채신탁법, 산업발전법, 외국환거래법, 주택도시기금법, 금융지주회사법, 한국주택금융공사법, 부동산투자회사법, 선박투자회사법, 전자금융거래법, 근로자퇴직급여보장법, 채권의 공정한 추심에 관한 법률, 금융혁신지원 특별법, 서민의 금융생활 지원에 관한 법률, 온라인투자연계금융업 및 이용자 보호에 관한 법률, 금융소비자 보호에 관한 법률, 금융복합기업집단의 감독에 관한 법률, 금융거래지표의 관리에 관한 법률, 인터넷전문은행 설립 및 운영에 관한 특례법

이 가운데 통계청 고시(한국표준산업분류표)는 가장 폭넓은 외연과 유형들을 포섭하고 있다. 이 같은 표준산업분류표에 대해서는 그간 각계에서 적절성을 결여하고 있다는 지적들이 제기되어 오고 있으므로 대안을 모색할 시점이 도래한 것으로 판단된다. 다만 그 대안으로는 위에서 제시한 여러 기준들 가운데 금산분리 규제의 기준으로 곧바로

채용할 만한 대안은 발견되지 않는다.

이에 관해서도 공정거래법상 금산분리 규제 내지 대기업집단의 금융분야 관련 규제의 취지를 무엇으로 설정할 것인지, 금융업으로 분류하기 위한 본질적인 성질/요소가 무엇인지(예컨대, 금융업에 속하는지 아닌지를 판단할 만한 본질적인 개념 표지가 무엇인지, 한국표준산업 분류상 금융업[34]에 정의된 개념에 기재된 특징을 갖추고 있지 않은 법인의 경우에도 다른 개념 표지를 갖추면 금융업에 해당할 여지가 있는지)를 기준으로 규제대상에 포함시킬 것인지에 대한 실제 기준의 정립이 선행되어야 할 것이다.

이를 토대로 크게 두 가지의 선택지를 모색해야 할 것으로 보인다. 이를테면 폭넓은 기준을 채용하되 개별 사안에서 규제의 취지에 부합하지 않는 금융업 또는 보험업 영위 회사를 제외하는 방식(opt-out 방식)을 취하거나, 금융업 또는 보험업의 핵심적 유형들만으로 최소 기준을 제시하되 규제의 필요성이 인정되는 개별 사안에 대해서는 추가로 규제대상에 포함시킬 수 있는 여지를 두는 방식(opt-in 방식)을 고려할 수 있다.

한편 어떤 기준으로 제외할 것인지에 대해서도 몇 가지 대안을 모색할 수 있다.

우선, 금융업 및 보험업의 본령에 해당하는 회사들 가운데 수신기능이 없는 여신전문금융회사(신용카드회사, 캐피탈회사, 리스회사 등)는 사금고화의 가능성이 크지 않으므로 이를 금산분리 규제대상에서 제외

34 자금 여·수신 활동을 수행하는 각종 은행 및 저축기관, 모집 자금을 유가증권 및 기타 금융자산에 투자하는 기관, 여신 전문 금융기관, 그 외 공공 기금 관리·운용 기관과 지주회사 등이 수행하는 산업활동을 포함한다.

하는 방안을 생각할 수 있다. 그런데 전술한 바와 같이 여신전문금융회사를 통한 사금고화의 선례[35]가 존재한다는 점에서 일률적으로 제외하는 것은 받아들여지기 쉽지 않을 것으로 판단된다.

다음으로 자금분배기능을 수행하지 않는 금융회사를 제외하는 방안을 생각해 볼 수 있다. 예컨대 단순히 금융상품을 판매하는 플랫폼사의 경우가 이에 해당할 것인데, 이런 회사들의 경우는 사금고화나 경제력 집중의 관련성을 인정하기 어려우므로 우선 제외대상으로 포함해도 무방할 것이다.

금융결제대행업무 등 부수적인 서비스를 제공하는 회사의 경우도 제외 여부를 검토할 필요가 있는데, 이런 회사들도 고객의 예탁금을 일시적으로 관리하는 경우에는 사금고화 등의 폐단이 발생할 가능성을 배제하기 어려울 것이나, 에스크로(escrow) 제도 등을 통해 자금이 경유하는 통로가 차단될 수 있다면 그 전제 내에서 금융회사의 범주에서 제외시켜도 될 것으로 판단된다.

IV. 공정거래법 제25조 제1항의 예외에 대한 해석

의결권 제한이 적용되지 않는 예외인 공정거래법 제25조 제1항 제1

35 지난 2013년에 있었던 효성 기업집단의 사례를 예로 들 수 있다. 당시 효성 기업집단의 동일인 및 그 일가가 ㈜효성의 임원들의 명의를 빌려서 계열 캐피탈회사로부터 수십억 원을 차명대출함으로써 비은행 금융회사라도 금융소비자 보호, 시스템 리스크와 무관하지 않다는 점을 확인시켜 준 바가 있다.

호 '금융업을 영위하기 위해 주식을 취득 또는 소유하는 경우'는 구체적으로 어떤 경우를 의미하는지도 규명될 필요가 있다. 즉 공정거래법 제25조 제1항 제1호를 자회사가 금융업 또는 보험업을 영위하는 회사인 경우로 한정하여 해석해야 하는지, 고유 재산으로 다른 회사 주식을 소유하면서 소유한 해당 회사의 지배 내지는 운용을 목적으로 의결권을 행사한 것을 "금융업을 영위하기 위해 주식을 취득 또는 소유한 경우"로 해석할 수 있는지 대한 분석도 필요하다.

이와 관련하여 비록 제25조 제1항 제2호에 관련된 해석사안이기는 하나, 아래 삼성생명 판례[36]를 참고하면 제2호의 의결권 제한 예외 사유에 대하여 '보험업을 영위하는 회사 주식을 취득 및 소유하는 경우'에 한하지 않고, '보험자산의 효율적인 운용·관리를 위한 것인 경우'도 포함한다고 해석한 사례가 주목되는데, 이 점에서 제1호의 해석 역시 '금융 자산의 효율적인 운용·관리를 위한 경우'를 포함하여 폭넓게 해석할 수 있을지가 문제될 수 있다.

삼성생명 사건의 쟁점과 판결의 요지를 정리하면 다음과 같다. 삼성생명이 호텔신라 정기주주총회에서 의결권을 행사한 것이 문제된 이 사안에서 삼성생명은 본 건 의결권의 행사가 법 제25조 제1항 제2호의 "보험자산의 효율적인 운용, 관리를 위해 관계법령에 의한 승인 등을 얻어 주식을 취득, 소유하고 있는 경우"에 해당한다고 주장하였다. 반면 공정위는 위 예외규정이 공정거래법의 입법취지를 살려서 "보험사업을 원활하게 영위하기 위하여 사업내용 면에서 보험

36 대법원 2005. 12. 9. 선고 2003두10015 판결.

사업과 밀접하게 관련된 사업을 영위하는 회사의 주식을 취득 또는 소유하는 경우"를 의미한다고 해석하여야 하는데, 삼성생명의 국내 계열회사의 주식취득은 이러한 요건을 충족하지 못하여 이 사건 처분이 적법하다고 주장하였다.

대법원은 "같은 법 제11조 본문의 예외사유의 하나인 같은 조 단서 후단의 '보험자산의 효율적인 운용·관리를 위하여 관계법령에 의한 승인 등을 얻어 주식을 취득 또는 소유하고 있는 경우'라 함은 관계법령에 의한 승인 등을 얻어 주식을 취득 또는 소유하고 있고 그것이 보험자산의 효율적인 운용·관리를 위한 것인 경우를 의미하며, 보험업을 영위하는 회사와 사업내용 면에서 밀접하게 관련된 사업을 영위하는 회사가 발행한 주식을 취득 또는 소유하고 있는 경우에 한하는 것은 아니다."라고 판단하였다.

관련하여 2심에서도 "우선 법 제11조 단서의 "보험회사가 보험업을 영위하기 위하여 주식을 취득 또는 소유하는 경우"에 대하여 보건대 이 경우에는 과도한 경제력의 집중을 방지하고자 하는 법 제11조의 입법취지와 관련이 없다고 할 것이므로, 관계법령의 승인을 얻을 필요 없이 의결권 행사가 제한되지 않는다고 할 것이다(이 점에 관하여는 당사자 사이에 다툼이 없다). 다음으로 법 제11조 단서의 "보험자산의 효율적인 운용·관리를 위하여 관계법령에 의한 승인 등을 얻어 주식을 취득 또는 소유하고 있는 경우"에 대하여 보건대 을 제18호증의 기재에 변론의 전 취지를 종합하면 대규모기업집단 소속 금융업 또는 보험업을 영위하는 회사가 보유하는 주식에 대하여 원칙적으로 의결권을 행사할 수 없도록 한 법 제11조의 입법취지는 대규모기업집단 소속 금융, 보험회사가 고객의 예탁자금으로 계열확장이나 계열강화를 해나가는 것을 방지하는데 있는 사실 ……"이라고 판시한 바 있다.

V. 제도 보완의 방향

공정거래법에 관해서는 "금융업 또는 보험업을 영위하는 회사"를 대상으로 금산분리의 규제대상을 설정하고 있고 "금융업 또는 보험업"은 통계청 고시인 한국표준산업분류표에 따르고 있으나 이에 대한 적절성 문제가 빈번히 제기되는 만큼 적절한 대안을 모색할 시점이다.

그 대안으로는 금융지주회사법이나 금융 관련 하위규범상의 금융기준을 준거점으로 하여, 규제 필요성이 있는 금융사를 포함시키는 opt-in 방식이나, 규제 필요성이 없는 금융사를 제외하는 opt-out 방식을 생각할 수 있으며, 그 기준으로는 수신기능이 없는 금융기관을 제외하는 방안, 금융자본의 배분기능을 수행하지 않는 금융 관련 회사를 제외하는 방안, 부수적·기술적 금융서비스를 제공하는 회사를 제외하는 방안 등을 고려할 수 있을 것이다.

아울러 금산분리 규제완화가 최초로 시행되고 있는 CVC에 관해서는 대기업집단의 일반집중 및 소유·지배집중의 억제라는 규제의 목적을 기준으로 하되 사후규제와 규제취지가 중복되지 않도록 범위를 최소화하는 방향으로의 조정이 필요할 것으로 생각된다.

제 5 장

계열회사 및 특수관계인에 대한 사후규제

제1절 | 사후규제의 형성과 전개

I. 기업집단에 대한 사후규제 도입의 배경

1. 한국 기업집단의 내부거래 관행과 사후규제

주지하다시피 사전규제와 사후규제는 규제의 시점과 수단을 기준으로 분류되는 규제의 유형이다. 이 가운데 사전규제(ex-ante regulation)는 사업자의 특정 경제 활동이나 사업이 행해지기 전에 미리 취하는 일정한 공적 조치를 의미하며 시장의 진입을 제한하거나 특정 산업에 대한 통제를 목적으로 한다. 대개는 작위의무(혹은 행위의무, do's)를 부과하거나 부작위의무(금지행위, don'ts)를 열거하는 방식으로 행해진다.

이에 비해 사후규제(ex-post regulation)는 이미 발생한 경제활동에 대해 부과되는 것으로서 대상 행위의 발생만으로 곧바로 위법성을 전제하는 것은 아니며, 공익을 침해할 잠재적 위험성이 있는 수준 이상의 행위가 발생하고 그로 인한 반가치성이 규명된 후에 비로소 위법성이 성립된다고 보아서 그에 대해 제재 등 일정한 공적 조치를 부과하는 규제 방식을 의미한다. 따라서 규제대상이 되는 행위 자체에 대한 평가는 일단 중립적일 수 있다. 다만 그 행위의 정도나 경제적 효과에 법이 사전에 설정한 허용기준을 넘는 경우에는 반가치성을 갖게 되고 공동체 법익을 침해할 가능성이 있으므로 이를 대상으로 사후규제가 수립되고 적용된다.[1]

---

1 행위요건 충족으로 위법성 도출이 가능한 경우, 즉 행위로 인한 효과를 규명하지 않고 곧바로

기업집단 규제에 있어서 사후규제는 종래 기업집단의 계열회사들 간에 혹은 계열회사와 특수관계인 사이에 이루어지는 내부거래를 대상으로 수립되고 집행되어 왔다. 그 점에서 보자면 내부거래가 무조건적인 금지대상은 아니지만 부정적 효과가 발생하거나 그럴 우려가 있는 경우에는 이에 대한 시정이 필요한 행위라 할 수 있다.

기업집단의 내부거래는 공개시장을 통한 조달방식에 비해 거래비용을 낮출 수 있고 기업의 기밀이나 정보 유출 가능성을 통제하기에도 용이하며, 소속 기업들에게는 물론이고 기업집단 전체의 시너지와 경제적 가치를 상승시키는 나름의 긍정적 효과를 창출하기도 한다. 이 점에서 기업들은 내부거래를 선택하려는 유인을 갖게 된다. 나아가 외부적으로도 일정한 효율성을 창출할 수 있으므로 이런 거래가 법에 의해 원천적으로 금지되지는 않는다. 다만 내부거래는 이해상충의 소지가 크므로 회사법의 규율대상이 되어 오기도 하였다. 회사기용의 유용(usurpation of corporate opportunity)이나 기업집단 내 핵심역량의 편중, 경영의 불투명성 심화로 인한 주주 및 채권자 이익 침해, 거래상대방의 고착화로 인한 경영전략의 경직화 등이 내부거래로 인해 발생할 수 있는 기업 내부의 부정적 효과라 할 수 있다. 이런 효과가 발생할 경우 기업을 둘러싼 이해관계인들의 사적 동기에 따라 회사법상 감시나 소송법상 책임을 물을 수 있는 메커니즘이 작동하게 될 것이고 이 같은 대응이 적절히 이루어질 경우 내부거래가 기업집

위법이 되는 당연위법의 경우도 있지만 이런 경우는 흔치 않으며, 대개는 행위요건과 더불어 일정한 경제적 효과에 대한 입증이 있을 경우 위법성이 성립되는 것으로 보게 된다.

단에 대해 유발하는 내부효과는 적절히 통제되고 외부효과로 확산되지 않을 것이다. 실제로 대다수 나라들에서는 주로 회사법 및 형사법적 책임을 묻는 방식으로 이 문제의 발생 가능성을 차단하거나 행위자에 대한 제재를 가해 오고 있다.

반면에 이런 기재들이 원만히 작동하지 않는 경우에는 내부거래가 단순히 기업집단 차원에서의 부정적 효과를 넘어, 시장의 거래질서를 교란하거나 경제력을 집중시키는 등 부정적인 외부효과를 발생시킬 수 있으며 이 부분에 관한 한 사법상의 메커니즘이 아닌 공적 통제가 불가피해진다.

문제는 한국 특유의 기업문화와 지배구조 속에서 기업 내·외부의 감시 및 견제 시스템이 원만히 작동하지 않는 게 현실이었다는 점이다. 특히, 한국 기업집단의 현실에서는 내부거래가 빈발해 온 결과 경쟁력이 소진된 기업의 시장잔존이 가능해지며, 편법적 부의 이전을 통한 경제력 집중의 심화 문제가 발생하는 한편, 경쟁질서를 왜곡시키고 자원 배분이 왜곡되는 비효율이 유발되었다.[2]

그 결과 내부거래의 외부효과를 규율하기 위한 별도의 규범체계의 필요성이 대두되었고, 그 산물로서 공정거래법상 기업집단에 대한 사전규제와 더불어 사후규제가 등장하게 된 것이다.[3]

---

2 한국 경제는 그 폐해를 1997년 무렵에 있었던 한보, 기아, 진로, 우성, 해태 등 대규모기업집단의 연쇄도산을 통해 체험한 바가 있다.

3 공정거래법상 불공정거래행위의 하나로서 지난 1996년 법 개정 시 동법 제23조 제1항 제7호에 신설되었다.

2. 내부거래 규제의 법제화 과정 및 사후규제의 유형

계열사 간 내부거래에 대한 별도의 규제체계 수립 움직임은 1980년 공정거래법 제정 당시부터 존재했던 것으로 볼 수 있다. 즉, 당시 제15조에서 불공정거래행위의 하나로 차별적 취급행위를 금지시키는 한편, 불공정거래행위의 유형 및 기준을 정한 공정거래위원회 고시에서 차별적 취급행위의 세부유형 가운데 하나로서 계열회사를 위한 차별취급행위로 의율하기 시작했는데, 이것이 계열사 간 내부거래 문제에 대해 별도의 규범체계를 마련한 시초였다고 할 수 있다.

당시 내부거래는 기업집단 소속의 회사들이 계열사에 대하여 특별히 유리한 거래조건을 형성하거나 계열사의 경쟁사업자에 대해 불리한 거래조건을 적용하는 방식으로 이루어졌는데, 이를 차별적 취급행위의 연장선상에서 다루고자 한 것이다. 차별취급행위는 본래 거래상대방별로 가격을 차별하는 행위(price discrimination)로 나타나고 있고, 경쟁법 및 산업조직론에서는 이를 핵심적 규제대상으로 삼아 왔었다.[4] 이 점에 비춰 보면 우리나라는 차별취급에 대한 규제범위를 다소 확장하는 한편 별도의 입법정책적 목적하에 제도를 운용해 온 것

4 예를 들어, 미국의 경우는 클레이튼법(Clayton Act) 제2조 또는 로빈슨-패트만법(Robinson-Patman Act)에 따라 가격차별행위가 금지된다. 당초 1914년에 클레이튼법 제2조의 가격차별(price discrimination) 규제를 시행한 취지는, 독점사업자가 경쟁자를 배제하기 위해 지역별 부당염가판매(local price cutting)를 금지하려는 데 있었으나, 1936년 로빈슨-패트만법에 따라 클레이튼법 제2조가 강화되면서 규제강도가 한층 강화되었다. 즉, 1891년 셔먼법(Sherman Act) 제2조나 클레이튼법 제3조가 독점하거나 독점을 기도하는 등의 행위에 의한 경쟁의 실질적 감쇄 혹은 독점형성 우려가 있는 경우를 금지하는 것과 달리 로빈슨-패트만법에 의한 클레이튼법 제2조는 경쟁이 단순히 저해되는 경우에도 미친다고 규정되어 있는 점에 특징이 있다.

으로 평가할 수 있다.

하지만 계열사 간 내부거래를 계열사를 위한 차별취급으로만 포섭하는 것은 규제의 협소한 적용범위상 이내 한계를 드러내게 된 데다, 사안의 중대성에 비추어 볼 때도 고시 등 하위규범을 통해 규율하기에는 적절하지 않다는 문제의식이 법 집행당국(공정거래위원회)의 안팎에서 제기되기 시작하였다. 그에 따라 관련 제도를 고시가 아닌 법률사항으로 상향조정하기 위한 시도가 먼저 있었고, 이는 1986년 공정거래법 제1차 개정을 통해 대규모기업집단(혹은 재벌)에 의한 경제력 집중의 억제수단이 동법 제3장에 신설된 것을 계기로 더욱 구체화되었다. 재벌의 경제력 집중행태에 대한 사후규제 수단으로 부당내부거래를 당시 법 제3장(경제력 집중의 억제 장)에 도입하려는 논의도 이 무렵 나타났다.

그 결과 1992년 공정거래법 개정 시에는 채무보증금지제도와 더불어 부당내부거래를 금지하기 위한 규정을 법 제3장에 신설하는 방안이 추진되기도 했다. 하지만 계열사 간 채무보증과 더불어 내부거래까지 일거에 금지하는 조치에 대해 정책적 부담감과 외부적 저항이 대두됨에 따라 결국, 채무보증금지제도만 제3장에 도입되고, 부당지원행위규제의 입법화는 유보되고 말았다. 그 대신 1992년 7월 1일 공정거래위원회의 내부지침으로 '대규모기업집단의 불공정거래행위에 대한 심사기준'을 제정하여 상품·용역거래에 의한 부당지원행위에 대한 규제 기준을 두는 것으로 규제체계 개편의 단초를 마련하게 되었다.

그리고 1996년 제6차 법 개정 시[5]에 비로소 부당내부거래 규제를

5 1996년 12월 30일 법률 제5235호, 1997년 4월 1일 시행.

위한 독립규정의 입법화가 실현되었다. 다만 조문에서는 “부당한 내부거래”가 아닌 “부당한 지원행위”를 금지하는 것으로 표현을 구성하였으며, 조문의 위치는 구 공정거래법 제3장이 아닌 제5장 불공정거래행위 금지 편(編)의 제23조 제1항 제7호에 자리를 잡게 되었다.

하지만 입법의 취지는 여전히 대규모기업집단 계열사 간의 내부거래를 규제하기 위한 것이라는 점에 의문이 없었다. 이는 당시 정부가 제시한 개정법안의 제안 이유에서도 잘 드러나는데, 그에 따르면 부당한 지원행위 금지규정을 신설한 취지는 “기업간 부당한 자금·자산 등의 지원금지 등을 통하여 경제력 집중을 억제”하기 위한 것임을 분명히 하고 있었다.[6] 요컨대 부당지원행위 규제는 오랜 기간 동안 입법의 형식이 취지를 솔직하게 반영하지 못했던 제도였다.

한편, 법제화의 실현에 따라 1997년 7월 29일에는 공정거래위원회 고시로 ‘부당한 지원행위의 심사지침’이 제정되었고, 1999년 2월 5일 공정거래법 개정에서는 부당지원행위 규제의 실효성을 제고하기 위해 공정거래위원회의 금융거래정보요구권(이른바, 계좌추적권)을 인정하는 규정(법 제50조 제5항)을 일단 2년의 한시법으로 운용키로 하는 조건으로 신설하였다. 하지만 금융거래정보요구권은 이후에 수차례 법 개정을 통해 연장과 재연장을 거듭하면서 2010년 말까지 부당내부거래 규제의 핵심적 집행수단으로 기능해 왔다.[7]

6 獨占規制및公正去來에관한法律中改正法律案 檢討報告, 국회 행정위원회(1996. 11) 참조.

7 2001년 1월 16일 법개정을 통해 3년간 연장되었으며, 이후 2004년 12월 31일과 2007년 4월 13일 법 개정을 통해 재연장되었으나 이후로는 재연장되지 않은 채 2010년 12월 말로 기한이 만료되었다.

동 규정은 2007년 4월 13일에 개정되었는데, 상품 용역을 통한 자금지원행위에 대하여 부당지원행위로의 의율이 가능하다는 대법원 판결[8]의 취지를 반영하여 지원행위의 대상에 상품용역이 포함된다는 점을 명시하였다.

반면에 공정거래위원회의 심사지침은 수차례 개정되면서 현재에 이르고 있다. 특히 2008년에는 2004년 대법원 판결[9]을 반영하여 "특수관계인에 대한 지원행위의 부당성 판단기준을 제시하여, 특수관계인이 지원받은 자산을 계열회사를 위해 투자하는 등의 방법으로 관련시장의 경쟁을 제한하거나 경제력 집중을 야기하는지 여부에 따라 판단"하도록 하였으며, 2011년에는 소위 일감몰아주기 또는 물량몰아주기로 불리는 '현저한 규모에 의한 지원행위'에 대한 심사기준 일부가 지침에서 제시되었다.

한편 부당지원행위 관련 판례들이 축적되면서 요건 해석상 규제의 한계가 드러난 반면에, 새로운 형태의 지원행위 유형이 나타났으며, 단순히 계열회사 간 지원 차원이 아닌 총수 일가가 기업집단 구도 및 내부거래를 활용하여 막대한 사익을 편취하는 일들이 발생하면서 비난과 함께 정책적 대응에 대한 시민사회의 요구가 팽배해졌다. 소위 경제민주화로 불리는 일련의 제도들이 공정거래법 내에 도입되거나 강화되는 계기도 이 무렵 마련되었다. 그 일환으로 내부거래 유형 가운데 기업집단 소속회사와 특수관계인 간의 내부거래에 집중하여 총

---

8 대법원 2004. 10. 14. 선고 2001두2935 판결.
9 대법원 2004. 9. 24. 선고 2001두6324 판결.

수 일가의 사익편취를 규율하기 위한 새로운 규제가 2013년에 신설되었는데, 소위 사익편취 규제로 널리 알려진 '특수관계인에 대한 부당한 이익 제공행위'의 금지규정이 그것이다.

그 결과 기업집단에 대한 사후규제는 계열회사를 위한 차별취급 금지규정에서 출발하여, 부당지원행위의 규제, 그리고 특수관계인에 대한 부당한 이익 제공행위(사익편취) 규제로 확대되어 현재에 이르게 되었다.

Ⅱ. 시기별 사후규제의 집행 추이

1. 제1기(1981~1996년): '계열사를 위한 차별취급'에 대한 규제 중심

앞서 살펴본 사후규제의 형성과정에 비추어 볼 때 규제의 집행은 시기적으로 크게 네 단계로 나누어 볼 수 있다. 제1기는 공정거래법이 시행된 1981년부터 부당지원행위 금지규정이 도입되어 시행(1997년)되기 직전인 1996년까지이다. 이때 부당지원행위는 전술한 바와 같이 공정거래법상 불공정거래행위(현행 공정거래법 제45조 제1항 제2호의 차별적 취급행위[10]), 정확히 말하자면 공정거래위원회 고시상 계열사를 위한 차별취급행위로 의율되었었다. 계열사의 상품을 고가로 구입하

10 공정거래법 제정 당시에 불공정거래행위에 관한 조문은 제15조로 편성되어 있었고, 이후 1986년 제1차 전부개정 시에 조번이 제23조로 변경되었다.

여 지원해 주는 행위는 동조 제1항 제2호의 경쟁자배제행위 가운데 부당한 고가매입행위로도 포섭될 수 있었다.

한편, 법률 및 고시의 규정에도 불구하고 실제로 계열사에 대한 경제적 지원행위를 제재하기 시작한 것은 1993년 무렵부터인 것으로 나타난다.[11] 이 당시 공정거래위원회의 심결문을 살펴보면 대개의 내부거래행위는 기존거래처에 거래거절을 하고 나서 계열사에 대해 유리한 취급을 하는 방식으로 행해졌다. 그 결과 구법 제23조 제1항 제1호의 전단 거래거절 및 후단의 차별취급이 동시에 문제되는 일이 많았다.

불공정거래행위서의 차별적 취급행위는 원칙적으로 다수의 거래상대방 중 일부에 대하여 거래조건을 차별하는 경우에 적용될 수 있기 때문에 계열회사를 위한 차별은 행위자가 계열회사뿐만 아니라, 비계열회사와 동일한 상품·용역 등의 거래를 행하였고 나아가 계열회사에 대해서 현저히 유리한 조건으로 거래한 사실이 입증되는 경우에 한하여 적용되었다. 그리고 이를 금지하는 근거로서 가격 등의 거래조건의 차이를 통하여 자신의 경쟁자나 거래상대방에 대하여 초래한 차별적 효과를 중시하게 된다. 차별적 취급의 특성상 현실적으로 당해 상품·용역시장에서 유력한 사업자이거나 당해 거래상대방보다 우월적 지위에 있는 사업자인 경우에 한하여 그 실행이 가능하다. 이에 반하여, 부당지원행위는 자금, 자산 및 인력 등의 제공 또는 거래

11 계열회사를 위한 차별적 취급행위에 대한 최초의 사건은 1993년 현대중전기(주)의 부당한 내부거래행위에 대한 건(1993. 9. 9. 공정거래위원회 의결 제93-178호)이었는데, 당시 공정거래위원회가 사건명을 '부당한 내부거래' 행위에 대한 건으로 제시했던 점이 주목된다.

를 통하여 경제적 이익의 이전이 이루어진 경우에 포괄적으로 적용될 수 있으므로 비계열회사와 동일한 상품·용역 등을 차별적인 조건으로 거래하지 않았더라도 계열회사와의 관계에서, 가상적인 정상거래에 비추어서 현저히 유리한 조건으로 거래를 한 결과 부당한 경제적 이익의 이전이 이루어졌다고 인정되면 성립될 수 있다.

이 시기의 규제가 형식상 '계열회사를 위한 차별취급'을 대상으로 했음에도 불구하고 이 시기를 부당내부거래 규제 제1기로 칭할 수 있는 이유는, 당시의 사례들이 물량몰아주기를 포함하여 현재 문제되고 있는 계열사 간 내부거래의 전형적 유형들을 거의 모두 보여 주고 있기 때문이다. 예를 들어 일종의 물량몰아주기에 해당하는 거래관행을 계열회사를 위한 차별적 취급행위로 문제 삼았던 사례나,[12] 계열사가 취급하는 복사기, 복사용지, 쌀 등 소모성자재구매업(MRO: Maintenance, Repair and Operation)에 대한 물량을 몰아주었던 사례[13]들이 이미 이때부터 발견된다. 특히 당시의 사례 가운데는 지원주체에 대해 계열사를 위한 차별취급행위로 제재하는 한편, 지원객체에 대해서도 구법 제23조 제1항 본문 후단에서 규정한 '불공정거래행위를 하게 하는 행위'로서 제재한 사례도 발견된다.[14] 공정거래법 위반행위에 대한 문제의식이 미흡했던 초기의 상황에서 지원객체들이 계

12 1993년 현대중전기(주)의 부당한 내부거래행위에 대한 건(1993. 9. 9. 공정거래위원회 의결 제93-178호).

13 1993년 현대건설(주)의 부당한 내부거래행위에 대한 건(1993. 9. 9. 공정거래위원회 의결 제93-181호).

14 1997년 현대물류(주) 등 6개 사업자의 계열회사를 위한 차별적 취급 건(1997. 2. 11. 공정거래위원회 의결 제97-24호).

열사에 대해 명시적으로 지원을 요청한 데 따른 것으로 볼 수 있다.

2. 제2기(1997~2007년 초): 거래조건을 통한(혹은 대가성) 지원행위 규제 중심

1996년 법 개정에 따라 계열사 간 내부거래 문제를 부당지원행위라는 이름으로 금지하기 시작한 시점부터 2007년 현대 글로비스 사건이 문제되기 이전까지의 기간을 제2기로 분류할 수 있다. 이 시기를 이전과 구분 짓게 하는 가장 중요한 표지는 역시, 적용법조가 구법 제23조 제1항 1호에서 7호로 변경되었다는 점이다. 제7호 중심의 규제는 외환위기 직후인 1998년부터 본격적으로 이루어졌으며 최초의 사건도 1998년에 있었다.[15] 특히 대기업집단의 계열사 간 부당내부거래가 경제위기의 한 원인을 제공했다는 인식이 팽배해지게 되면서 1998년 5월 8일 공정거래위원회에 의해 5대 기업집단에 대한 부당내부거래조사가 처음 실시된 이래 2003년 10월 31일까지 총 13회에 걸쳐 일대조사가 실시되었다.

하지만 계열사 간 내부거래적 성격의 행위를 경쟁법에서 규율하는 것은 유례가 없는 입법태도여서 그 행위의 위법성 판단기준과 제재수위를 적정하게 설정하는 것은 당국으로서도 쉽지 않은 일이었다. 수범자인 기업 측에서의 저항도 강력히 대두되었다. 부당지원행위에

15 1998년 한국케이디케이(주)의 계열회사를 위한 부당한 자금지원행위에 대한 건(1998년 10월 19일 공정거래위원회 의결 제98-234호 사건번호 9804독관0618).

대한 공정거래위원회의 시정조치 및 과징금 부과처분에 대하여 그 취소를 구하는 행정소송이 서울고등법원과 대법원에 다수 제기되기도 하였다. 그런 가운데 서울고등법원이 부당지원행위에 대한 과징금 부과의 근거 규정인 구법 제24조의2 과징금 규정에 대하여 직권으로 헌법재판소에 위헌법률심판을 제청하는 일이 발생하였고 그에 따라 공정거래위원회의 부당지원행위 규제와 관련한 일련의 사례에 대한 판결이 한동안 보류되는 일도 있었다.

그러나 결국 헌법재판소가 동 규정이 합헌이라는 결정을 내리게 되면서[16] 유관 판결들이 일제히 도출되었고, 그에 따라 부당지원행위에 대한 위법성 판단기준과 주요 성립요건들이 법원에 의해 속속 제시되었다. 이는 규제권을 가진 공정거래위원회 및 수범자인 기업 측에서 예측 가능성이 커지게 되었다는 의미인데, 더욱이 공정거래위원회의 규제기조 또한 강경 일변도로 견지되면서 사업자들이 제재에 대한 경계심과 우려가 커지게 되어 법 위반이 되는 내부거래를 회피하는 현상이 두드러지게 나타났다. 그 결과 부당지원행위의 발생빈도는 급감하게 되어 2001년 92건을 정점으로 점차 감소하여 2007년에는 7건이 적발되는 데 그쳤다.

한편, 종전에 부당지원행위 규제를 담당했었던 계열회사를 위한 차별취급 규제는 1997년 이후 법령상의 변화 없이 적용범위를 축소하여 운영되었다. 예를 들면, 계열회사를 지원하기 위해 비계열회사에 대해 불이익을 주는 행위(비계열회사에 대해서만 지체상금을 부과함)나 계열

---

16 헌법재판소 2003. 7. 24. 2001헌가25 결정.

회사 자체보다는 계열회사와 거래하는 고객(계열회사 신용카드의 이용고객에게 결제한도를 상향해 주고, 계열회사가 배급한 영화에 대해 상영관의 스크린을 유리하게 배정함)에 대해 유리하게 취급하는 행위 등을 대상으로 함으로써 부당지원행위 규제와의 차별성을 두면서 새로운 독자적 영역을 구축하였다.[17]

양 규정은 현재도 일종의 경합관계에 있다.[18] 특히 계열회사를 위한 차별취급에 대한 규제의 주안점이 경쟁제한성과 경제력 집중에 있음을 엿볼 수 있는 사례들이 여전히 발견된다. 이때의 경제력 집중은 일견 특수관계인보다는 계열회사 자체에 대한 유리한 취급을 통한 경제력의 집중, 즉 일반집중을 염두에 둔 것으로 보인다. 예컨대 2004년 SKT 계열회사를 위한 차별적 취급행위 건에서 대법원은 위법성 성립요건으로서 계열회사를 유리하게 하기 위한 의도를 제시하면서, "사업자의 주된 의도가 계열회사가 속한 일정한 거래분야에서 경쟁을 제한하고 기업집단의 경제력 집중을 강화하기 위한 것이라고 판단되는 경우에 한하여 인정된다."라고 판시한 바 있다.[19]

---

17 일부이기는 하지만 1996년 이후 일정기간 동안은 계열사 간 내부거래적 성격의 행위에 대하여 구법 제23조 제1항 제1호 후단에 적용하여 계열회사를 위한 차별취급 사건으로 처리한 경우도 있었다. 또한 1997년 현대물류(주) 등 6개 사업자의 계열회사를 위한 차별적 취급 건(1997. 2. 11. 공정거래위원회 의결 제97-24호), 1998년 대규모기업집단「현대」계열 18개 사업자의 계열회사를 위한 차별적 취급행위 등에 대한 건(1998. 1. 30. 공정위 제98-27호) 등의 경우는 의결시점이 1996년 법개정 이후였지만, 행위발생 시점이 1996년 이전이어서 제1호 후단(차별적 취급)이 적용된 사건으로 분류되었다.

18 양 규정의 관계에 대해서는 해석상 논란의 여지가 있는데 대략 다음과 같이 관계를 정리할 수 있다. 먼저, 계열회사를 위한 차별취급은 상품 용역의 가격을 차별하는 방식으로 성립되는 불공정거래행위인 반면, 부당지원행위는 상품, 용역 외에 자금, 자산, 인력 등도 포함하는 보다 폭넓은 규정이라 할 수 있다.

19 대법원 2004. 12. 9. 선고 2002두12076 판결.

요컨대, 조문의 해석을 통해 규제의 적용범위가 조정되었으나, 그 실체는 여전히 기업집단 내부거래에 맞춰졌다고 볼 수 있으며 그 결과 현재의 부당지원행위와의 중첩에 따른 혼선은 나타나지 않았다. 또한 조문상 대기업집단 계열사 간의 내부거래만 대상이 되는 것은 아니고 실제 대기업집단이 아닌 경우에도 적용례가 있었으나 단, 판례는 기업집단의 경제력 집중 강화를 이 규제의 요건으로 인정하고 있는데, 그렇다고 현재는 경제력 집중까지를 유발하지 않는 경우가 적용대상이 아닌 것인지에는 의문이 있다. 대법원 판결문상 계열회사를 위한 차별취급의 주관적 의도 요건으로서 경쟁제한성과 경제력 집중의 강화는 누적(AND) 요건으로 판시되어 있지만, 독자적(OR) 요건으로 보아야 할 것으로 생각된다.

3. 제3기(2007~2013년): 물량몰아주기(혹은 규모에 의한 지원행위) 규제 중심

제2기까지 부당지원행위로서 나타났던 행태들은 주로 지원주체가 계열사인 지원객체에 대하여 현저히 유리한 거래조건을 적용함으로써 계열사를 경제적으로 지원하는 방식으로 나타났었다. 그런데 2007년 즈음에 공정거래위원회는 종전과는 다른 방식의 지원 즉 현저히 유리한 거래조건보다는 현저히 많은 거래규모를 몰아줌으로써 계열사를 지원하는 방식에 대해 문제를 삼기 시작하였다.[20]

20 이에 관한 상세한 소개는 신영수, 「공정거래법상 현저한 규모에 의한 지원행위의 위법성 판단

이런 움직임은 2007년 현대글로비스 사건을 통해 강력히 대두되었는데, 이를 기점으로 부당지원행위 규제의 표적이 거래조건을 통한 지원행위에서 거래규모를 통한 지원행위, 즉 물량몰아주기(또는 일감몰아주기)로 옮겨 가기 시작하였다. 공정거래위원회는 특히 2010년 이래로 광고, 보험, 건설, 물류 등의 분야에 대하여 2011년부터는 SI(시스템통합) 및 MRO(소모성 자재구매 대행사업)시장에서의 물량몰아주기에 대하여 실태조사 및 지원행위 규제를 집행하였다. 그 결과 부당내부거래에 관련한 논의의 지형은 종래의 재벌규제 차원에서 대중소기업의 동반성장, 상생협력 차원의 경제민주화 이슈로 확대되었으며, 조세법, 회사법 등 복합적 측면에서 정책적 조합들이 제시되기도 하였다.

한편 부당지원행위 규제를 위해서는 정상가격과 실제가격의 차이 및 그 현저성과 부당성에 대한 입증이 관건이었는데, 이런 요건에 대해 법원이 엄격한 해석을 내림에 따라 전형적 지원행위에 대해서는 물론이고 물량몰아주기를 규제하는 데도 한계를 드러내었다. 그 결과 공정거래위원회의 입증부담을 경감시킴으로써 사후규제의 실효성을 높이는 한편, 사회적 비난이 팽배해 있던 총수 일가의 사익편취 규제의 근거를 신설할 필요에 대응하고, 지원주체뿐만 아니라 지원객체에 대한 제재 수단을 마련하기 위한 목적에서 공정거래법 개정이 추진되었다.

기준」, 『고려법학』 제64호, 2012. 3, 401면 이하 참조.

4. 제4기(2013년~현재): 사익편취 규제 중심

2013년 구법상의 부당지원행위 규제를 대폭 개편하고, 특수관계인에 대한 부당한 이익 제공행위(소위 '사익편취') 규제를 신설하는 것을 내용으로 하는 공정거래법 개정안이 2013년 8월 13일 국회를 통과하면서, 지원행위 내지 이익 제공행위의 성립요건으로서 공히 '현저성' 대신 '상당성'을 기준으로 채용했고 위법성 성립요건 내지 효과요건으로서는 '부당성' 기준을 제시하였다. 지원주체와 객체 모두를 제재의 대상으로 삼을 수 있게 된 것이다. 또한 부당지원행위에는 통행세 방식의 지원행위 유형[21]이 추가되었고, 부당한 사익편취 행위 유형에는 상당히 유리한 조건의 거래와 사업기회의 제공, 물량몰아주기 등이 새로 포함되었다.

한편, '특수관계인에 대한 부당한 이익 제공의 금지' 규정의 위치에 관해서는 당초 법 제3장으로 편재할 것인지, 제5장에 둘 것인지를 놓고 많은 논의와 법안제시[22]가 있었다. 종전의 판례에서도 확인되었듯이[23] 규정이 어디에 위치하는지에 따라 입법취지는 물론이고 개별 사

---

21 통행세 방식의 지원행위는 "다른 사업자와 직접 상품·용역을 거래하면 상당히 유리함에도 불구하고 거래상 실질적인 역할이 없는 특수관계인이나 다른 회사를 매개로 거래하는 행위"로 규정되어 있다.

22 당시 공정거래위원회의 법률개정안과 민병두 의원안, 김기식 의원안, 이종훈 의원안에서는 법 제3장에 관련 규정을 신설하는 방안이 제시되었고, 정호준 의원안, 이만우 의원안, 김용태 의원안에서는 제5장에 그대로 두되 현저성 요건을 완화하여 상당성을 기준으로 하자는 등의 법안이 제출되기도 하였다. 당시의 법안을 소개하는 자료로는 김윤정, 「특수관계인에 대한 부당 이익 제공행위 규제의 법적 쟁점과 개선과제」, 『경쟁법연구』 제29권, 2014, 87~88면이 있다.

23 대법원 2004. 9. 24. 선고 2001두6364 판결. 즉 이 판결에서는 경제력 집중의 억제가 부당지원행위 규제의 입법목적에 포함되어 있다고 하더라도, 구 공정거래법상 경제력 집중의 억제와 관련하여서는 제3장에서 지주회사의 제한적 허용, 계열회사 간 상호출자금지 및 대규모기

건의 위법성 판단기준에 대한 해석이 달라질 수 있으므로 규제에 있어서 조문의 위치는 매우 중요한 의미가 있었다. 결국 신설 규정을 법 제5장에 존치하되 불공정거래행위의 일종이 아니라 이와는 별도로 독립적 지위를 인정하는 방식으로 결정하였으며, 제5장의 표제도 '불공정거래행위 및 특수관계인에 대한 부당한 이익 제공의 금지'로 변경하였다.

이후 2020년 12월 공정거래법 전부개정에 따라 사후규제의 근거규정들은 제6장으로 옮겨졌으며, 조문도 제45조 제1항 제2호(계열회사를 위한 차별취급 금지) 및 제9호(부당지원행위 금지), 그리고 제47조(특수관계인에 대한 이익 제공 금지)로 변경되어 현재에 이르고 있다. 이 가운데 제47조의 정책적 비중과 법리적 관심이 크게 증가한 점도 특징이라 할 수 있는데, 2022년에 특수관계인에 대한 이익 제공 금지규정의 요건에 대한 일련의 대법원 판결들이 제시된 이후 해석을 둘러싼 논의들이 정리되고 법리로 발전되는 과정에 있다.

업집단에 속하는 중소기업창업투자회사의 계열회사의 주식취득금지, 금융회사 또는 보험회사의 의결권제한 등에 관하여 규정을 베풀어 대규모기업집단의 일반집중을 규제하면서도 부당지원행위는 제5장의 불공정거래행위 금지의 한 유형으로 따로 다루고 있으며, 변칙적인 부의 세대간 이전 등을 통한 소유집중의 직접적인 규제는 법의 목적이 아니고 시장집중과 관련하여 볼 때 기업집단 내에서의 특수관계인 또는 계열회사 간 지원행위를 통하여 발생하는 경제력 집중의 폐해는 지원행위로 인하여 직접적으로 발생하는 것이 아니라 지원을 받은 특수관계인이나 다른 회사가 자신이 속한 관련시장에서의 경쟁을 저해하게 되는 결과로 인해 발생할 수 있는 폐해라고 할 것인 점 등에 비추어 보면, 부당지원행위의 부당성을 판단함에 있어서는 지원주체와 지원객체와의 관계, 지원객체 및 지원객체가 속한 관련시장의 현황과 특성, 지원금액의 규모와 지원된 자금 자산 등의 성격, 지원금액의 용도, 거래행위의 동기와 목적, 정당한 사유의 존부 등을 종합적으로 고려하여 판단하여야 한다고 하여, 조문이 어느 장에 편성되어 있는지가 규제의 취지와 지향점을 결정한다는 점을 확인해 주었다.

제2절 | 부당한 지원행위의 규제

I. 부당한 지원행위와 경제력 집중의 관계

1. 논점의 소재

현행 공정거래법상 계열사 간의 '부당한 지원행위' 규제는 제45조 제1항 제9호에 규정되어 있다. 동 규정에서는 지원행위의 개념도 간접적으로 제시하고 있는데, 이에 따르자면 '특수관계인 또는 다른 회사에 가지급금·대여금·인력·부동산·유가증권·상품·용역·무체재산권 등을 제공하거나 상당히 유리한 조건으로 거래하는 행위'와 '다른 사업자와 직접 상품·용역을 거래하면 상당히 유리함에도 불구하고 거래상 실질적인 역할이 없는 특수관계인이나 다른 회사를 매개로 거래하는 행위'를 지원행위라 할 수 있다. 그리고 이들 지원행위가 부당하게 이루어지는 경우(이하, 용어를 '부당지원행위'로 축약해서 사용함)에 비로소 규제의 대상이 된다.

그런데 주지하다시피 이 규제는 외국에서 유사 입법례를 찾기 어려운 한국 특유의 제도여서 집행 이래 세부 요건을 둘러싼 불명확성이 크고 해석이 분분했던 특징을 보이면서 발전해 왔다. 다만, 이후에 대법원 판례들이 다수 축적되면서 이 규제에 대한 요건 해석은 어느 정도 정리된 것으로 볼 수 있으나 실무상으로는 여전히 논의와 추가 분석이 필요한 부분들이 남아 있다.

특히 2014년 2월부터 특수관계인에 대한 부당한 이익 제공행위(사익편취) 규제가 시행된 시점을 전후하여 부당지원행위 규제는 그 제도적 비중과 요건의 의미가 변화되는 과정을 거쳤다. 그 가운데서도 이 규제가 종국적인 표적으로 삼고 있는 경제력 집중의 의미는 사익편취 규제에서의 경제력 집중의 의미와의 관계 및 차별적 구도하에 재해석되어야 하는 상황에 놓여 있으므로 그 점을 고려하여 경제력 집중의 의미 변화를 좀 더 살펴볼 필요가 있다.

2. 사익편취 규제 도입 이전

당초 부당지원행위의 입법취지는 '공정한 거래질서의 확립'과 아울러 '경제력 집중의 방지'에 있는 것으로 해석되어 왔다.[24] 아울러 대법원은 대규모기업집단 소속 계열회사들이 기업집단 전체의 이익을 위해 계속적으로 서로 지원을 주고받으면서 계열의 유지·확장을 위한 수단으로 부당지원행위를 이용함으로써 중장기적으로 볼 때 부당지원행위는 경제력 집중을 통하여 결국 지원주체에게도 상당한 부당이득을 발생시키게 된다고 보았다. 즉, 부당지원행위로 인한 경제력 집중이 단기적으로는 계열의 유지 확장을, 중장기적으로는 이를 통해 지원주체에게도 부당이득을 발생시킨 점에 주목하였다. 여기서, 부당지원행위가 유발하는 경제력 집중과 지원주체에게 부당이득을 귀속시키는 경제력 집중이 무엇을 의미하는지는 모호했다.

다만, 대법원은 2004년의 소위 삼성 SDS 사건에서 "변칙적인 부의

24 대법원 2004. 10. 14. 선고 2001두2881 판결 등.

세대간 이전 등을 포함한 소유집중의 직접적인 규제는 법의 목적이 아니다."라는 판결을 내리면서 경제력 집중의 의미에 대한 제한적 입장을 견지한 바가 있다.[25] 이런 관점에서 보자면 부당지원행위 규제가 억제하고자 하는 경제력 집중은 일반집중이나 시장집중으로 좁혀지게 되는데, 부당지원행위와 관련된 심·판결례에 비춰 보면, 주로 시장에서의 경쟁제한 여부를 중심으로 공정거래저해성 여부가 규명되어 온 것으로 볼 수 있다. 예컨대, 자금력을 제고하고 경쟁여건을 개선시켜서 당해 시장에서의 경쟁조건을 경쟁사업자들에 비해 유리하게 하고 그 지위를 유지·강화함으로써 공정한 거래를 저해하였거나 저해할 우려가 있는지, 관련시장에서 퇴출을 면하고 사업자로서의 지위를 유지·강화할 수 있게 함으로써 당해 시장에서의 공정하고 자유로운 경쟁을 저해할 우려가 있는지, 경쟁조건이 경쟁사업자에 비해 유리해지는지, 혹은 지원객체의 관련시장에서 경쟁을 제한하거나 경제력 집중의 효과를 야기했는지가 위법성 판단 시 고려되었다. 이에 비해 지원행위로 인해 계열사의 확장이나 기업집단에 대한 지배권의 강화 여부를 고려한 사례는 발견되지 않는다.

한편 헌법재판소는 부당지원행위에 대한 과징금 규정의 위헌심판에서 부당지원행위의 폐해를 크게 네 가지로 밝히면서, 경제력 집중의 폐해를 좀 더 구체화한 바 있다. 이에 따르면 부당지원행위의 폐해는 우선 불공정거래로 인한 경쟁저해이며, 퇴출되어야 할 효율성이 낮은 부실기업이나 한계기업을 계열회사의 형태로 존속하게 함으

25 대법원 2004. 9. 24. 선고 2001두6364 판결.

로써 당해 시장에서 경쟁자인 독립기업을 부당하게 배제하거나 잠재적 경쟁자의 신규 시장진입을 억제함으로써 시장의 기능을 저해한다는 것이었다. 이와 더불어 나머지 세 가지는 경제력 집중에 관련된 폐해로서 i> 계열회사 간에 이루어지는 지속적인 부당내부거래는 독과점적 이윤을 상호간에 창출시키게 되고, 그 결과 대기업집단 소속 계열회사들의 독점력을 강화함으로써 경제력 집중의 폐해를 야기한다는 점, ii> 부당내부거래는 우량 계열기업의 핵심역량이 부실 계열기업으로 분산·유출되어 우량기업의 경쟁력이 저하됨에 따라 기업집단 전체가 동반 부실화할 위험을 초래한다는 점, iii> 부당내부거래는 또한 기업의 투명성을 저해하고 주주, 특히 소액주주와 채권자 등의 이익을 침해하게 된다는 점 등을 제시하였다.[26]

요컨대, 관련시장에서의 경쟁제한 및 점유율 증가(시장집중) 여부가 부당지원행위의 위법성 판단의 핵심이었지만, 규제대상이 대기업집단 소속 계열회사들인 결과, 형식은 불공정거래행위 규제의 모습을 띠면서도 현실적으로는 대기업집단 규제의 수단으로 작동하였던 것이다. 그렇다면 대기업집단 소속 계열회사가 속한 시장에서의 시장집중만 문제 삼는 결과가 된 것인데, 그것이 온전한 시장집중의 문제이기만 했던 것인지는 생각해 볼 필요가 있다. 대법원이 인정했듯이 경제력 집중으로 인한 부당이득을 지원주체도 누리게 된 것이라면 부당지원행위는 일반집중에도 영향을 미치는 사안으로 다루어졌던 것으로 볼 여지가 있다.

---

26 헌법재판소 2003. 7. 24. 자 2001헌가25.

3. 사익편취 규제 개시 이후

사익편취 규제가 도입된 2013년 법 개정 시에 부당지원행위의 규제에 대해서도 형식과 내용상 상당한 개편이 이루어졌다. 여전히 내부거래에 대한 사후규제에 관한 핵심적 법리들(정상가격과 실제가격의 차이, 공정거래저해성, 경제력 집중 등)은 부당지원행위에 관해 축적되어 있는 상태이다. 하지만 종전에 대기업집단 사후규제 수단로서의 기능과 성격이 약화된 것은 물론이고 공정위는 대기업집단 규제에서 일반 불공정거래행위 규제로 전환된 것으로 인식하는 경향도 목격된다. 그런 가운데, 여전히 대기업집단 내부거래 규제의 성격이 유지되면서 사익편취와 연계한 역할 분담이 이루어지는 것으로 보인다. 이를테면 기업집단 내부거래 관련 사례에서 여전히 사익편취와 병합하여 조사 및 의결되는 사례들이 다수 나타나고, 총수 일가의 지분이 있는 계열사 간 내부거래와 특수관계인의 문제는 사익편취 규제가, 총수 일가 지분이 없는 계열사 간 내부거래에 부당지원행위 규제가 적용되는 양상도 목격된다.

그런 가운데 2022년에 사익편취와 관련한 일련의 대법원 판결들이 나타나면서 사익편취 규제의 목적이 부의 세대 간 이전을 통한 소유집중의 억제에 있음을 명확히 하면서 일종의 판례변경 및 경제력 집중의 의미가 분화되고 있다. 즉, 사익편취의 부당성은 "변칙적인 부의 이전 등을 통하여 대기업집단의 특수관계인을 중심으로 경제력 집중이 유지·심화될 우려가 있는지 여부"에 따라 판단하게 된다.

한편 사전규제의 경우 지주회사 관련 판례들에서 일부 경제력 집중이 거론되었는데, 지주회사 규제의 취지를 "지주회사가 자회사를 통하여 계열기업을 확장하는 것을 억제하기 위하여 자회사가 그 사업내용과 밀접한 관련이 없는 손자회사를 두는 행위를 금지하기 위한 것"이라거나[27] "지주회사의 지배가능한 범위가 확대되어 경제력 집중을 심화시키는 것을 방지하기 위한 것"으로 해석한 바 있다.[28] 단 2020년 12월 전부개정 시 지주회사의 자회사 지분율 규제를 강화(즉, 종전의 상장회사에 대한 지분율이 20%에서 30%로, 비상장회사에 대한 지분율이 40%에서 50%로 상향 조정된 점)한 이유나 일반지주회사의 기업형 벤처캐피탈 보유와 관련하여 각종 행위규제들을 신설한 이유에 특수관계인의 사익편취 가능성을 차단하기 위한 취지가 있는 점을 고려하면 사전규제의 목적에 소유집중의 억제도 포함된 것으로 볼 여지가 있다.

그렇다면 사전규제와 사후규제에서의 경제력 집중의 의미는 다음과 같이 세분화할 수 있다.

[표] 기업집단 규제 유형별 경제력 집중과의 관계

규제 유형		규제대상으로서 경제력 집중의 의미
사전규제	출자규제 및 의결권 규제	국민경제 전반의 일반집중 및 특수관계인의 계열회사를 통한 지배집중
	지주회사 규제	특수관계인의 기업집단에 대한 소유집중
사후규제	부당지원행위 규제	유리한 경쟁조건을 통한 시장집중
	사익편취 규제	기업집단에 대한 특수관계인 중심의 소유집중

27 대법원 2006. 11. 23. 선고 2004두8583 판결.
28 서울고등법원 2017. 8. 25. 선고 2017누31766 판결, 고법 확정.

4. 부당지원행위 규제는 여전히 기업집단 사후규제의 수단인가?

부당지원행위 규제의 기준이나 적용범위가 근본적으로 변화한 것은 아니지만, 사익편취 규제의 사후규제적 기능이 명확해지면서, 부당지원행위 규제는 사후규제적 소임으로부터 자유로워진, 혹은 사후규제적 성격이 약화된 상황으로 보인다.

부당지원행위로 인한 공정거래저해성에서 대법원이 제시한 경쟁제한성과 경제력 집중은 다른 불공정거래행위 유형들 가운데 경쟁제한성을 중심으로 공정거래저해성이 평가되어 온 행위들과 큰 차이가 없어진 모습이다. 그리 보자면 현 시점에서 부당지원행위는 여전히 기업집단규제의 사후규제 수단으로 보아야 할 것인지가 모호해진다. 공정거래위원회의 실무에서도 기업집단 규제에 부당지원행위 규제가 제외된 양상도 나타나고 있다.

그럼에도 공정거래위원회의 부당지원행위 규제는 여전히 대규모기업집단을 중심으로 집행되고 있다.[29] 공정거래위원회의 심결문에 비춰 보면 2014년 이후에 부당지원행위가 오로지 '시장집중'에만 '집중'하고 있는 것인지도 의문이다. 시장의 경쟁제한 외에 여전히 특수관계인의 사익편취 가능성을 염두에 둔 소유집중 보완적 규제 역할을 수행하는 것으로 보이기 때문이다. 또한 부당지원행위 규제에서 자산 규모가 대규모기업집단에는 이르지 못하지만 시장 점유율이 상당

29 예를 들어 2018~2023년까지의 부당지원행위 규제실적 가운데 시정명령 이상 제재 건수를 살펴보면 대기업집단이 21건, 중견기업집단이 5건이었다.

한 중견기업집단에 대한 규제에도 집중하는 양상이 나타나는데, 규제의 주안점이 중견 기업의 이사회 내 총수 일가 비중이 높고 외부 견제도 느슨해 부당 지원을 견제할 장치가 부족하다는 점에 두어져 있음을 고려하면 전형적인 시장집중 억제 외에 사익편취 규제를 보완하는 방식으로 이 제도가 운용되고 있는 것으로도 평가할 수 있다.

5. 사익편취 규제와의 관계 및 중첩 적용 문제

사익편취 규제에 관한 최초의 대법원 판결[30]은 이 규제에서의 경제력 집중의 의미를 규명하는 한편 부당지원행위 규제와 사익편취 규제의 지향점이 서로 다르다는 점을 확인해 준 의미가 있다. 이처럼 경제력 집중 측면에서 사익편취와 부당지원행위의 역할분담이 명확해졌다면, 원칙상 단순히 지원 객체나 이익 제공 객체에 총수 일가 지분이 포함되어 있는지가 양 규제의 적용 여부에 대한 기준이 되기는 어려울 것이다.

사익편취는 계열사 간 내부거래를 통해 특수관계인에 대한 이익 제공으로 전개되므로 부당지원행위를 수반하는 것이 대부분일 것으로

---

30 대법원 2022. 5. 12. 선고 2017두63993 판결에서는 특수관계인에 대한 부당한 이익 제공 규제에 있어서의 '부당성'에 대하여, 이익 제공행위를 통하여 그 행위객체가 속한 시장에서 경쟁이 제한되거나 경제력이 집중되는 등으로 공정한 거래를 저해할 우려가 있을 것까지 요구하는 것은 아니고, 행위주체와 행위객체 및 특수관계인의 관계, 행위의 목적과 의도, 행위의 경위와 그 당시 행위객체가 처한 경제적 상황, 거래의 규모, 특수관계인에게 귀속되는 이익의 규모, 이익 제공행위의 기간 등을 종합적으로 고려하여, 변칙적인 부의 이전 등을 통하여 대기업집단의 특수관계인을 중심으로 경제력 집중이 유지·심화될 우려가 있는지 여부에 따라 판단하여야 한다고 판시함으로써 소유집중에 유사한 성격으로 이 규제에서의 경제력 집중의 의미를 규명하였다.

보이는데, 그렇다면 시장집중과 소유집중이 동시에 발생하는 내부거래에 대해 양 규제가 중첩적으로 적용될 수밖에 없다. 실제로 공정거래위원회는 2023년의 심결사례부터 부당지원행위 금지규정과 특수관계인에 대한 부당이익 제공 금지규정을 함께 적용하기 시작하였다.[31]

현행법의 입법자가 양 규제의 이 같은 관계 및 중첩적 적용을 예상하거나 도모했던 것인지는 명확하지 않다. 단 이런 구도가 형성되고 해석상 혼선이 발생한 것은 새로운 규제가 신설되면서 각 규제수단의 성격이 재편되었음에도 적절한 입법적 정리가 이루어지지 않았던 데 있다고 생각된다. 부당지원행위와 사익편취 규제의 관계를 심사지침 등을 통해서라도 보다 명확히 정리할 필요가 있다.

II. 부당지원행위의 세부 요건 해석론

1. 당사자 요건

부당지원행위는 일차적으로 거래조건이나 물량을 지원하는 주체와 이를 지원받는 객체의 당사자 구도를 전제로 한다. 여기서 '지원행위의 주체'에 관해, 현행법은 부당지원행위를 경제력 집중의 억제 장(章)이 아닌 불공정거래행위 금지 장으로 편재해 온 이래 '사업자'로 지원

31 공정거래위원회 전원회의 2023. 2. 24. 의결 제2023-041호. 이 사례에서는 계열사에 핵심부품을 납품하는 회사를 수직계열화하는 과정에서 특수관계인이 상당한 지분을 취득한 후 그 계열사에 과다한 경제상 이익을 제공하여 부당내부거래를 한 점이 문제되었다.

주체를 명시하고 있다. 그 결과 현재 대규모기업집단 소속의 계열회사들뿐만 아니라 모든 사업자가 수범자의 범위에 포섭되어 있다.

한편 '지원의 객체'에 대해서는 '특수관계인' 또는 '다른 회사'로 명시하고 있는데, 공정거래법상 특수관계인에 해당하는 동일인, 동일인 관련자 또는 동업자에 대한 지원행위와 더불어, 지원객체와 법적 독립성을 달리하는 모든 타 회사 지원행위를 문제 삼을 수 있는 구조를 취하고 있다. 이는 해석상 두 가지 의미를 갖게 되는데, '특수관계인'을 지원객체로 열거함으로써 사업자 이외에 사업을 영위하지 않는 자연인에 대한 지원행위도 규제될 수 있다는 점이 하나이고, 계열, 비계열을 불문하고 '다른 회사'에 대한 지원행위 전반을 규제대상에 포섭할 수 있게 되었다는 점이 또 다른 하나이다. 위에서도 언급했듯이 입법 추진 당시에는 계열사 간 부당지원행위를 막아 경제력 집중과 불공정거래를 규제하려는 의도였으나, 실제 입법 시에는 지원객체에 관하여 '다른 회사에 대하여'라고 규정함으로써, 해석상 계열회사가 아니라 하더라도 동 조항이 적용될 수 있도록 한 것이다. 하지만 현실적으로는 비계열회사에 대한 지원은 발생하기 어려울 뿐만 아니라, 부당성의 입증도 용이치 않은 까닭에 실제 사례는 주로 대규모기업집단 내 계열회사 간의 지원행위를 중심으로 형성되어 있는 상황이다.[32]

---

32 한편, '다른 회사'의 범위에 대한 대법원 판례도 있었는데, 이 경우는 반대로 완전자회사가 모회사의 입장에서 다른 회사인지가 문제된 사례였다. 이에 대해 원고 측은 모회사와 완전자회사는 경제적인 이익과 손실을 완전히 같이하는 단일한 경제단위(a single economic unit)에 해당하므로 완전자회사는 구법 제23조 제1항 제7호의 '다른 회사'에 해당하지 아니한다는 주장을 제기했으나, 대법원은 "모회사가 주식의 100%를 소유하고 있는 자회사(이하 '완전자회사'라 한다)라 하더라도 양자는 법률적으로는 별개의 독립한 거래주체라 할 것이고, 부당지원행위의 객체를 정하고 있는 법 제23조 제1항 제7호의 '다른 회사'의 개념에서 완전자회사를

단, 법원은 당사자 요건을 매우 폭넓게 해석하여 지원객체가 사업자가 아닌 자연인인 경우,[33] 지원객체가 시장에 직접 참여하고 있는 사업자가 아닌 경우(잠재적 사업자인 경우),[34] 제3자를 통한 간접적인 지원행위[35]의 경우에도 부당지원행위 성립을 인정하고 있으며, 모자관계에 있는 회사 간의 지원행위도 규율대상에 포함시키고 있다.[36]

요컨대, 지원주체 및 지원객체의 관계가 사실상 계열관계에 있는 경우로만 국한하되, 지원행위성이 인정되는 한 지원주체 및 지원객체의 형식에 대해서는 매우 유연하게 해석하여 규제대상으로 포함시키고 있다. 법의 외형과는 달리 실질적으로 계열회사 간 부당내부거래에 규제 목적이 집중되어 있음을 확인할 수 있다.

2. 행위요건

(1) 지원행위의 내용

지원주체와 지원객체 사이에는 '지원행위', 즉 자금(가지급금·대여금), 자산(부동산·유가증권·무체재산권), 상품·용역, 인력의 제공 또는 거래행

지원객체에서 배제하는 명문의 규정이 없으므로 모회사와 완전자회사 사이의 지원행위도 법 제23조 제1항 제7호의 규율대상이 된다."라고 판시하였다(대법원 2004. 11. 12. 선고 2001두2034 판결).

33 대법원 2004. 9. 24. 선고 2001두6364 판결 삼성SDS의 부당지원행위 건.

34 대법원 2005. 5. 27. 선고 2004두6099 판결 대우건설의 태천개발 건.

35 대법원 2004. 10. 14. 선고 2001두2881 판결 (주)대우의 임직원을 통한 대우자동차 부당지원행위 건.

36 100% 완전자회사에 대한 지원행위와 관련된 판례로 대법원 2004. 11. 12. 선고 2001두2034 판결이 있고, 모회사가 자회사 지분 53.44%를 보유한 경우에 관한 판례로 서울고등법원 2004. 7. 15. 선고 2002누1092 판결이 있다.

위가 존재하여야 한다.

지원행위의 범위와 관련하여 대법원은 지원 대상으로 열거된 형식에 국한하지 않고 실제 지원의 효과를 야기하는 것이면 지원행위성의 개념에 포섭될 수 있다는 유연한 혹은 적극적인 입장을 취하고 있어서,[37] 개별 사건에서 지원행위의 대상은 법에 명시된 것보다 다소 넓게 해석될 여지가 있다.[38] 예를 들어 일반공모 방식의 유상증자에서 기준주가보다 높은 가격으로 주식을 인수하는 행위,[39] 후순위사채 고가매입행위,[40] 지원객체에 대한 담보제공행위,[41] 부동산의 고가 매입행위,[42] 부동산의 저가 임대행위,[43] 자회사의 관리소장 인건비를 지급하는 행위[44] 등이 지원행위로 인정된 바 있다.

(2) 상당성

지원행위는 주로 가격을 비정상적인 방법으로 책정하는 방식, 즉 높은 가격으로 사 주거나 낮은 가격으로 파는 경우를 통해 이루어져 왔으나, 상당한 규모로 거래하여 상대방에게 과다한 경제상의 이익을

---

37 부작위에 의한 지원행위의 경우도 규율대상이 될 수 있다. 대법원 2007. 1. 25. 선고 2004두7610 판결.

38 대법원은 현행법이 상품과 용역을 지원대상으로 명시되기 이전에도, 법에 명시되지 않은 상품 용역의 제공 또는 거래라는 이유만으로 부당지원행위에서 제외되는 것은 아니고, 그것이 부당지원행위의 요건을 충족하는 경우에는 규제의 대상이 될 수 있다고 본 바가 있다.

39 서울고법 2007. 7. 11. 선고 2006누10223 판결, 고법 확정.

40 대법원 2007. 1. 25. 선고 2004두1490 판결, 서울고법 2003. 12. 23. 선고 98누13159 판결.

41 대법원 2006. 10. 27. 선고 2004두3274 판결.

42 서울고법 2004. 2. 3. 선고 2001누2562 판결, 현대증권의 현대건설 지원행위 건.

43 대법원 2004. 11. 12. 선고 2004두9630 판결, 서울고법 2004. 7. 15. 선고 2002누1092 판결, 서울신문사의 스포츠서울21 지원행위 건.

44 대법원 2007. 1. 26. 선고 2005두2773 판결.

주는 방식(물량몰아주기)으로도 지원행위가 성립될 수 있다는 점이 공정거래위원회는 물론 법원을 통해 거듭 확인되어 왔다.

대법원은 지원행위성과 상당성을 아울러서 과다한 경제상 이익이 있었는지 여부를 판단하고 있는데, 주로 급부와 반대급부 간의 차이(정상가격(금리)과 실제가격(금리) 간의 차이), 지원성 거래규모, 지원행위로 인한 경제상 이익, 지원기간, 지원횟수, 지원시기, 지원행위 당시 지원객체가 처한 경제적 상황 등을 종합적으로 고려하여 개별적으로 판단한다.[45] 이를 단순화하면 다음과 같이 도식화할 수 있다.

- 거래조건을 통한 지원행위: 상당한 급부 내지 가격 차이×일정한 거래규모, 기간, 횟수 등 → 과다한 경제상의 이익
- 거래규모를 통한 지원행위(일감몰아주기): 일정한 급부 내지 가격 차이×상당한 거래규모 → 과다한 경제상의 이익

3. 주관적 요건: 지원의도

지원주체의 주관적 상태도 요건의 하나이며, 지원행위가 지원주체의 지원의도나 목적에 따라 이루어진 것이라는 점이 입증되어야 한다.[46] 이를 위해서는 지원행위를 하게 된 동기와 목적, 거래 관행, 당시 지원객체의 상황, 지원행위의 경제상 효과와 귀속 등을 종합적으로 고려하여 지원주체의 주된 의도가 지원객체가 속한 관련시장에서

45 대법원 2004. 10. 14. 선고 2001두2881 판결.
46 대법원 2004.10.14. 선고 2001두2935 판결.

의 공정한 거래를 저해할 우려가 있는 것이라고 판단되는 경우 인정되는 것이고, 이러한 지원의도는 여러 상황을 종합하여 객관적으로 추단하게 된다.[47] 대법원은 여기서 지원의도의 의미를 지원객체에게 반사적으로 유리한 결과를 귀속시키려는 의도와, 지원객체가 속한 시장에서의 공정한 거래를 저해하려는 의도 즉 경쟁을 저해하거나 기업집단의 경제력 집중을 강화하려는 의도로 파악하고 있다.

주관적 요건은 그동안 공정거래위원회의 심결이나 법원의 판결례를 통해 일관적으로 확인되어 온 요건이며, 지원의 의도로서 경쟁저해 의도뿐만 아니라 경제력 집중을 강화하려는 의도도 포함되는바 후자는 법령의 형식상 추출되지 않는 요건이라 할 수 있다.

4. 부당성 요건

상당성이 인정되더라도 그 지원행위의 부당성이 규명되어야 비로소 위법한 지원행위로 판단될 것이다. 이때 부당성의 판단은 거래객체가 속한 시장에 미치는 영향을 중심으로 고려하게 된다. 즉 지원주체와 지원객체와의 관계, 지원행위의 목적과 의도, 지원객체가 속한 시장의 구조와 특성, 지원성 거래규모와 지원행위로 인한 경제상 이익 및 지원기간, 지원행위로 인하여 지원객체가 속한 시장에서의 경쟁제한이나 경제력 집중의 효과 등은 물론 중소기업 및 여타 경쟁사업자의 경쟁능력과 경쟁여건의 변화정도, 지원행위 전후의 지원객체

47 대법원 2007. 1. 11. 선고 2004두350 판결; 대법원 2005. 5. 27. 선고 2004두6099 판결 참조.

의 시장점유율 추이, 시장개방의 정도를 종합적으로 고려하여 당해 지원행위로 인하여 지원객체의 관련시장에서 경쟁이 저해되거나 경제력 집중이 야기되는 등으로 '공정한 거래가 저해될 우려'가 있는지 여부를 살피게 된다.[48]

(1) 공정거래저해성 및 경제력 집중의 우려

대법원의 판례 등에 비추어 볼 때 부당지원행위에 있어서 부당성은 '공정거래저해성'[49]을 의미한다고 할 수 있고,[50] 공정거래저해성을 입증함에 있어서 당해 시장의 경쟁질서의 훼손이나 경제력 집중의 효과가 고려될 것이다. 즉 지원행위의 부당성은 당해 행위가 직접적으로는 특정 시장의 경쟁을 저해하는 행위라고 볼 수 없다고 하더라도, 그 행위로 인하여 특정 시장의 공정경쟁이 간접적으로 저해되고 경제력 집중 등이 발생할 우려가 있다면 부당지원행위가 성립된다고 할 수 있다.

이와 관련해서 문제되는 것이 공정거래저해성의 의미이다. 일견 대법원은 부당지원행위의 공정거래저해성을 일반불공정거래행위에서 사용하는 의미와 달리 파악하고 있다. 여기서 경쟁저해에 관해 대법원은 주로 당해 지원행위가 지원객체의 자금력 제고를 가져오는 경우

---

48 대법원 2004. 3. 12. 선고 2001두7220 판결.

49 이 때의 공정거래저해성은 경쟁제한성 및 불공정성을 포함한 개념으로 대단히 포섭범위가 넓은 개념으로서, 일반적으로 불공정거래행위에 있어서의 공정거래저해성은 경쟁의 실질적인 제한을 요건으로 하고 있는 기업결합의 제한, 부당한 공동행위의 제한과는 달리 우려, 즉 추상적 위험으로 충분하고 구체적 위험성이나 시장 전체의 경쟁에 대한 구체적인 영향은 판단하지 않아도 무방한 것으로 보고 있다. 권오승, 「경제법」, 법문사, 2009 참조.

50 부당성과 공정거래저해성의 관계에 대한 상세한 분석으로는 송옥렬, "신주인수권부사채의 발행과 공정거래법상 부당지원행위", 「BFL」 제10호, (2005.03) 등 참조.

에 경쟁사업자에 비하여 경쟁여건을 유리하게 하여 공정한 거래를 저해할 우려가 있는 경우 부당성을 인정해 오고 있다. 한편, 경제력 집중은 기업집단에 의한 일반집중 및 기업집단 내 소유집중을 의미하는 것으로 이해된다. 요컨대 지원객체가 속한 관련시장에서의 경쟁 저해 또는 경제력 집중의 결과가 야기되어 공정거래저해성이 인정되면 당해 지원행위(혹은 내부거래)는 부당한 것으로 보게 된다.

그 결과 부당지원행위 규제에 있어서 부당성 요건의 핵심적 개념인 공정거래저해성은 공정거래법에서 일반적으로 사용하는 공정거래저해성의 개념보다 넓은 의미로 사용되고 있다. 특히 법 제45조 제1항 본문(제9호를 제외한 각 호)의 공정거래저해성과 제9호의 공정거래저해성의 의미 사이에 차이가 발생하게 되며, 이 점에서 제9호는 다른 호와 다른 성격을 지닌 행위유형으로 볼 수 있다. 공정거래저해성의 의미를 이처럼 이원적으로 해석할 근거가 조문의 외견에서는 발견되지 않는다.

(2) 사업경영상 또는 거래상 필요성 혹은 공익성

지원주체와 객체의 사업상 또는 거래상 필요성 등에 관하여 판례는 줄곧 단순히 사업경영상의 필요 또는 거래상의 합리성 내지 필요성이 있다는 사유만으로는 부당지원행위의 성립요건으로서의 부당성 및 공정거래저해성이 부정될 수 없다는 입장을 취해 오고 있다.[51] 이에 관한 대법원 판례는 다분히 '상당히 유리한 조건'에 의한 일반적 부당지원행위 사례에 기원한 것으로, 지원주체가 지원객체에 대하여 정상

51 대법원 2004. 10. 14. 선고 2001두2935 판결 등.

가격보다 상당히 높거나 혹은 낮은 가격을 책정하는 경우 영리를 목적으로 하는 통상적인 경제주체라면 손해를 감수하면서까지 기대할 수 있는 정당한 사업상의 이유나 경영상의 필요가 존재한다고 보기 어렵다는 점을 감안한 것으로 볼 수 있다.[52]

생각건대 통상적인 부당지원행위와 달리 지원주체의 손실유발이 없거나 비용절감 등의 유인이 존재하는 상황에서 상당히 유리한 수준의 조건에 물량이 가미된 경우에는 지원주체의 사업경영상 또는 거래상 필요성을 좀 더 비중 있게 고려하는 것이 타당한 접근방식이라고 본다. 이때 사업경영상 필요성은 지원주체나 객체 측에서 주장할 것이고, 공정위나 법원은 이를 수용할 것인지를 판단하게 되므로, 이는 공정거래위원회의 부당성 판단 과정에서 사업자 내지 원고 측의 항변으로서의 의미를 갖게 된다. 회사기밀 유출 방지, 수급의 안정성 보장 등이 이와 관련하여 거론될 수 있을 것이다.

5. 사익편취 규제와의 관계 및 적용순위 문제

2022년 대법원 판결로 인해, 부당지원행위 규제와 사익편취 규제의 지향점이 서로 다르다는 점이 확인되었다. 경제력 집중 측면에서 사익편취와 부당지원행위의 역할분담이 명확해졌다면, 원칙상 단순히 총수 일가 지분이 들어가 있는지 여부가 양 규제의 적용 여부에 대

52 사업경영상 또는 거래상의 합리성 내지 필요성 관련 대법원 판례 및 부당지원행위의 부당성 판단에서 어떤 지위를 갖는지에 대해서는 홍대식, 「부당지원행위의 부당성 판단에서의 사업경영상 필요성의 지위와 역할」, 『경쟁법연구』 제24권, 한국경쟁법학회, 2011, 30~64면 참조.

한 기준이 되기는 어려울 것이다. 문제는 사익편취는 계열사 간 내부거래를 통해 특수관계인에 대한 이익 제공으로 전개되므로 부당지원행위를 수반하는 것이 대부분일 것으로 보인다. 그렇다면 시장집중과 소유집중이 동시에 발생하는 내부거래에 대해 양 규제가 중첩적으로 적용될 수밖에 없다. 실제로 '기업집단 한국타이어의 부당지원행위 및 사익편취행위' 건에서는 부당지원행위 금지규정과 특수관계인에 대한 부당이익 제공 금지규정을 함께 적용한 바가 있다.

이 사건에서는 계열사에 핵심부품을 납품하는 회사를 수직계열화하는 과정에서 특수관계인이 상당한 지분을 취득한 후 그 계열사에 과다한 경제상 이익을 제공하여 부당내부거래를 한 점이 문제되었다.[53]

III. 규모에 의한 지원행위(물량몰아주기)의 위법성 판단기준

1. 물량몰아주기 규제의 독자성

공정거래법상 부당지원행위의 한 유형으로 포섭되어 있는 '물량몰아주기' 혹은 '일감몰아주기'[54]는 특정 기업관행에 대한 강학상 혹은 실무상 표현으로서, 법적으로는 공정거래법 시행령 [별표 2] 9에서 규정되어 있는 "상당한 규모로 제공 또는 거래"함으로써 다른 사업자를 지원하는 행위를 의미한다. 공정거래위원회가 고시한 '부당한 지원행

53 공정거래위원회 전원회의 2023. 2. 24. 의결 제2023-041호.

54 최근 들어 '일감몰아주기'로도 불리나, 이하에서는 표기의 편의상 '물량몰아주기'로 통일하여 사용키로 한다.

위의 심사지침'에서는 이를 좀 더 압축하여 '상당한 규모에 의한 지원행위'로 표기하고 있다. 어떻게 불리든, 이 같은 기업관행은 사업자(주로 동일한 기업집단에 소속되어 있는 계열회사)가 특수관계인 또는 다른 회사에게 상당수준의 사업물량을 집중시켜 줌으로써 대규모의 거래관계를 형성·유지하는 행위를 요체로 하는 것으로, 종래 기업집단 소속의 계열회사를 지원하기 위한 주요수단으로 활용되어 왔다.

물량몰아주기의 폐해는 대규모기업집단 총수 일가에 의한 최근의 편법적 경영승계 과정에서 불거져 나왔지만, 본래는 정상가격과 실거래가격에 차이를 두는 통상적인 지원행위에 비하여 지원객체가 속한 시장에서 경쟁사업자들에 대한 봉쇄효과가 더 노골적인 전형적 경쟁제한행위의 성격도 가지고 있다.[55]

그럼에도 물량몰아주기에 대한 그간의 담론과 정책적 접근들은 전통적인 경쟁법리와 조문형식에서 다소 거리를 둔 채 매우 폭넓은 외연을 두고 다루어져 왔다. 보기에 따라서는 규범이나 논리보다는 정책측면에서 접근된 면도 없지 않아 보인다. 현행법상으로 이 문제의 위법성을 판단하기 위한 기준 역시 분명치 않아서 물량몰아주기 규제를 둘러싸고 정책가와 수범자 간의 견해와 시각의 대립도 첨예하였다.

2. 물량몰아주기 규제의 배경

물량몰아주기는 정상가격과 실제가격 간의 차이는 크지 않더라도

---

55 물량몰아주기의 경우 경쟁제한성 내지 공정거래저해성이 일반 지원행위보다 클 수 있는 것으로도 지적된다. 임영철, 「물량몰아주기 어떻게 접근할 것인가?」, 『경쟁저널』 제149호, 2010. 3, 9면.

계열사에 상품이나 용역의 거래물량이나 일감을 상당한 규모로 물아줌으로써 해당 계열사에게 경제적 지원 효과를 부여하는 일련의 관행을 의미한다.

이 같은 기업관행은 실은 종래 빈번히 행해져 왔던 것으로서, 대기업이 임직원의 퇴직연금을 계열 금융사에 유치시켜 주거나, 기업 내 전산처리 또는 소모성 자재구매에 관한 일감을 계열사에 몰아주거나, 혹은 유통회사를 설립하여 그룹 내 운송업무 전량을 위탁하는 등 여러 형태로 표출되었다. 문제는 물량몰아주기의 대상이 되는 회사가 대부분 재벌 총수 일가의 소유와 지배하에 놓여 있다는 점이었는데, 그로 인해 지원대상이 되는 회사는 손쉬운 방법으로 경쟁상의 우위를 점하는 한편 총수 일가는 적은 투자비용으로 막대한 부를 단기간에 창출할 수 있게 되었다. 이는 공정거래법이 부당지원행위 규제를 통해 도모하려는 정책 목적에 배치되는 것으로서 사후규제의 대상에 해당하는 것이라 할 수 있다.

그러던 중 2007년에 공정거래위원회는 현대자동차 기업집단의 소속회사들이 계열사인 글로비스에 운송물량을 몰아준 행위를 비로소 부당지원행위로 규정하는 한편, 시정조치와 과징금을 부과하였다. 아울러 이 사건에 관한 공정위 처분의 적정성이 다투어진 2009년 서울고등법원 판결[56]도 당해 행위의 위법성을 인정하게 되었다.

이 사례는 '물량몰아주기'가 부당지원행위 규제의 새로운 축으로 부각되는 계기가 되었다. 공정거래위원회 역시 2010년 이래 물량몰

---

56 서울고등법원 2008. 9. 19. 선고 2007누30903 판결.

아주기에 대한 실태조사(광고, 보험, 건설, 물류 분야 등)를 실시하는 한편, 이를 지속적으로 제재해 나간다는 입장을 견지하였다. 그럼에도 물량몰아주기에 대한 규제범위와 위법성 판단기준에 대해서는 적지 않은 쟁점들이 부각되었다. 물량몰아주기가 새롭게 출현한 행태가 아니라, 종래 대규모기업집단 소속기업들에 의해 줄곧 행하여 오던 관행이었으며 무엇이 문제되고 무엇이 허용될 수 있는지의 경계선이 불분명했기 때문이었다. 그 때문에 물량몰아주기를 어떤 기준으로 어디까지 규제할 것인지에 관한 합리적 경계선을 설정하는 일이 이 제도의 입지를 확보하고 수범자의 정책 수용도를 높이는 데 매우 중요한 과제가 되었다.

3. 물량몰아주기의 유인과 경제적 효과

(1) 내부효과: 기업집단의 거래비용 측면

물량몰아주기가 행해지는 기업집단 내부로 국한할 때 물량몰아주기는 거래비용을 내부화하고, 리스크를 분산하거나 감소시키는 효과를 낳을 수 있으며, 그 밖에 자원의 효율적 재분배나 분사화에 따른 구조조정, 기업집단차원의 통제권 유지 및 수급상황의 안정성 제고 등의 효과를 유발할 것으로 기대할 수 있다. 물량몰아주기의 긍정적 내부효과이다. 다만 당사자들의 이해관계는 지원의 주체인지 객체인지에 따라 달라지겠는데, 그 조합의 유형은 다음 네 가지 정도로 정리해 볼 수 있다. 이를테면, 물량몰아주기를 통하여 i> 지원주체와 지원객체의 부(wealth)가 모두 증가하면서 기업집단 전체의 부도 증가하는 경우, ii> 지원주체의 부는 감소하고 지원객체의 부는 증가한 결과 기업집단 전체의 부가 증가하는 경우, iii> 지원주체의 부는 감소하면서 지원객체의 부는 증가하되 기업집단 전체의 부는 감소하는 경우, iv> 지원주체와 지원객체의 부가 감소하면서 기업집단 전체의 부도 함께 감소하는 경우 등이다.

i> 지원주체와 지원객체의 부가 모두 증가(+)하면서 기업집단 전체의 부도 증가(+)하는 경우
ii> 지원주체의 부는 감소(-)하면서 지원객체의 부는 증가(+)하되 기업집단 전체의 부는 증가(+)하는 경우
iii> 지원주체의 부는 감소(-)하면서 지원객체의 부는 증가(+)하되 기업집단 전체의 부는 감소(-)하는 경우
iv> 지원주체와 지원객체의 부가 감소(-)하면서 기업집단 전체의 부도 함께 감소(-)하는 경우

이 중, 합리적인 기업이라면 iv>의 경우를 선택할 이유가 없으므로 경영상 착오나 오판이 발생하지 않는 한 이런 형태의 지원은 이루어지지 않을 것이다. 반면에 i>의 경우는 지원주체의 부가 증대되므로 기업이 의사결정 시스템을 통해 이런 상황을 스스로 교정하지는 않을 것으로 예상할 수 있다. 이에 비해 ii>와 iii>의 경우는 지원주체가 어떤 선택을 할지 예상하기가 쉽지 않은데, 지원주체의 입장만 놓고 보면 유리하지 않은 선택이 될 수 있으나 그것이 기업집단 총수의 이익에 기여하는 상황에서는 현실화될 가능성이 크다. 이 과정에서 지원주체의 내부통제 기능(주주에 의한 이사의 책임추궁 절차)이 발동할 것을 기대하기도 어렵다. 그 결과 지원주체를 둘러싸고 회사기용의 유

용(usurpation of corporate opportunity) 및 소위 터널링효과(tunnelling effect)로 불리는 기업집단 내 핵심역량 및 부의 편법 이전의 문제가 발생하거나, 경영의 불투명성이 제고되고 한계기업의 존속에 따른 기업집단 내 부실이 확산되며 거래상대방의 고착화로 인한 경영전략의 경직화·획일화 등의 문제가 유발될 수 있다. 아울러 계열사 간 물량지원이 가능한 서비스 업종으로의 편중현상도 심화될 수 있다. 물량몰아주기가 유발하는 부정적 내부효과라 하겠다.

다만 물량몰아주기는 대가를 상당히 높거나 낮게 책정하지 않은 채 대규모 거래를 통해 지원효과를 야기하는 방식 즉 거래대가의 차이가 아닌 거래물량 자체로 인해 지원효과가 발생하는 형태인 결과, 위의 유형 중 iii>이나 iv>의 상황이 잘 발생하지 않을 수 있음에 유의할 필요가 있다. 즉, 일반 지원행위와 달리 경제적 이익의 불균형적 이전을 수반하지 않을 수 있으며, 지원주체에는 별다른 손실을 끼치지 않은 채 객체만 경제적 이익을 누리는 경우도 발생할 수 있다. 이 점은 뒤에서 다루게 될 내용, 즉 지원주체의 사업상, 거래상 필요성 내지 지원의도를 판단함에 있어서 고려되어야 할 부분으로서, 지원주체에는 별다른 손해를 유발하지 않거나 오히려 사업상 필요성이 있는 경우에도, 지원주체가 그런 선택을 하지 않을 것으로 기대하거나 이를 금지의 대상으로 삼아야 할 것인지에 관해 논의의 여지를 남겨 두고 있다.

(2) 외부효과: 경쟁질서 및 경제력 집중 측면

물량몰아주기는 거래상대방에게 안정적 판로를 확보해 주고 경영상 불확실성을 감소시켜 줄 수 있는데, 특히 거래상대방이 중소기업인 경우 생존능력을 높여 주는 순기능을 수행할 수도 있다. 대량거래에 따른 내부적 비용절감 효과로 인해 생산적 효율성이 창출될 수도 있으며, 지원객체인 신규진입자가 안정적으로 시장에 정착하여 경쟁의 양적 팽창에 기여하기도 한다. 이 점에서는 일응 정(正)의 외부효과를 기대해 볼 수도 있다.

반면, 부(負)의 외부효과 또한 극명하게 나타나는데, 무엇보다 전술한 바와 같이 대규모기업집단 계열사 간의 물량몰아주기는 총수 일가의 편법적인 상속방법으로 활용될 수 있는 데다, 지원객체는 모회사가 존속하는 한 매출과 이익을 보장받게 되어 이를 소유한 총수 일가에게 리스크 부담 없이 막대한 부를 창출할 수 있게 해 주는 결과를 초래한다. 실제로 총수 및 여타 특수관계인들이 새로운 회사를 비상장회사로 설립하여 그 발행주식 대부분을 취득한 후, 그 신설 계열사에 다른 계열사들이 물량을 몰아주어 매출 신장과 수익창출을 도모하고 거기서 발생한 이익을 총수 일가가 편취하는 방식이 하나의 관행으로 자리 잡고 있다. 종전에는 전환사채(CB)나 신주인수권부사채(BW)처럼 주식으로 전환할 수 있는 유가증권을 시가보다 저렴한 가격에 인수받아서 기업집단의 지배권을 승계하는 방식이 채용되었으나, 이런 방식이 사회적으로 노출되어 논란을 야기한 데다 제도 보완으로 활용 가능성을 차단해 놓은 상태가 되자, 소위 회사기회 유용을 통한 승계가 새로운 방안으로 대두되었고 물량몰아주기가 대표적인 수단으로 활용되기 시작한 것이다. 기업집단에 대한 지배력 강화를 통해 경제력 집중 문제를 야기하게 되는 이유이다. 이에 더하여 지원을 받는 계열사가 속한 시장에서는 경쟁사업자들의 참여를 봉쇄하는 효과를 발생시킬 수도 있다. 요컨대, 경제력의 집중과 경쟁제한성을 동시에 수반할 수 있다.

특히 지원객체가 중소기업 고유업종일 경우에는 공정거래법의 궁극적 목적 가운데 하나인 국민경제의 균형발전에 반하는 결과가 될 수 있다. 기업집단의 신규 계열사들이 중소기업 업종으로 확장되는 한편, 종전의 제조업 중심의 계열확장 양태가 유통, 전산, 건설 등 비제조업 중심으로 전개되는 특징도 나타나고 있다.

(3) 몰량몰아주기 규제의 필요성

부당지원행위가 초래하는 부정적 내·외부효과는 종전에도 i> 경쟁력을 상실하여 퇴출되어야 할 부실계열기업이나 한계계열기업이 계열사 간 내부거래에 의하여 계속 존속하게 된다는 점, ii> 계열회사가 속한 시장에 신규 진입하려는 독립기업의 진입비용을 높여 진입장벽을 구축한다는 점, iii> 우량계열사가 다른 계열사의 지원을 위하여 핵심역량을 유출시켜 우량기업의 경쟁력을 저하시키는 점, iv> 경영의 불투명성을 심화시키고, 주주, 채권자의 정당한 이익을 침해하는 점, v> 개별 기업의 부실이 그룹 전체의 부실로 확산되어 연쇄도산의 위험에 빠뜨릴 수 있는 점 등이 지적되어 왔다.[57] 반면에 부당지원행위 문제에 경쟁당국이 개입하는 방식에는 근거가 부족하다는 지적도 아울러 제기되고 있다. 이를테면 i>과 iii>, iv>의 논거가 들고 있는 문제는 기업의 내부 이해관계자가 아닌 경쟁당국이 관여할 문제로 보기

57 한현옥, 「내부거래 규제 근거와 타당성 검토」, 『공정거래법 전면개편방안(상)』, 2004, 341면.

어렵고, ii>의 논거 역시 지원객체의 진입장벽 구축행위를 개별적으로 규제하는 방식으로 해결할 수 있는 것이어서 설득력이 없으며, v>의 논거의 경우 규제 근거로는 미흡하다는 주장이다.[58]

사실 기업들이 거래비용을 내부화해 보려고 하는 각종 시도는 본능적으로 유인을 갖는 경영활동의 일환으로 볼 여지가 있고, 계열기업 간의 지원행위 역시 그 연장선상에서 이해될 수 있는 측면이 없지 않다. 그럼에도 유독 지원행위에 대해서는 여타의 거래비용내부화 시도들, 예를 들어 수직적 계열화나 사업부서 간 횡적보조, 상호구매 등의 행위에 비해 경직적인 가치판단과 접근법이 적용되는 경향도 있다. 이런 경향의 출발점은, 전술한 바대로 우리 기업현실에서 대규모기업집단 소속기업들이 독자적인 경쟁력을 갖추지 않은 채 계열사들의 지원행위에 힘입어 쉽게 시장에서 유리한 여건을 확보하는 일이 빈번했었고 이것이 기업의 경쟁력과 국가경제의 기초를 약화시키는 요인으로 지목되기 시작하면서부터였던 것으로 추측된다. 이 과정에서 지원행위의 부당성을 통제할 수 있는 여타 사법적(私法的) 장치들, 이를테면 주주에 의한 이사의 책임추궁 절차들은 제 역할을 다하지 못하여 그 실효성을 신뢰받지 못하고 있다. 더욱이 지원객체가 자신의 노력이나 성과에 기초하지 않은 채 다른 사업자(계열회사)의 지원에 의해 유리한 경쟁지위를 확보하는 상황 또한 형평의 측면에서 용인되기 어려운 일이다.

58 송옥렬, 「신주인수권부사채의 발행과 공정거래법상 부당지원행위」, 『BFL』 제10호, 2005. 3, 94면.

이 점에 비추어 볼 때 적어도 물량몰아주기의 부정적인 외부효과를 차단하기 위한 별도의 법적 수단은 불가피한 것으로 사료된다. 최근 일련의 법 개정(회사법, 자본시장법, 조세법 등)을 통해 경영진이나 대주주의 사익추구, 탈세, 불법증여 행위를 효과적으로 규제하기 위한 수단을 모색 중에 있으며, 물량몰아주기 문제를 중소기업보호 차원에서 접근하려는 입법적 조치도 취해진 바 있다.[59] 더욱이 공정거래법의 경우는 상당한 규모에 의한 지원행위의 직접적 규제수단을 이미 보유하고 있기도 하다. 기업 간의 지원관행에 대하여 다른 나라와는 다른 정서적·규범적 평가가 지배하는 우리 현실 속에서 이 문제를 공정거래법적 수단에 의존하려는 태도는 향후로도 지속될 것으로 전망된다.

다만, 물량몰아주기가 가지는 복합적 측면이 행위의 위법성 평가과정에서 감안될 필요는 있다. 내부효과와 외부효과를 구분해서 분석하는 한편, 양자의 관련성도 고려해야 한다. 현재까지는 외부효과의 규명이 쉽지 않아서 실무적으로는 명확한 규명작업 없이 내부적으로 지원객체의 부가 증가했는지만을 기준으로 지원행위의 존재는 물론, 부당성까지 추론되는 경향이 없지 않았다고 생각된다. 지원을 해서 이득을 보았는지를 규명하는 데 주력하는 데 그치고 있는 반면, 지원으로 비쳐지는 행위가 발생한 동기나 배경이 무엇이며 그 행위로

59 예를 들어 「대·중소기업상생협력 촉진에 관한 법률」 제13조에서는 불공정거래행위 금지에 대한 특례 규정을 두면서, 대·중소기업 상생협력을 촉진하기 위하여 대통령령으로 정하는 바에 따라 대기업이 사전에 공개한 합리적인 기준에 따라 중소기업을 지원하는 것은 공정거래법 제45조 제1항 제9호에 따른 불공정거래행위에 해당하지 아니하는 것으로 보도록 하고 있다.

인해 창출되는 지원주체나 지원객체에 대한 경제상·영업상의 이익이 존재하는지, 그 행위로 인해 실제로 관련시장에 어떠한 영향을 미치게 되는지에 대한 면밀한 고려는 상대적으로 미흡했던 것으로 생각된다. 구체적인 개선방안을 모색하기에 앞서, 이하에서는 먼저 현행 규정의 내용과 구조 및 본질에 대한 해석동향을 살펴보기로 한다.

4. 현행법상 물량몰아주기 규제의 근거규정

공정거래법상 부당지원행위 규제의 근거규정인 제23조(불공정거래행위의 금지) 제1항 제7호에서는 "부당하게 특수관계인 또는 다른 회사에 대하여 가지급금·대여금·인력·부동산·유가증권·상품·용역·무체재산권 등을 제공하거나 상당히 유리한 조건으로 거래하여 특수관계인 또는 다른 회사를 지원하는 행위"를 부당지원행위로 규정하고 있다. 또한 동법 시행령 제36조 및 [별표 1의2] 10. 가~다는 지원행위의 구체적 유형을 자금지원, 자산·상품 등 지원, 인력지원의 세 가지 유형으로 열거하는 한편, 그 지원의 방식을 두 가지로 나누어 규율해 오고 있다. 즉, 앞의 세 가지 지원유형들을 "상당히 낮거나 높은 대가로 제공 또는 거래하거나, 상당한 규모로 제공 또는 거래하여 과다한 경제상 이익을 제공함으로써 특수관계인 또는 다른 회사를 지원하는 행위"를 부당지원행위로 보고 있다.

이 가운데 i> 상당히 낮거나 높은 대가로 제공 또는 거래하여 과다한 경제상 이익을 제공함으로써 특수관계인 또는 다른 회사를 지원하는 행위가 종래 부당지원행위 규제의 주된 대상이 되었던 것으로서,

일응 '일반 부당지원행위'라 부를 수 있는 유형이다. 최근 들어 이 분야에서의 위반사례가 급감하고 있다는 점은 전술한 바와 같다. 다음으로 ii> 상당한 규모로 제공 또는 거래하여 과다한 경제상 이익을 제공함으로써 특수관계인 또는 다른 회사를 지원하는 행위가 소위 '물량몰아주기'에 해당한다. 현재까지는 공정거래위원회의 제재를 받은 사례가 두 차례 있었으며, 관련 판례도 각각의 건에 관하여 대법원과 서울고등법원으로부터 도출된 상태이다.

한편, 공정거래위원회는 부당한 지원행위에 대한 객관적이고 구체적인 심사기준을 마련하기 위해 '부당한 지원행위의 심사지침'(이하 '심사지침'이라 함)을 제정하여 운영하고 있다. 이 심사지침은 1997년 7월 19일 작성된 이래, 수차례에 걸쳐 개정되어 현재에 이르렀는데, 특히 부당지원행위와 관련된 대법원판결이 선고되고 난 후 그 판결의 취지를 반영하는 방식으로 개정이 뒤따르곤 하였다. 현행 지침의 내용을 살펴보면 자금, 자산, 부동산 및 인력 등 지원행위 유형별로 부당한 지원행위에 해당할 수 있는 대표적인 사례를 열거한 뒤, 부당성을 판단함에 있어서 고려할 사항을 설명하고 이를 적용하여 부당성이 인정되는 경우와 부인되는 경우의 사례를 각각 예시하고 있다.

심사지침의 규율대상은 최근 까지 앞의 두 가지 부당지원행위 유형 가운데 일반 부당지원행위에 국한되는 반면 물량몰아주기에 대해서는 별도의 지침을 두고 있지 않았다가, 지난 2010년 12월 22일에 '물량몰아주기'에 관한 위법성 판단기준 도입을 골자로 하는 개정안이 공정거래위원회의 심의를 거쳐 의결되었다. 따라서 현재는 물량몰아주기에 대해 사업자들이 거래 시 참조하는 준거기준이 될 수 있는 심사지침이 마련된 상태이며, 과도한 물량지원을 억제하는 효과가 있을 것으로 공정위 안팎의 기대를 모으고 있다.[60]

단, 심사지침의 법적 성격과 관련해서는, 학설상으로는 법령보충적 행정규칙이라는 견해와 피고의 내부처리기준을 정하고 있는 사무처리준칙에 불과하다는 견해가 나뉘어 있다. 이에 관해 대법원은 일찍이 지침의 법규성을 부인한 바 있다. 즉, 심사지침이 법령에 위임의 근거가 없을 뿐 아니라 그 내용 및 성질에 있어서도 실질적으로 법령의 규정내용을 보충하는 기능을 가지면서 그것과 결합하여 대외적으로 구속력 있는 법규명령으로서의 효력을 가진다고 볼 수도 없다는 것이다.[61] 요컨대 심사지침은 공정거래위원회 내부의 사무처리 준칙의 성격을 갖는 데 그치며 법원이나 일반국민을 기속하는 법규명령으로 작동되기는 어려운 것으로 이해된다.

5. 물량몰아주기 관련 판례의 검토 - 현대자동차 기업집단 계열사들 간의 물량몰아주기 건(소위 '글로비스' 사건)을 중심으로

(1) 사실관계 및 공정거래위원회의 심결

현대자동차 기업집단의 특수관계인들이 100% 출자해서 설립한 물류회사 글로비스는, 설립(2001. 2.)된 후 얼마 지나지 아니한 2001년 3월부터 글로비스가 통합물류체계를 완성한 2004년 6월까지 현대자

60 공정거래위원회 보도자료, 「부당한 지원행위 심사지침 정비」, 2011. 1. 12.
61 대법원 2004. 9. 24. 선고 2001두6364 판결.

동차 기업집단 일부 계열사 제품의 생산·판매에 부수하는 완성차 배달탁송, 철강운송 등 각종 물류업무를 비경쟁적인 사업양수도 또는 수의계약의 방식을 통하여 대부분 글로비스에 몰아주고(원고 현대자동차, 현대제철은 각 100%, 원고 기아자동차는 82%, 원고 현대모비스는 80%), 글로비스와 합계 5,687억 4,100만 원 상당의 거래를 하였다. 이는 국내 화물운송주선업 시장의 1위 사업자인 범한 판토스 매출액의 34.6%, 국내 화물운송주선업 시장 전체 매출액의 6.8%에 해당하는 양이었다. 이로 인하여 정몽구가 10억 원, 정의선이 15억 원을 출자하여 설립된 자본금 25억 원의 원고 글로비스는 설립된 당해 연도부터 매출액 1,984억 원, 당기순이익 65억 원을 기록하게 되었다.[62]

공정거래위원회는 현대자동차 기업집단 소속 계열사들이 또 다른 계열사인 글로비스에 대해 운송 물량을 몰아준 행위는 공정거래법상 부당지원행위에 해당된다고 보고 시정조치와 함께 고액의 과징금을 부과하였다.[63]

(2) 서울고등법원 판결의 의의

현대자동차 기업집단 소속회사들이 제기한 불복의 소에서 서울고등법원은 공정위의 판단내용을 수용하여, 물류업무 몰아주기는 경쟁사업자들과의 관계에서 글로비스의 경쟁상 지위를 부당하게 제고하

---

62 글로비스의 2006. 4. 1. 현재의 지배구조를 보면, 동일인 보유지분은 10,554,540주(28.12%), 동일인 관련자 중 친족의 보유지분은 11,654,460주(31.88%), 외국인 주요 주주 보유지분 7,500,000주(20.00%)였다.

63 공정거래위원회 2007. 10. 24. 의결 2007-504호.

여 관련시장의 공정한 거래질서를 저해할 우려가 있다고 보았다.[64] 동 법원은 글로비스의 설립 시기 및 통합물류체계의 완성 시기, 운송계약 체결 방식, 거래 금액, 물류업무 단가 책정 방식 등을 고려하면, 위 원고들이 원고 글로비스와 운송계약을 체결한 행위는 구법상의 '지원행위'에서 말하는 '현저한 규모'의 거래라고 보아야 한다고 판시하였다.

이 판결의 의미는 역시 물량몰아주기에 대해 부당성을 인정한 최초의 판결례라는 점에서 찾을 수 있다. 본건에서 중요하게 고려된 요소들을 살펴보면, 첫째 글로비스가 각종 물류 업무 분야에 새로 설립된 회사로서 사업능력 실적이 축적되기 전인 초기에 사업양수도나 수의계약 방식을 통해 현대자동차 기업집단 소속 계열회사들의 운송 거래가 일정 기간 동안 크게 증가한 점, 둘째, 그 기간 동안 글로비스의 매출총이익률이 높게 나타났고 단가인상 요인이 없었음에도 불구하고 운송단가를 시장가격 인상률보다 상대적으로 높게 인상시켜 준 점 등을 들 수 있다.

그런데 대개의 물량몰아주기 사건들이 그렇듯 현대자동차 기업집단 계열회사들이 글로비스에 대해 물량만 몰아준 것이 아니라 운송단가를 높게 책정해 준 사실이 인정된다. 그럼에도 불구하고 공정거래위원회나 법원이 이를 "현저하게 유리한 조건"의 제공을 통한 부당지원행위로 포섭하지 않은 이유는 조건의 유리함이 구법상의 기준인 현저한 수준에 이르지 못했기 때문으로 보인다. 이를테면 현저하게 유

64 서울고등법원 2009. 8. 19. 선고 2007누30903 판결.

리한 조건이 아니라 상당히 유리한 조건 정도에 그쳤다.[65] 다만 현저히 유리한 가격조건이 현저한 규모와 함께 종합적으로 고려되는 과정에서 결과적으로 지원행위의 현저성을 용이하게 인정하는 데 기여했을 것이라는 점은 예측할 수 있겠다.

(3) 이 판결의 한계

이 판결은 통상적인 부당지원행위관련 사례가 그러하듯 지원행위성 내지 지원규모의 입증에 주력하여 물량을 얼마나 몰아주었으며, 그로 인해 지원객체인 글로비스의 매출액 등의 신장폭이 얼마나 컸는지를 규명하는 데 주력하고 있다. 반면에 부당성의 구체적 판단기준은 제시하고 있지는 않아 보인다. 이를테면 지원객체가 속한 시장에서 공정한 거래를 저해할 우려를 입증하는 것이 부당성의 판단에 가장 중요한 부분임에도 단순히 글로비스의 경쟁상 지위가 제고되었다는 점만을 제시했을 뿐 구체적으로 어떤 방식으로 공정한 거래질서가 저해될 것인지에 대한 분석은 행해지고 있지 않다.

또한 부당성의 판단과정에서 사업경영상 또는 거래상의 필요는 고려하지 않고 있다. 그 근거로 서울고등법원은 "지원행위가 부당성을 갖는지 유무는 공정한 거래질서라는 관점에서 평가되어야 하며, 공익적 목적, 소비자 이익, 사업경영상 또는 거래상의 필요성 내지 합리성 등도 부당성을 갖는지 유무를 판단함에 있어 고려되어야 하는 요

---

65 이 때문에 원고 측은 공정거래위원회가 공정거래법상 지원행위가 성립하기 위한 요건인 '상당히 유리한 조건'을 마음대로 완화하여 적용하였다는 주장을 제기했지만, 서울고등법원은 이를 받아들이지 않았다.

인들이라고 할 것이나, 단순한 사업경영상의 필요 또는 거래상의 합리성 내지 필요성만으로는 부당지원행위의 성립요건으로서의 부당성 및 공정거래저해성이 부정되지 않는다."고 한 대법원 판례를 인용하고 있다.[66] 하지만 위 대법원 판결은 거래조건에 의한 통상적인 부당지원 사례를 기초로 한 것으로, 지원주체가 지원객체에 대하여 정상가격보다 높거나 혹은 낮은 가격을 책정하는 경우 영리를 목적으로 하는 통상적인 경제주체라면 손해를 감수하면서까지 기대할 수 있는 정당한 사업상의 이유나 경영상의 필요가 존재한다고 보기 어렵다는 점을 감안한 것으로 볼 수 있다. 이에 비해 급부와 반대급부 간의 불균형을 반드시 전제하지 않는 물량몰아주기의 경우 지원주체에 언제나 손해가 발생한다고 볼 수는 없으므로 위 대법원 판례를 물량몰아주기 사건에까지 확장하여 인용할 수 있을지에 대해서는 의문의 여지가 있다.

(4) 정리 및 소결

물량몰아주기에 관한 한 공정거래법 규정은 솔직하지 못한 내면을 갖고 있다. 물량몰아주기의 성격은 보기에 따라 i> 경제적 합리성 내지 불가피성을 갖는 무색한 행위도 있고, ii> 총수 일가의 편법적 상속이나 부의 편취, 계열사에 대한 지배력 강화를 목적으로 하는 경우도 있을 수 있다. 이에 비해 현행 공정거래법 및 시행령에서는 후자의 규제에 대한 명시적 단서를 제공하고 있지 않다. 즉, 법이 대규모기업

66 대법원 2004. 10. 14. 선고 2001두2881 판결.

집단 계열사 간 지원행위를 규율하기 위한 점이라는 것을 명확히 밝히고 있지 않은 탓에 시행령이나 심사지침상의 기준들을 다른 회사에 대한 지원행위라는 중립적이고도 무색한 행위에 맞춰 그 기준을 구성하고 있다. 문제는 법을 집행하는 공정거래위원회나 법원은 실무나 법적용에 있어서 이 점을 중요한 고려요소로 염두에 두고 판단하고 있다는 점이다. 앞서 본 법원의 판결문에 명쾌하게 제시되어 있지는 않지만 조문의 이면에 내재한 입법취지는 제도의 운영 및 적용과정에 여전히 살아서 강력한 작동력을 발휘하고 있다.

요컨대, 현실의 입법정책적 과녁은 후자에 맞춰져 있으나 그 수단은 전자를 통해 도출된 기재를 활용하고 있는 결과, 실무 및 법원 판결상 논리적 공백 내지 비약이 발생하는 상황으로 볼 수 있다. 앞서 살펴본 현대투자신탁운용건의 경우 전자의 범주 내에서 다루어진 반면, 글로비스건의 경우 후자의 관점에서 접근된 측면이 있다. 그 결과는 판결문에도 반영되어 있다고 보여진다. 어느 경우도 경쟁에 미치는 영향이 충실히 검토되지 않은 한계는 있지만, 전자의 판결에 있어서는 부당성의 판단이 비교적 면밀하고도 충실히 행해지고 있는 반면, 후자의 경우는 입법정책 내지 사회통념상의 결론에 압도되어 부당성 판단 부분에 누구나 납득할 수 있는 논거와 기준을 제시하고 있지 못한 차이를 보인다. 이 사안을 통해 추출할 수 있는 객관적, 계량적 지표들은 사회통념적으로 본건에 대해 요구받고 있는 결론에 이를 손쉬운 연결고리를 제시해 주지 못했다고 보여진다. 서울 고법의 판결은 이 맹점을 우회하여 내린 판단으로 이해된다. 즉, 법원은 물량몰아주기에 관한 한 사법적극주의적 해석이라고까지는 볼 수 없을지라도 가급적 입법취지를 충분히 반영하려는 입장을 견지하고 있는 것으로 볼 수 있다.

6. 물량몰아주기의 위법성 성립요건과 판단기준

(1) '지원행위성' 요건의 분석

일반 부당지원행위와 물량몰아주기를 통한 부당지원행위의 성립요건 내지 위법성 판단을 위한 고려요소에는 다소의 차이가 있다. 일반 부당지원행위의 경우 [지원행위성+상당성+부당성=부당지원행위 성립]의 등식으로 표현할 수 있는 반면, 물량몰아주기의 경우 [지원의 상당성+부당성=부당지원행위 성립]으로 요건을 단순화해 볼 수 있다. 즉 물량몰아주기에서는 지원행위성과 상당성을 포괄하여 다룰 수 있기 때문이다.[67] 다만, 물량몰아주기에 있어서도 지원행위성과 상당성을 나누어 판단해야 할 필요가 전혀 없지는 않다고 보이므로, 이하에서는 일단 지원행위성부터 요건으로 검토해 보기로 한다.

먼저, 지원주체[68]가 지원객체[69]에 대해 하나의 지원행위를 하였는

67 사실 관념상으로도 '지원'이라는 단순히 경제적 이득을 부여하는 정도에 그치지 않는 개념이 아니며, 지원대상기업이 사업상 지원을 받는 수준의 급부가 행해져야 한다는 것을 포함한다고 볼 수 있기 때문이다. 요컨대 현저한 정도가 되어야 지원행위가 있었다고 할 수도 있다.

68 '지원행위의 주체'에 관해, 현행법은 부당지원행위를 경제력 집중의 억제 章(제3장)이 아닌 불공정거래행위 금지 章(제5장)으로 편재한 이래 '사업자'로 지원주체를 명시하고 있다. 그 결과 현재 대규모기업집단 소속의 계열회사들뿐만 아니라 모든 사업자가 수범자의 범위에 포섭되어 있다.

69 '지원의 객체'에 대해서는 '특수관계인' 또는 '다른 회사'로 명시하고 있는데, 공정거래법상 특수관계인에 해당하는 동일인, 동일인관련자 또는 동업자에 대한 지원행위와 더불어, 지원객체와 법적 독립성을 달리하는 모든 타 회사 지원행위를 문제삼을 수 있는 구조를 취하고 있다. 이는 해석상 두 가지의 의미를 갖게 되는데, '특수관계인'을 지원객체로 열거함으로써 사업자

지를 실체법적인 일차 요소로 본다면, 일반적으로 거래 당사자 간의 대면적인 법률관계에서 가장 중요한 요소인 경제적 이익의 배분이 정상적인 상황에 비하여 균형을 잃었는지 여부가 그 판단의 기준이 될 것이다. 즉, 당사자 일방이 제공하는 경제적 급부의 객관적 가치와 상대방으로부터 그 대가로 제공되는 경제적 반대급부의 가치 사이에 차이가 발생하는지, 그리고 그것이 객관적으로 균형을 잃었는지 여부로 측정하게 된다. 그 균형상실이 어느 정도인지는 '상당성' 판단 단계에서 다루어진다.

경제적 이익의 배분은 주로 경제적 요소인 가격에 의하여 이루어지므로, 통상적으로는 실제가격이 경제적으로 정상적인 범위 내에 있는 것인지를 비교하는 척도로서 정상가격을 상정하는 작업이 선행된다.[70] 지원행위의 범위와 관련하여 대법원은 지원 대상으로 열거된 형식에 국한하지 않고 실제 지원의 효과를 야기하는 것이면 지원행위성의 개념에 포섭될 수 있다는 유연한 혹은 적극적인 입장을 취하고 있

이외에 사업을 영위하지 않는 자연인에 대한 지원행위도 규제될 수 있다는 점이 하나이고, 계열, 비계열을 불문하고 '다른 회사'에 대한 지원행위 전반을 규제대상에 포섭할 수 있게 되었다는 점이 또 다른 하나이다. 위에서도 언급했듯이 입법추진 당시에는 계열사 간 부당지원행위를 막아 경제력 집중과 불공정거래를 규제하려는 의도였으나, 실제 입법 시에는 제23조 제1항 제7호에서 지원객체에 관하여 '다른 회사에 대하여'라고 규정함으로써, 해석상 계열회사가 아니라 하더라도 동 조항이 적용될 수 있도록 한 것이다. 하지만 현실적으로는 비계열회사에 대한 지원은 발생하기도 어려울 뿐만 아니라, 부당성의 입증도 용이치 않은 까닭에 실제 사례는 주로 대규모기업집단 내 계열회사 간의 지원행위를 중심으로 형성되어 있는 상황이다.

70 대법원 판례는 공정위가 정상가격을 특정하여 이를 지원행위성 판단의 비교기준으로 삼을 경우에는 그 확정이 합리적으로 이루어진 것인지에 관해 엄격한 입증책임을 부과하는 경향이 있다. 특히 대법원 2008. 6. 26. 선고 2006두8792 판결의 다음과 같은 판시 내용 참조. "지원주체와 지원객체 사이의 자금거래에 실제로 적용된 금리와 정상금리를 서로 비교하여 그 차이가 현저한지 여부를 판단하기 위하여는 먼저, 무엇을 정상금리로 볼 것인지부터 확정하여야 하고, 그러한 정상금리의 존재에 대한 증명책임은 시정명령 등 처분의 적법성을 주장하는 공정거래위원회에게 있다."

어서, 개별 사건에서 지원행위의 대상은 법에 명시된 것보다 다소 넓게 해석될 여지가 있다.[71]

그런데 물량몰아주기의 경우, 지원행위성 즉 정상가격과 실제가격 간의 차이에 대한 규명이 절대적인 요건이 아닐 수 있음에 유의할 필요가 있다. 양 가격 사이에 차이가 존재하지 않거나 미세한 경우에도 지원성 즉 과다한 경제상 이익을 인정할 수 있기 때문이다. 다만, 사실 지원행위성과 상당성은 명확히 구분되지 않는 측면이 있다. 즉 가격요소와 비가격요소가 “상당히 유리한 조건의 거래”에 있어서 밀접한 상호작용을 한다고 볼 수 있다. 예컨대 정상가격을 특정할 수 있는 경우에도 가격차이가 크다는 점만으로는 과도한 경제상의 이익 요건을 충족하지는 않으며, 거래의 규모, 횟수 등이 커지는 단계에서 비로소 경제상의 이익이 발생할 것이어서, 어느 한쪽 요소가 다른 한쪽 요소의 도움을 받아 과다한 경제상의 이익이라는 요건을 용이하게 충족시키는 관계에 선다고 볼 수 있다. 이 점에서 대법원도 물량몰아주기 사건에서 지원행위성과 상당성(당시는 현저성)을 합쳐 지원행위 해당 여부에 대한 판단기준을 제시했던 것으로 보인다.

물량몰아주기 사례의 대부분은 어느 정도 유리한 조건으로 상당한 규모의 거래가 이루어진 경우들이다. 앞서 본 글로비스 사례의 경우에도 공정위 의결서[72]의 해당 주문은 문제되는 지원행위의 방법을

---

71 대법원은 현행법이 상품과 용역을 지원대상으로 명시하기 이전에도, 법에 명시되지 않은 상품 용역의 제공 또는 거래라는 이유만으로 부당지원행위에서 제외되는 것은 아니고, 그것이 부당지원행위의 요건을 충족하는 경우에는 규제의 대상이 될 수 있다고 본 바가 있다.

72 공정위 2007. 10. 23. 자 제2007-054호 의결.

"자신들의 운송 물량을 대부분 몰아주고 유리한 조건으로 거래하는 방법"으로 표현하고 있다. 여기서 물량몰아주기에 더하여 거래조건의 유리성이 어느 정도여야 하는지가 문제될 수 있는데, 비가격요소로서 규모가 상당하다면 가격요소로는 "유리한 조건" 정도면 족할 것으로 판단된다. 여기서 한 가지 주목되는 것은 앞의 대법원의 판례[73]에 비춰 볼 때 "상당한 규모로 유동성을 확보할 수 있다는 것 자체가" 부당한 지원행위가 될 수 있다고 하지 않고, "상당히 유리한 조건의 거래가 될 수 있다."고 판시하고 있다는 점이다. 가격조건은 정상가격의 범위 내에 둔 채 오로지 물량만을 상당한 규모로 몰아준 경우에도 동일한 결과가 될 것인지에 대해서도 해석상 논의의 여지를 남겨 두었다고 볼 수 있는 부분이다. 요컨대, 현재의 대법원 판결만으로는 상당한 규모가 지원행위성을 단독으로 성립시킬 수 있는 요건인지 아니면, 일종의 필요조건으로서 가격 등 상당히 유리한 조건이라는 충분조건과 더불어 비로소 지원행위를 완성시키는 것인지는 불분명하다. 법령의 기술방식에 따를 때 상당한 규모만으로도 지원행위성을 인정할 수 있다고 보아야 할 것이며, 오로지 물량요건 즉 대규모 제공행위만 존재할 경우와 가격조건이 가미된 경우가 달라질 수 있으므로 이를 나누어 판단하는 것이 타당할 것으로 생각된다.

(2) '상당성'에 관하여

일반적으로 지원행위성이 인정되면 그 지원이 상당한 정도로 이루

73 대법원 2007. 1. 25. 선고 2004두7610 판결.

어졌는지를 살펴보게 된다. 이 상당성의 판단에 있어서 공정위는 가격요소에 주로 의존해 온 경향이 있는 반면에, 법원은 주로 가격요소와 비가격요소(지원성 거래규모와 지원행위로 인한 경제상 이익, 지원기간, 지원횟수, 지원시기) 및 거래의 외부정황(지원행위 당시 지원객체가 처한 경제적 상황 등)을 대등하게 열거함으로써 형식상으로는 종합적 판단방식을 취하고 있다.[74]

대법원 판례에 비춰 볼 때, 부당지원행위에 있어서 지원행위성 및 상당성 인정의 핵심은 지원주체와 지원객체 간의 거래가 지원객체에 과다한 경제상 이익을 제공한 것이라고 볼 수 있는지 여부라고 하면서, 그 판단에 있어서는 "급부와 반대급부와 사이의 차이는 물론 지원성 거래규모와 지원행위로 인한 경제상 이익, 지원기간, 지원횟수, 지원시기, 지원행위 당시 지원객체가 처한 경제적 상황 등을 종합적으로 고려하여 구체적·개별적으로 판단하여야 한다."고 하고 있다.[75] 다만, 자금거래의 지원행위성 및 현저성이 문제된 사건에서 대법원판례는 주로 급부와 반대급부의 차이가 상당한지 여부(실제적용금리와 정상금리와의 차이 여부)를 중심으로 지원행위성 및 상당성을 판단하면서 지원성 거래규모 등 다른 사정을 하나의 참작 요소로서 고려하는 데 그치는 느낌이다.

결국, 자금거래 중심의 지원행위에 있어서는 위 대법원 판례들이 판단기준으로서 제시하고 있는 여러 요소 중 급부와 반대급부의 차이

---

74 대법원 2004. 10. 14. 선고 2001두2881 판결, 대법원 2005. 4. 29. 선고 2004두3281 판결.
75 대법원 2004. 4. 9. 선고 2001두6197 판결, 대법원 2004. 11. 12. 2001두2034 판결 등.

가 상당한지 여부(실제적용금리와 정상금리의 차이 여부)가 핵심적 요소로서, 실제적용금리와 정상금리[76]의 차이가 상당하다면 특별한 사정이 없는 한 지원행위성 및 상당성을 인정할 수 있을 것이고, 실제적용금리와 정상금리의 차이가 없거나 상당하지 아니한 경우에는 지원성 거래규모와 지원행위로 인한 경제상 이익, 지원기간 등 위 대법원판례가 제시하고 있는 사정들을 고려하여 그 자금거래가 경제적 정상성에 반하고 그것이 지원객체에게 과다한 경제상 이익을 가져다주는 거래일 경우에는 지원행위성 및 상당성을 인정할 수 있을 것이다.[77] 단 자금거래에 있어서 실제적용금리와 정상금리 사이에 현저한 차이가 있는 경우, 그러한 차이가 나게 된 사정에 합리적 이유가 있는 경우 부당성이 부정될 수 있다고 본다.[78]

물량몰아주기의 경우, 규모가 상당한지를 가지고 지원성 자체를 인정하게 되므로, 대법원의 종래 판례에 비춰 보면 지원행위성과 상당

---

76 대법원은 '정상금리'에 대하여 "지원주체와 지원객체 사이의 자금거래와 시기, 종류, 규모, 기간, 신용상태 등의 면에서 동일 또는 유사한 상황에서 그 지원객체와 그와 특수관계 없는 독립된 금융기관 사이에 자금거래가 이루어졌다면 적용될 금리, 또는 지원주체와 지원객체 사이의 자금거래와 시기, 종류, 규모, 기간, 신용상태 등의 면에서 동일 또는 유사한 상황에서 특수관계 없는 독립된 자 사이에 자금거래가 이루어졌다면 적용될 금리(이하 '개별정상금리'라 한다)를 의미한다고 할 것이고, 한국은행이 발표하는 시중은행의 매월 말 평균 당좌대출금리(이는 해당 월말 현재 시중은행의 당좌대출계약에 의하여 실행한 대출액 잔액 전부를 가중평균하여 산출한다. 이하 '일반정상금리'라 한다)는 당좌대출계약을 기초로 한 일시적 단기성 대출금리로서 정상적인 기업어음 대출금리 등 일반대출금리보다 일반적으로 높기 때문에 개별정상금리가 일반정상금리를 하회하지 않을 것으로 인정되는 특별한 사정이 있는 경우에 한하여 일반정상금리를 정상금리로 적용할 수 있다고 할 것"이라고 판시하고 있다.(대법원 2007. 3. 29. 선고 2005두3561 등)

77 대법원 2007. 1. 25. 선고 2004두7610 판결.

78 이승택, 「가.독점규제 및 공정거래에 관한 법률 제23조 제1항 제7호에 정한 '현저히 유리한 조건의 거래' 해당 여부의 판단기준 나.지원주체의 지원객체에 대한 지원행위가 부당성을 갖는지 여부의 판단 기준」, 『대법원판례해설(제68호)』, 법원도서관, 2008. 1, 745면.

성을 굳이 구분하지 않은 채 지원행위성의 판단에 있어서 상당성을 함께 고려할 가능성이 있다. 다만 오로지 물량요건 즉 대규모 제공행위만 존재할 경우에는 가격조건이 가미된 경우보다 상당성이 달라지는 것으로 보는 것이 타당하지 않나 생각된다. 즉, 물량 자체가 어느 정도 상당한 규모로 제공되었는지, 그것이 유리한 가격조건과 결부되어 있는지를 감안하여 상당성을 별도로 판단할 필요가 있다.

(3) '부당성'에 관하여

상당성이 인정되더라도 그 지원행위의 부당성이 규명되어야 비로소 위법한 지원행위로 판단될 것이다. 이때 부당성의 판단 역시도, 일반적인 부당지원행위의 경우와 마찬가지로 거래객체가 속한 시장에 미치는 영향을 중심으로 고려하게 된다. 즉 지원주체와 지원객체와의 관계, 지원행위의 목적과 의도,[79] 지원객체가 속한 시장의 구조와 특성, 지원성 거래규모와 지원행위로 인한 경제상 이익 및 지원기간, 지원행위로 인하여 지원객체가 속한 시장에서의 경쟁제한이나 경제력 집중의 효과 등은 물론 중소기업 및 여타 경쟁사업자의 경쟁능력과 경쟁여건의 변화정도, 지원행위 전후의 지원객체의 시장점유율 추이, 시장개방의 정도를 종합적으로 고려하여 당해 지원행위로 인하여 지원객체의 관련시장에서 경쟁이 저해되거나 경제력 집중이 야기되는 등으로 '공정한 거래가 저해될 우려'가 있는지 여부를 살피게 된다.

79 대법원 2005. 5. 27. 선고 2004두6099 판결 참조.

[표] 물량몰아주기를 통한 부당지원행위의 위법성 판단기준 분석

<table>
<tr><th>구분</th><th colspan="3">물량몰아주기를 통한 부당지원행위</th><th>분석</th></tr>
<tr><td rowspan="5">위법성 판단 기준</td><td colspan="3">지원행위성(지원성+상당성)</td><td>규모의 상당성 관건이나 거래조건상 일정정도 유리한 수준이면 지원행위성 입증이 용이</td></tr>
<tr><td rowspan="4">부당성</td><td>주관적 요건</td><td>지원의도</td><td>경제력 집중의 효과가 있을 때 사실상 추정됨</td></tr>
<tr><td>필수 요건</td><td>공정거래저해성</td><td>핵심요건이지만, 세밀한 기준이 제시되지 않음</td></tr>
<tr><td>가중 요건</td><td>경제력 집중의 억제</td><td>실질적으로 중요한 요건</td></tr>
<tr><td>감경 요건</td><td>사업상, 거래상 필요성 내지 공익</td><td>받아들여질 가능성이 상대적으로 큼</td></tr>
</table>

비교를 위하여 일반 부당지원행위의 위법성 판단기준을 제시하면 다음과 같다.

[표] 일반 부당지원행위의 위법성 판단기준 분석

<table>
<tr><th>구분</th><th colspan="3">일반 부당지원행위</th><th>분석</th></tr>
<tr><td rowspan="6">위법성 판단 기준</td><td colspan="3">지원성</td><td rowspan="2">실무상 중요분석 대상(실제가격과 정상가격과의 차이가 관건)</td></tr>
<tr><td colspan="3">상당성</td></tr>
<tr><td rowspan="4">부당성</td><td>주관적 요건</td><td>지원의도</td><td>경제력 집중의 효과가 있을 때 사실상 추정됨</td></tr>
<tr><td>필수 요건</td><td>공정거래저해성</td><td>핵심요건이지만, 세밀한 기준이 제시되지 않음</td></tr>
<tr><td>가중 요건</td><td>경제력 집중의 억제</td><td>실질적으로 중요한 요건</td></tr>
<tr><td>감경 요건</td><td>사업상, 거래상 필요성 내지 공익</td><td>공정위나 법원은 적극고려하지 않으나, 수범자의 항변으로 활용될 수 있음. 받아들여지기 어려움</td></tr>
</table>

1) 공정거래저해성 및 경제력 집중의 우려

부당지원행위에서의 부당성은 공정거래저해성뿐만 아니라 경제력 집중도 포함하는 의미이며, 다만 지원행위는 그 자체로 공정거래저해성을 가지거나 경제력 집중을 가져오는 것은 아니므로 지원행위가 '공정한 거래를 저해할 우려'가 있는 행위에 해당하는 경우에 비로소 부당지원행위로서 규제의 대상이 되는 것으로 해석된다. 이때, 지원행위의 부당성은 앞서 언급한 것처럼 당해 행위가 직접적으로는 특정 시장의 경쟁을 저해하는 행위라고 볼 수 없다고 하더라도, 그 행위로 인하여 특정 시장의 공정경쟁이 간접적으로 저해되고 경제력 집중 등이 발생할 우려가 있다면 부당지원행위가 성립된다고 할 수 있다. 요컨대 부당성은 곧 '공정거래저해성'[80]을 의미한다고 할 수 있고,[81] 공정거래저해성을 입증함에 있어서 당해 시장의 경쟁질서의 훼손이나 경제력 집중의 효과가 고려될 것이다. 이와 관련해서 문제되는 것이 공정거래저해성의 의미이다. 일견 대법원은 공정거래저해성을 일반불공정거래행위에서 사용하는 의미와 다르게 해석하는 것으로 보인다. 즉 경쟁수단의 불공정성은 물론 경제력 집중까지 포괄하는 개념에 가깝게 공정거래저해성 기준을 해석하고 있다. 공정거래저해성에 관해 일반적으로 형성되어 있는 관념적 표지나, 동일한 유형에 설정되어 있는 기준을 달리 해석할 경우에 우려되는 혼선을 감안할 때, 공정거래저해성은 새로운 기준으로 활용하는 것은 타당한 해석론으로 느껴지지 않는다. 본래의 의미대로 좁혀서 접근하는 것이 바람직할 것으로 사료된다. 문제는 이 경우 경제력 집중의 효과를 어떻게 볼 것인지인데, 그 자체로 위법성의 단독 요건이 되지는 못하지만 일종

80 이때의 공정거래저해성은 경쟁제한성 및 불공정성을 포함한 개념으로 대단히 포섭범위가 넓은 개념으로서, 일반적으로 불공정거래행위에 있어서의 공정거래저해성은 경쟁의 실질적인 제한을 요건으로 하고 있는 기업결합의 제한, 부당한 공동행위의 제한과는 달리 우려, 즉 추상적 위험으로 충분하고 구체적 위험성이나 시장 전체의 경쟁에 대한 구체적인 영향은 판단하지 않아도 무방한 것으로 보고 있다. 권오승, 『경제법』, 법문사, 2009 참조.

81 부당성과 공정거래저해성의 관계에 대한 상세한 분석으로는 송옥렬, 「신주인수권부사채의 발행과 공정거래법상 부당지원행위」, 『BFL』 제10호, 2005. 3. 등 참조.

의 가중요건 정도로 위법성 입증에 기여하는 것으로 보는 것이 적절할 것으로 생각된다.

2) 사업경영상 또는 거래상 필요성 또는 공익성

대법원은 자금지원행위가 부당성을 갖는지 유무는 오로지 공정한 거래질서라는 관점에서 평가되어야 하는 것이고, 공익적 목적, 소비자 이익, 사업경영상 또는 거래상의 필요성 내지 합리성 등도 공정한 거래질서와는 관계없는 것이 아닌 이상 부당성을 갖는지 유무를 판단함에 있어 고려되어야 하는 요인의 하나라고 할 것이나, 단순한 사업경영상의 필요 또는 거래상의 합리성 내지 필요성만으로는 부당지원행위의 성립요건으로서의 부당성 및 공정거래저해성이 부정된다고 할 수는 없다. 단, 과도한 경제력의 집중을 방지하고, 불공정거래행위를 규제하여 공정하고 자유로운 경쟁을 촉진함으로써 창의적인 기업활동을 조장하고 소비자를 보호함과 아울러 국민경제의 균형 있는 발전을 도모하고자 하는 법의 목적과 부당지원행위의 입법취지 등을 종합하면, 사업경영상 필요에 더하여 공익적 목적 등이 추가되면 부당성이 부인될 수도 있다는 입증이다. 이에 대한 입증책임은 공정거래위원회에 있으며, 사업자가 부당성과 관련하여 사업경영상 필요성, 공익성 등을 주장하는 경우, 공정거래위원회가 사업경영상, 또는 거래상의 필요성, 공익성 등을 고려하더라도 부당성이 인정된다는 사정을 입증하여야 한다.

3) 물량몰아주기의 경우

일반 부당지원행위의 경우, 즉 정상가격과 실제가격 간에 차이가 존재하는 경우에는 현저성이 입증되면 부당성은 용이하게 인정될 가능성이 크다고 볼 수 있다. 비싸게 사 주거나 싸게 파는 행위에 대한 평가의 출발점이 영리를 추구하는 경제주체의 합리적 영업판단 면에서 성립되기 어려운 일이라는 점에서 그러하다. 실제 판례나 공정위 실무도 지원행위성이나 상당성 판단에 집중하는 경향을 보인다. 그럼에도 불구하고 거래주체와 거래객체 간의 관계 등을 살펴보아야 하는데, 이는 현저한 지원행위이더라도 정당한 이유가 있는지를 확인하기 위한 차원 즉 예외인정적 성격 내지 사업자의 항변사유로서 활용될 가능성이 크다.

특히 지원주체와 객체가 계열회사 관계에 있는 경우 혹은 지원객체가 당해 기업집단의 대주주인 경우에는 지원의도는 사실상 추정될 것이다. 단, 지원행위에 대한 접근이 다른 시장 참가자들에게도 균등하게 제공된다는 점을 입증한다면 지원의도의 추정은 복멸될 수 있을 것이고 지원행위의 부당성도 완화될 것이다.

한 가지, 물량몰아주기의 지원의도와 관련해서 정책당국의 해석에 대해 주목할 점이 있다. 글로비스건과 병합하여 심리가 된 이노션 건[82]

82 현대자동차 및 기아자동차는 자신들이 발주하는 TV, 라디오, 신문, 잡지의 광고와 각종 마케팅 행사업무의 물량 대부분을 이노션에게 몰아주기함으로써 2005년 5월부터 2006년 12월 기간 동안 총 109,525백만 원 상당을 이노션과 거래하였지만, 공정위는 물류업무 등의 물량몰아주기를 통한 글로비스 지원행위와는 달리 지원객체가 얻은 경제상 이익을 다른 계열사에 재투자한 사실이 없다는 이유로, 지원의도 등 부당성을 입증할 만한 근거가 미비하다며 무혐의 결정을 내렸다.

에서 공정위는 부당성 판단에 있어서 물량몰아주기는 인정하되, 광고 시장에서의 공정한 거래질서 저해효과가 없기 때문이 아니라, 물량을 몰아줘서 발생한 이익을 다른 계열사에 재투자하는 등 경제력을 집중하는 효과를 야기하지 않았으므로 위법이 아니라는 것이다. 지원의도를 부당성의 요건으로 포섭함으로 인해 경제력 집중의 결과를 야기하는 후속조치가 뒤따르지 않는 경우에는 지원의도가 없었고 따라서 부당하지 않다는 결론에 이르게 된다. 하지만 지원주체의 지원의도 여부를 판단하는 과정에 객체의 행위를 그 기준으로 고려하는 것은 다소 모순적인 것으로 비쳐진다.

한편, 이 과정에서 지원행위에 단순한 사업경영상의 필요 또는 거래상의 합리성 내지 필요성이 있다는 사유만으로는 부당지원행위의 성립요건으로서의 부당성 및 공정거래저해성이 부정될 수 없다고 본다.[83] 단 사업경영상 또는 거래상의 필요성 내지 합리성이 있다면 이는 지원의도가 없이 경제적 목적으로 지원행위를 했다는 의미로 볼 수도 있으므로, 지원의도의 판단에 있어서도 이를 고려할 필요가 있다.

요컨대, 물량몰아주기 사건에서는 통상적인 부당지원행위와 달리 지원주체의 손실유발이 없거나 비용절감 등의 유인이 존재하는 경우를 배제할 수 없는 만큼 사업경영상 또는 거래상의 필요를 좀 더 비중 있게 고려하는 것이 바람직한 것으로 사료된다.

83 대법원 2004. 10. 14. 선고 2001두2935 판결 등.

제3절 | 특수관계인에 대한 부당한 이익 제공행위의 규제

I. 논점의 소재

공정거래법상 '특수관계인에 대한 부당한 이익 제공행위의 금지' 규정은 경쟁법의 본령이나 고유 이념으로부터 상당히 거리가 있다. 다만 시야를 좀 더 넓혀 보면, 시장에서 활동하는 어떠한 주체도 소유 주체가 누구인지에 따라 경쟁상의 유·불리를 겪게 하지 않아야 한다는 소위 '경쟁중립성(Competitive Neutrality)'[84]의 관점에서 이 규정의 도입 취지를 파악할 수 있는 여지도 없지 않다. 하지만 여전히 학계의 주류적 시각은 경쟁법에서 제도의 근거를 찾기는 어렵다는 데에 모아져 있다고 본다.

사실 우리 공정거래법에는 다른 나라 경쟁법에서 쉽게 발견되지 않는 규정들이 여럿 존재하는데, 예를 들면 이 법 제3장에서 규정하고 있는 기업집단에 의한 경제력 집중의 억제 규정들을 위시하여 중소기업 보호 차원의 경쟁제한적 기업결합 추정규정, 거래상 지위남용의 금지, 부당지원행위 금지규정, 사업자단체 금지규정 가운데 구성사업자의 사업활동방해 금지 등이 그렇다. 경쟁법으로서의 순혈성을 기준으로 할 때 우리 공정거래법은 꽤 순도가 낮은 입법으로 비쳐질 만하며 사익편취 규제 역시 순도를 더욱 낮추는 데 일조한 측면이 있기는 하다.

---

84 경쟁중립성에 관한 상세한 분석은 OECD, *Competitive Neutrality: Maintaining a Level Playing Field Between Public and Private Business*, OECD(2012)에서 제시하고 있다.

그런데 경제관련 법률들은 본시 유동적 경제현상을 규율대상으로 삼는 데다 현안의 규범적 해결을 본연의 임무로 부여받은 까닭에, 저마다 이질적인 요소들을 내포할 수밖에 없는 특수성을 갖고 있기도 하다. 사익편취 규제 또한 그 같은 특수성, 즉 한국적 기업지배구조와 거래관행이 유발한 산물이자 규범적 결과로 볼 수 있다.[85] 기업집단 총수 일가의 사익편취 행위에 대한 사회적 비난이 어느 때보다 고조되었던 시기적 상황이 입법 당시의 배경이었고, 그에 따라 정부와 의회, 시민단체로부터의 다양한 요청들이 이 조문의 곳곳에 반영되었다. 입법자가 이 규정을 통해 도모하고자 했던 소위 '경제민주화'는 현재도 우리 사회의 과제로 남아 있다. 그에 대한 정책대응의 필요성도 지속적으로 요구되는 상황이다.

그럼에도 외국 법제에서 비교 대상을 찾을 수 없는 데다 아직 법의 적용사례도 나타나지 않은 제47조는 조문 곳곳에 추상적이고 불확정적인 위법성 판단기준을 배치시켜 놓고 있어서 조문의 해석론의 전개 방향을 가늠하기 어렵게 만들고 있다.[86]

---

85 이상훈, 「공정거래법 사익편취 규제: 찬반양론에 대한 비판 및 제언」, 『경제법연구』 제18권 1호, 2019. 4, 119~141면에서는 사익편취 규제를 회사법과 공정거래법 간의 통섭 및 주주 간의 이해상충 관점에서 분석하면서 양 법역의 역할을 비판적으로 분석하고 있다.

86 이 규정에 대해 분석한 문헌에는 홍대식, 「공정거래법상 특수관계인에 대한 부당이익 제공행위의 의미 및 판단기준」, 『비교사법』 제21권 1호(통권 제64호), 한국비교사법학회, 2014, 185~236면; 김윤정, 「특수관계인에 대한 부당이익 제공행위 규제의 법적 쟁점과 개선과제」, 『경쟁법연구』 제29권, 한국경쟁법학회, 2014, 80~107면; 이봉의, 「특수관계인에 대한 부당한 이익 제공의 금지-입법취지와 도그마틱의 조화라는 관점에서」, 『경쟁법연구』 제31권, 2015. 5, 207~238면 등이 있다.

Ⅱ. 규제의 요건 해석

법 제47조의 구조상 위법성 성립을 위해 입증되어야 하는 요건들은 다음과 같이 정리해 볼 수 있다.

1. 당사자요건: 이익 제공의 주체와 대상

이익 제공의 주체는 공시대상기업집단 소속 계열회사여야 하고, 이 때 공시대상기업집단은 동일인이 자연인인 기업집단에 한정한다. 따라서 자연인인 동일인 즉 총수가 존재하지 않기 때문에, 총수 일가의 사익편취 자체가 발생할 수 없는 경우 즉, 동일인이 회사인 기업집단이나 공기업집단은 이 규정의 적용대상에서 제외될 것이다. 이 점에서 보면 동일인을 법인으로 지정하자는 일각의 논리는 사익편취 규제를 폐기하자는 논리가 된다. 한편 이익 제공의 객체 즉, 동조의 적용을 받는 거래상대방은 특수관계인(동일인 및 그 친족에 한정한다)이나, 특수관계인이 시행령이 정하는 일정한 비율, 즉 동일인이 단독으로 또는 동일인의 친족과 합하여 발행주식총수의 20% 이상을 소유하고 있는 국내 계열회사로 한정된다.

아울러 일정한 거래를 통하여 특수관계인에게 부당한 이익을 귀속시키는 효과가 인정되어야 한다. 이익 제공의 수단이 되는 거래나 사업기회제공은 자연인인 특수관계인이나 특수관계인이 일정한 지분 이상을 보유하고 있는 계열회사와의 것이면 족하지만, 이를 통하여 실제 이익이 귀속되는 자는 반드시 자연인인 특수관계일 것이 요구된다.

2. 행위 및 효과 요건

다음으로 당사자 요건을 갖춘 회사들이 법 제47조 제1항 각 호 중 어느 하나에 해당하는 행위를 할 것이 요구된다. 법에서는 그 행위유형으로 다음의 네 가지를 열거하고 있다. 정상적인 거래에서 적용되거나 적용될 것으로 판단되는 조건보다 상당히 유리한 조건으로 거래하는 행위(제1호), 회사가 직접 또는 자신이 지배하고 있는 회사를 통하여 수행할 경우 회사에 상당한 이익이 될 사업기회를 제공하는 행위(제2호), 특수관계인과 현금, 그 밖의 금융상품을 상당히 유리한 조건으로 거래하는 행위(제3호), 사업능력, 재무상태, 신용도, 기술력, 품질, 가격 또는 거래조건 등에 대한 합리적인 고려나 다른 사업자와의 비교 없이 상당한 규모로 거래하는 행위(제4호)가 그것이다.

이 가운데 제1호와 제3호는 공히 거래조건의 상당성을 요구하고 있다. 특히 제3호는 삼성SDS사건 판결에서 확인된 종전 규정의 한계 즉, 특수관계인과 직접 거래하는 경우를 부당지원행위로 포섭하지 못했던 점을 극복하기 위해 규정된 것이므로 그 본질은 제1호와 같은 것으로 이해할 수 있다. 단, 제1호는 이익 제공의 수단이 되는 거래 내용이 나타나 있지 않은 반면, 제3호는 이를 현금, 그 밖의 금융상품으로 명시하고 있으며, 제3호는 제1호와 달리 상당히 유리한지를 판단할 수 있는 비교대상(정상적인 거래에서 적용되거나 적용될 것으로 판단되는 조건)을 명시하지 않은 차이가 있다.

부당지원행위 규제와 구별되는 새로운 이익 제공의 유형은 제2호에서 규정한 사업기회 제공이라 할 수 있다. 사업기회 제공행위에 해당하기 위해서는 첫째, 행위자가 행위의 상대방에게 회사가 직접 또는 자신이 지배하고 있는 회사를 통하여 수행할 경우 회사에 상당한 이익이 될 사업기회를 제공하는 행위를 하여야 하고, 둘째, 이를 통해 특수관계인에게 부당한 이익이 귀속되어야 한다. 사업기회의 제공에 대해서도 종전 부당지원행위 규정을 통한 규제 사례가 없지 않지만[87] 종전 규정만으로는 규제의 근거가 불명확한 데다 법 집행상 입증부담을 완화할 필요성이 제기됨에 따라 별도 규정 형식으로 신설되었다.[88] 한편, 주지하다시피 회사법에도 이와 유사한 규정이 지난 2011년 4월에 도입되었는데 회사기회유용 금지규정(상법 제397조의2)이 그것이다. 하지만 상법상 회사기회유용 금지규정은 이사에게 손해배상책임을 묻는 데 그치고 있어서 등기이사로 등재되지 않은 총수 일가에 대한 적용은 배제되어 있는 한계가 있고, 회사기회유용 금지규정은 이사회 승인만 거치면 책임이 면제되므로 사실상 총수 일가의 지배권하에 놓인 기업집단의 경우 이사회 승인이 오히려 면책의 구실로 작용할 우려를 해소시키지 못할 뿐만 아니라, 상법 제397조의2를 근거로 승소를 해도 손해배상금액이 회사에 귀속되므로 사익편취행위를 규제하는 데 한계가 있다는 점에서 공정거래법상 사업기회 제공 규정

87 롯데쇼핑(주)이 영화관 매점이 최고 영업이익률을 거두고 있음에도 불구하고 비계열 특수관계회사인 (주)유원실업에 수도권 소재 8개, 계열회사인 (주)시네마통상에게 지방 소재 8개 영화관 매점을 저가로 임대하여 과다한 경제상 이익을 제공한 사례를 예로 들 수 있다. 이 건 역시 공정거래위원회는 부당지원행위로 제재하였다. 외형은 임대료를 낮게 책정한 점이 문제되었으나 실상은 자신이 직영할 수 있는 매장을 특수관계인에 대한 이익 제공 목적으로 하여 사업기회를 포기한 점에 본질이 있는 사안으로 볼 수 있다.

88 임익상, 제315회 국회(임시회) 제2차 법률안심사소위원회 심사자료-부당내부거래 규제강화 관련-, 2013. 4. 국회 정무위원회, 17면.

의 신설 필요성이 있었던 것으로 추측된다. 이와 관련하여 최근의 사례에서는 이사가 회사의 정보 내지 영업과 관련한 사업기회를 이용해 이익을 도모하는 경우 회사가 장래 얻을 수 있는 이익을 탈취한 것으로 보는 한편 계열회사가 모두 인수하지 않은 자회사 지분을 동일인이 인수한 행위가 사업기회의 유용으로 판단되었다.[89] 사업의 운영주체가 변경되지는 않았지만 지분의 확보도 사업기회로 판단한 점이 주목된다.

한편 제4호는 소위 일감몰아주기를 대상으로 삼은 규정인데, 기업의 효율성 증대, 보안성, 긴급성 등 거래의 목적을 달성하기 위하여 불가피한 경우에 이를 금지하지 않는다는 점에 특징이 있다(법 제47조 제2항). 거래조건을 통한 이익 제공과는 달리 거래규모를 통한 제공의 경우는 외면적으로 나타나는 효과로만 판단할 수 없는 다양한 측면이 존재한다는 점을 반영한 입법으로 볼 수 있다

이상의 행위유형을 정리해 볼 때 제1호 내지 제4호의 어느 경우이든 행위요건 성립에 있어서 관건으로 작용하게 될 것은 각 호에서 규정하고 있는 '상당성'이라고 생각된다. 이에 관해서는 아래에서 다시 상세히 분석키로 한다.

3. 위법성 요건: 부당한 이익의 귀속

법 위반으로 규명되기 위해서는 위와 같은 행위 내지 거래를 통해

89 공정거래위원회 2022. 3. 16. 의결 제2022-017호.

특수관계인에게 부당한 이익을 귀속시키는 효과가 발생했음이 입증되어야 한다. 여기서 특수관계인 또한 동일인 및 그 친족에 한정된다. 요컨대 기업집단의 동일인이나 그 친족한테 이익을 제공하되 부당한 정도에 이르는 이익이어야 한다는 것으로서, 이때의 부당성은 이 규정의 위반 여부를 가리는 가장 중요한 요건으로 작용하게 될 것이다. 한편 현행 규정에서는 정당화사유와 관련하여 일감몰아주기의 성격을 갖는 제4호에 한하여 효율성 증대, 보안성, 긴급성 등 거래의 목적을 달성하기 위하여 불가피한 경우에 대한 예외를 명시한(법 제47조 제1항 제4호, 제2항; 시행령 별표 제1의4 참조) 반면에, 동조 제1호 내지 제3호의 행위나 거래수단에 대해서는 아무런 예외를 규정하지 않고 있다. 물론 부당성 판단과정에 정당화 사유가 반영될 여지가 있기는 하지만, 일감몰아주기 이외의 행위유형에 대해서는 아무런 정당화 사유를 명시하지 않은 이유가 명료하지 않으므로 향후 이에 관한 문제 제기는 불가피할 것으로 예상된다.

4. 주관적 요건의 필요성 검토

규정상으로는 명시되어 있지 않지만, 불문의 요건으로서 부당지원행위에서 요구되었던 바 즉 주관적 요건이 요구되는지를 검토해 볼 필요가 있다. 그런데 부당지원행위 규제의 경우, 반드시 계열관계가 있을 것을 전제한 것은 아니어서 지원주체가 비계열회사에 대해 아무런 지원의 의도나 목적이 없이 유리한 거래를 하는 경우가 있을 수 있으므로 그런 경우는 가급적 규제대상에서 선별해 내는 것이 타당하다고 하겠다. 이 때문에 행위자 즉 지원주체의 의도나 목적과 같은 주관적 요건을 설정할 필요가 있었던 것인데, 단 이 불문의 요건을 엄격히 요구하는 것 또한 바람직하지 않으므로 지원행위가 있는 상태에서 당사자간에 계열관계가 입증될 경우에는 주관적 요건을 사실상 추정하는 방법으로 요건의 필요성과 집행의 현실성을 절충하였다.[90] 즉, 부당지원행위의 주관적 요건은 위법성을 입증하기 위한 요건이라기보다는 계열관계가 없는 상태에서 벌어지는 지원성 행위들을 규제대상에서 걸러내기 위한 도구로 활용된 측면이 있었다. 그렇다면 공시기업집단의 총수와 같은 특수관계인을 전제로 그에 대한 이익 제공만을 문제 삼는 제47조의 경우에는 부당지원행위에서 요구되는 것과 같은 선별 작업의 필요성은 거의 없다고 볼 수 있으므로 굳이 법문에서 명기하지 않는 사항을 주관적 요건으로서 상정하는 것은 적절하지 않은 것으로 생각된다.

5. 특수관계인에 대한 위법성 성립요건

이익 제공행위는 직접적인 제공뿐만 아니라 간접적 제공하는 경우에도 문제될 수 있으며,[91] 특수관계인이 누구에게든지 사익편취 및 거

---

90 대법원은 '부당한 자금지원행위'의 요건으로서의 지원의도는 지원행위를 하게 된 동기와 목적, 거래의 관행, 당시 지원객체의 상황, 지원행위의 경제상 효과와 귀속 등을 종합적으로 고려하여 지원주체의 주된 의도가 지원객체가 속한 관련시장에서의 공정한 거래를 저해할 우려가 있는 것이라고 판단되는 경우 인정되는 것이고, 이러한 지원의도는 여러 상황을 종합하여 객관적으로 추단할 수 있다고 판시하였다. 대법원 2005. 5. 27. 선고 2004두6099 판결 참조.

91 대법원 2022. 11. 20. 선고 2021두35759 판결.

래 또는 사업기회 제공에 해당하는 행위를 하도록 지시하거나 해당 행위에 관여하는 경우도 금지대상이 된다. 여기서 '지시하다'는 사전적으로 '일러서 시키다'라는 의미이므로 지시행위는 특수관계인이 행위주체 또는 행위객체에 대하여 서로 간의 거래 등을 통해 특수관계인에게 부당한 이익이 귀속되는 행위를 하도록 시킨 경우에 성립한다. 또한 특수관계인이 부당한 이익 제공행위에 '관여'한 경우도 규제의 대상이 되는데 관여 여부는, 행위주체와 행위객체 및 특수관계인의 관계, 행위의 동기와 경위, 행위의 내용 및 결과, 해당 행위로 인한 이익의 최종 귀속자가 누구인지, 특수관계인이 부당한 이익 제공행위의 의사결정 또는 실행과정에서 법률상 또는 사실상 관여할 수 있는 지위에 있었는지, 특수관계인 외에 실행자가 있는 경우 실행자와 특수관계인의 관계 및 평소 권한위임 여부, 실행자가 특수관계인의 동의나 승인 없이 해당 행위를 하는 것이 법률상 또는 사실상 가능한지, 해당 행위를 할 동기가 있는지 여부 등 제반 사정을 종합하여 판단한다. 이때 특수관계인은 기업집단에 대한 영향력을 이용하여 다양한 방식으로 간접적으로 관여할 수 있다는 점도 고려될 수 있다.[92]

나아가 지시행위와 관여행위 주체인 특수관계인과 이익귀속 주체인 특수관계인은 동일한 자가 아니어도 무방하다. 특수관계인은 기업집단의 동일인 및 동일인의 친족에 한하며, 친족은 배우자, 4촌 이내의 혈족, 3촌 이내의 인척 등을 의미한다.

이상을 종합하면 개정된 부당지원행위와 신설된 특수관계인에 대

92 대법원 2023. 3. 16. 선고 2022두38113 판결.

한 이익 제공행위의 요건은 아래와 같이 정리해 볼 수 있다.

[표] 부당지원행위규제 및 사익편취 규제의 요건 비교

구분	제23조 제1항 제7호 (부당지원행위)	제47조 (특수관계인에 대한 이익 제공행위)
지원(제공)주체	사업자	공시대상기업집단에 속하는 회사
지원(제공)객체	특수관계인 또는 다른 회사	특수관계인(동일인 및 그 친족으로 한정)이나 특수관계인이 20% 이상의 주식을 보유한 계열회사
대상행위	부당하게 특수관계인 또는 다른 회사를 지원하는 행위	특수관계인에게 부당한 이익을 귀속시키는 행위
행위유형	가목: 상당히 유리한 거래조건의 거래(일감몰아주기 포함) 나목: 다른 회사를 매개로 한 거래(통행세 방식)	1호, 3호: 상당히 유리한 조건의 거래 2호: 사업기회의 제공 3호: 일감몰아주기
제재대상	지원행위 주체 및 객체	이익 제공행위 주체 및 객체
위법성 판단기준	부당성(공정거래저해성)	부당성
입법취지	경쟁저해성의 방지, 경제력 집중의 억제(판례)	총수 일가에 의한 사익편취의 금지

III. 쟁점의 분석

1. 특수관계인에 대한 부당한 이익 제공 규제의 독자성

부당지원행위 규제는 경쟁질서의 보호 및 재벌에 의한 경제력 집중의 억제가 취지라 할 수 있으며 특히 계열사에 대한 지원행위를 통한 경제력 집중 문제를 해결하는 데 효과적이었다. 반면에, 특수관계인(총수 일가)에 대한 지원행위를 통한 경제력 집중 문제를 해결하는 데 한계가 있었고, 경제력 집중을 야기하지 않는 사익편취 문제를 규율 대상이 아니었다. 요컨대 경제력 집중의 문제를 행태적, 사후적으로 규제하기 위한 수단이지만 여전히 그 목적을 이행하기에 충분치 않다. 반면에 부당한 이익 제공 금지규정은 특수관계인에 대한 소유집중 내지 사익편취 문제까지 포섭함으로써 경제력 집중의 문제를 넘어서는 외연을 갖게 되었다. 이 점에서 제47조는 불공정거래행위의 일종은 물론 경제력 집중의 억제수단으로도 딱히 들어맞지 않는 속성을 내포한다고 본다. 이 점이 규정에 관한 위법성 판단기준의 수립 내지 법리 형성의 과정에서 어떻게 반영될 것인지가 향후 법 집행의 방향과 기조를 결정하게 될 것이다.

행위의 효과와 관련해서도 양자는 구별된다. 부당지원행위에 대해서는 행위주체에 의한 상당히 유리한 조건(혹은 상당한 규모)의 거래 → 행위객체에 대한 지원 → 경쟁저해 또는 경제력의 집중 → 공정한 거래의 저해(부당성) → 불공정거래행위(제45조 제1항 위반)의 구도가 형성되어 왔다. 반면에 이익 제공행위의 경우는 행위주체에 의한 이익의 제공 → 행위객체로의 이익의 귀속(사익의 편취) → 부당성 → 부당한 이익 제공행위(제47조 위반)의 구도가 성립될 것으로 보인다. 현행 규정만으로는 특수관계인에 대한 지원 내지 이익 제공행위의 적용법조는 이익의 귀속과 소유의 집중이 같이 발생한 경우에는 제45조 제1항 제9호와 제47조가 법조경합관계에 설 수 있고, 이익의 귀속만 발생할 경우에는 제47조만 적용될 것으로 보인다. 발생단계적 측면에서 이익의 귀속은 소유집중 내지 부의 세습 등과 같은 경제력 집중의 전단계에 위치 규정의 형식과 논리상으로는 이익의 귀속의 포섭범위가 더 넓고 위법성의 요건도 단출해 보인다.

반면에, 양 규제의 교집합도 존재한다. 이 규정의 외형상 이익 제공주체로 설정되어 있는 공시대상기업집단에 속하는 회사(제47조의 적용대상)는 법 부당지원행위 규제에서의 사업자 개념 범위 내에 존재하며, 이익 제공의 대상인 거래상대방은 부당지원행위 규제상의 특수관계인의 범주 내에 속한다. 동일인 및 그 친족에 해당하는 특수관계인이 20% 이상을 점한 회사의 경우 역시 부당지원행위 규제에서의 다른 회사 개념에 포섭될 수 있다.

이와 관련하여 만일 글로비스사건이 현 시점에 발생했다면 적용법조가 어떻게 될 것인지, 혹은, 계열사 지분확장 수단으로 활용되지 않은 이노션 등에 대한 지원행위의 경우는 규제대상이 되는지를 추측해 볼 필요가 있는데, 구법상으로는 전자의 경우는 부당지원행위에 해당하지만 후자의 경우는 법 위반이 아니라고 보았던 반면에, 현행 규정의 외형상으로는 전자의 경우는 소유의 집중과 이익의 귀속(사익의 편취)이 발생하였으므로 양 규정 모두 적용 가능해 보이고, 후자는 이익의 귀속만 존재하므로 사익편취 규제의 적용이 가능하다는 차이가 있다.

2. 제1호와 제3호의 관계

전술한 바와 같이 제1호와 제3호는 동일한 입법취지를 가지되 규율대상과 기준에서 차이를 보이고 있을 뿐이다. 즉 제1호는 이익 제공의 수단이 되는 거래 내용이 나타나 있지 않은 반면, 제3호는 이를 현금, 그 밖의 금융상품으로 명시하고 있으며, 제3호는 제1호와 달리 정상적인 거래조건과 같은 비교대상을 명시하지 않은 차이가 있다. 집행기관이나 법원이 이를 어떻게 해석할 것인지는 향후 주목되는 부분이다. 굳이 제3호를 규정할 필요가 있었는지에 대해서는 일면 의문이 있다. 제1호에서 제3호의 규율대상 행위를 이미 포섭하는 것으로 볼 수 있기 때문이다. 단, 양 유형을 동일하다고 전제하면, 제1호와 제3호의 요건 흠결은 상호 규정을 통해 보완하는 것도 가능해 보인다. 예컨대 제3호의 존립 의미를 적극적으로 해석하자면 제1호는 제3호에서 규정하는 현금, 그 밖의 금융상품 거래를 제외한 나머지 거래를 통한 이익 제공 관련 규정으로 해석할 수 있다. 또한 제3호에서 비교대상을 제시하지 않았지만 제1호의 기준을 활용하는 방안도 생각해 볼 수 있다. 즉 제3호는 특수관계인과 현금, 그 밖의 금융상품을 정상적인 거래에서 적용되거나 적용될 것으로 판단되는 조건보다 상당히 유리한 조건으로 거래하는 경우에 문제 삼을 수 있을 것이다. 그럼에도 제3호는 향후 입법적 개선의 필요성이 대두될 것으로 보인다. 법에서는 명확히 현금과 그 밖의 금융상품으로 규정하고 있지만 '현금'의 의미와 '그 밖의'의 범위가 법 적용단계에서 불분명해지는 경우가 발생할 수 있다. 또한 제3호의 활용빈도가 크지 않거나, 법 적용 사례에서 제1호의 포섭범위에 해당한다는 점이 명확해지고, 이에 더하여 새로운 이익 제공행위의 수단이 출현할 경우 현행 제3호의 존립근거는 약화될 가능성이 있다.

3. 상당성 요건의 해석

(1) 기존의 산정기법의 활용가능성

제47조 각 호에서 나타난 행위들은 상당히 유리한 조건, 상당한 이

익이 될 사업기회, 상당한 규모 등 상당성이 있을 것을 요건으로 한다. 이 요건은 주로 정상적인 거래조건과 실제 거래조건 간의 차이가 얼마나 큰지에 관한 계량적 기준을 내용으로 하는 것으로서, 제도의 취지와 관계없이 부당지원행위에서 활용되어 온 기법이 신설규정에도 적용될 것으로 생각된다. 부당지원행위의 기준과 동일한 외형을 가지고 있는 점에서도 그렇다. 이에 따르자면 상당성은 급부와 반대급부 간의 차이(정상가격(금리)과 실제가격(금리) 간의 차이), 지원성 거래규모, 지원행위로 인한 경제상 이익, 지원기간, 지원횟수, 지원시기, 지원행위 당시 지원객체가 처한 경제적 상황 등이 종합적으로 고려하여 판단될 것이다.[93] 일반적으로 거래 당사자 간의 대면적인 법률관계에서 가장 중요한 요소인 경제적 이익의 배분이 정상적인 상황에 비하여 균형을 잃었는지 여부가 그 판단의 기준이 될 것이다. 즉, 당사자 일방이 제공하는 경제적 급부의 객관적 가치와 상대방으로부터 그 대가로 제공되는 경제적 반대급부의 가치 사이에 차이가 발생하는지, 그리고 그것이 객관적으로 균형을 잃었는지 여부로 측정하게 된다. 그 균형상실이 어느 정도인지는 개별적인 '상당성' 판단 단계에서 다루어지게 된다.

(2) 세부 유형별 상당성 요건

먼저, 제1호의 상당히 유리한 조건은 법문상 정상적인 거래에서 적용되거나 적용될 것으로 판단되는 조건을 비교 기준으로 제시하고 있

93 대법원 2004. 4. 9. 선고 2001두6197 판결, 대법원 2004. 11. 12. 2001두2034 판결 등.

는데, 시행령에서는 이런 행위를 자금, 자산·상품·용역, 혹은 인력을 정상적인 거래에서 적용되는 대가보다 상당히 낮거나 높은 대가로 제공하거나 거래하는 행위로 나누어 규정하고 있다. 경제적 이익의 배분은 주로 경제적 요소인 가격에 의하여 이루어지므로, 통상적으로는 실제가격이 경제적으로 정상적인 범위 내에 있는 것인지를 비교하는 척도로서 정상가격을 상정하는 작업이 선행된다.[94] 단, 대법원 판결에서는 부당지원행위에 관한 정상가격 산정요건을 좀 더 완화하는 기조가 엿보여 주목된다. 이 판결에 따르면 "당해 거래와 비교하기에 적합한 유사한 사례를 선정하고 나아가 그 사례와 당해 거래 사이에 가격에 영향을 미칠 수 있는 거래조건 등의 차이가 존재하는지를 살펴 그 차이가 있다면 이를 합리적으로 조정하는 과정을 거쳐 정상가격을 추단"해야 하는데,[95] 합리적 조정과정을 요구했다는 점이 특징이다. 자연인인 특수관계인에 대한 지원을 배제시킨 상태에서 부당지원행위의 규제 기준을 보다 엄격히 가져가야 한다는 사법정책적 시각이 반영된 것으로 추측할 수 있으나, 상당성과 관련해서는 부당지원행위의 기준이 사실상 채용될 것으로 예상되는 상황에서 합리적 조정과정은 이 규제의 운용에 새로운 변수로 작용할 수 있다.

부당지원행위의 경우 종전에 현저성 기준하에서는 정상가격과 실

94 대법원은 "지원주체와 지원객체 사이의 자금거래에 실제로 적용된 금리와 정상금리를 서로 비교하여 그 차이가 현저한지 여부를 판단하기 위하여는 먼저, 무엇을 정상금리로 볼 것인지부터 확정하여야 하고, 그러한 정상금리의 존재에 대한 증명책임은 시정명령 등 처분의 적법성을 주장하는 공정거래위원회에게 있다."고 보고 있다.(대법원 2008. 6. 26. 선고 2006두8792 판결 참조)

95 대법원 2015. 1. 29. 선고 2014두36112 판결.

제가격의 차이가 20% 이상인 경우 현저성이 대체로 인정되었고, 10~20% 사이에서도 유동적이지만 현저성이 인정된 사례들이 있었던 반면, 10% 미만에서는 공정거래위원회가 개입하지 않았었다. 특수관계인에 대한 이익 제공의 경우는 7% 미만의 차이에 대해서는 일단 규제대상에서 제외하는 것으로 설정하고 있음을 감안하자면, 대략 7%~20% 미만의 범위 내에서 상당성이 인정될 것으로 추측은 해 볼 수 있겠다.

다음으로 제2호의 상당한 이익과 관련해서는 법문상 회사가 직접 또는 자신이 지배하고 있는 회사를 통하여 수행할 경우 회사에 상당한 이익이 되는지가 기준으로 제시되어 있다. 이를 반대해석하면 자신이 직접 수행하기 어려운 또는 자신이 효율적으로 활용하기 어려운 사업기회라면 이를 제공해도 무방한 것으로 보인다. 여기서 상당한 이익에서 이익은 제공주체 측면에서 파악해야 하는 반면, 부당한 이익에서 이익은 제공객체 내지 귀속대상 측면에서 파악되어야 할 것으로 생각된다.

일감몰아주기를 규제하기 위한 제4호의 경우, 정상가격과 실제가격 간의 차이가 존재하지 않거나 미세한 경우에도 이익 제공으로 규제할 수 있다는 점에 규제의 실익이 있다. 다만 부당지원행위에서와 같이 가격요소와 비가격요소가 "상당한 규모의 거래"를 통한 이익 제공을 성립시키는 데 밀접한 상호작용을 한다고 볼 수 있다. 예컨대 정상가격을 특정할 수 있는 경우에도 가격차이가 크다는 점만으로는 이익요건을 충족하지 않으며, 거래의 규모, 횟수 등이 커지는 단계에서 비로소 경제상의 이익이 발생할 것이어서, 어느 한쪽 요소가 다른 한쪽 요소의 도움을 받아 이익이라는 요건을 용이하게 충족시키는 관계에 선다고 볼 수 있다. 한편 제4호에 따른 사업능력, 재무상태, 신용도, 기술력, 품질, 가격 또는 거래조건 등에 대한 합리적인 고려나 다른 사업자와의 비교 없이 상당한 규모로 거래하는 행위는 거래상대방 선정 및 계약체결 과정에서 사업능력, 재무상태, 신용도, 기술력, 품질, 가격, 거래규모, 거래시기 또는 거래조건 등 해당 거래의 의사결정에 필요한 정보를 충분히 수집·조사하고, 이를 객관적·합리적으로 검토하거나 다른 사업자와 비교·평가하는 등 해당 거래의 특성상 통상적으로 이루어지거나 이루어질 것으로 기대되는 거래상대방의 적합한 선정과정 없이 상당한 규모로 거래하는 행위로 한다. 다만, 거래당사자 간 상품·용역의 해당 연도 거래총액(둘 이상의 회사가 동일한 거래상대방과 거래하는 경우에는 각 회사의 거래금액의 합계액으로 한다)이 200억 원 미만이고, 거래상대방의 평균매출액의 100분의 12 미만인 경우에는 상당한 규모에 해당하지 않는 것으로 본다. 한편, 시행령은 상당한 규모의 거래인지를 판단하는 기준을 전혀 제시하지 않은 채, 상당한 규모로 보지 않는다는 의미에서 안전지대만을 규정하고 있다. 즉, 연간 거래총액이 200억 원 미만이고, 거래상대방의 평균매출액의 12% 미만인 요건이 모두 충족되는 경우에는 상당한 규모 자체가 인정되지 않는다는 것이다. 이 같은 안전지대는 거래상대방만을 기준으로 한 것이어서 제공주체의 규모가 클 경우에는 제공주체의 입장에서 안전지대로서의 의미가 감소하게 될 것으로 보인다.

4. 부당성 요건의 해석

(1) 위법성 요건으로서 '부당성'의 존재감 내지 독자성

'부당성'은 입법 과정에서 당초 법안과는 달리 추가된 요건인 것으로 알려진다. 당초 정부가 제출한 법안에는 "특수관계인에게 이익을 귀속시키는 행위"를 금지대상으로 삼았으나 국회 상임위를 거치는 과정에서 "부당한 이익을 귀속시키는 행위"로 수정되었다는 것이다. 사실 부당성은 공정거래법상 시장지배적 지위남용에서 부당한 공동행위, 불공정거래행위에 이르기까지 이 법의 규율대상이 되는 행위유형의 위법성 판단기준으로서 가장 많이 채용되고 있는 요건이다. 그 점에서 외형상으로는 부당성 요건의 채용이 유별스러운 것은 아니라고 볼 수도 있다. 하지만 기존의 경쟁법적 규율대상행위의 부당성 요건으로부터 경쟁법적 공통분모를 갖지 않는 사익편취의 부당성 요건과 의미를 추출해 내는 것은 매우 어려운 일이어서, 향후 이 요건이 규제의 가장 큰 관건이자 난제로 부각될 가능성이 커 보인다.

공정거래법의 요건 가운데 '부당성'에 관하여 그간 제기된 해석상의 난맥은 여러 규정의 집행과정에서 목격되어 왔다. 예컨대 부당한 공동행위의 근거 규정으로서 제40조 제1항 본문에서 제시된 바, "부당하게 경쟁을 제한하는"이라는 요건을 들 수 있다. 이 요건 또한 당초에는 단순히 "경쟁을 제한하는" 공동행위를 문제 삼겠다는 취지가 법안 심의 과정에서 수정된 사례의 하나로 볼 수 있다. 입법의 취지에 대한 기억과 규정의 도입 배경에 대한 감흥이 남아 있는 법 집행초기에는 조문상의 명시적 요건이 해석상 간과되는 경향도 없지 않다.

부당한 공동행위의 경우가 그러해서 부당성 요건의 도입 초기 해석론 가운데는 법문에 명시된 부당성 요건을 간과한 채 당연위법(per se illegal)식의 해석론을 전개한 경우도 찾아볼 수 있으며,[96] 공정거래위원회 또한 공동행위의 심사과정에서 행위유형에 따라 부당성 요건을 완화하여 법을 집행한 시기도 있었다.[97] 하지만 시간이 경과할수록 조문에 기재된 요건들은 생명력을 갖기 시작하고, 개별사안의 구체적 해결 역할을 위임받은 법원이 이를 적극적으로 적용해 왔던 것이 이제까지의 판결에서 확인된 바이기도 하다.

특히 조문에 대한 엄격한 해석기법에 의존할 수밖에 없는 수범자의 입장에서는 부당성과 같은 불확정적 요건을 적극 활용함으로써 규제의 적용 내지 확장을 차단하려는 유인을 갖게 된다. 그 결과 당초 입법취지와는 별개로 조문의 명시적 요건이 쟁점으로 부각되기 마련이고, 결국에는 법의 외형상 표현에 충실한 요건 해석이 내려져 왔던 것이 법 집행 과정에서 나타난 현상들이었다.[98] 부당지원행위의 경우도 마찬가지였다고 볼 수 있다. 지원행위의 부당성에 관해서는 경제력 집중이라는 입법취지를 인정하되 이 규정이 불공정거래행위의 일종으로 편성되어 있는 한 일반적인 불공정거래행위에서 요구되는 공정거래저해성의 입증에서 벗어날 수는 없다는 판단이 내려지기도 했

96 이남기·이승우, 『경제법』(제3개정판), 박영사, 2001, 191면.

97 구 공동행위 심사지침에서 행위유형을 경성공동행위와 연성공동행위로 준별한 후, 전자에 대해서는 경제적 효과 등 부당성에 관한 공정위의 입증부담을 경감시켰던 경우를 예로 들 수 있다.

98 단, 대법원이 공정거래법의 개별 요건에 관하여 모두 조문의 외형만을 토대로 한 문리해석을 전개한 것은 아니고, 시장지배적 지위남용 규제나 재판매가격유지행위에 관해서는 해당 규정의 법체계상 의미나 주요국의 법 집행동향을 반영하여 조문에서 요구하지 않은 요건을 적용해 오고 있다.

다. 특수관계인에 대한 이익 제공행위의 규제 법리의 해석에 있어서도 부당성은 핵심 지점에 자리 잡고 있다. 이와 관련한 최초의 대법원 사례에서는 규정의 내용, 입법경위 및 입법취지 등을 고려하면, 공정거래법 특수관계인에 대한 부당한 이익 제공행위에 해당하려면, 법상 열거된 행위에 해당하는지 여부와는 별도로 그 행위를 통하여 특수관계인에게 귀속된 이익이 '부당'한지에 대한 규범적 평가가 아울러 이루어져야 한다고 판시함으로써 이 요건의 독자성을 명확히 인정하였다.[99]

(2) 부당성의 의미

당초 법안에서는 '부당한 이익'이 아닌 단순한 '이익'을 귀속시키는 행위를 금지대상으로 하고 있었고, 입법취지도 이익 제공행위로 인해 총수나 그 친족 등 자연인인 특수관계인이 사익편취를 하게 되는 현상을 염두에 두었다. 그 결과 규제의 집행초기에는 '부당한'은 별도의 요건이 아니라 각 호의 행위가 존재하면 바로 도출되는 확인적 의미로 해석되거나 부당성을 양적 지표 즉 취득한 이익의 규모가 큰 경우에 성립되는 것으로 해석될 여지가 있었다.

하지만 부당성 요건의 독자성이 인정되었을 뿐만 아니라 그 의미도 명확히 규명되었다. 이에 따르면 사익편취 규제에서의 '부당성'이란, 이익 제공행위를 통하여 그 행위객체가 속한 시장에서 경쟁이 제한되거나 경제력이 집중되는 등으로 공정한 거래를 저해할 우려가 있을

99 대법원 2022. 5. 12. 선고 2017두63993 판결.

것까지 요구하는 것은 아니고, 행위주체와 행위객체 및 특수관계인의 관계, 행위의 목적과 의도, 행위의 경위와 그 당시 행위객체가 처한 경제적 상황, 거래의 규모, 특수관계인에게 귀속되는 이익의 규모, 이익 제공행위의 기간 등을 종합적으로 고려하여, 변칙적인 부의 이전 등을 통하여 대기업집단의 특수관계인을 중심으로 경제력 집중이 유지·심화될 우려가 있는지 여부에 따라 판단하여야 한다고 규정하고 있다.[100] 이 점은 후속 판결들[101]에서도 유지되고 있다.

사익편취 규제는 복합적 구도 속에 여러 고려요소들을 내포하고 있다. 이 점은 조문의 위치와 유사규정의 관계 속에서 잘 나타난다. 입법의 취지는 법 제4장에 가까우면서 위치는 제6장에 배치되어 있고, 불공정거래행위 규정(제45조 제1항 제9호)에서 발원하되, 그와는 독립적인 규정(제47조)를 통해 규율되고 있다는 점에서 이 규정을 둘러싼 법리의 구도는 복합적이다. 이 복합적인 체계 속에서 어느 한 규정만을 놓고 부당성의 의미를 확정해 내기는 어려운 일이다. 단, 조문에 나타난 표현이 어떠하든 공정거래법상 어떤 요건도 이 법의 목적조항이 추구하는 이념을 벗어나기 어렵다는 점에서 목적조항으로 시야를 확장해 볼 필요도 있다. 현행 규정의 배경이 된 사익추구만을 가지고 법 제1조 목적조항에서 열거된 수단이나 직접적, 혹은 궁극적 목적의 어느 하나를 연계하기는 쉽지 않다. 다만 그럼에도 그중 경제력 집중의 억제가 가장 근접한 목적이라는 점에는 의문이 없어 보이며, 법원은

---

100 대법원 2022. 5. 12. 선고 2017두63993 판결.

101 대법원 2022. 5. 26. 선고 2020두36267 판결, 대법원 2022. 11. 10. 선고 2021두35759 판결, 대법원 2023. 3. 16. 선고 2022두38113 판결.

이 점을 확인해 준 의미가 있다. 특히 이 규정이 제6장에 편성되어 있으되 불공정거래행위와는 별개의 표제하에 규정되는 외형을 갖고 있고, 비록 제4장에 편성되어 있지는 않지만 공시대상기업집단 소속회사들을 규제대상으로 포섭할 뿐만 아니라 다분히 소유집중현상을 염두에 둔 것으로 보이는 요건들을 규정해 두고 있다는 점에 주목할 필요가 있다.

그렇다면 이익 귀속의 부당성은 총수 일가가 얼마나 많은 사익을 편취했는지의 양적 기준이 아니라 그 결과 경제력의 집중 특히 기업집단이 유발되었는지를 토대로 하되, 부당지원행위에서 고려되는 경제력 집중보다는 좁은 개념 즉 총수 일가의 소유집중의 우려가 있었는지를 기준으로 삼는 것이 타당하다.[102] 2022년 이후 일련의 대법원 판례는 이를 확인해 준 의미가 있다. 다만 소유집중의 우려는 결국 지분확대를 통해 지배력을 강화할 수 있을 만큼의 이익을 확보했는지가 기준이 될 것인데, 그 점에서 소유집중의 우려도 결국은 얼마나 많은 이익이 귀속되었는지에 관한 양적 기준과 다르지 않아 보이는 측면이 있기도 하다.

---

102 신영수, 「특수관계인에 대한 부당한 이익 제공행위의 규제 법리」, 『경제법연구』 제14권 제3호, 한국경제법학회, 2015, 231~260면.

제 6 장

기업집단 규제에 대한 평가와 과제

1. 기업집단 규제, 지난 40년의 회고

한국의 기업집단 규제는 지난 40년간 지배구조의 단순화, 투명화를 이루고 거래질서와 경쟁기반을 공정하게 형성하는 데 상당한 기여를 해 왔다. 규제가 없었더라면 달성하기 어려운 성과와 발전이 한국의 기업집단을 둘러싼 구조와 환경에 실현되기도 하였다. 다만 공정거래법을 위시하여 여러 규범에 자리 잡은 기업집단 규제는 이제 경험적 성과보다는 법리적 기초 위에 발전되도록 방향을 정립할 필요가 있다. 그런 점에서 기업집단 규제에 대해서는 회고와 방향 및 과제 설정이 필요하다.

2. 경제정책의 목표이자 수단으로서의 기업집단 규제

기업집단 규제는 공정거래법 내에서도 가장 빈번한 변화와 번복의 과정을 거쳐 왔고 그 배경에는 정치 및 정책환경의 유동성이 원인으로 작용하였다. 기업친화적 경제환경, 경제민주화, 창조경제, 그리고 혁신성장, 공정경제에 이르기까지 각 정부마다 여러 정책 어젠다를 설정하는 가운데 핵심적 과제로 기업집단 정책을 수립하여 왔다. 기업집단 규제에 있어서도 정책적 영향보다는 법리에 기초한 안정성과 예측 가능성이 좀더 요구되어야 한다. 기업집단을 규제하는 이유는 기업집단의 규모와 한국경제의 건전한 성장 사이에 존재하는 음(陰)의 상관관계(negative correlation) 때문이다. 기업집단 규제를 통해 소유와 지배의 괴리 문제로부터 터널링 등 계열사 간 불투명한 거래 관행, 왜곡된 경제성장의 기반, 그리고 국제경쟁력 약화 등으로 이어지는 악순환 고리를 차단하는 것이 주된 목표이다. 그리고 궁극적으로는 기업집단의 지배구조 및 거래관행의 개선을 통한 한국경제의 체질 개선 및 국제경쟁력 강화, 그로 인한 고용창출 및 경제발전에 규범과 정책의 목표가 있다고 본다. 같은 맥락에서 규제의 수립에 있어서 기업집단 자체에 대한 부정적 평가를 전제하거나 본연의 활동이 위축되지 않도록 유의할 필요가 있다.

3. 규제 정비의 방향: 과거에 대한 성찰 혹은 미래에의 지향

그간 기업집단을 둘러싸고 추진되어 온 이런저런 규제개편들을 돌이켜 보면 과거의 폐단을 교정하고 재발을 방지하기 위한 접근이 적지 않았다. 불가피하고도 적절한 대응이었다고 평가한다. 단 한국경제의 규모와 기업들의 글로벌 경쟁환경을 생각하면 다만 과거로의 성찰이나 복원이 아닌 미래에의 지향으로서의 의미로 이해되어야 할 것이다. 규제기조에 부침이 있었던 지난 정부들의 정책 환경 속에서 국내 기업집단이 그간 거두었던 성장과 수익 자체를 문제시하려는 것이 아님은 물론이다.

4. 규제개편의 주된 대상: 기업집단 혹은 특수관계인

그동안의 기업집단 규제 개편의 주된 대상은 기업집단 자체라기보다는 총수 일가의 전횡 및 편법의 적발 및 차단에 주안점이 두어져 왔다. 공익법인에 대한 규제도 의결권 제한 방식의 경우, 공익법인이 총수 일가를 위해 계열사 의결권 행사를 차단하기 위한 취지이며, 해외계열사에 대한 공시제도 역시 국내 계열사가 아닌 총수 일가가 보유한 해외계열사의 주식 보유 현황을 대상으로 한다. 일자리창출 및 혁신성장을 주도해야 하는 기업집단과 총수 일가를 구분하는 접근법이 필요하다. 이 점에서 현실적으로 동일인에 대한 압박이 기업의 부담으로 작용하는 현실적 문제를 어떻게 해결할 것인지가 향후 정책 집행상의 과제가 될 것으로 보인다.

5. 사전규제와 사후규제 수단 사이의 역할 정립

현행 공정거래법상 기업집단 규제는 제4장의 사전규제(지주회사 규제, 출자규제, 채무보증 규제, 의결권제한 등)와 제6장의 사후규제(부당지원행위 및 사익편취 규제)로 구성된다. 지난 수년간의 규제 정비의 원인으로 지목된 행위들은 주로 사후규제 대상이 되는 물량몰아주기 및 사익편취에 집중되었다. 사후규제의 수단이 강력히 존재하는 만큼, 사후규제 대상행위들의 발생 가능성이 높아졌다는 점 때문에 사전규제를 강화하거나 신설하는 것에는 신중할 필요가 있으며, 사후규제만으로 근본적 해결이 어려워지는 단계에 도달하기 전까지 일단은 사후규제 수단 중심으로 정책을 집행하는 것이 바람직하다. 단 사후규제의 기준을 합리화하는 노력은 병행되어야 할 것이다.

참고문헌

국내 문헌

강상엽, 「동일인 지정제도와 자기주식의 취득, 보유 및 처분」, 『경쟁법연구』 제44권, 2021.

강상엽, 「동일인 지정제도: 정량적 기준과 정성적 기준의 비판적 검토」, 『경제법연구』 제20권 제2호, 한국경제법학회, 2021.

공정거래위원회, 『2023년판 공정거래백서』, 2023. 10.

권오승·서정, 『독점규제법』(제5판), 법문사, 2022.

권오승·홍명수, 『경제법』(제14판), 법문사, 2021.

권오승 외 6인, 『독점규제법』(제7판), 법문사, 2020.

김미리, 「해외 계열회사의 공정거래법상 취급 및 규제동향 등에 대한 소개」, 『BFL』 제78호, 서울대학교 금융법센터, 2016. 7.

노혁준 편저, 『지주회사와 법』 상·하, 소화, 2023.

박준·한민, 『금융거래와 법』(제2판), 박영사, 2020.

백승엽, 「공정거래법상 일감몰아주기에 관한 연구」, 서울대학교 법학전문대학원 박사학위논문, 2017. 2.

서정, 「벌의 내부거래를 둘러싸고 나타난 규범의 지체현상과 그 극복」, 『법조』, 2015. 5.

송옥렬, 「지주회사 금산분리 규제의 재검토」, 『경제법연구』 제20권 제3호, 2021.

신영수, 「공정거래법상 대기업집단 규제 개편의 배경과 의미, 그리고 남겨진 과제」, 『경쟁법연구』, 2018. 11.

신영수, 「CVC(기업형 벤처캐피탈) 투자조합에 관한 공정거래법상 규제의 해석론」, 『경제법연구』 제21권 2호, 2022. 8.

신현윤·홍명수·강상엽, 『대기업집단 규제론』, 법문사, 2021.

이동원, 『지주회사』, 세창출판사, 2001.

이봉의, 「공정거래법상 특수관계인에 대한 이익 제공의 '부당성'에 관한 해석방법론」, 『선진상사법률연구』, 2018.

이봉의, 『공정거래법』, 박영사, 2022.

이상훈, 「공정거래법 사익편취 규제: 찬반양론에 대한 비판 및 제언」, 『경제법연구』 제18권 제1호, 2019. 4.
이상훈, 「공정거래법 동일인 제도에 대한 회사법적 평가」, 『기업법연구』 제91호, 2022. 12.
이선희, 「공정거래법상 사익편취금지 규제의 실효성에 대한 연구」, 『2017년 법·경제 분석그룹(LEG) 연구보고서』, 한국공정거래조정원, 2017. 12.
이호영, 「공정거래법상 사업기회 제공을 통한 특수관계인에 대한 부당한 이익 제공」, 『경제법연구』 제21권 1호, 한국경제법학회, 2022.
이호영, 「입법취지를 무너뜨린 입법 부주의: 공정거래법상 사익편취의 '부당한 이익' 요건 관련」, 『경쟁법연구』, 한국경쟁법학회, 2022.
이황, 「완전자회사 부당지원행위와 경제적 동일체」, 『서울대학교 법학』 제62권 제3호, 서울대학교 법학연구소, 2021.
이황, 「공정거래법상 경제력 집중 억제시책과 일반집중의 문제」, 『연세법학』 제31권 제1호, 연세대학교 법학연구원, 2021.
전찬수, 「동일인 관련 제도의 개선방안에 대한 연구」, 『법과 기업 연구』 제12권 제1호, 2022. 4.
정호열, 『경제법』(전정 제7판), 박영사, 2022.
주진열, 「공정거래법상 부당지원행위 규제에 대한 비판적 고찰」, 『서울대학교 법학』 제53권 1호, 서울대학교 법학연구소, 2012.
최난설헌, 「공정거래법 전부개정의 의미와 주요 쟁점: 기업집단 규율 법제를 중심으로」, 『상사법연구』, 한국상사법학회, 2021.
최영주, 「은행법상 은산분리 법제와 정책에 관한 검토」, 『동아법학』 제65호, 2020. 3.
홍대식, 「부당지원행위의 부당성 판단에서의 사업경영상 필요성의 지위와 역할」, 『경쟁법연구』 제24권, 한국경쟁법학회, 2011.
홍명수, 『재벌의 경제력 집중 규제』, 경인문화사, 2006.
홍명수, 「TRS거래에 대한 독점규제법의 적용」, 『선진상사법률연구』 제88호, 법무부, 2019.
황인학, 『경제력 집중, 한국적 인식의 문제점』, 한국경제연구원, 1997.
황태희, 「대기업집단의 동일인 지정제도 개선에 관한 소고」, 『경제법연구』 제20권 제3호, 한국경제법학회, 2021.

국외 문헌

Bernheim, D. and M. Whinston, "Multimarket Contact and Collusive Behavior", *Rand Journal of Economics*, 1990.
Berle, A. and Means, G., *The Modern Corporation and Private Property*,

Commerce Clearing House, New York, 1932.
R. S. Khemani & D. M. Shapiro, *Glossary of Industrial Organisation Economics and Competition Law*, commissioned by the Directorate for Financial, Fiscal and Enterprise Affairs, OECD, 1993.
Robert I. Starr, Concentration of Economic Power and the French Law of July 2, 1963, *The American Journal of Comparative Law*, Vol. 14, No. 1, Oxford University Press, Winter, 1965.
Tantalo, C. and R. L. Priem, "Value Creation Through Stakeholder Synergy", *Strategic Management Journal* 37, 2016.
Thomas Cheng Michal S. GalU, Aggregate Concentration: Regulation by Competition law?, 4th Meeting of the UNCTAD RPP, Geneva, 7 July 2013.
Victor H. Kramer, "Commentary: Economic Concentration and the Antitrust Laws", *Washington University Law Review*, Vol. 1975 Issue 1, Symposium: Legal Services to the Poor in Developing Countries, 1975.
William L. Baldwin, *Market Power Competition, and Antitrust Policy*, Homewood, IL: Irwin, 1987.